中国特色政治文明建设研究丛书

月亮山区的『埋岩立法』与苗族传统审判习惯

徐晓光　王杰　范玮　徐斌　著

孔学堂书局

本书为2018年国家社科基金重点项目"黔桂界邻地区少数民族石体资料搜集、整理与研究"（项目批准号：18AM7011）结题成果

本书由贵州师范大学学科建设资金资助出版

图书在版编目（CIP）数据

月亮山区的"埋岩立法"与苗族传统审判习惯 / 徐晓光等著. — 贵阳：孔学堂书局, 2024.4

ISBN 978-7-80770-473-7

Ⅰ.①月… Ⅱ.①徐… Ⅲ.①苗族—习惯法—研究—中国 Ⅳ.①D922.154

中国国家版本馆CIP数据核字(2024)第020790号

中国特色政治文明建设研究丛书

月亮山区的"埋岩立法"与苗族传统审判习惯

YUELIANG SHANQU DE MAIYAN LIFA YU MIAOZU CHUANTONG SHENPAN XIGUAN

徐晓光　王杰　范玮　徐斌　著

责任编辑：杨翌琳
书籍设计：刘思妤
责任印制：张　莹

出版发行：孔学堂书局
地　　址：贵阳市乌当区大坡路27号
印　　制：贵州艺凡云印科技有限公司
开　　本：787mm×1092mm　1/16
字　　数：456千字
印　　张：26
版　　次：2024年4月第1版
印　　次：2024年4月第1次
书　　号：ISBN 978-7-80770-473-7
定　　价：148.00元

总　序

　　"政者，正也。"政治文明是人类社会政治观念、政治制度、政治行为的进步过程以及所取得的进步成果。高度的政治文明，是有史以来人类共同憧憬的美好梦想。政治文明建设通过上层建筑的能动作用，推动公共权力的规范运行、社会治理体制机制的优化、社会共识的凝聚、社会资源的优化配置、社会力量的整合，为人类社会的持续进步提供丰沛的能量，为人们的社会福祉提供坚强的保障。

　　在人类文明奔涌不息的历史长河中，中华民族以深邃的政治智慧和深入的政治实践，为世界政治文明作出了独特的巨大贡献。科举考试制度就是古代中国政治文明的创举，并作为西方国家选修的范本，成就了西方的文官制度。新中国建立以来，中国人民立足中国国情、解决中国问题，在政治建设、经济建设、社会建设、文化建设、生态建设进程中，探索、确立、完善人民民主专政的政治进步成果，创造了令世界瞩目的、具有中国特色的政治文明形态和制度体系。如今，"北京共识"获得了国际学界的广泛认可；"言必称孔子"成为西方社会的时尚。

　　"路漫漫其修远兮，吾将上下而求索。"进一步推进中国特色政治文明建设，以促进物质文明建设、精神文明建设、社会文明建设、生态文明建设，实现中华民族的伟大复兴，仍然是一项长期而艰巨的历史任务，也是每一个中国政治学人义不容辞的历史使命。为此，贵州师范大学聚集了一批年富力强、志趣高远的政治学人，他们以推进中国特色政治文明建设为己任，立足中国现实国情，深入中国现实社会，传承中国政治文明传统，借鉴西方政治文明成果，从丰富的多学科视角展开理论探讨和实践总结。"中国特色政治文明建设研究丛书"的出版，既是其研究成果的展示，更是引玉之砖，欢迎学界同仁批评指正、指点迷津，共同为推进中国特色政治文明建设，为人类命运共同体的发展进步贡献智慧和力量。

本丛书编委会

2017年3月

目 录

绪 论

一

　　"埋岩"又称"栽岩"或"竖岩"，是一种比较原始的习惯法的订立形式。"埋岩"是将一块长形石条埋入泥土中（半截露出地面）的标志物，在黔桂边区各民族中凡重大事件都要通过集体讨论，进行相关"立约"活动，有时便以"栽岩"的形式加以固定，以体现其权威性，栽岩所承载的内容是在"岩众"及村寨公众议事全体同意后竖立的，所以这类岩石具有习惯法的效力；"埋岩"又是解决纠纷、裁定案件的"判例法"；在一些地方作为当地社会组织的一种称谓。"埋岩"表示"规约"稳如磐石，谁也不得随意更改和推翻，它在村寨社会中具有不可替代的法律功能；"埋岩立约"可能是世界上很多民族在无文字环境下最原始的"立法"形式。岩上虽然都没有文字，但只要当地人们一看到岩石就知道它们所指向的内容了。"栽岩"具有很大的权威性，在竖岩所包括的范围内，所有群众都是本岩的"岩众"，人人都受它约束。有些栽过岩的石头上还残留着一些深浅不同的铁器击打过的痕迹，这应该是过去一次次申明岩规"岩前审判"的历史遗迹。

　　目前所见的埋岩资料主要以黔桂界邻月亮山苗族地区最具典型性。近几年，我们对黔东南榕江、从江和黔南荔波加荣乡大土村以及广西融水苗族自治县等地进行多次调查，"栽岩"的实物资料比较丰富，在黔桂界邻地区很多地方都能发现"埋岩"的遗迹，而且主要是在月亮山苗族地区。月亮山有广义和狭义之分，广义的月亮山，系地跨黔桂两省，包括榕江、从江、荔波、三都、环江、融水等6县的广大地区；狭义的月亮山，指该山主峰所在地的榕江县计划乡、水尾水族乡、定威水族乡、兴华水族乡,从江县的光辉乡、加勉乡、加鸠乡①和荔波县的佳荣乡境内。这一带山峦巍峨、风景如画,梯田景色美不胜收。月亮山苗族是黔东南苗族中极为古老的一支,保留着很多原始文化习俗,被有关专家、学者称为"苗族文化的历史博物馆"。

黔桂边区各民族凡遇大事要通过"议榔"来聚众议事,"议榔"时把相关村寨的寨老聚集在一起,召开"议榔大会",通过杀牛祭神,以"栽岩"盟约的形式,口头宣布榔规。"议榔"在苗族文化研究中已经成了约定俗成的概念,是汉语中的"议"和苗语中"榔"的组合词。议榔在各地苗语中有多种发音,所以汉文记述用字也不同,如"榔榔""耶榔"等。20世纪五六十年代调查整理的《雷山县掌披苗族社会历史调查资料》中称为"议榔",②以后被多数研究者广泛采用。据我们调查研究,"栽岩"是议榔的重要仪式,但不是每个地区都有。以地域划分,议榔有"栽岩""不栽岩"两种,月亮山区苗族在议榔活动中要举行"栽岩"仪式,③而黔东南雷公山区的苗族议榔不一定全是"栽岩"。"栽岩"这种仪式在于固化"立法"成果,有利于"规约"的实施,表示"榔约"稳如磐石,谁也不得随意更改和推翻。大凡重大事件都要通过集体讨论以"栽岩"为凭,这种活动应该叫"栽岩议榔"。"议榔"时由榔头(主持人)念颂先辈传承下来的"榔规"和新制定的"榔规"来约束大家,使其共同遵守。与苗族地区临近的侗族(小部分)、水族(部分)地区也把这一活动称作"议榔"。更多的侗族地方称"合款",水族一部分叫"阿卡",各民族虽称呼不同。但很多情况下要以"栽岩"这种仪式来进行,对通过"埋岩会议"出台的规约,人们必须不折不扣地执行。只"议榔"不都"埋岩"的贵州雷公山区苗族习惯法也非常丰

---

① 加鸠乡的行政区划已经改为镇,在本书中为保持调查资料历史原貌,兹从其旧,仍叫"加鸠乡",能更好反映其历史、文化生态,一些旧区划为寨、乡、镇的地名类似情况皆作此处理。不再出注。

② 参见《民族问题五种丛书》贵州省编辑组、《中国少数民族社会历史调查资料丛刊》修订编辑委员会编:《苗族社会历史调查(二)》,民族出版社 2009 年版,第 197 页。

③ 有学者认为:"栽岩"活动又叫"议榔",认为这种栽岩立约活动,"堪称苗族的一大创造"(岑秀文:《从江县加鸠区"能秋"栽岩活动的调查报告》,贵州省民族研究所、贵州省民族研究学会编:《贵州民族调查(之六)》,贵州省民族研究所、贵州省民族研究学会 1988 年编,第 290 页)。实际上黔东南雷公山区的苗族举行"议榔"活动,但并不"栽岩",黔东南侗族地区也有"埋岩"活动,这种仪式"合款"。笔者认为:"议榔栽岩合一"是月亮山苗族地区的特点,另外"埋岩立约"应该是无文字状态下的很多民族初始的"立法"活动。

富，与"埋岩议榔"的从江、榕江一致，在地域上大体构成清代所谓"狭义苗疆"①，当时主要指"新辟苗疆六厅"②地区。

在月亮山区，以"能秋栽岩"最为著名，"栽岩"核心地在加瑞、高台、加学三寨之间，位于污牛河和乌秋河汇合处，面积不过四五百平方米。由于地势平缓、位置适中、山清水秀、风景宜人，此处便成了栽岩活动的最佳场所。"能秋栽岩"岩身呈柱状，上端弯向东方。高出地面约20厘米，宽10厘米。此岩具体何时所栽，已不可考，但一直被当地群众视为"神物"，倍加保护，至今保存完好。栽岩背后枫树茂密，其中最高一棵30余米，干粗3围，据当地苗民说枫树和岩石是同时栽下的。"能秋栽岩"历史久远，最早的埋岩可以上溯明永乐年间。

明永乐初年，月亮山区各酋长为了维护本部落的利益，由"生梭末伦"的东朗、苗谷、摆堆、九德、友夺、关雄等寨的千四百户；"生豆木居"的孔明、加勉、蕨菜坪、龙爪、加牙、加鸠（上寨为从江县今辖苗寨，下寨为榕江县所辖）、加退等寨的千六百户；"污娘木鸠"的污娘、摆奶、摆勒、加宜、九秋、加奶、加里等寨；"鸡花木鸠"的计划、计怀、加俩、加去、摆拉等寨，共同组成"耶生化兄"栽岩议事的部落联盟，在"能秋"栽岩处"议榔"。这次跨地域的大联盟，通过并接受了"能秋"栽岩的"章程"。当时"能秋"栽岩管辖的范围包括贵州、广西月亮山区400多个苗族村寨。

明万历元年（1573）起，由于受外界的影响，"鸡花木鸠"的8个部落，逐渐从"耶生化兄"分化出来，各自组成几个栽岩议事联盟。如计怀等寨组成"耶求务襄"，在计怀寨大梨树下栽岩；加去、加化、加俩3个大部落组成"耶求兄"，在加化与加去之间的山坳上栽岩；摆拉、摆底、计划等寨则在计划寨头栽岩，该

①所谓"苗疆"有广义、狭义之分，广义的"苗疆"泛指黔、滇、湘、川、两广等省（区）各少数民族聚居的地区；而狭义的"苗疆"则是指黔东南以苗族、侗族（包括瑶族、水族等其他少数民族），以古州（今黔东南榕江县）为中心的核心区。本书使用该词主要是指狭义"苗疆"，或称"黔省苗疆"。参见苏钦：《"苗例"考析》，《民族研究》1993年第6期。

②清朝凡"改土归流"的地方均称"新疆"，"新疆"为普通词，作"新辟疆域"意。如，云南乌蒙府（今昭通、永善）新疆；贵州古州（今榕江）新疆；贵州西部（今安顺和镇宁）新疆；四川大、小金川新疆。乾隆二十四年（1759），改西域为"新疆"或"西域新疆"。新疆作为一个固定名词，一个固定地名并正式成为一个省，是光绪十年（1884）的事情。"新辟苗疆六厅"是雍正十一年（1733）在现今黔东南、黔南州设置的八寨厅（今丹寨）、丹江厅（今雷山）、清江厅（今剑河）、古州厅（今榕江）、台拱厅（今台江）和都江厅（今三都），总称"新设六厅"或"新疆六厅"。

组织称"耶求究";乌略、耶梭、摆计、摆交4个小寨组织"耶一求"等。①

　　历史上，月亮山苗族同胞由于迁徙时间不同、部落不同、支系不同和生计的需要，使栽岩议事联盟也经历了多次融合与分化。随着时代变化和社会变迁，原来议定的"章程"也在不断修改，所以在同一栽岩前面，数年或数十年甚至数百年后，还会出现反复议事的情况。比如"能秋"栽岩，近百年中就举行了4次较大的"岩前议事"：即1907年、1932年、1985年和2010年。1985年8月这次"议榔"，是因为该地区多年不曾重温古理古约，村寨治安出现一些问题，所以此次埋岩是针对20世纪80年代苗族地区社会秩序比较乱，盗窃案件频发，为处理一起严重案件而进行的。经加学、加牙两寨的寨老和群众提议，报当地政府批准，于当年农历八月初八举行，其时来自广西、贵州两省区400多寨的苗族（主要来自月亮山区）代表，加上当地群众，共4000余人，齐聚"能秋党偿"总埋岩前，由具有崇高威望的寨老主持，对不适应现时的古规古理进行修改和补充。在能秋埋岩的地域范围内群众自发组织重申栽岩榔规，即召开"岩前会议"，恢复历史上榔规的作用。此次会议涉及地域范围非常广，"有加鸠区的加鸠、加瑞、加勉、加牙、孔明等乡的苗族群众；有宰便区的寨平、宰和、二友、新华等乡的苗族群众；有停洞区的东郎、加民、加哨等乡的苗族群众；有下江区的党九、摆亥、下江镇的苗族群众；有榕江县八开区的腊友、加宜、计划等乡的苗族群众，等等。总之，影响面约有数万苗族群众，方圆百余华里"②。这次"岩前会议"是由加学、加牙两村的寨老发起，事前他们与各村寨老商量，于同年8月8日举行。这次"岩前会议"把月亮山苗族地区社会治理问题提上议事日程。

　　2010年3月26日（农历二月十一）月亮山污牛河流域88个村寨的苗族群众在能秋举行了盛大的苗族习俗改革大会，宣布了榔规改革条款。因为近几年来，随着商品经济的发展，月亮山区苗族群众在社会关系、人际交往中奢靡浮华气息开始滋生蔓延。比如"人情债"越来越重，阻碍了正常的生产、生活的发展。

　　现今位于从江加勉乡党扭村公路边小山上的埋岩还保存着，内容为"七佰岩榔规"。据"七佰岩榔规"碑文：

---

① 朱法智：《秘境探谜》，中国戏剧出版社2011年版，第46页。

② 详见岑秀文：《从江县加鸠区"能秋"栽岩活动的调查报告》，贵州省民族研究所、贵州省民族研究学会编：《贵州民族调查（之六）》，第287页。这一地区行政区划在20世纪90年代后有较大的变化。

自古以来，以从江县加鸠乡能秋为中心，方圆百余里的苗族同胞，为维护当地社会秩序和民族团结，抵抗压迫和外来侵扰，在"能秋党偿"埋岩制定椰规，凝聚族人。后因人口不断增加，区域不断扩大，为便于管理、约于明朝万历四十四年（1616），"能秋党偿"埋岩组织将能秋岩碑分发给部落各处，共八处，加勉乡党扭埋岩属第七个，习惯上称为"七佰岩"。从能秋分发下来的"七佰岩"由片区首领盖步又带到"羊达"，立在"党俄羊腊"，后于雍正元年（1723）由部落首领盖高阶又将岩碑搬到"羊别阳房"，又在嘉庆元年部落首领"故歪羊达·梁三街"①再将岩碑移到"党车松哩"②，该"埋岩"由片区18寨苗族同胞所共同商订的椰规一直沿用至今。

"能秋栽岩"分发之后，在各处寨老的主持下，按能秋做法纷纷栽岩立约，从而就有了总岩（能秋）、分岩（各处、各寨）之分，如加鸠、加瑞、加勉、加牙、加叶、加翁、孔明、宋罗宋等8个分岩。③加勉"七佰岩"就是8个"分岩"之一。另据《"七佰岩椰规"贾理》："七佰岩椰规"从羊达经羊别阳房到党车松哩有一个从不完善到最后完善的过程。④2015年11月加勉乡通过祭岩立碑，重新颁布"七佰岩椰规"。此外从江东朗乡、孔明8寨也举行过祭岩立碑活动。

黔东南从江县、榕江县埋岩遗存较多，黎平苗族也有埋岩习俗。从江停洞镇的17个村寨、东郎乡的15个村寨、宰便镇的10个村寨都有栽岩。根据从江县停洞镇吴胜才2003年为笔者提供的文字资料。如在东朗乡（20世纪90年代初撤区改乡，前为孔明乡）境内，20世纪80年代时还保存着一些当地苗语称为"额骚"的石块，大小不一，或立或躺，有的在路边，有的在山坡上。当地苗族根据每次"栽岩会议"的范围有大小"额骚"之分，大的"额骚"作用效力范围较大。如摆在路边有一块"额骚"，一半埋在地里，一半露在地上。露出部分上端平整，呈边长33厘米左右的正方形，分布着大小不同的凿洞4个，最大的一个凿洞直径

---

① 故歪羊达系"官名"，梁三衡系人名。

② 现址。

③ 参见岑秀文：《从江县加鸠区"能秋"栽岩活动的调查报告》，贵州省民族研究所、贵州省民族研究学会编：《贵州民族调查（之六）》，第287页。

④ 课题组从羊达村村民王新华处得到《"七佰岩椰规"贾理》，这份自印的小册子包括《七佰岩简介》《"七百岩"寨老制定"椰规"》（以下称《古规》）和《加勉七佰岩椰规》三部分，价值十分珍贵。

是40毫米，深约150毫米。是过去孔明8村范围内效力最大的"额骚"。距这个大"额骚"约2里的一个叫"松嘎"的三岔路口有一块小"额骚"，据说新中国成立前它只是在当时的一个保内起作用的"栽岩"。关于当时"栽岩"的情景，据说是由无子嗣的人去埋的，埋的时候还说，谁若违反规约，就像他一样断子绝孙。目前从江县其它地方还保有"栽岩"4块，最有代表性的是九洞地区"朝利栽岩"和"庆云栽岩"。"朝利栽岩"是为划定九洞地方的婚姻范围的；而"庆云栽岩"是关于封山育林、禁止乱砍滥伐的，据说从江大歹乡仍有栽岩遗存。这说明从江境内各地不仅有埋岩，还有明显的谱系，均来自"能秋总岩"。加勉具有悠久的埋岩历史。加勉老寨（即下寨）附近的"歹恶"（地名）立有一个石头，苗语称为"曰巴匠"（"曰"是岩石，"巴"是女，"匠"是男，合译即"岩女男"）。据说：这个石头是管理婚姻的，同时也管理生产（也有人说这个石头"事事都管"），这块石头是加勉乡最古老的。据20世纪50年代《贵州社会历史调查》资料：加勉寨"从前男女在性的关系上很乱，争夺妇女，经常闹架。老辈们为了制止这一不良习俗，就由'德雪郎些'（即现在的摆里，归东朗乡）分一个石头在这里竖立，管理婚姻，并议订有关婚姻纠纷的处理条规"[1]。在榕江县朗洞镇高帮寨村现在还有一块"离婚岩"，是离婚时保护男女双方利益的埋岩，而在古州镇一苗寨旁也有一块"离婚岩"，旨在离婚时单方面保护男方利益。[2]

笔者在从江加勉乡党港村调查时得到了一份该村第三次修订的"村规民约"——加翁支系《椰摆场格松地椰规》，《椰规》前言中说：苗族同胞迁入以"能秋党偿"为中心的孔明山、月亮山腹地以后，人口不断增加，分布区域不断扩大，为传承苗家古训，维护社会秩序和民族团结，防止族人之间相互争斗，共同抵御外来侵扰，约于明万历四十四年（1616），苗族各部落首领集会"能秋党偿"，按照《贾礼（理）》咒词埋岩制定《椰规》，以约束和凝聚苗族人。《"能秋党偿"椰规》制定后，又分发到各个苗族支系，包括加翁片区的加翁、党丢、摆少、白岩、裕民、加学、加列、加别、合法、加鸠、高台；加勉乡的党港、真由；东郎乡的龙早；宰便镇的友能、摆松、摆荣（自然寨）、汉丢（自然

---

① 《民族问题五种丛书》贵州省编辑组、《中国少数民族社会历史调查资料丛刊》修订编辑委员会编：《苗族社会历史调查（二）》，第126页。

② 朱法智：《秘境探谜》，第46—47页。

寨）；加榜乡的平忙；秀塘的桥谷、党郎；刚边的加扒；榕江县计划乡的摆雷、摆拉、摆枣；荔波县佳荣、平地、洞独；广西环江县驯乐乡山刚村、长北村、福秀村。说明榕江县计划乡的埋岩也源于"能秋总岩"，计划乡1976年以前这里还有埋岩遗存，后来修路被破坏。据寨老们说最初"耶吉究兄"（埋岩组织）的议事村寨有16个，后来扩大到72个。受苗族埋岩文化影响，自古在计划乡一带居住的侗族、水族也接受了栽岩习惯。此外，在黎平的苗族地区也有埋岩的遗存。

贵州省黔南州荔波县佳荣乡大土村埋岩至今还保存完好，这块埋岩由于以前修路，该村为它专门建造木制小楼。该埋岩又是加勉埋岩的"分岩"，为"能秋总岩"的"孙岩"，因十代以前加勉的两户人家，一共4人，迁徙到大土开荒种地，逐渐发展成为现在的大土村。①

广西融水苗族自治县苗族埋岩最多，多是在清雍正朝以后。由于融水与贵州榕江、从江县均属月亮山区，地域相邻、往来迁徙，支系、宗族上互有联系，文化上的共同性十分明显。"栽岩"本身更是如此，例如融水良寨"依起松努埋岩"（又称"松努坳埋岩"）是从古州（现为贵州省榕江县）地方的"整高汪欧埋岩"中分离出来的。这一带原先与相邻榕江苗族是共同的栽岩组织，后来才逐步分离出来。又如杆洞地区的"整巴埋岩"原属于贵州省从江县的"鸠东栽岩"管辖范围，后来因为人口增多，地方太大，不好管理，才从"鸠东埋岩"中分岩到"整巴埋岩"。②

民国学者刘锡蕃在《岭表纪蛮》中对当时融县北部苗族"埋岩"作了较为详细的描述，他将苗族"埋岩"称作"公益集会"。这种公益集会，多半有一定

①笔者2021年1月20日在该村调查，该埋岩本身不大，但岩石上长满了石疙瘩（碳酸钙），很像一个较大的仙人球，当地人认为这是具有"神性"的埋岩。
②过去在古州一带形成两个最著名的埋岩：一是整高汪欧立岩，地址在榕江县城附近；另一个是整朗鸠东立岩，地址在从江县鸠东。苗族头人做立岩活动后，以鸠东为中心，分"万九在上，千九下来"。"下来"的"千九"就是融水苗族自治县境内中部和北部地区苗族的先民，以入境的方向称为北支苗族。苗族迁入融水后，开始时因人少事也少，仍由古州的整高汪欧埋岩和整朗鸠东埋岩管理。后来随着社会发展，人口增多，各种事务增多加上地域宽广，难以管理，必须再做分埋岩来治理地方，松努坳埋岩和整巴埋岩便分别从整高汪欧立岩和整朗鸠东立岩分出来的。这两个埋岩是北支苗族刚从贵州迁入融水后做的第一次埋岩议榔活动。以后世居"大苗山"的其他支系的苗族头人看见别的区域的苗族群众做埋岩活动，在处理社会问题上取得很好的效果时也纷纷仿照。于是融水境内埋岩便日渐流行，并成为苗族地区的一种社会现象。参见石磊：《苗融水族"立岩"及其所折射的历史文化内涵》，戴民强主编：《融水苗学研究文集选编（一）》，广西民族出版社2016年版，第37页。

的会期，届时"数千百寨之蛮人咸来会集，其范围愈广泛，其意义亦愈严重。凡地方农牧、刑罚、交际、丧婚、诉讼、民约、禁令等一切利弊，无不于此会解决"，"凡与会者……均有发言权及表决权。每决一案，则取草一本结之，悬之高处，令讫，当众数草，表明此会决议若干，自始至终完全用口头，到会者默识于心。归而召集所部蛮人，剀切宣布，听者亦各暗诵而熟记之，自是以后，会区所有民众，对于决议各案，皆须绝对服从"。并专门提到清嘉庆年间黔桂界邻苗族曾在当时融县的林安举行大规模的"埋岩活动"，决定婚姻聘礼，规定结婚聘金至多不超过一两二钱。①

融水"依起松努"埋岩位于良寨乡大里村高翁屯和贵州斗里镇根里村裸里屯西山镇大丑村交界一公里处，山岭上一块约一亩宽的草坪内（侗语称"滚古坳"），有并列的大小两块埋岩，均无文字。大的高42厘米，略倾斜，小的高5.7厘米，旁边有一块块的石碑，碑上方刻有"永远禁碑"，下方是碑文，其内容是关于禁止汛期之后士兵勒索百姓的禁条等，是黎平府正堂西林巴图鲁邓（"邓"指代黎平知府邓在镛，"西林巴图鲁"系清政府给他的赐号），与当时所属的各分岩寨老44人，于光绪九年（1883）十一月初六日订立。该埋岩领管从江、黎平和广西融水、三江4县交界处毗邻村寨组合的44个分岩、数百个自然寨。习惯上称融水的拱洞乡、红水乡一带为"八岩"（苗族称"意依起"）；大年、高撩、响塘、呀腊、归思、林姑、林浪（大浪）、国里、高翁一带为"七岩"（苗语称"兄依起"）；吉格、归马、高汉、永留、高荣一带为"六岩"（苗族称"杜依起"）；从江的西山、定洞、务林、捞里、小翁、岑杠、小丑、大丑、马安、大翁、花甲、裸里、加洋、根里一带为"五岩"（苗族称"追依起"）。"埋岩"议事不定期举行，有几年、十几年或几十年一次。遇有外来骚扰、"岩"内纠纷、处理偷盗等重大事情才举行。快速传递通知的办法是用一节"五倍子树"（盐麸木的民间称呼）的枝干削成三指宽的木片，破开木片，夹入鸡毛、辣子、火炭等物，逐寨传送，风雨无阻。各寨接到信后，即聚集"埋岩"地点，由通晓苗族古理规约的老人主持议事，民主协商。对外一致抗敌，对岩内违反古规者，按古规习惯法，视情节轻重酌情处理。这种区域性的"埋岩"组织活动在清代较频繁。民国时期以来很少进行。"依起松努"埋岩在民国二十四年（1935）举行

---

① 刘锡蕃：《岭表纪蛮》，商务印书馆1934年版，第91页。

最后一次议事活动。①这说明"依起松努"埋岩既是榕江"整高汪欧埋岩"的子岩，又是黔桂界邻地区苗族的"总岩"，领管的区域较大、村寨较多；另外地方官府利用了苗族的埋岩，通过埋岩组织来治理地方。

在融水苗族自治县白云乡枫木村枫木屯以北一公里的一座小山坡上有"枫木屯埋岩"。该岩立于清代，为无字碑。岩高130厘米，宽25厘米。其口头传承内容为要求"岩众"遵守村规民约。下瑶龙、六百河一带不能再发生偷盗行为，违者将受严惩。立岩旁为"同守宪章碑"。该碑于清同治十年（1871）竖立，高150厘米，宽75厘米。其主要内容是官府革除赋税征收陋习，明文规定枫木等16村屯应缴纳的赋税钱粮数额，防止逾额征收，横征暴敛。②官府的有字碑与民间无字碑并立，说明清代在少数民族治理方面官府与民间的联通互动。

月亮山区每次"埋岩"要在神灵面前举行隆重仪式，栽岩结束后，在场"岩众"听寨老或懂苗族古理的人讲古，背诵法规词，背完法规词之后，便杀一头牛，在山坡上分而食之。③在此类活动中人们形成永久的记忆，并不断传唱，久而久之便形成"埋岩古规"的传唱文本，也称作"埋岩理词"。从1988年起课题组在月亮山区进行多次比较深入的调查，走访了多名埋岩贾理的传唱者，获得了很多宝贵资料。20世纪出版的《融水苗族埋岩古规》内容也十分丰富，记载不少"埋岩理词"，除了法律条文外，还反映了该地苗族古代的历史、风俗、语言等，它是苗族古代历史社会的珍贵资料。

"埋岩"有时是为了解决当时发生的较大的纠纷，广西融水发展成为一种处理具体纠纷解决事件而有针对性的埋岩，且数量较多。当苗族村寨内发生土地争执或财产纠纷，当事人双方经调解无效，僵持不下、无法解决时，寨里的老人便召集大家在公共场所集会，讨论怎样解决纠纷，大伙商量出结果后，这一结果便成了裁决意见，恐口说无凭，需要在争执的地方"埋岩"，以便人们永记，用栽岩的仪式来引起人们对此事件的重视。这种处理具体案件过程中形成的，被称为"裁判埋岩"。

黔桂界邻月亮山区苗族、侗族群众在修改过时、无用的规约，制定新的岩规

① 据课题组 2021 年 2 月 25 日在广西融水苗族自治县良寨乡的调查资料。
② 据课题组 2021 年 2 月 26 日在广西融水县白云乡的调查资料。
③ 赵崇南：《从江县孔明公社苗族习惯法、乡规民约的调查》，贵州省民族研究所编：《月亮山地区民族调查》，1983 年 6 月内部刊印本。

时，由于条件的限制和组织的不易，并不经常埋岩，而是把人们召集到祖先早已埋好的地方，通过一定的仪式，祭祀历代埋岩者，重申古已有之的埋岩规约，或根据现实情况的变化，补充一些新的内容，不重新埋岩所召开的会议可称为"祭岩会议"。例如从江县东朗乡的大"额骚"作用范围内的孔明8寨重申习惯法的情况就是这样。有5个寨的寨老，每隔几年便召集各寨的人到大"额骚"处，在讲古理、背诵法规词时，根据当时新的情况增补一些新规约。当地的寨老一边讲古理、背诵法规词，一边用插钎向那块岩石凿去，背几句，就凿一下，直到背完为止。

埋岩有族系渊源，也在相互交流。"分岩"搞得好，"总岩"也会学习他们的经验。据当时榕江县人大常委会副主任陈德科主任介绍：2009年3月及同年11月榕江县的八开南部地区加两苗寨、平江乡摆垭山地区进行风俗改革"埋岩"后，[①]对从江"能秋议榔"影响很大，因为从江来参加"加两埋岩"的几个乡镇与榕江八开苗族属同一支系，风俗习惯很相近，两地互有通婚，经常走动。"加两埋岩"过后，消息便传到了从江苗族各乡镇，加鸠、东朗等乡干部便思考模仿"加两埋岩"准备，这才有了"能秋埋岩"。2010年3月从江县加鸠镇能秋先后按照传统的做法举行了"埋岩议榔"。[②]2010年4月9日，八开南部苗族22村4寨派代表100多人聚集计划乡加两村"议榔"现场，召开"议榔"一周年座谈会。与会的全体代表对"榔规"实施一年来执行情况和存在的问题进行了认真的分析和总结，并对"榔规"条文提出修改和补充意见。

苗族"埋岩理词"由两部分组成：一是通用埋岩理词，即每一次埋岩活动都必须使用的理词。例如，苗族头人在每次埋岩活动中都首先讲苗族埋岩的由来、埋岩在苗族历史上所起的作用等，即是"通用埋岩理词"；二是"专用埋岩理词"，即根据每次埋岩活动所解决的不同社会问题而编制的理词，这类理词只供本次埋岩活动使用。"通用埋岩理词"和"专用埋岩理词"均为苗族设立规范的"立法理词"，因此埋岩理词就有了新旧之分，在埋岩时记述其过程和内容的就是"埋岩古规"（亦即"古理"），而在埋岩地重新订立新法和在处理案件时

---

① 1989 年 11 月榕江县平江乡摆垭山地区 12 村 30 余寨苗族和附近群众进行风俗改革议榔，制定了"榔规"，共 6 条，对结婚彩礼、"婴儿酒礼金"等进行限制，并印刷 64 开小册子发给参会群众（笔者小册子由苗族学者、原黔东南博物馆馆长杨元龙提供）。

② 详见龙泽江、张和平：《石头法的现代传承——月亮山苗族习惯法"榔规"改革纪实》，《原生态民族文化学刊》2010 年第 2 期。

形成新的规矩，并被传唱下来的就是"新规"。这些古理新规都是负责裁定与审判事务的理师、长老在论理决事时所依据的习惯法标准。这样，埋岩理词经过世世代代口耳相传，随着时间的推移，又加入"新理"，以后"新理"又成古理，日积月累，古理古规的内容逐渐增多，理词传承内容也更加丰富，习惯法的实体和程序规定就更加周密和完善。尽管没有文字为凭，但内容易懂易记，群众印象深刻，自觉遵守。苗族口传的埋岩古规内容丰富，朗朗上口，合仄押韵，粗中有细，"条文"简便，便于实行。理师、长老在裁定或断案中唱诵理词的时侯，非常注意其完整性，尽量避免遗漏："迦（常理）完又起始，理完又开头，唱歌要唱新歌，叙理要摆古理，叙迦要完整，叙理要无缺。"唱完时要说："新理不知何时起，旧理即在此结束。"最后呼唤"众多前辈们"，听众此时要有回应，表示已经听懂和记住了，这在口承法文化情形下，对"岩众"来说是独特的"普法"方式。

二

以前每当决议重大事情，则要召集岩众召开"埋岩会议"来解决。一般都是针对苗族社会面临的重大问题，有些需要"立法"解决，所以"埋岩椰规"一般是通过"埋岩会议"决定而产生的，也使这个决议的效力更高，影响更深远。所以说"埋岩会议"主要的功能是它的"立法功能"。除此之外，苗族地区上发生的重大事件无疑包括外敌入侵、匪患猖獗，需要组织联盟来抵抗。需要较大地域范围联合的"埋岩"，可称为"防御埋岩"。加勉"曰龙晦"埋岩就有防御外部入侵，动员参加对外作战的职能，每当有军事行动，都要聚集到岩前开会，祭祀该岩。但更多的情况下"岩规"是解决苗族社会的内部问题，主要还是内部社会治理问题，各个族系都有"综合性"埋岩，就是所谓"事事都管"埋岩，这类埋岩表现在订立较为详细的岩规规范体系，惩治破坏和违反岩规的"犯岩"行为，维护苗族村寨社会秩序。对族系内部主要适用"经济处罚"。所以岩规的制定也要符合合理、准确、实用、简明的原则，基本的要求是处罚要与"犯岩"行为相适应，要体现出"层阶性""复合性"。而体现在"组合型"埋岩上，还要符合苗族经济条件下的负担水平，以此来维护本民族团结和社会稳定。这就要求"岩规"的制定者要有整体设计考量和逻辑结构合理安排的能力。

加勉"七佰岩古规"，共17条，内容如下：

1.只要男女双方自愿，不论家庭贵贱，彩礼不定多少都可以结为夫妻；

2.男女双方结为正当夫妻后，如有一方不愿过夫妻共同生活，喜新厌旧，提出离婚，先负赔一头能耕地的体壮牛，还负担5项费用，每项66毫[1]，即：喜新厌旧、污蔑人格、爆（暴）力虐待、生活保障、居住安置。双方一并根据情况调解彩礼；

3.发生不当男女关系的，发现一次负赔66毫，如屡教不改，加倍负赔，若造成女方怀孕的另加120毫，并负责坐月期；

4.不同辈的发生不正当男女关系的，一经发现负赔120毫；

5.奸淫妇女的，负赔120毫；[2]

6.夫妻在共同生活中，若有女方因病而亡，几年过后男方为了生产、生活之便娶后娘的，先向舅家理赔60毫。如男方病故，女方要回娘家，男方家属理赔60毫（由女方决定）；

7.年老夫妻在共同生活中，如父亲病故，留下母亲，儿子不愿赡养的，负赔120两白银；

8.偷牛盗马、开仓盗粮的负赔白银8.8两；

9.砸门破窗，进入他人家中偷盗财物的负赔白银5两；

10.偷盗鸡、鸭、狗、田鱼等负赔66毫；

11.偷盗柴草、瓜、豆等负赔12毫；

12.偷换山林边界石碑的，负赔120毫；

---

[1]清末政府开始铸币，先是在广东省。一元银为大洋，角币为辅洋，又称小洋，即银毫。光绪二十三年（1897）湖南开始自铸银币，有半角、一角、二角。这就应该是银毫，毫即毛，一毛也是一角。（李炳震、曲尉坪：《湖南清代货币》，中南大学出版社2006年版，第262页）。根据1957年学者对加勉的调查：当时偷盗事件的处理一般处罚标准是：偷牛、偷衣物和偷粮食，初犯除责令退回原物外，并处罚120毫；偷铜鼓、偷鹅，初犯除责令退原物外，并处罚牛3头，每头折33毫（这里应该是"半头"，笔者注）；偷鸡、鸭，初犯罚33毫，再犯66毫；偷柴、偷蔬菜、偷田鱼，初犯、再犯予以警告，犯到第三次则处罚33毫（《民族问题五种丛书》贵州省编辑组、《中国少数民族社会历史调查资料丛刊》修订编辑委员会编：《苗族社会历史调查（二）》，第128页）。

[2]关于婚前通奸的处理，男女未婚前发生性关系并怀孕生子，则处罚男方牛1头（折合钱66毫，解放后合人民币6元6角），禾150辫（一说是30辫，每辫重5斤），作为女方生育期间（40天）的生活费用（一说牛是给女方的兄弟，这头牛苗语称为"西岭母务正"，即是赶走私生子之意）。婚后女子与他人通奸，丈夫打妻子一顿，并罚奸夫牛1头（《民族问题五种丛书》贵州省编辑组、《中国少数民族社会历史调查资料丛刊》修订编辑委员会编：《苗族社会历史调查（二）》，第127页）。

13.乱砍滥伐风景树，盗砍他人杉木、果树等负赔66毫，并照价赔偿；

14.无故打人、借酒行凶、伤害他人的负赔120毫、一包饭（12筒米）鸭一只。并负责医疗费用；

15.砍田边树木，粗心大意、不采取措施，树木倒下损坏秧田、谷物的赔12筒米、鸭一只；

16.挑拨离间，造成他人矛盾、纠纷的负赔66毫；

17.引发寨火的，负赔一头能耕耙的体壮牛、一条狗，负责洗寨。

苗族习惯法的处罚有"轻于奸而重于盗"的取向，奸淫妇女的才罚银120毫，而对入室盗窃、开仓盗粮、偷牛盗马处罚5—8.8两白银不等。苗族对婚姻关系比较重视，男女结婚后，一方有过失，提出离婚，要先赔偿一头"壮牛"，以保证对方的生活，然后根据不同情节罚银，结婚时的彩礼由双方协议分割。苗族有敬老爱幼传统，对老人的赡养非常重视，儿子不赡养母亲，被看作"猪狗不如"，罚银特重，到120两这一"天价"，这是一种"震慑性"条款，实际上这类情况极少。苗族村寨最大的灾难是"寨火"，由于房屋是木制结构，居住密集，又多在山上，救火不便，风大时迅速"过火"，会殃及全村，损失严重，一般这种情况并非故意，所以要罚失火人一头牛、作为全村举行"扫寨"活动时的吃食。根据《苗族社会历史调查》显示，当时民国时一头牛可折合66毫，所以比较严重"犯岩"行为一般罚66毫以上，即一头牛或几头牛价格。实际印证里很多汉文史料中"责负者偿之，以牛马为算"[1]的处罚标准。《古规》的《前言》声称：该"椰规"是1796年（嘉庆元年）苗族部落首领梁三衡组织"七佰岩"寨老制定的，从古代一直沿用至今，笔者认为内容可能是清朝中期定的，但从处罚货币形式看，应该是民国时期修订的。1957年的加勉社会历史调查与此时相距不远，很多与该椰规相印证。苗族习惯法规范多是口耳相传，思维逻辑和内容表达自然不能像成文法那样准确，但确是当地实实在在的规范，口承法律文化状态下，已经没有办

---

[1] 明代田汝成《炎徼纪闻》提及"蛮夷"；《苗族贾理》说："他贾讲不过，他理说不通。就赔偿金银，就补偿牛马，水牛七十头，黄牛七十头。"贵州省民族古籍整理办公室编，杨文瑞搜集整理译注：《贾》，贵州民族出版社2012年版，第335页。

法使这些规定更"规范"了。^①习惯法规范体系作为一种"地方性知识",贴近村寨现实生活,被当地群众所熟知,对岩规执行者来说及时、管用、可操作性强,在村寨社会发挥实际作用。

前述,党港村《加翁支系"椰摆场格松地"椰规》是明万历四十四年（1616）苗族各部落首领集会"能秋党偿"进行总岩埋岩后分发到加翁支系的党港的,思想宗旨贯彻"能秋党偿"埋岩的意图。根据前述《七佰岩椰规》订立过程,该椰规的定型应该在清朝,又经过长期演变到当代,内容上有很多是现代的内容,但处罚的标准仍然保存着古代原貌,这和当今地方政府"升级打造"有关,所以在2016年8月重新修订（第3次）后作为该村《村规民约》使用,这是非常有意思的现象。内容如下:

一、有下列行为者,据本《椰规》历史传统,按"白银七两七"承担违约责任:

1.盗窃,毁坏他人财物500元以上;

2.制造、买卖、持有鸟枪拒不停止违法行为的;

3.种植原毒植物、吸食毒品;

4.破坏公益林;

5.引发寨火;

6.打砸村委会或打击报复村干和村规民约监督执行者;

7.毁坏国家保护的珍稀植物。

二、有下列行为者,据本《椰规》历史传统,按"白银五两五"承担违约责任:

1.引发火情;

2.盗窃、毁坏他人财物500元以下;

3.引发森林火灾10亩以上;

4.参加邪教活动;

5.发生寨火,成年人未参与扑救而抢救自己物资;

6.父母未抚养未成年人子女,子女未赡养老人;

---

① 2021年1月20日在从江县加勉乡党扭村收集。苗族在清朝中期已经使用汉字,该《椰规》在制定时就应该有汉字文本,但对大多数苗族人来说还主要依靠记忆和口传,在传承过程中随着汉语的变化而改变是很正常的。

7.越级上访；

8.擅自移动边界插岩、改变争议地现状；①

9.订婚彩礼规定：男方彩礼规定在3000元以内（包括3000元），女方回礼不允许回1头猪，只回1只鸭即可；

10.结婚彩礼规定：男方5万元以内（包括5万元），女方回礼不得超过3头猪、3床被子；

11.乔迁、吃牯藏②等重大节日有亲朋好友送礼时。只允许返礼3斤猪肉以内（包括3斤）。

三、有下列行为者，据本《椰规》历史传统，按"白银三两三"承担违约责任：

1.通奸、拐骗他人造成不良社会影响；

2.邻里之间打架斗殴；

3.电鱼、毒鱼、炸鱼；

4.引发森林火灾10亩以下；

5.计划外生育（除应缴纳社会抚养费外）；

6.适龄儿童不入学、辍学；

7.在公益林区烧炭、开荒；

8.利用封建迷信扰乱社会秩序；

9.早婚早育；

10.非法乱建房屋；

11.投放毒剂致畜禽死亡；

12.拒不执行防火线规划拆迁，或在防火线内乱搭乱建；

13.霸占水源或偷放他人田水；

14.未经允许在他人田边3丈范围内种植高杆植物；

15.未履行巡逻喊寨职责。

四、有下列行为者，据本《椰规》历史传统，按"白银一两二"承担违约责任：

1.聚众赌博；

---

① 在黔东南,田边的界石也被视为一种普遍的"埋岩",是土地所有权的标记。

② 苗族每隔一段时间的大型祭祖活动。

2.存在火灾隐患限期整改而不整改；

3.乱砍滥伐森林；

4.邻里之间吵架、夫妻之间吵架或打架造成不良社会影响；

5.酗酒闹事；

6.乱扑（捕）滥猎野生动物；

7.无证驾驶、驾驶无牌车辆、超员超载、酒后驾车；

8.乱堆乱放柴火、乱拉乱接电线被要求整改而未整改；

9.乱放畜禽损坏他人庄稼、果木；

10.往河边、水沟、村庄周围乱倒垃圾；

11.阻塞通道或堆积杂物被要求移出而未移出；

12.房前屋后不符合卫生条件被限期整改而不整改；

13.室内烘烤谷物、棉花、腊肉等无人看守；

14.新出窑的木炭带入家中；

15.一担以上稻草进寨存放；

16.无故不按要求参加村公益活动。

该《椰规》以现在村委会与全体村民缔结"合约"的形式，采取"以罚统罪""以罚统过"形式，根据"小犯轻罚，大犯重罚"的原则，确定"罚银"的多少。总共分成4个处罚"板块"，对违反《椰规》的49个方面规定村民的"违约责任"。其中最重的（"罚七两七"）有盗窃、毁坏他人财物500元以上；制造、买卖、持有枪支；种植、吸食毒品；破坏公益林；引发寨火；打砸村委会或打击报复村干部等；毁坏国家保护珍稀植物等。按照国家现行刑法有些属于犯罪行为，应该交送国家司法机关处理，而该《椰规》规定罚款了事。"五两五"以下都是治安、村寨治理和婚姻、民俗方面，有些属于道德规范调整的范畴。还有就是罚银标准的换算，当今按每两400元人民币计算，"一两二"应该是500元左右；"七两七"应该在3000多元。现在看来可能不重，但在清代、民国，这套处罚标准却不算轻了，这关键看人们对这套"经济处罚"标准能否承受。笔者随机对该村老支书、现在的寨老进行访谈，得知党港村自从修订了《椰规》以后，没有发生过纠纷和刑事案件。

党扭村新修订的《七佰岩椰规》，内容条款上多与党港《椰规》接近，4个处罚"板块"，顺序为"罚3个120"（120斤猪肉、120斤大米、120斤米酒）；"3个66"（66斤猪肉、66斤大米、66斤米酒）；"3个33"（33斤猪肉、33斤大米、33斤米酒）；"3个12"（12斤猪肉、12斤大米、12斤米酒），把"犯岩"违约需要处理的问题根据轻重，置放在4个"板块"之中。"罚3个120"是黔东南苗族、侗族地区（包括雷公山区雷山、台江、剑河——"议榔"而不埋岩的地区），罚"3个66""3个33""3个12"，散见资料也有不少。所罚之物主要用于"聚餐"，开惩戒教育大会，通过"广场化仪式"的餐饮活动，法律的惩戒、校正、明示（重申）、引导、教育作用得到很好的发挥。[①]不管所罚之物多少，全村人都要参加仪式，罚得多时足够食用，罚得少的也会买些肉、盐送给村民。有时甚至用几个锅煮"肉粥"，大家每人吃上一碗，吃了这一碗就表明当场受到了教育，确因有特殊原因不能到场的要让家人给他带上一碗，吃了以后，会议精神便被"融化在血液中，落实在行动上"了。

为计算方便，"罚3个120"在有些村寨实行"罚每人3个半斤"（半斤猪肉、半斤大米、半斤米酒），有的村寨是"罚每人3个1斤"。笔者在黔南荔波县佳荣乡大土村调查时，发现这里就使用罚"3个1斤"的做法。大土村埋岩源于加勉"七佰岩"，现在岩规与族规结合在一起使用，罚"3个1斤"也进入了"大土族规"。1995年柳州的苏某到大土做木材生意，虽然他有家室，却多次挑逗、骚扰本村的张寡妇。当时的"苗王"（本地的称呼，一般是"寨老"）潘忠明知道此事后，核实了情况，找到苏某谈话，要按罚"3个1斤"的标准处罚他的不良行为。苏某有钱也并没在意。次日正好大土"赶场"，临近黔东南从江县光辉乡、广西环江驯乐苗族乡的很多村民都到大土小傲市场购物，人非常多。潘忠明让苏某买了1头200斤的猪，当场宰杀，当众召开惩戒教育大会。会上人们对苏某的行为有指责、有训斥，议论纷纷，会后苏某没脸见人，丢下生意，离开大土。现在的处罚一般根据物价折合成人民币来计算，据大土村支书申涛介绍：2020年10月，邻近村寨的一位外族村民在大土游玩时，看到一户人家的兰花不错，便顺手拿走了。村支书申涛通过查看摄像头找到了这个人，并到当地派出所报了案，最后通过协商，由"偷窃者"出人民币6000元，其中3000给了原兰花持有者，另外3000元买猪肉和米，做成"肉粥"在村内广场上召开了惩戒教育大会（这次偷窃

---

①徐晓光：《从苗族"罚3个100"看习惯法在村寨社会的功能》，《山东大学学报（哲学社会科学版）》2005年第3期；《"罚3个120"的适用地域及适应性变化——作为对黔东南民族地区"罚3个100"的补充调查》，《甘肃政法学院学报》2010年第1期。

者没有参加），由于参加的人较多，每人只吃上一碗"肉粥"。[1]

一般情况下村里发生的争执和事端，可以由寨老、理师据理劝说各方平息解决。只有当事各方或一方不接受寨老、理师的调解劝说，便召集岩众到岩前开会，到埋岩面前解决。通过公众议事讨论解决争端的办法，也可称为"岩前裁决"。"岩前裁决"应该是最后的判决，所以裁岩的权威性还表现在它的古老性和最后的判决上。当事情大到要通过"岩前裁决"才能解决的时候，当事人双方都要拿出一定数量的钱物作为费用，最后对理输的一方还要处以一定数量的罚款，以充公用。以后村寨内发生类似纠纷，寨老便带着当事人来到从前裁岩的地方，根据以前同类案件形成的"先例"调解。调解成功后，当事人双方要用斧头在岩石上打下一个斧印，表示服从裁决，永不反悔。广西融水县"岩规抄本"，记载一个处理田产的"岩前裁决"案例，这是为了解决家庭内部纠纷，约束的对象是家庭内部的兄弟亲属，如果出现对父母的土地、山场、林木的私占偷砍行为，要由团众和村民全体出面进行处罚。

岩规明确规定：禁止一些品行不好的理师在办案中索取财物。在解决纠纷过程中节外生枝，或者议而不决，拖长时间，加以勒索。安太乡元宝村大寨屯的"党后松吉埋岩"规定："严禁在办案过程中节外生枝，或议而不决，拖长时间吃别人的酒肉和索取受贿。"另外还规定："违者每人罚一两二银子。"安太地区的"别松埋岩"规定罚二两二或三两六银子。[2]

三

在苗族村落发生违反习惯法的行为时，人们习惯上称"犯了某个岩"。随着

---

[1] 据课题组 2021 年 1 月 20 日在荔波佳荣镇大土村的调查。

[2] 这种情况在我国各地苗族聚居区均有出现。据石启贵《湘西苗族实地调查报告》记录："案若久悬，看其日数有算工资代价者也。一般牙郎（理郎）在谈判前，每每先睹定椿，以分胜败。议定金若干串，视当事人之富贫，案情轻重大小而定。以少数论之，如一十一、二十二、四十四、八十八，大数论之如三十三、五十五、七十七、九十九。甚至有议二三百串者。此外还议杀猪宰羊、酒若干斤……先均议妥。此无异于司法征收之审判费，有由败诉负担者，亦有平均负担者。案结局后，关于金钱，公众分之。其余杀牲，公众食之。如猪羊肥大，亦有先除腿筋一二只，及肉若干块，分送乡长、牙郎以为酬劳，至开集讯时，先比堂费若干串，陈列公所。""（牙郎）好吸鸦片者，日需八钱一两；好吸丝烟者，日要四两半斤。肉酒饱餐，得意洋洋。蹉跎岁月，虚耗光阴，拖累当事，牺牲无谓金钱也。事有已解决，有未解决者，纯视牙郎之是否操持。"（石启贵：《湘西苗族实地调查报告》，湖南人民出版社 2002 年版，第 162—163 页）

私有制的发展，买卖不公、坑蒙拐骗、偷牛盗马、拐婚骗婚等案件时有发生。当有人严重违反了规约事件，村寨内部处理不了，需要聚众决定时候，要举行"凿岩审判"。作为"执法者"的理师、寨老自然是要找出"同案同判"相关古理和相应的埋岩地点，作为该案裁判的依据和审断场所。比如，盗窃案件就到"贼盗岩"前审理，婚姻纠纷就到"婚姻岩"上去解决，高利盘剥案件就到"放债岩"上去惩治，等等。理师、寨老讲古理、背诵古规、列举以前案例，根据本案情节对照适用，当岩众们都同意这一审判意见后，由理师、寨老宣布审判结果，最后用插钎凿岩，①从而留下了永久的审判痕迹和案例规范，每一次"凿岩审判"的内容又可以作为以后处理同类案件的"先例"来使用，一些鲜活的案例在黔东南历史和今天普遍存在，这里只从广西融水埋岩古规中我们所发现的几则将各种埋岩作为"先例"来处理同类案件的具体记述。

例一　高利盘剥案

苗族埋岩理词中记述了一则元海（人名）因高利盘剥被处以死刑的案例：

鼓衣②的元海，

心地不良，

思想不好。

别人用钢制秤砣，

他用泥巴制秤砣。

别人用铁制秤砣，

他用木皮制秤砣。

七月租谷给穷人，

他拿秤砣晒太阳，

一称少七斤。

十月收租谷，

他用秤砣泡过水，

一称多占七斤。

他恶像皇帝，

---

① 参见赵崇南：《从江县孔明公社苗族习惯法、乡规民约调查》，贵州省民族研究所编：《月亮山地区民族调查》。

② 鼓衣：地名。

他富像天皇。

有十三仓米，

有十三仓谷。

吃不完，

穿不尽。

用银制鹅槽，

用锡造鸭槽。

他放债到英朗①，

放债到的东②。

放给中哥妈，

放给如受婆。

他们借债赔不起，

借吃还不了。

元海去讨债，

清扫她谷仓，

强抢她锅头。

中哥妈，

如受婆，

气在肚里，

恨在心里。

上山吃了毒药，

找绳子吊了颈。

死她一个人，

就像烂他蛋一个。

但地方不允许，

村寨不容许，

三十三埋岩不允许，

①英朗：地名。

②的东：地名。

> 四十四埋岩不容许。
>
> 聚众到培叔[①]，
>
> 聚众到松高[②]。
>
> 杀元海垫底，
>
> 立埋岩在上，
>
> 埋个放债岩，
>
> 立了放债规。[③]

　　由于元海不讲诚信，为富不仁，高利盘剥百姓，致死人命，激怒群众，按照以前的"三十三埋岩""四十四埋岩"被强制执行死刑，并因此订立了"放债规约"，要求人们以元海之死为戒，严守放债岩规，合理借贷，讲究公道。后来处理同类案件的"乃朱埋岩""仲娃埋岩"又作了补充规定："利钱每元收三角，利谷百斤收四十。不准利大过本，不准利滚利。有借有还，欠债别拖延。讨债不准刮粮仓，追债不准端锅鼎。如果谁不依岩规，不照古理办，塞水冒田塍，吃草过山界，地方不允许，村寨不容忍。要他象元海，死也要服从埋岩规，死也要遵守埋岩规。地方无冤，村寨无仇，讲条做生意，说条做买卖，卖的当面卖，买的当面买，九就九，十就十，筒要合秤，秤要合筒，别卖假货，莫欺骗人。"[④]这个案例清楚地说明后两个埋岩是按照当年处理元海的标准做的，更远可以推到"三十三埋岩""四十四埋岩"。

　　例二　"恶棍"案

　　融水埋岩理词详细介绍了案件的经过：

> 人不乱死，
>
> 牛不乱杀。
>
> 他们指引路给众人走，
>
> 制定道理给人间遵从。
>
> 制好古规大家称赞，

---

①培叔：地名。

②松高：地名。

③乔朝新、李文彬、贺明辉搜集整理：《融水苗族埋岩古规》，广西民族出版社1994年版，第103—108页。

④乔朝新、李文彬、贺明辉搜集整理：《融水苗族埋岩古规》，第109—112页。

制不好古规大家骂。

哪个心地不良，

思想不好，

不走正路，

做不合理。

砸坏别人长菜筒（餐具），

砸坏别人大饭包。

地方一头，

村寨一边。

该罚就罚，

该打就打，

该杀就杀。

各亲戚朋友，

各家族兄弟，

遵从埋岩古规，

遵照埋岩古法。

疏远不冤枉，

亲近不怜惜。

一切按埋岩规约，

一切依埋岩规约。

今日火未燃烧先备水，

事未发生先交待。

严在先，

好在后。

哪个九教不改正，

十教不服从，

侬整高岩规，

按汪欧岩规，

拿绳捆脖子，

用索绑喉咙。

拉他上埋岩，

拖他上埋岩。

用木棒来敲，

拿棍棒来打。

…………

打给众人看，

打给众人知。

要他死也要服从埋岩规，

死也要遵守埋岩规。

地方才平安，

村寨才安宁。①

理词中的"一切按埋岩规约，一切依埋岩规约"，"依整高岩规，按汪欧岩规"，说明以前对横行乡里的"恶棍"已经有了多次埋岩规定，以后只是按过去的埋岩古规对新的"恶棍"处理就行了。

例三 "大秤、小斗"案

大约在清朝末年，融水安陲地区"大秤进，小斗出"的现象十分严重，就是利用大秤收进粮食，小斗卖出，从中牟利。由于少数人用大秤、小斗来进行剥削，苗族群众怨声载道，大家纷纷要求苗族头人为百姓做主。经各寨头人商议，在同乐寨脚的松吾勇坳上埋岩，埋岩时，首先将一个秤砣埋在下面，然后立岩在上，诅咒谁搞大秤、小斗，他就像秤砣一样，永世不得翻身，并宣布今后不准用大秤、小斗坑害人，发现谁搞大秤、小斗就把他拉到松吾勇"埋岩"的地方来处罚。

"凿岩审判"是以具象化了的"裁判埋岩"为基础的，以后如再发生以上类似事件，就没有必要就同一问题进行重复"裁岩"了。当村寨中"犯岩"案件需要处理，执法者依据岩规和"先例"审判，最后用插钎或斧头凿岩，这是必要的程序性标志。我们今天所能看到的部分古老埋岩，有的有三五个铁器印记，有的多达十几个，表示处理同类案件的次数。由于苗族没有统一的文字，"凿岩审判"所反映的内容和过程只能依靠口耳相传。现在有很多的埋岩，人们都不知道

①乔朝新、李文彬、贺明辉搜集整理：《融水苗族埋岩古规》，第31—37页。

它当时作为见证的具体情景，但以前有些老人们还能记得它的内容。为了便于记忆和流传，歌师们把一块块埋岩的审判故事编成念词来传诵。后来，苗族中懂得汉文的人士（往往又是乡老、寨老）便用汉字记音的办法把岩规的内容记录下来。

"议榔埋岩"从明清时期开始广泛流传于湘黔桂交界的月亮山区苗族、侗族、水族、壮族社会，是各少数民族"民间立法"、法律传承和"判例法"的重要标志，由于黔桂边区各少数民族没有统一的文字，人们用"埋岩"的仪式来引起人们对此事件的永久记忆。月亮山区"埋岩"有明确的谱系关系，有完整的体系和规范内容，与黔东南所有"议榔定规"（有一部分"议榔"不埋岩）体制下形成的民间规范构成完整的"苗疆习惯法"。清代中期政府鉴于"苗疆"（狭义的）法律管辖的实际情况，将此认定为"苗例"作为在该地区行用的"准据法"。

"埋岩"也是一种判例法，所谓"判例法"是以判例的形式表现出来的法律规范，作为审判的先例对其它同类案件具有约束力，可成为日后执法者判案的依据。判例法不是国外独有，在中国法制发展的历史上也曾有过判例的存在。中国口承状态下的少数民族在自己的审判活动中使用某种便于操作的判例法，找到本民族地域和法文化形态下"同案同判"的方法，并在长期的法律实践中形成独特的判例制度。月亮山区苗族的诉讼与裁定是通过"埋岩贾理"由理师唱中进行和完成的，口承法律文化在该地苗族保存得比较完整而具有典型性。

第一章　黔桂界邻地区苗族"埋岩"的分类

第一节　"埋岩"的分类特点及研究意义

在黔桂交界的月亮山地区，"埋岩"是当地较为普遍的文化现象。该地区的"埋岩"丰富，种类繁多。"埋岩"（jenl vib，苗语）又称"栽岩""竖岩""立岩"，属于习惯法订立的比较原始形式的一种。从明清时期开始广泛流传于黔桂交界的月亮山区苗族、侗族、水族、壮族社会，是各少数民族"民间立法"、习惯法传承和"判例法"的重要标志。由于黔桂边区各少数民族没有文字，人们用"埋岩"的仪式来引起人们对此事件的永久记忆。"埋岩"一般通过集会议事产生结果，体现少数民族同胞的意志、大众的决策以及协议某一区域内的规矩。随着时间的推移，在当地古代社会中便产生了"埋岩议事"活动。由于这一活动涉及的村寨和人是相对固定的支系，这就进一步产生了苗族的"埋岩议事组织"，这些组织通过"埋岩"来处理村寨中的各类事务。村寨中的事务各异，因此也需要埋下各种类型的岩。

黔桂界邻地区"埋岩"议事是不定期举行的，有几年、十几年或几十年一次。遇有外来骚扰、"岩"内纠纷、处理偷盗等重大事情才举行。快速传递通知的办法是用一节五倍子树削成三指大木片，破开夹鸡毛、辣子、火炭等物，逐寨传送，风雨无阻。各寨接到信后，即聚集"埋岩"地点，由通晓苗族古理规约的老人主持议事，民主协商。对外一致抗敌，对岩内违犯古规者，按古规习惯法，视情节轻重酌情处理。苗族每次集会、议事、形成决议或法规之后，便于村口寨头或集会地栽一岩石以作凭据，并警告后人，这就是苗族历史上千古不朽的"无字碑"。从类型上看"埋岩"应该有"综合岩"（苗族群众称"样样都管的岩"，一般是在议榔活动中埋下的）、"组合岩"（区分不同处罚标准的）、专项岩如"迁徙岩""禁盗岩""婚姻岩""防御岩""保寨岩""保家岩""防疫岩""神判岩"等分类。

一、"综合性埋岩"的普遍调整性特点

"综合岩",苗族称"样样都管的岩",一般是在议榔活动中埋下的。在从江县加鸠乡就有两块综合岩,一块是加鸠的"能秋党偿",另一块是加勉的"七佰岩"。"能秋党偿"是月亮山区最古老的埋岩之一,被当地人称为总埋岩,能秋埋岩会议涉及地域范围非常广,从江有加鸠、加瑞、加勉、加牙、孔明等乡苗族群众;有宰便区的寨平、宰和、二友、新华等地的苗族群众,还有停洞的东郎、加民、加哨等乡的苗族群众;有下江镇的党九、摆亥、下江村的苗族群众;榕江县有八开区的腊友、加宜、计划等乡的苗族群众,影响范围约有数万苗族群众,方圆百又余里,分岩遍布月亮山各地。历史上多次"岩前会议"是由加学、加牙、加瑞等村的寨老发起,事前他们与各村寨老商量,把月亮山苗族地区社会治理问题提到议事日程。另一块综合岩是加勉的"七佰岩"埋岩。该岩位于从江县加勉党扭村一公里外的山坡上。

除了从江县和榕江县,在荔波县佳荣镇大土村也有一块综合岩,不过这块岩是从从江分过去的,按照辈分的说法,如果榕江的"整高汪欧"是总岩,那该岩为分岩,管辖的范围较小。该埋岩位于黔南荔波县佳荣镇大土村两公里路边木楼内,碣石在大土村广场边。据当地教师姜兴龙简介得知,在贵州省黔南布依族苗族自治州荔波县佳荣乡大土村埋岩至今还保存完好,这块埋岩由于以前修路,该村为它专门建造的木制小楼。该埋岩又是加勉埋岩的"分岩",为"能秋总岩"的"孙岩",因十代以前加勉的两户人家,一共4人,迁徙到大土开荒种地,逐渐发展成为现在的大土村。它的功能是方方面面的,对偷盗、生态、婚姻、火灾等事件都有管辖权。该埋岩与本地家族法连在一起,形成简明的文字公约,行用于当今。

在从江县加鸠乡摆道村,也有类似的综合类"埋岩",只是管辖的范围较小。该岩位于从江县加鸠乡摆道村口。据摆道村杨主任介绍,这块埋岩主要是针对乱砍滥伐、偷盗、通奸等处罚的,其中埋岩长65厘米,宽34厘米,厚9厘米。旁边的四块碑刻根据古老埋岩宗旨,订立的新的村规民约。埋岩本来在附近的山上,后来为了方便全部将其移送到摆道村口,用以起到警示村民的作用。立碑形式与前面加勉"七佰岩"是十分相近的,四块碑刻是2017年11月27日竖立,上刻榔规。旧岩与新碑同立,也是古规在新的形势下"升级打造"的表现。

另外，在广西融水良寨乡大里村高翁屯与贵州从江斗里镇根里村裸里屯、西山镇大丑村交界一公里处也有一块综合类埋岩。据广西融水大里村高翁屯埋岩杨姓村民介绍得知该埋岩位于山岭上一块约一亩宽的草坪内（侗语称"滚古坳"），有并列的大小两块埋岩，均无文字。大的高42厘米，略倾斜，小的高5.7厘米，埋岩领管从江、黎平和广西融水、三江4县交界处毗邻村寨组合的44个分岩、数百个自然寨。

在广西融水，习惯上称拱洞乡、红水乡一带为"八岩"（苗族称"意依起"）；大年、高撩、响塘、呀腊、归思、林姑、林浪（大浪）、国里、高翁一带为"七岩"（苗语称"兄依起"）；吉格、归马、高汉、永留、高荣一带为"六岩"（苗族称"杜依起"）；从江县的西山、定洞、务林、捞里、小翁、岑杠、小丑、大丑、马安、大翁、花甲、裸里、加洋、根里一带为"五岩"（苗族称"追依起"）。这种区域性的"埋岩"组织活动在清代较频繁，民国时期已很少进行。"依起松努"埋岩在民国二十四年（1935）举行最后一次的议事活动。该岩埋岩既是榕江"整高汪欧"埋岩的子岩，又是黔桂界邻地区苗族的总岩，领管的区域较大、村寨较多。

据记载，历史上这里先后举行了五次埋岩活动。第一次埋岩是严禁偷盗抢劫；第二次是"用牛顶替姑舅表婚"；第三次是解除族内婚；第四次是处罚偷盗并活埋偷盗者；第五次是严禁乱收钱粮。旁边有一块块的石碑，碑上方刻有"永远禁碑"（高95.5厘米，宽62厘米，厚8.7厘米），下方是碑文，其内容是关于禁止汛兵勒索百姓的禁条等，是黎平府正堂西林巴图鲁邓与当时所属的各分岩寨老44人，于光绪九年（1883）十一月初六日订立。说明地方官府利用了苗族的埋岩，通过埋岩组织来治理地方。官府法律不仅依靠民间权威来保证实施，习惯法也依托了国家强制力加强其效力的作用，具有"官示化"的特点。

二、"专项类埋岩"的专门调整性特点

（一）保寨岩

保村护寨自古以来都是最重要的。村寨安宁，村民才能安居乐业。在榕江县高懂高现组就有20余块保寨岩，它们位于榕江古州镇高懂高现组组委会往前100米斜坡上，据当地张姓村民（女）介绍，保寨岩的主要功能是保护村寨和谐安全的。该村民还介绍说该岩群分左右两群。最左边岩高125厘米，宽14厘米，厚14厘米；最右边岩高84.2厘米。"埋岩"是为了保护村子安全，带领村民与恶霸斗

争，最后取得胜利，为了纪念这一事件，就在高现埋岩，将其作为保护村寨的岩石。月亮山地区理词有唱道：

> 栽岩护汉族，
> 立规保苗族。
> 不准硬欺软，
> 不准乱杀人。
> 岩理管得正，
> 规约管得严。[1]

可见，"埋岩"对保护村寨，维护村寨秩序方面意义重大。此外，笔者通过调研发现基本上每个村寨都会有埋岩或者栽种保寨树的习俗，这在月亮山地区很普遍且意义很重大。在从江县宰便镇污牛河附近的加鸠、加两、加宜等地，也存在着大量的保寨岩。

（二）环境岩

在榕江县栽麻镇高岜村口有三块"埋岩"。这三块埋岩类型是：迁徙岩、环境岩、防御岩。笔者从当地小学老师龙安吉处了解到，此处原有三块小岩，已经风化不见，左边迁徙岩埋岩原本位于旁边的山坡上，后来移动到高岜村口，与另两块岩埋在一起，用于记录该村迁徙历史，也有维护村寨安宁的作用。右边环境岩原本位于旁边的山坡上，后移到高岜村口用于保护村寨环境，也有维护村寨环境的作用，竖碑年代为清朝。该埋岩高128厘米，宽39厘米，厚13.5厘米。该埋岩主要是告诉村民要保护生态环境，珍惜现在的生活，也响应了脱贫攻坚的号召。苗族理词唱道：

> 水火禾飞蛾米，
> 行金山，
> 走银山。
> 绕这片土地，
> 走这块山林。
> 喊松爷老人来，
> 叫他来山林看，

---

[1] 范锡彪搜集整理翻译：《月亮山苗族纠纷贾理》，贵州大学出版社 2020 年版，第 146 页。

让他来到这座山，

自己看看杉山，

看看林地。

这水火禾，

飞蛾米。

行金山，

走银山。

绕这片土地，

走这块山林。①

这则理词事实上已经表明他们把山林田土当作自己的"金山银山"，十分重视并加以保护。此外，宜州区村规民约碑也对环保作了明确的规定：

禁止樵采村内后龙北山前后树木，不准砍伐，违者严究；

禁止□□村内后龙北山前后山石，不准开□□取，违者究寨；

禁止不准划除本境各处坟墓近边草皮烧灰，违者并究。

宣统元年秋八月吉日合立②

（三）盗窃岩

盗窃自古就是重罪，由于古时黔桂界邻地区经济较为落后，时有偷盗行为的发生。为了杜绝这类事件的发生，也会专门栽下此类岩石。《现代汉语词典》对"偷"的解释是："私下里拿走别人的东西，据为己有。"人类靠劳动获取食物，被人尊重，但是有的人却不想劳动，只想通过偷别人的食物占为己有，这类人叫小偷。人们最讨厌小偷，为了管制他们，制定章法来约束小偷的行为，对他们进行相应的惩处。苗族惩治小偷的章法以贾理、栽岩为依据。下面这段"贾"是对小偷先进行罚款，累计资金达到能购买一头猪，然后就把这头猪买下来，喊来有过偷盗行为被罚款的人，再喊全寨人集中到栽岩的地方，由贾师念这段贾词，并现场杀鸡。寨上以姓氏为单位派代表来喝鸡血，各代表宣誓，保证你这个姓的人今后不再犯错误，如果犯了错误自己来处理。活动结束就栽一块岩。

---

① 笔者于2021年7月前往榕江县脚车村进行调查，该村贾师莫老港念说，王杰记录整理。

② 此碑于宣统元年（1909）立，复制品高98厘米，宽51厘米，厚5.1厘米。课题组成员徐晓光、范玮、徐斌2022年1月18日在宜州博物馆中国村民自治展示中心查看了该碑复制品并提取了文字。

　　2021年7月，笔者在黔东南苗族侗族自治州榕江县进行田野调查时，与当地学者王杰和贾师莫老港进行了深入的沟通后得知，盗窃岩的贾词是很多的。每块岩都记录了一个盗窃的故事，时间长了，渐渐地就以某块岩专门管理盗窃类的事件，只要有盗窃的事发生，都会到盗窃岩前进行审判。

　　根据莫老港回忆，在新中国成立初期，高排有两个姑娘来脚车做客，第二天回家途中偷折脚车田中谷子来吃，被脚车的人发现后捉来，交给高排的人自行处理。事发前，脚车也有人去偷过高排的谷子，但是脚车已经拿牛去抵罪了。但是这两个姑娘偷谷子吃，高排人不拿牛来抵罪，他们就叫人把这两个姑娘杀死了事。当时就是在这个地方杀的人，其中一块岩就是杀死那两个姑娘的时候栽的。下面就是莫老港处理脚车村盗窃事件的贾词：

> 昨天宋公到古耶买羊，
>
> 有宋去古公买羊。
>
> 买得个母，
>
> 又偷只公，
>
> 拉回家杀吃来。
>
> 来牵回家送酒杀喝，
>
> 地方众人晓得知道。
>
> 寨寨人明了白，
>
> 三十三依直不给，
>
> 四十四依直不让。①

　　此外，在广西融水，也有很多埋岩是用来处罚偷盗的。在白云乡枫树村，就有一块盗窃岩，该岩位于枫木屯以北一公里的一座小山坡上，立于清代，为无字碑。岩高130厘米、宽25厘米。其口头传承内容为要求"岩众"遵守村规民约。下瑶龙、六百河一带不能再发生偷盗行为，违者将受严惩。②

　　相关的案例如几年前发生在广西融水安大田村，村里的一名寡妇，拖养三个小孩，生活困难，无钱买油盐，于一个月夜偷了他人果园中20斤糖梨，拿去街上卖，得钱买了油盐。后来被群众揭发，按"埋岩"有关条款，处罚85斤猪肉。

---

① 课题组于2021年7月前往榕江县脚车村进行调查，该村贾师莫老港念说，王杰记录整理。

② 石磊、蒋远金：《广西融水苗族埋岩及其历史文化内涵》，《中国民族文博》（第5辑），辽宁出版社2014年版，第376页。

她只好借钱买猪肉，然后切成块，分送到各家各户，表示认罚。[①]她受罚后，全村干部群众热情帮助她发展生产，鼓励她积极种养，不久她便脱贫致富了。又如去年大田村一个青年偷了群众两只鸭，案发后，逃走他乡，想躲开"埋岩"的追究。后来，一个苗族前辈开导他，如果逃避"埋岩"追究，将从重三倍处罚，这个青年才乖乖回村，受罚认错。

（四）地界岩

土地、田地纠纷一直都是农村最为常见的纠纷之一。为了解决该问题，当地民众都会在土地边界进行栽岩，以确认地界的权属关系。在从江加鸠就有很多的地界岩。

据村支书杨世明介绍，加鸠的地界岩数量十分丰富，就他们本村少说也有50块之多。笔者走访了加鸠村几个村民小组，都有地界岩的踪迹，现就其中一块进行介绍。这块"地界岩"，高71.5厘米，宽32厘米，厚28厘米。这种"地界岩"在月亮山的苗族村寨很多，主要是用于划分地界，明确地权。一般栽此岩的人通常是绝户（即无子孙者），意为地权已定，界限已分，如果有人敢随意挪动此岩，就会落得和绝户一样的下场。位于融水苗族自治县安太乡培地村培地屯的"埋岩"共两方。岩宽65厘米，高73厘米，为民国时期所立。内容为不得乱夺别人田地、山场、柴山、杉木等，按照岩规的条款不得违反，违者罚款七两七、八两八。另一块位于安太乡江竹村白竹屯。立于民国时期。主要内容是：不准搞拦路抢劫，偷鸡摸狗；不准乱夺别人田地、山场、柴山、杉木等，违者罚款。[②]2021年7月，笔者前往榕江县脚车村进行调查，该村贾师莫老港念说了一段关于山林边界纠纷的理词，由榕江县文化馆苗族学者王杰整理，现截取部分相关内容：

> 你们谁选哪边？
> 巴、午、林说是我山，
> 我要右边，
> 暴、莫、科、义要左边。
> 贾师就拿泥土来给蛋划界线，
> 泥土划在先，锅垢划在后。

---

①杨林、莫翰：《"埋岩"新说》，《广西民族研究》1997年第2期。

②石磊、蒋远金：《广西融水苗族埋岩及其历史文化内涵》，《中国民族文博》（第5辑），第376页。

要暴、莫、科、义用他们的米来唤醒松爷。

拿巴、午、林他们的米来唤醒高爷。

上述理词主要是早期针对林地纠纷进行的处理的方式，到后来为了避免此类事件的发生，缓解该类情况的出现，经常采取竖立地界岩方法来化解，既省时又省力。由于这类纠纷经常发生，所以当地使用"边界岩"是很普遍的。笔者通过实地调查，发现在黔桂界邻地区，基本上都存在此类"埋岩"，且数量很多，是所有"埋岩"中数量最多的类型之一。

（五）婚姻岩

婚姻是人类社会永恒的话题，结婚是很美好的。但当婚姻破裂，面临离婚也是很残酷的。在月亮山区对于离婚是比较谨慎的，有的地方为了维护家庭的和睦，禁止妇女离婚，并以埋岩的形式进行限制。苗族婚姻习俗经历了多次改革，这些改革关系到苗族社会的生存和发展。苗族婚姻的重大改革都是通过埋岩活动来决定的，主要内容有四个方面：由族内婚到族外婚的改革，婚礼改革，破姓通婚，丧偶再婚。例如，松努坳埋岩的第二次、第三次埋岩活动，都是改革婚姻习俗的。第二次是"用牛顶替姑舅表婚"。当时苗族同胞沿袭姑舅表兄弟姊妹之间有优先婚配的习俗，给苗族社会造成许多不利：一方面是近亲结婚不利于优生优育；另一方姑舅表婚习俗造成不少婚姻悲剧。

在榕江县古州镇高懂村委会前8米处，就有11块婚姻岩，其主要的功能是限制离婚。据高懂村党支部书记廖宗平介绍，岩分两排，婚姻岩旨在限制妇女离婚。该地区过去妇女提出离婚的较多，为保护男人不致成为光棍汉，保证家庭延续，提出离婚女子要从两排岩之间走过，裙摆不能碰到岩石，方可离婚。在岩群中最高的一块，高120厘米，长14厘米，宽14厘米，原在别处，因为修路移到这里。据说，如果妇女提出离婚，直接平地纵身跃起，跳过这一米高的石头，才能被批准离婚并不受处罚。但按这一岩石高度，一般妇女是跳不过去的，所以离婚很难。

在婚姻中，结婚也要埋岩。现举一例加以说明，这是一则婚姻岩，是一段关于婚姻栽岩的贾词。① 最初栽岩在"德丢"，说是在湖南那边，具体位置已经不清楚；后来栽在"能友丢欧"，即今天榕江县都江村；再后来又栽在"摆野汪利"（今三都县上江镇境内）。之后，又增加新岩，打破门当户对和世俗包办婚姻，尊重男女自由恋爱，不受家庭背景和自身条件约束，不按一刀切，有钱人彩

---

① 课题组于2021年7月前往榕江县脚车村进行调查，该村贾师莫老港念说，王杰记录整理。

礼就多一点，无钱彩礼就少一点，甚至无彩礼也可以结婚。该贾词内容如下：

　　古代人们议榔。

　　栽岩在德丢①，

　　加邦的下边。

　　过了若干年，

　　哥嫂又移岩。

　　父母拿榔上来，

　　带到能友，

　　栽在丢欧。

　　栽岩保村寨，

　　榔规千年长，

　　万年也不动。

　　过了若干年，

　　哥嫂又移动榔规。

　　父母又栽岩上来，

　　栽岩在摆野，

　　在汪利坡上。

　　各村派代表，

　　各寨来能人。

　　帝迭②来自应堆，

　　从欧榜下来，

　　他来到摆野，

　　汪利山坡上。

　　大家商量说：

　　我们岩怎么来栽？

　　规章怎么定？

　　秤星怎么刻？

①德丢：地名，与后文的"加邦""能友""丢欧""摆野""汪利""应堆""欧榜""罗沃"均为地名。

②帝迭：人名，与后文的"帝马爷""柳扭爷""偓驼""贵爷"均为人名。

等次怎么定？
帝马爷有话说，
柳扭爷有策略，
下巴生一把白胡子，
双眼炯炯有神。
他俩开口说：
"岩按二颗栽，
理按二等定，
标尺刻二道，
规章定二条。
栽成摆野岩，
汪利坡上边，
栽岩保村寨，
榔规千年长，
万年不许动。"
到了第二年，
偓驼家住罗沃，
通知不到他。
贵爷也一样，
后面才知道。
赶不上议榔，
不清楚当时情况，
不晓得榔规按二等定。
偓驼拄来到现场，
用拐杖敲榔岩当当响，
说是岩规没有健全。
偓驼问道：
"你们岩栽几个，
规章定几条？"
帝马爷有话语权，

柳扭爷负责策划，
下巴生一把白胡子，
双眼炯炯有神。
他俩开口说：
"岩按二颗栽，
理按二等定，
标尺刻二道，
规章定二条。
栽成摆野岩，
汪利坡上边，
栽岩保村寨，
榔规千年长，
万年不许动。"
偓驼对他俩说：
"你们岩只栽二颗，
榔理只定二等，
标尺只刻二道，
规章只定二条。
我担心穷苦没人牵手，
病痛没人结婚。
我们重新规定，
修改好再栽。
栽个至膝盖，
栽个至腰间，
栽个至肩膀。
这样穷苦方能配富贵，
陋室方能配豪门。
配完树中蚂蚁，
配完路中屎壳郎，
配完身患疾病，

配完穷困潦倒。

这样穷苦能配富贵，

陋室能配豪门。

有钱人花钱买婚，

用钱结婚完一生。

贵人拉牛去换，

用牛换成婚毕生。

穷人靠嘴去说，

说成结婚毕生。

这样穷苦能配富贵，

陋室能配豪门。

双双配成对，

结婚做夫妻。

完成婚姻真理，

一条结婚之道终落成。

没有剩下谁单身，

孤独守老屋。"

偓驼又来说：

"母亲十月怀胎，

疼痛九月方生出。

可怜母亲屈膝生，

双膝跪地分娩。

好不容易生出来，

母亲戒一切家务，

戒一切农活。

脚不碰锅灶，

手不碰甑子，

好不容易把儿生。

太阳辣摘枝叶遮阴，

落雨撑开雨伞挡雨。

山头摘野花，

山下摘野果。

母亲背上儿欢乐，

几经风雨才长大。

借牯牛名称富贵，

彩礼定为五头牛。

借白银名称富贵，

彩礼定为五两银。

这是古理不能动。"①

婚姻改革是苗族历史上的一件大事，通过"埋岩"进行苗族婚礼改革得到苗族广大群众的诚心拥护。婚礼改革是苗族婚姻埋岩的重要组成部分，在黔桂界邻地区，这方面的埋岩比较多。苗族婚礼改革包括：废除七头牛作彩礼、改重彩礼为轻彩礼；不作硬性规定，但"越轻越好"等几个方面，有首苗歌曲这样唱："七头牛彩礼，富人才得妻，穷人受孤凄。聚众做埋岩，富人才牵牛，穷人送鲤鱼，人人都成婚，天下人欢喜。"这说明苗族婚礼改革很得人心，此外，"埋岩"还能解决破姓通婚、同姓不同宗可通婚、丧偶再婚等问题，更得到广大苗族群众的拥护。

（六）神判岩

神判是黔桂界邻地区效力最高，威望最大的处理纠纷的方式，一般不会轻易动用，除非是万不得已的时候。在榕江县朗洞宰岑村半山腰处就有一块神判岩。据笔者咨询当地的杨秀堂、杨松松、杨胜易三人得知，神判岩埋岩时间大约在清朝中期，长19厘米，宽21厘米，厚4.3厘米，主要是通过神灵的力量来解决村寨里发生的纠纷，它适用的范围很广，当地的水族、苗族、侗族、汉族群众都要笃信这块"神判岩"。据被询问的村民介绍，当地村民如果遇到纠纷，双方僵持不下，就会前往神判岩前进行赌咒发誓，他们会把脚放在岩石上，然后发誓赌咒，说谎理亏的一方就会生一场大病，甚至死亡。更有甚者，还没到神判岩石前，就已生病难受，所以当地村民不敢轻易去进行岩前赌咒。

民间解决不了的纠纷，一般都寄望于神，希望通过神的力量解决。因此有：

---

① 笔者于2021年7月前往榕江县脚车村进行调查，该村贾师莫老港念说，王杰记录整理。

狗判、鸡判、蛋判、爬刀、下油锅等。这些都是寄望于神的威力来处理疑难案件的活动。鸡判是神判之一，步骤大致分三步：第一步，准备物品：鸡、米、小竹竿（四根）、棉线、36元现金。第二步，将四根小竹按两两间距2米宽度的距离，以正方形方位分别插在四个角，然后用棉线将每根小竹的上、中、下三个部位缠绕三圈。贾师站在正方形其中一边的方位，对面站中人（为双方代表作证的人），左右两边分别站两方当事人（可任意选方位）。第三步，贾师说完贾词，然后割开鸡喉咙，在鸡处于濒死状态时，放在四根竹子中间，鸡最后死亡时倒向哪一方，就说明那一方输理。关于鸡判的贾理有一案件是这样唱的：

今天是凶日，
今夜是恶夜，
对于处理纠纷是个好日子，
才请我贾师来，
到这处理纠纷。
我今天来到榕江，
到县城里来，
我到杨胜伟家，
进他家门，
不是我多管闲事，
我只为弄清明白。
这里有人丢金条、失银子，
如果哪个偷金条、盗银子，
鸡就会倒在他面前、死在他脚下。
你家儿媳是高同人，
如果是她偷金条、盗银子，
那鸡就倒在她面前、死在她脚下。
倒她面前，
死她脚下。
如果金不是她偷，
长学爷爷诬陷她，
那鸡就倒在长学的面前，

死在长学脚下。
这米有水火之神力，
先人之神效，
历经千奇百怪，
看懂是非黑白。
米他去邀王裒，
请莎邹；
邀王仿请玉帝；
邀王摆，
请莎娄；
邀王瓮，
请莎雅。
召唤他们都来，
邀请他们都到，
来到榕江，
来到杨胜伟家。
今天有人偷金条，
抓不着人没办法。
我们地下的人，
人间的官，
只有两只耳朵听，
一双眼睛看。
你们天上的人，
天庭的官，
有四只耳朵听，
两双眼睛看，
公鸡吃白米，
喝白水，
你看清夜间七个时辰，
看懂白天七时吉凶。

哪个心不好，

哪个是小偷，

鸡就倒在他面前，

死在他脚下，

倒他面前，

死他脚下。

鸡死不忘我托的语，

不忘我说的话。

话不长，

语不多，

说话到头，

就此结束。①

（七）防御岩

抵御外敌是各族民众所必须的。在榕江栽麻高芭村就有一块防御岩。该埋岩位于高芭村半山腰，埋岩的时间大约在清朝中期，大的椭圆形栽岩长189厘米，宽51厘米，厚15.3厘米。通过该岩来激励村民，对有外来侵犯要勇于抵抗，保护村寨安全。在月亮山其他地区，凡是刻下防御条款，以更好地打击敌人，保护苗族群众生命财产安全的埋岩都可称为"防御埋岩"。在融水苗族自治县红水乡良双村良双屯的"防御"岩，高44厘米，宽33厘米，厚27厘米；埋岩底座长189厘米，宽139厘米，高122厘米。清朝时期，当地苗族群众常受到外族侵扰，为加强民族团结，谋求人们共处，抵制外部民族侵犯，良双杨勇在良双侗寨龙潭草坪边聚众乡亲共同"竖岩"，并向黔桂边区苗族同胞发"标尖"（通知）来良双学习吹芦笙、踩堂。从此，凡每年良双初十坡会期间，村民们都来此埋岩祭祖，举行芦笛坡会进场仪式。每一块防御"埋岩"背后，都有很多不为人知的故事。

据说1944年，几百日本侵略者入侵融城（今融水县城），大苗山沦陷了。"国军"残部还有数万人，居然对日本侵略者一枪不发，退到贝江流域躲避。他们还无恶不作，到四荣的荣地征粮时，对交不了粮食者，进行抄家，砸烂炊具。一贫如洗的侗族群众忍无可忍殴打了作恶多端的"国军"，迫使他们狼狈逃回当

---

① 课题组于2021年7月前往榕江县脚车村进行调查，该村贾师莫老港念说，王杰记录整理。

时在东江的驻地。恼羞成怒的"国军"立即组织了2000多人企图"铲平荣地"。荣地群众一面组织起来反抗，一面向周围苗族的村寨群众求援，苗族人民在苗族头人贾建忠领导下组织六七千人到金兰竖起"埋岩"，声援侗族人民。在埋岩会上，苗族头人说："现在是国家无王，家庭无父，前门有虎，后门有狼。我们要联合起来，保卫地方。要脚站一地，面朝一方，日寇来侵略，我们要阻击，国军来侵扰，我们要反抗。"会后组织万人队伍支援侗寨，割断了从县城通往四荣、安太所有的电话线。敌人看到各族反抗队伍一呼百应，来势凶猛，只好灰溜溜地逃出贝江流域地区，再也不敢轻举妄动了。[1]

还有一例子是发生在1950年腊月。在融水，当时的土匪梁庆春等三百余人，流窜到当地洞安村，妄图仗着山高林密的险要地形负隅抵抗。当地安太苗族头人意识到，这股匪徒在此盘踞，苗族群众大难临头。于是紧急将防御"埋岩"通知秘密送达各寨，号召群众火速往狄秀寨做防务"埋岩"。在"埋岩"会上，苗族头人做动员报告说："铁钉进布袋，布袋烂；坏人一进寨，寨烂人遭殃。我们要组织起来，保卫好村寨。""埋岩"之后，苗族头人精选二百余名青年，组织敢死队，设卡布岗，日夜巡逻。股匪见势不妙，连夜狼狈逃离，苗寨才避免了一场灾难。[2]上述例子说明防御"埋岩"的防御功能是很大的。

此外，融水金兰屯埋岩也是此类埋岩。位于融水苗族自治县香粉乡金兰屯东南约1.3公里处。现存埋岩两方。大埋岩长164厘米，高78厘米；小埋岩长60厘米，宽45厘米；埋岩东面400米处有一段石头垒墙，起着关口之作用，垒墙长8.3米，高2.4米，厚0.3米。传说历史上凡在此地做埋岩，就要打仗。最早的传说为元宝村的始祖沾屋沾袜（距今已15代），在此做的第一次埋岩就是为了聚众攻打长安（今融安县城），抢回被骗去的大米。最晚的一次是1944年，元宝山东南麓几十个苗侗村寨在苗族头人贾世忠的组织下，聚众在金兰做埋岩，目的是为抵御日本侵略者和国军侵扰，保卫地方安全。[3]防御岩反映了当地民众抵御外敌的决心和勇气，在和平年代具有鼓励、教育当地民众的作用，告诫大家要团结一心，珍惜当下来之不易的和平生活。

---

①石磊、蒋远金：《广西融水苗族埋岩及其历史文化内涵》，《中国民族文博》（第5辑），第375页。

②石磊、蒋远金：《广西融水苗族埋岩及其历史文化内涵》，《中国民族文博》（第5辑），第375页。

③石磊、蒋远金：《广西融水苗族埋岩及其历史文化内涵》，《中国民族文博》（第5辑），第375页。

（八）迁徙岩

苗族民众从黄河流域经过不断地迁徙才来到榕江县古州镇。在当地的都江村为了纪念迁徙的事迹，栽下了几块迁徙岩。

> 鬼神也迁徙，
>
> 人类也迁徙，
>
> 妞妮也迁徙，
>
> 娄则也迁徙，
>
> 都随东方来，
>
> 来到根能党。[①]

这说明埋岩也是记录苗族民众迁徙的一种方式。该埋岩位于都江村溪口，年代十分久远，栽岩时间已不可考。五公岩应该是五块岩组成的"岩群"，现存两块，一块被建房当成屋基，另一块已碎，嵌在墙中。长102.6厘米，宽48厘米，厚7厘米。埋岩说明苗族迁徙到此后不久人口已达到一定规模，本地土地资源无法承载生存与发展的需要，而分成五个支系，其中四个支系向外迁徙时，栽岩纪念并留"根"于此，以不忘先祖。五块栽岩每块代表一个支系，故称"五公岩"。

苗族贾理唱道：

> 坐守着主岩，
>
> 睡看着主规，
>
> 才多发人丁，
>
> 才兴旺畜牲。
>
> ………………
>
> 来坐守主岩，
>
> 来看守旧规。[②]

从埋岩的谱系来看，五公岩属于主岩，下面还有很多子岩（分岩）。贾理中也有记录："莫远我摆省岩，莫疏我党给规，原有四母岩，还有八子岩。"[③]这表明，月亮山地区埋岩是比较系统和完善的，由主岩和分岩构成，是按照谱系进

---

① 范锡彪搜集整理翻译：《月亮山苗族纠纷贾理》，第33—34页。

② 范锡彪搜集整理翻译：《月亮山苗族纠纷贾理》，第171—175页。

③ 范锡彪搜集整理翻译：《月亮山苗族纠纷贾理》，第210页。

行分布的。

这首"埋岩理词"中记述了许多苗族迁徙的活动和地名。

> 我们的先辈，
> 沿河涉水依岭跋山，
> 走到久育村，
> 走到久劳寨。
> 我们的祖先，
> 迁来久些，
> 移来岗亮。
> 我们的祖先，
> 另寻地方过活，
> 又找寨子居住，
> 迁移到这里，
> 居住这村寨。
> 妈住浑水河，
> 爸住浑水河。
> 一天过一寨，
> 妈见整海美，
> 爸见整海美。
> 妈下大山来，
> 爸也下大山来，
> 来到整海寨。①

很多地名今天已无从考证，但从"久些""岗亮""整海"等地名今属贵州省榕江县、从江县、雷山县来看，广西融水苗族大抵也是由贵州迁徙过去的。

在黔桂界邻地区，由于地理环境较为恶劣，时常会有村民发生难以医治的怪病，这就导致当地居民对于疾病的恐惧，为了解决这个问题，当地居民通过"埋岩"的方式，请神灵庇佑，以达到防疫避灾的作用。在榕江县高岜村，就有栽防疫岩的习俗。该岩是清朝时立的，位于栽麻高岜村半山腰处，该埋岩直径136厘

---

① 胡媛：《规约诉求与诗性表征：融水苗族埋岩古规研究》，《文艺研究》2014年第1期。

米，宽104厘米，厚90厘米。是专门用于防御瘟疫的埋岩，主要是告诫村民注意防疫，具有维护村寨生产、生活安全，防止瘟疫在村里传播的功能。据说由于埋了这块岩，在一次瘟疫的流行中，除了高岜，别的村都被感染了。新冠疫情暴发后，村民经常前往该埋岩处进行祭祀，祈求无病无灾。

三、"组合类"埋岩的惩罚性特点

在黔桂界邻地区"组合类"埋岩主要是处理各类违反村规民约的行为，根据违反的程度不同，处罚的力度也不一，故而采取"组合"的方式进行处理。所犯事件达到某种程度的时候，就按照相应的处罚标准对应处罚。在榕江县兴华水族乡摆贝村村口右边的大树底下，就有这类组合岩。村口的三块岩，从左至右是大岩、中岩和小岩，对应处罚的重度、中度、轻度。大岩代表处罚三个120（120斤肉、120斤米、120斤酒）；中岩代表处罚三个66（66斤肉、66斤米、66斤酒）；小岩代表处罚三个33（33斤肉、33斤米、33斤酒）。如有偷盗价值一头牛以上的东西，或者放火烧山200亩以上，或者六十岁以上的男子乱搞男女关系等情况，用大岩处罚；偷盗价值一头猪左右的东西，或者放火烧山100亩以上，或者六十岁以下的男子乱搞男女关系等，用中岩处罚；偷盗价值一头猪以下的东西，或者放火烧山100亩以下，或者年轻男子乱搞男女关系等，用小岩处罚。处罚所得肉、米、酒请全寨人吃饭，吃饭时让受罚人公开承认错误并道歉。①

除此之外，在榕江三江乡分从村也有类似的"组合岩"，该"组合岩"就在村里的一条小道上。这三块岩：大岩高181.5厘米，厚40厘米，宽25厘米；中岩高104.1厘米，厚26厘米，宽23.5厘米；小岩高81厘米，宽11.8厘米，厚25厘米。对应的是三都上江的三块岩，据说是一位每顿饭吃6斤米的壮汉从上江背过来的。它们在历史上的功能是以审判偷盗案件为主，辅之以纠纷、婚姻等功能。三块岩构成"分类处罚"组合。

即三块大小不同的岩石分别对应着三个不同的处罚等级。②三块岩石在近年依然使用。此种"埋岩"包括道德规范和其他做人的行为准则。强调人们要尊老爱幼，为人忠诚老实，不狡诈，不偷摸，不盗抢，不强占蛮霸他人妻儿等等。正如"埋岩"理词唱道：

---

① 据该村村委会副主任刘正文介绍。

② 据当地寨老任智峰（乳名任老金）介绍。

不准苗欺客，

不准客欺苗。

不准高吃矮，

不准刁吃笨，

不准人吃人。

不准嫂乱叔，

不准伯乱婶。

不准人乱人，

地方才安宁，

苗家村寨才太平。 ①

第二节　"埋岩"研究的法律人类学价值

在中国人类学的发展历程中，研究方法和方法论的探讨一直是该学科的重要内容之一。每一次人类学学科的转折或变化都伴随着方法论方面的改进和挑战。文化人类学家在从事具体的人类文化现象的研究时，往往采用田野调查方法。人类学理论正是建立在田野工作的基础之上，用田野工作得来的个案材料建立假说和解释问题是人类学研究工作的特色之一。国内外著名学者有价值有影响的理论观点都是对田野工作经验的提炼、概括和升华。通常研究方法包括三个层次：一是认识论，即如何认识和了解事物；二、方法论是学科发展的基础，研究方式即研究策略的选择；三是具体研究方法和技术，如何进行访谈、如何搜集资料等等。②

黔桂界邻地区"埋岩"的系谱和类型是法律人类学研究的重要内容。黔桂界邻地区"埋岩"在历史上是逐步形成和丰富发展起来的。起初它只是各氏族内部或在同一地域内的少数氏族与氏族之间结成联盟所缔结的内容简单的规约。随着时代的变迁，埋岩内容日益丰富。当地埋岩的效力有大、中、小三种。大埋岩所辖地域宽，每次活动影响面大。中埋岩，一般是几个村寨的联合埋岩，适用地域范围也限制在这几个村寨，其适用地域范围较大埋岩小，而较小埋岩大。小埋岩

---

①范锡彪搜集整理翻译：《月亮山苗族纠纷贾理》，第213页。

②杨秋林、汪永涛：《试论人类学研究方法》，《科协论坛》2009年第1期。

只管辖一两个村寨，每次活动所解决的问题比较简单。如果按"埋岩"的类型及内容进行划分，其功能也是十分广泛的，有维系苗族社会、纠正伦理道德、维护地方治安、抵御外侮、改革婚姻等功能。它是苗族历史上不成文的法规，具有较高的研究价值，成为法律人类学研究的重要对象。

一、田野调查是"基石"

田野调查，也称实地调查或现场研究，其英文为Fieldwork。科学的人类学田野调查方法，是由英国功能学派的代表人物马林诺夫斯基奠定的。而法人类学是将法学与文化人类学整合而成的学科，把法律视为一种文化现象的观点贯穿着法人类学发展的始终。

通常而言，在进行田野（社会）调查的过程中，必须对一个民族或社区做田野深度了解，其目的是为了了解一个群体及其文化，研究其社会结构，并致力于了解当地人的观点，以避免先入为主的"他者"意识的浸润，以期达到研究该社会整体文化或定向专题调查的目的。而"遍地撒网"调查方法花费时间和精力，花费的成本较高，另一方面，如果方法运用有不得当或问题意识不强，就会造成同一问题异地"复制"，其信度和效度也会大打折扣。在实际的田野研究工作中，人类学家通常在人类学的理论指导下，确定自己的调查地点、调查范围，以及确定自己的田野研究规模和研究取向等等。高效的田野调查对于资料的收集和整理来说至关重要。"埋岩"是口承法研究的重要内容，它的获取最需要田野调查工作。2018年至2022年，课题组先后前往黔桂界邻地区的榕江、从江、三江、融水、罗城、环江、南丹宜州等地做了大量的田野调查，先后前往大大小小的村庄20余个，采访了近40人，其中大部分都是当地小有名气的贾师。有时候"运气"对田野调查很重要，例如我们在榕江县脚车村，偶遇了老贾师莫老港，他经验丰富，为我们提供了丰富多样的"埋岩"理词。又如课题组成员于2020年2月至3月前往黔桂界邻地区的广西环江毛南族自治县，在环江县博物馆收集到碑刻10余块；在罗城仫佬族自治县新乡大梧村、融安县、融水苗族自治县白云乡、老君洞等地收集到埋岩2块、碑刻3块，摩崖10余块；之后返回荔波，发现了珍贵的"大土埋岩"。

二、语言是"突破口"

人类学家必须花上数月、半年，甚至一整年的时间，深入到当地民族的生活之中学习并使用当地的语言，与他们进行沟通，参与当地人的生活，尽可能地将自己融入到当地人的日常生活里，观察、体会和了解当地人的生活，与他们建立良好的社会关系。当然现在很多学者都做不到。好在现在很多少数民族（特别是男子）都使用汉语，能有效提高采访效率。

在侗族地区原始的话语中都把"犯罪"叫做"犯岩"。所有的"栽岩"上都没有文字，是一种"象征法"，但参加"竖岩会议"岩众及村寨中人心里对此次"栽岩"的目的和调整的内容很清楚。这种规约苗族侗族人称作"乡条侗理"，它通过"栽岩"以"款约"的形式表现出来，是在古代苗族侗族社会中每个人都应遵守的规约。它是比较原始的一种习惯法的订立形式，是在"岩众"及村寨公众议事全体同意后竖立的，所以这类岩石具有习惯法的效力。由于黔湘桂边区各少数民族没有文字可以记录，恐口说无凭，因此人们用"栽岩"的仪式来引起人们对此事件的永久记忆，所以这类村民集会也叫"竖岩会议"。"栽岩"在明清时期曾广泛流传于湘黔桂交界的侗族、苗族、壮族、瑶族、水族社会中，现在除黔桂交界都柳江流域月亮山周围的苗族人民还进行"栽岩"活动外，其他民族中已经不再使用了。

口传资料是田野调查中形式和内容最为丰富的资料之一。黔桂界邻地区的少数民族民众都属于典型的口承法律文化类型。口承法律内容和程序规定仅存于人们的记忆中或传唱中，如苗族理词。黔桂界邻地区的苗族口承习惯法在我国西南地区一些少数民族口承法文化类型中是极具代表性。口承法律的特点一般是以简明、易记的词句形式来，叙述带有普遍性的案例，说明解决的过程，在这一过程中订立的规矩也为以后循用。再如黔桂界邻地区的"埋岩"，也有一套自己的独特诉讼习惯法规范，当财产、婚姻等问题发生纠纷时，一般是找族中长者或舅爷。如果调解未成，就诉之以"法庭"，请理老公断，这时才设理场辩理，这种形式近似"法庭辩论"。当事人双方各自找代理人——理师代为"起诉"或答辩，不过此种诉讼活动是"背对背"进行的。各设各的理场，各请理师二人以上，其中一人是主持者，称作"掌理师"；另一人负责来往两边理场，传递理情，称作"送理师"。理场辩论由理师主持，当事人双方陈述自己的理由，提供证据，并相互辩斥，理师则根据双方所说内容和案情，即兴编作和唱诵理词。过去苗族村寨调解民事纠纷，小纠纷则在一个村寨或鼓社的理老面前陈述，听其评断，若不服，则使诉讼升级，诉讼双方都各自到信誉更高的理老处申辩，请更高一级的理老来裁断。管辖一片地方诉讼的理老一般辈分较高或阅历较深，他们在申辩时，大多是引经据典，朗诵"理歌""理词"。一般来说，一经理老做出判断，当事双方就会和解，即使一方自觉吃亏，也往往不再争辩了。

理词是在案件审理过程中由理老唱诵出来的歌词。理词多半以盘歌形式演唱，有的用叙事的形式朗读、吟唱；有的则用道白的形式互相对答，以对偶的长短句式为主，和谐悦耳、古朴雅致、抑扬顿挫，朗朗上口，十分动听，在场的人们容易记住。理词在某种程度上是苗族理老调解纠纷的即兴之作，因事而定，它不像神辞"佳"那样神秘，也不像史辞那样有史可循。理词则以事而论，理师论理决事使用的是苗族的习惯法和道德规范。"拿来当古典讲，拿来当典故说，千年也不断，万年也不丢，不忘古老的话，不丢古老言。父教子才知，娘教女才得，它顺着槽槽流下，古典顺着人们传下。"这样世世代代口耳相传，随着时间的推移，又加入"新理"，以后"新理"又成古理，这样理词的内容逐渐增多，习惯法的实体和程序规定就更加周密。理师在唱诵颂理词时非常注意理词的完整性，避免遗漏。"迦完又起始，理完又开头，唱歌要唱新歌，叙理要摆古理，叙迦要完整，叙理要无缺。"唱完时要说："新理不知何时起，旧理即在此结束。"最后呼唤"众多前辈们"。听众此时要应声，表示已经听懂和记住了，说明理师是苗族习惯法文化的主要传承者。

三、资料互补

苗族群众在遇到这类问题时怎么样将审判与实际相结合？直接的办法就是深挖其文化背景及社会内涵。叶舒宪先生在研究文学人类学中提出"四重证据法"，法律人类学也应该从这四个方面加以考虑。

（一）田野调查资料

田野资料是田野（社会）习惯法调查最直接获得的第一手资料，具有原始性和不可替代性。掌握了这些田野知识，能为田野资料的获得提供很多便利。田野资料丰富的地方，多为人口聚集之地。侗族人民自古以来就有集中居住的特点，如"罚3个100"就是少见的"活法"现象；"埋岩"应该是初民"立法"的活化石。由于当地人们了解旧日栽岩的目的和实情，谙熟岩规的内容，从而以此规范自己的行为。同时作为纠纷的处理者和案件的裁判者，各民族寨老一般都以栽岩时的规定作为法律依据和"先例"来处理时下的案件。由此可见，这些无字的石头蕴含着各民族丰富的法律文化信息，黔桂界邻地区各少数民族的"栽岩立法"活动以及以此为依据的审判习惯在民族习惯法文化研究中具有重要意义。

（二）口传资料

黔东南苗族地区口传资料十分丰富，很多学者致力于口传资料的整理，出版了不少著作，如文经贵、唐才富编译，麻江县民族事务委员会印刷的《苗族理词》，吴德坤、吴德杰集整理翻译《苗族理词》（贵州民族出版社2002年版）。从分类来看，两本书属于苗族"古辞"。其中的《创世记》《洪水神话》，是用自然界的一些现象，引申成法的道理，作为"佳老"断案根据和说服苗民尊神守法，以神鬼的力量对人产生威慑作用。如前者主要记述苗族传统"佳"的主体部分，共有十四个案例：1.给姜公祛"贾鬼"案；2.夏修公与夏亮太案（开天立地）；3.太阳与月亮案；4.闹仰乜逃婚案；5.河水与河石案；6.水与火案；7.野猫与鸡案；8.狗与强盗案；9.水獭与鱼案；10.虎与猪案；11.南瓜案；12.盘乜叨案；13.香咯公案；14.吾够鬼案。前13案，属于收"贾鬼"案，即判理断决案；第14案属于"放贾鬼"案，放鬼惩处冤家案。这是因为古代苗族没有文字，无法写诉状，也无钱无权去告倒侵权者，只好采取民俗办法，请恶鬼暗地去报复对方的人、畜及搞垮其家庭财产，以达到冤家家破人亡的目的。所以寓鬼神于法之中，是苗族自然神权法的特征之一。

广西民族出版社1994年出版的《融水苗族埋岩古规》收录了多则广西壮族自治区融水县埋岩理词。广西融水县苗族埋岩理词是黔桂湘边区苗族以栽岩的形式立法的重要资料。据该资料称融水苗族是从贵州省境内的榕江县迁徙过去的一支。但现今在邻近广西的贵州苗族地区尚未发现如此完整的埋岩理词。该资料是苗族埋岩活动最具特色的内容，每一次埋岩活动必须使用或重新编制。埋岩理词由两部分组成：一是通用埋岩词，即每一次埋岩活动都必须使用的通常理词。例如，苗族头人在每次埋岩活动中都首先讲苗族埋岩的由来，埋岩在苗族历史上所起的作用等。二是埋岩专用理词，即根据每次埋岩活动所解决的不同社会问题而编制的各种理词。这类理词只可供这次埋岩活动所用。通用理词和专用理词都是苗族设立规范的"立法理词"。而每一次埋岩的内容都作为以后处理同类案件的"先例"。该书的后半部分收入苗族"埋岩歌"，以埋岩为中心内容，是苗族民间广泛传唱的叙事民歌，它比埋岩理词更形象、具体、生动，深受群众的喜爱，在苗族中有很深的影响。它的主要作用是对各次埋岩活动内容进行立法宣传和习惯法普及，促进人们树立法的观念，加深对埋岩法规的理解，增强遵守埋岩法规的自觉性。

　　贵州省黄平县民族事务委员会编印的《苗族古歌古词》中提及，"理词"主要是反映刑事、民事案件的调解和处理过程，诉讼和裁定方面的内容较多，其中"婚姻调解理词""婚姻纠纷理词"等是调解民事纠纷的"民事诉讼理词"，常见的民事纠纷有土地、财产、婚姻等。《苗族古歌古词》的"理词"部分的《汤粑理词》《油汤理词》《烧汤理词》反映苗族的刑事诉讼程序，其中有审判费用和审判场所，也有原告的起诉词和被告的辩护词，还有类似于现代诉讼法辩护制度中的证据、期限等规定。本文仅以《苗族古歌古词》为主要材料结合其他相关资料，试图说明苗族传统纠纷解决与裁定的外在形式。

　　天津古籍出版社出版的由石宗仁翻译整理的《中国苗族古歌》，第七部"婚配"、第八部"纠纷"（一、婚姻纠葛；二、财产纠纷），除具有文学价值外，从内容分类上应属于"理词"性质，"婚姻纠葛"中所反映的内容与上述黄平县"婚姻调解理词"有很多相似之处。本文也将其作为理词来使用。徐晓光、杨通华、王安江、杨文瑞、文远荣、王凤刚等出版了多部有关"贾理"的整理与研究的著作。但对月亮山区"埋岩贾理"，长期没有收集、整理及专门的研究。

　　可喜的是近年关于月亮山埋岩贾理，先后出版了王杰、杨元龙、范锡彪搜集整理编译的《苗族栽岩议榔辞经典》（贵州大学出版社2018年版）；范锡彪整理翻译的《月亮山苗族贾理》（贵州大学出版社2019年版）和范锡彪整理翻译的《月亮山苗族纠纷贾理》（贵州大学出版社2020年版）等，课题组通过3年的调查也收集了大量的口传资料。历史上月亮山区口承法文化形态下的苗族社会，诉讼与仲裁形式保存得比较完整的口传资料，还有待进一步挖掘。

　　（三）国外同类资料

　　黔东南苗族群众的诉讼与裁定是在歌唱中进行和完成的。事实上国外有很多法人类学的资料与国内是类似的，所谓"诵唱式的审判"在外国就有。任何"辩论范式"最终落实于一个特定案例的要求，并且不是固定的和先决的，它的复杂和整合程度取决于若干因素。[①] 美国著名法人类学者霍贝尔在谈到美国北部沿海爱斯基摩人原始法律时说："如果斗歌在解决争端和恢复已疏远的团体内部成员的关系方面有所帮助的话，那么它就是法律上的一种措施。参加比赛的双方

[①] 约翰·科马洛夫、西蒙·罗伯茨：《规则与秩序——非洲语境中争议的文化逻辑》，沈伟、费梦恬译，上海交通大学出版社2016年版，第93页。

的一方将获得有利于自己的'判决'。然而不可能有按真实的法律所规定的权利和特权做出的公正的判决。通过歌赛，参赛双方感到轻松，怨言也被置于一旁。即从心理上获得了满足，权衡了恢复如初的利弊。……因为在斗歌中无严酷折磨的因素。超自然的威力也无助于加强那些有自主'权利'的歌手的勇敢。我们应牢记，这种'权利'对歌唱者或歌唱的结果并不重要（尽管能或多或少积累了一些控告有罪的事实，来反对他的对手的歌唱者在事实上处于有利地位）。由于法庭上的比赛可以成为在辩护律师双方中的一场体育运动的项目，所以，法定的歌赛首先就是——所有的比赛都是为了提供最大的快乐。"这里正如拉斯穆森说："K和E就是这样，看起来像是彬彬有礼地奚落对方，并唱出自己的辩解之词……"[1] 东格陵兰岛人如此热衷于歌唱的艺术技巧，而忘记了产生怨恨的原因，便是可以理解的了。爱斯基摩人的斗歌曲调是古老而传统的，歌词却因各种不同的情况而新创，以嘲弄的方式集中攻击对方的弱点。[2] 这和苗族传统审判方式十分相同。

又如日本学者宫本胜在谈到菲律宾的民都洛岛土著民族固有法的裁判时说："最后，裁定人为达到训诫加害者的效果，往往以诗歌、民话来比喻，听众跟着裁定人'余兴'，通过他们的诗歌和民话来陈述自己的意见。"[3] 这些资料是埋岩环境下口传法律文化资料的有力佐证。

四、从类型学入手挖掘稀有资料

类型学是一种分组归类方法的体系，通常称为类型，类型的各成分是用假设的各个特别属性来识别的，这些属性彼此之间相互排斥而集合起来却又包罗无遗，这种分组归类方法因在各种现象之间建立有限的关系而有助于论证和探索。涂尔干和莫斯在《原始分类》一书提道："分类所划分的不可能是概念，分类所依据的也不可能是纯粹知性的法则。因为，要使观念能够根据情感而成体系地加以安排，那么这些观念就必然不可能是纯粹的观念，它们本身应该是情感的产

---

[1]E·霍贝尔:《原始人的法》,严存生等译,贵州人民出版社 1992 年版,第 86—87 页。

[2]E·A·霍贝尔:《初民的法律——法的动态比较研究》,周勇译,罗致平校,中国社会科学出版社 1993 年版,第 104 页。

[3]汤浅道南:《哈奴诺·曼仰的纷争处理法——菲律宾明都洛岛的固有法》,小池正行、大仲滋编:《法人类学基础》,(日本)成文堂 1992 年版,第 140 页。

物。"① 在我国法律文化传承类型可分为成文法律类型（内地汉族），成文与口传结合型（藏族、彝族等）和口传型（苗族、侗族等），埋岩理词是最有代表性的口传文化类型。作为口传法律文化类型中的"埋岩"实物及传承理词，对其相关内容进行分类研究，也属于类型学研究的范畴，是很有意义的。

法律人类学认为法律与经济、政治、社会、宗教、风俗等文化现象有着密切的关系，法律的存在与发展与特定的文化背景具有相关性，法律现象也因此而具有多样性。据统计，20世纪涌现的数以千计的新兴学科中，绝大多数属于交叉学科的范畴。② 从事法人类学研究的人要有较好的哲学、历史学和文学的修养，同样要有其它社会科学的知识。比如黔桂界邻地区的埋岩，它既包含民族学、人类学、法学的相关知识，也需要社会学与法学研究方法对其加以分析，这几个学科直接是有共通之处的，通过分析发现这些学科间的交叉领域，将这些学科进行思想的碰撞，估计会产生很多不一样的学术火花，推进这些学科共同进步，共同创新，对黔桂界邻地区的埋岩的调查研究就是比较好的体现。

这种方法适用于探索两种社会现象之间是否存在因果关系。这种方法文理兼容，也是进行学科间交叉研究的主要方法之一。对于法律人类学来说，实验研究方法都能在法学、政治学、社会学、人类学、心理学间进行使用，用于探求这三个学科之间的共性问题，通过某些社会现象挖掘三者之间的关系，如对"埋岩"、赔命价、神判等少数民族习惯法的研究。

不管哪一种学科，只有在掌握并占有一定量文献的基础之上，才能正确把握该研究主题研究方向，不然只能是搭建空中楼阁，没有实质性基础。如对"贾理"文献的研究，在黔桂界邻地区关于"贾理"口传文献的基础之上，通过文献注释提供的二次文献发现更多相关的文献（包括相关外文文献），尽量做到全面。占有一定量的文献资料是开展基础性研究的关键，也是当下各学科进行基础性研究关键所在。课题组成员于2018—2022年间对黔桂界邻地区"埋岩"理词的收集整理工作对深化和加强国内同一问题的研究来说意义深远，我们收集整理了很多一手资料，对拓宽"埋岩"的研究领域来说是有很大助力的，不仅可以丰富和完善"埋岩"文献资料，还可以拓宽该研究的深度和广度。

---

① 爱弥尔·涂尔干、马塞尔·莫斯：《原始分类》，汲喆译，渠东校，上海人民出版社2005年版，第91页。

② 徐飞：《交叉学科的早期发展》，《科学技术与辩证法》1992年第1期。

　　研究目标锁定之后要深入到研究现象的背景中，进行田野（社会）调查的过程，事实上就是实地调查研究的过程，研究路径和具体问题变化一直存在于调查实践中。对于法律人类学这门学科来说，实地研究必不可少。只有通过实地调查研究，才有发言权，特别是对于法人类学的研究来说，更是至关重要。在进行法人类学实地调研的同时，也可以结合人类学其他分支的研究手段加以利用，从多视角对实地调研的资料进行再分析、再检验，这也是课题组要多次前往黔桂界邻地区进行田野（社会）调查、核实的主要原因。

第二章 黔桂界邻地区苗族"贾理" 中的传统法哲理

第一节 "苗族"贾理传诵与口传文化

黔桂界邻地区苗族、侗族、水族都有一种叫"埋岩"（又称"栽岩""竖岩"）的订立强制性社会规范的形式，即"竖立石头法"，这可能是在中国南方少数民族地区所能看到的最原始的习惯法订立形式，它所体现出来的不成文习惯法内容称为"岩规""埋岩古规"。"栽岩"起源很早，大概从家庭组成部落的时候就有了。这些石头一端埋在土里，另一端裸露出地面，是蕴含过去民间制度和"岩规""埋岩古规"的实物标志。"栽岩"是订立规则的活动，规则的实施以神灵为后盾，"栽岩"有时也起到"判例"作用，"栽岩"在一些地方又是社会组织的称谓。黔桂界邻苗族村寨社会建立过独特而严密的"岩规系统"，根据社会组织的大小不同，"岩规"的层次、内容、效力也有所不同，如今黔东南月亮山区的苗族还利用埋岩的形式来改革旧的习俗。现在人们即使都不知道它们所立的年代，但对于它们的内容老人们还能记得。"栽岩"所表达的内容依靠口耳相传，为了便于记忆和流传，歌师们把一块块岩规编成韵文来传诵。这些岩规精神一直传承到现在，这部分内容就是"栽岩贾理"。

"贾"一般也被称作"贾·理"（"贾理"）。由于音译不同，叫法各异，有译作"迦"或"迦·理"和"嘉"或"嘉·理"的，也有译作"佳"或"佳·理"或"律·理"的。以前有学者认为："贾"主要流行于黔东南丹寨、麻江、凯里、雷山等地的苗族中部方言地区，实际上贾理最早的出现与埋岩议榔有关，因为苗族同胞最早的迁徙地是今榕江县，之后慢慢迁徙到雷山、丹寨、从江等地，埋岩传统在各地保持的程度不同。根据我们最近的调查，在月亮山区及榕江大部分地区还较好地保持了这种传统，而雷山、丹寨、台江没有很多埋岩的记录,但就"贾理"来说,埋岩与不埋岩的地方都有。以前出版的有关"贾理"方面的资料,如徐晓光主编,吴培华、杨文瑞、潘定华收集整理的《贾》(大众文艺出版社2009年版),王凤刚搜集整理译注的《苗族贾理》(贵州人民出版社2009年版),文远荣编译的《雷公山苗族巫词贾理嘎别福》(中央民族大学出版社2010年版),贵州民族古籍整理办公室编,杨文瑞收集整理译注的《贾》(贵州民族出版社2012年版),贵州省民间文学工作组编的《佳》(中国民间文艺研究会贵州分会1984年编印《民间文学资料》(第33集),杨通华翻译整理的《雷山苗族理经》(民族出版社2015年版)等,[①] 因为这些资料多处在雷山、丹寨等县后来"不埋岩"的地方,所以有这种说法不足为奇。

月亮山区的榕江、从江、融水"埋岩贾理"也比较丰富,黔南三都、荔波等月亮山边缘地区也有一些流传。[②] 由于本书是研究月亮山区的埋岩活动,所以使用的资料都是近年出版的月亮山区贾理资料及课题组调查的口传资料,结合以上出版物提供的资料,从多方面探讨黔东南苗族传统法哲理。

苗族所谓的"贾"很像汉族文学中的《诗经》和《楚辞》,诗是一种体裁,也是"诗经"的本名。受当时书写条件的限制,古人"作诗"实为"作歌"。如《诗经·小雅·何人斯》所说"作此好歌,以极反侧",既是作歌,当无须笔墨竹帛之费,开口唱出便有了。与当今的诗人操笔而"写诗"完全异趣。[③] 苗族的"贾理"就是一种哲理诗。从我们所收集到的资料看,"贾"是以史诗形式反映的"理"。"贾"意译为"道",即法则、规律、万事之大道理之意,很大程度上具有"经"的性质。苗族社会的"理老"都是懂得"贾理"的人。"贾"以苗语释为"理",现代汉语可简释为理、道理。但还应该包含古代汉语中"道"和"礼"的部分内容。《辞海》释"道"的几个义项中有法则、规律。宇宙万物的本原、本体。一定的人生观、世界观、政治主张和思想体系等。《汉语大词典》释"礼"中有敬神,谓事神致福。社会生活中由风俗习惯而形成的行为准则、道

---

①实际上,苗族民间的"贾"应该还有很多篇,从已经整理出版的资料看,仅王凤刚记录整理译注的《苗族贾理》就收录了69篇19000行。其他"贾理"也有100多篇,至于散存于民间还没有收集到或虽已收集到但没有公开的尚不知有多少。可见"贾"的数量之大(徐晓光:《黔湘桂边区山地民族习惯法的民间文学表达》,广西师范大学出版社2016年版,第19页)。

②参见张声震执行主编:《融水苗族埋岩古规》。

③叶舒宪:《文学人类学教程》,中国社会科学出版社2010年版,第100页。

德规范和各种礼节等几个义项。把这些综合起来正好与"贾理"的内容相吻合。从内容上看，"贾理"反映了苗族先民朴素的唯物主义思想，反映了他们敬畏自然、利用自然，又与自然抗争的精神，是研究苗族社会发展的重要资料。

其实，从语言学的角度看，苗族的贾理语言对应整齐，语义又相近，两个字词应该是紧密相连的关系词。苗族的"理"和内地汉族的"理"在历史上是否有文化交流的联系，还不得而知，需要进一步深入地研究。比如内地的"蛊"，苗族称"药"，之间意思极其相近，但现在很少使用"药"这个词。燕宝先生在分析"贾"与"理"的关系时说："民间只说'贾就是理'，所以'贾理'联称。但不说'理就是贾，也无理贾'的联称。贾无形无象，看不见，摸不着，但你会强烈地感受到，它就字里行间，它就在理词之外。"[1] 然而，苗族民间对贾与理的区别与联系，倒有两种形象的比喻。

古理像谷仓，
古规像木棚。
千种佳理像梳齿，
百条理辞像头发。
挡不住我们牙齿，
塞不了我们牙根。
千个佳理像头发，
百条理辞像胡须。
木枋只能穿柱子，
柱孔只能容木枋。[2]
论佳就好比牵藤子，
说理就如同牵绳索。
像拉绳子引直杉干，
像弹墨线引直木头。
掌握佳理才能说话，

①燕宝：《贾理春秋——读〈苗族理词〉》，《黔东南社会科学》2003年第4期。
②吴德坤、吴德杰搜集整理翻译：《苗族理辞》，贵州民族出版社2002年版，第106—107页。

掌握理辞方能断案。[1]

清楚贾理的含义后，也就可以理解苗族古人为什么会把开天辟地、万物诞生、婚姻习俗、祖先迁徙、说理断案、驱鬼祈神，甚至老虎吃猪、水獭吃鱼之类的细端末节统统纳入"贾"中了。从订立规矩的"议榔词"到刑事案件的处理、民事纠纷的解决，理老评断是非曲直时，为了让人信服，说话时能吐出"贾理"里面的有关内容，即使是只言片语，也被视为至理名言，会具有很强的说服力和不可辩驳的权威性。所以才有"理可以酿酒，道（贾）可以拦河"，"知佳做地方头人，懂理做村寨长老"的说法。

由此可见，"贾"是灵魂，"理"是"贾"的延伸，是实现"贾"的路径和手段。因此"理"可以理解为"道理""天理""法理"。苗族历史上早已固定了的"理"称"古规古理"，这部分"古理"大多反映的是"贾"的基本精神。"贾"在其所流传的苗族社会意识形态中占有最高地位，是苗族人民社会生活的总的依据、规则和原则，是苗族村落社会的"核心价值体系"，就很像中国封建社会的"三纲五常"。"贾"的内容古今万物无所不包，包括了自然神崇拜观念下全部鬼神的来龙去脉和因果关系，并且苗族社会宗教活动、待人接物、婚丧礼嫁无一不以此为依据，反映人类社会发展不同阶段的问题。

在案件审理中理老都能据贾判案，双方理老都能引经据理，互对理歌，往往出现"对歌审判"的场面。理老在裁判案件中结合新的案件灵活裁量又成了"新理"，渐渐地变成了新的理词，又被贾师（有时就是理老）提炼成"贾"。所以我们见到的一部分"贾"正是某些具体案件的记述，不同于以前的"古理"。这不仅说明理老在裁判案件时创造了法理，也标志着历史上苗族习惯法的进步过程。[2]

苗族古歌、民歌、谚语等自然要吸收"贾"中的思想，比如古歌，"贾"的思想逐渐形成古歌的"歌骨"。不管什么样的文学形式，苗族人的想象力非常丰富，多使用拟人和对仗的方法。特别是在"贾"中，对仗方法使用得最多，这是"贾"艺术上的特点，它从头到尾每一句基本上都是对偶句，并且对仗极其工整，对于"贾"中的谐调，它有时谐最后一个字的声调，有时不谐，但对仗很严

---

[1]吴德坤、吴德杰搜集整理翻译：《苗族理辞》，第1—2页。

[2]徐晓光：《歌唱与纠纷的解决——黔东南苗族口承习惯法中的诉讼与裁定》，《贵州民族研究》2006年第2期。

格。其中有近义对、反义对、古今语对、类语对、词性对，也有七言对、六言对不等，很少有不对仗的地方。这种对仗的句子充分反映了苗族人民丰富的语言词汇，洋溢着浓厚的修辞色彩。比如在谈到"贾"与其他文学形式内容上的关联时说："金竹在竹子中占主要地位，唱歌要有'贾'掺在其间……玩（唱古歌）要掺有'佳'才好玩，舂（辣椒）要放蒜在里面才好吃。光玩而无依据就是大忌，光舂而无蒜就会辣味无边。"[①] 了解苗族口传文化的人就会知道，金竹与唱歌是关联词，理师、歌师讲理"摆古"时拿着竹片（理片）来唱，这个竹片是金竹制成的。捣辣椒时要放蒜，这是普通的生活习俗，[②] 能把这个生活细节和"贾"这种高深的"世理"联系起来，不仅极富于哲理性，同时充分显示了语言的潜在力量。这种形式对于体现享有权威性的"贾"来说，起到了由浅入深、由表及里的作用。

习惯法从不成文发展到成文，取决于有无文字或可能借用某一种文字的条件。苗族历史上没有统一的文字，在大多数封闭的苗族地区，汉族文化影响不大，汉字不普及，加上苗族长期口承法律的习惯，在广大苗族地区实际起作用的"榔规"多以口头传下来，这是实体性规范的重要表现形式。

第二节　"贾理"体现"议榔"立规的过程与内容

"议榔"，苗语称为"构榔"，"构"有"说""议"等义，更有"咒""发誓"之内涵。"构榔"一词，可简明地说成"议约"或"议定公约"，也有"集体发誓"或"组织决定"之意。"议榔"作为苗族社会中议定法律的会议，是经过一定的组织形式（议榔会议）来完成的。"议榔"是由一个村或一个鼓社进行的，也有几个鼓社，甚至几十个村进行的。"议榔"时，往往由几十个"榔头"（有的地方称"勾往"，领袖之意）参加会议。"议榔"在苗族文化研究中已经成了约定俗成的概念，是汉语中的"议"和苗语中"榔"的组合词。"议榔"在各地苗语中有多种发音，所以汉语记述用字也不同，如"榔榔"等。20世纪60年代整理的《雷山县掌披苗族社会历史调查资料》称为"议

---

① 参见韦宗林：《苗族长歌〈佳〉分析》，庹修明主编：《贵州少数民族民间文学作品选讲》，贵州民族出版社1987年版，第50页。

② 苗族人爱吃辣椒和火锅，一般将干辣椒捣碎，用碗架在火锅上方的三脚架上当佐料蘸菜吃。

椰"，①《台江县反排苗族社会历史调查资料》直译为"勾夯"，与"勾椰"的
发音相似，因而被多数研究者广泛采用。各种称呼的含义都是一样的。前述，
"栽岩"是议椰的重要仪式，但不是每个地区都有。以地域划分，"议椰"有
"栽岩""不栽岩"两种，月亮山区苗族在"议椰"活动中要举行仪式，②而雷
公山区的苗族"议椰"不一定"栽岩"，但在贾理中仍然记录到埋岩的情况，如
雷山的朗利，"坚如朗利岩，稳如南修山"③。黔湘桂边区苗侗等民族凡遇大事
要通过"议椰"来聚众议事，"议椰"时把相关村寨的寨老聚集在一起，召开
"议椰大会"，通过杀牛祭神，以"栽岩"盟约的形式，用口头宣布椰规。"栽
岩"这种仪式在于固化"立法"成果，有利于"规约"的实施，表示"椰约"稳
如磐石，谁也不得随意更改和推翻。在专门案件的埋岩上，如果当事人反悔，
就规定改判必须由当事人把岩用牙拔出。大凡重大事件都要通过集体讨论，以
"栽岩"为凭，应该叫"栽岩议椰"。黔东南苗族把同一支系或语言相通、服饰
相同、习俗相似的十几寨或几十寨的住户召集在一起，共同制定椰规（乡规民
约）。"议椰"时由椰头（主持人）念颂先辈传承下来的"椰规"和新制定的
"椰规"来约束大家，使其共同遵守。椰头此时所讲的便是"议椰词"，"议椰
词"必须符合朗诵的要求，是韵文或谐音体。押韵和押调不如诗歌严格，讲究语
言的抑扬顿挫，一般是长短不拘的对偶句，既加重语气，又朗朗上口，使听众容
易领会议椰的精神。

　　议椰具有自治的性质，椰与椰之间自己处理自己的事务。因此，维护社会制
度和社会秩序，确保生产、生活的正常进行，就成为议椰的主要内容之一。月亮
山埋岩议椰词中有这样的记载：

　　　　栽岩在深山，

---

①笔者认为："议椰栽岩"合一是月亮山苗族地区鲜明的特点，另外"栽岩立约"应该是无文字状态下的民
族初始"立法"比较普遍的活动（参见徐晓光：《"石头法"的嬗变——黔湘桂侗族地区从"款石""法岩"
到"石碑法"的立法活动》，《贵州社会科学》2009年第9期）。

②罗义群：《苗族民间诗歌》，电子科技大学出版社2008年版，第200—201页。平立豪在《三都苗族古
议椰词实录》（《黔南民族》2004年第3期）一文中认为："古议椰词是苗族古代的活法律，也是苗族社会
的大法，苗族称为'贾'，是苗族民间法律的具体条文。"这种观点不准确，议椰词不可能是"贾"的全部，
它可能引用和发挥"贾"。也不是具体的法律条文，从很多议椰词的内容看，它应该是发布"议椰规约"的
公告（参见徐晓光：《黔湘桂边区山地民族习惯法的民间文学表达》，第23页）。

③杨通华翻译整理，贵州省民族古籍整理办公室编：《雷山苗族理经》，民族出版社2015年版，第349页。

　　立规在老林。

　　拿水牛来宰，

　　拿黄牛来杀。

　　来守岩在藤，

　　来看规在树。

　　这样栽岩才稳，

　　这样立规才牢。

　　又多有朋友，

　　又发了人丁。

　　禾谷才熟多，

　　棉花才开好。

　　这是古老贾，

　　古代理有来。

　　妈丢贾来讲，

　　爸留理来说。[1]

雷公山区"苗族贾理"说：

　　上节是谷子，

　　下是稻秆。

　　要有区分，

　　才成体统。

　　要有区分，

　　才各得其所。

　　要区分千事，

　　划分成端。

　　区分事，

　　地方才亲密和睦。

　　区分事，

　　村社才安宁快乐。

---

① 范锡彪整理翻译：《月亮山苗族贾理》，贵州大学出版社 2019 年版，第 273—274 页。

才成稳定的地方，

才成无乱的寨子。①

如在讲到"议榔"的过程和重要性时，"贾"就唱道：

去日宰牛颈，

离时劈猪头，

喊来丁富纳，

叫到洛当引，

置牛头七墩议榔。

设猪首七块立约，

一人门外站，

一人户内蹲。

缩身蹲议榔，

挺身站立约。

边诵边聚贾，

边吟边聚理。

聚贾如大缸，

聚理似大河。②

我们来议榔，

我们来立约，

牛角为标志，

红秆为章程。③

"议榔"完毕之后，杀猪宰牛，以飨到会者。对于未到会的成员，则送去一份肉，使每个人都吃到，亦即让每个人都知道"议榔"规定的条例法规。这样，"议榔"即算完毕。"议榔"规约的内容非常丰富，涉及社会生活的方方面面，而且还非常细致，如"偷人家杉树，罚银三两三，偷人家松树，罚银一两二，偷人家干柴，轻的罚六钱，重的罚一两二"。甚至还要"为偷盐而议榔，为偷烟而

---

①中国民间文艺研究会贵州分会编印：《民间文学资料》（第14集），内部刊印本。

②贵州省民族古籍整理办公室编，杨文瑞搜集整理译注：《贾》，第26页。

③贵州省民族古籍整理办公室编，杨文瑞搜集整理译注：《贾》，第468页。

议榔",苗族通过"议榔"会议处理这些偷盗行为。如果谁不参加"议榔",不受法的约束,会带来严重的后果。

> 千种都入规,
> 万样都有约。
> 都遵酒锅规,
> 都入立地约,
> 斧子不入规,
> 斧子砍人脚,
> 镰刀不入规,
> 镰刀割人手,
> 梭草不入规,
> 梭草刺人脚,
> 血藤不入规,
> 血藤割人手。
> 河水不入规,
> 河水才荡岸,
> 河水才推沙。
> 烈火不入规,
> 烈火烧地方。
> 管好方为用,
> 放纵变虎狼。
> 焚烧山翻山,
> 焚烧岭越岭。
> 烧街不赔街,
> 毁城不赔城。①

榔规涉及违反苗族村寨社会秩序的各种行为,如苗族《议榔词》又说:

> 年年有人议榔,
> 岁岁有人议榔。

---

① 贵州省民族古籍整理办公室编,杨文瑞搜集整理译注:《贾》,第173—175页。

议榔在长雄，
议榔在长华。
大榔就杀牛，
小榔就杀猪。
议榔防盗，
议榔防贼。
议榔不准偷菜，
议榔不准偷柴。
议榔不准烧山，
议榔封山育林。
谁要起恶意，
谁要起歪心。
烧寨里房子，
砍地方树子。
在山坳抢劫，
在半路杀人。
我们就齐集河边榔寨，
团拢山上榔村。
肠子一根，
心子一个。
走路一条，
过桥一座。
我们撵他越高山，
赶他翻大岭。
杀他的身，
要他的命。
教乖十五寨，
警告十六村。
…………
天上恨老鹰，

地下恨强盗。

恨牛爱碰圈，

恨人乱地方。

为不准藏匪而议榔，

为不准窝匪而议榔。

哪个窝匪徒，

哪个藏盗贼。

暗地收匪赃，

明处装好人。

地方睡不宁，

寨子坐不安。

窝匪就是匪，

藏盗就是盗。

我们转身在一起，

扭头在一边。

罪大恶极的，

我们杀他的身，

要他的命。

教乖十五寨，

警告十六村。

家家莫藏盗，

户户莫窝贼，

地方才安静，

寨子才平安。①

这个《议榔词》与后来苗族村寨利用汉字的成文榔规（村规民约）比较，议

---

① 何积全主编：《苗族文化研究》，贵州人民出版社 1999 年版，第 91 页。

椰宗旨、规约内容和所调整的范围大体上是相同的。①不同的是村规民约是成文的，明确、规范、严谨；而此前的议椰词是以口头传承的，形象易记，口语化，固定性差。从中可以看出口承法与文字传承法文化的区别。月亮山区"正果汪奥埋岩辞"更是如此。

关于议椰的作用，贾理中有很多记载，好的埋岩议椰能带来家园安宁、人丁兴旺、五谷丰登、荣华富贵的效果。

> 栽岩抵外敌，
> 议椰管敌侵，
> 栽岩生五谷，
> 议椰兴人口。
> 栽岩发官人，
> 议椰生富贵。
> 栽岩生姑娘，
> 议椰发后生。②

第三节 "贾理"反映苗族社会的进步和发展

一、"贾理"反映苗族发展不同阶段的社会问题

无论哪个民族，现今的社会发展程度如何，从他们久昔流传下来的口承文化传统当中，总可以清晰地看到以往时代陈旧的经济结构、政治制度、法律准则、道德规范、宗教信仰等方面的诸多遗痕，这正好说明这些东西曾经存活于一定的

---

① 榕江今水尾一带，高兴、俾丢、华有和归利四寨于清朝道光二十七年（1847）共立椰约碑。前言略，议椰款项如下：一议出卖田地，日后不许翻悔，如有不遵，革除。一议出卖禾谷俱照市价，每石减夫价一百文，各留存应济本寨，如不遵，罚钱一千二百文。一议本寨不许勾结外人挖墙壁，偷牛盗马，不拘远年，查出罚钱十二千文。一议偷盗禾谷、田鱼、茶子、棉花、鸡、犬等项，罚钱三千三百文，见者不说，罚钱一千二百文。一议本寨大小事件，具听头人理落，如有不遵，横行忘（妄）控，革除。一议本寨不许勾引汉人入寨开店；引诱后生窝赌，如有不遵，革除。一议不许偷砍柴山，放火烧山，如有不遵，罚钱一千二百文；乱割叶子，罚钱六百文。一议众山不许新来人乱挖土，凡有捍挖，不拘茶子、树木、杂粮平分，不遵革除。一议革昆、歇气坳二处山坡，本放牛之地，凡近田边，不许强挖寸土。一议不许买瘟牛肉进寨，如有不遵，罚钱二千三百文。（陈国安：《榕江水尾公社水族生活习俗调查》，《贵州民族调查（之二）》，第125—127页）。

② 王杰、杨元龙、范锡彪搜集整理编译：《苗族栽岩议椰辞经典》，贵州大学出版社2018年版，第125页。

生活现实之中，而口承文化多方倡导这种传统的行为模式，目的便在于使之贯彻到历史发展中和人们的日常生活中去。

苗族是个不断迁徙的民族，经过千难万险，最早"来到桃花红艳艳，山湾枫树颠"的地方时，要对各支家族进行安排。

　　　雄公心里乐，
　　　笑着把话说。
　　　我们来议椰，
　　　议椰怎么住。
　　　经过大家讨论，
　　　订出椰约：
　　　一支住方先，
　　　一支住方民。

这样就妥善地解决了居住的地域问题，显示了"议椰"在协调社会秩序正常运行中的作用。此后，苗族地区的财产都实行大家族公有制，保持了生产资料与主要生活资料的集体占有形式。当时小的家庭在经济上还不具备独立于大家族的条件。一个父系大家族包括三四个乃至七八个小家庭。它们在一个男性家长的统一领导下，组成一个共同生产、共同消费的集体。这个家长往往是祖父、父亲，或者是长兄，或者是大家推选的有能力的男性成员。作为众多成员组成的家族首领，他既是家族进行生产的指挥者和组织者，同时还是生产资料分配的负责者，对外则是这个家族的代表。大家族家长和其他成员没有显著的地位之差，家长和大家一样去参加劳动，这是他们共同处于平等地位的一个重要基础。

苗族贾理《水竹和篾竹》中用拟人手法讲述了一则土地纠纷案：

　　　水竹和篾竹，
　　　争夺山岭居。
　　　相抢平地住，
　　　央用贾来断。
　　　用理规来裁：
　　　"水竹枝桠长，
　　　蔸儿多。
　　　处处有子，

哪寨都有孙。
应坐在山岭,
居在山洼。
箧竹枝少苑小,
子女不多。
住不了九岭,
集不成大寨。
就应住在寨脚,
长在屋边,
住在岩边,
长在崖下。
互相挤着住,
肩挨肩排列。①

　　这个案例体现了因为侵占土地,苗族首领"央"根据各部族的具体情况安排了居住的地点,解决了争端。但随着人口增加,一个地方不能满足生产和生活的需要,有些支系就会向其他地方迁徙。去找新的家园。

分田去放鱼,
分人再迁徙,
众老来商议,
栽岩好分迁。
五个奶栽岩五块,
六个公立石六根。
分迁先吃鼓藏,
祭祖热闹地方,
鼓藏吃在污计,
祭祖就在能将。
五块分五支,
五岩分五方,

---

①文远荣编译:《雷公山苗族巫词贾理嘎别福》,中央民族大学出版社 2010 年版,第 59—60 页。

　　　　一支去汪襄，

　　　　去友央上方，

　　　　一奶去一处，

　　　　一公住一方，

　　　　去找好居所，

　　　　去寻好地方。①

　　月亮山区最早的埋岩应该是一块叫"整高汪欧"埋岩。据口传资料记载苗族迁徙到西南山区，最早的地点就是今黔东南榕江县的古州，以后分散到各处，如广西融水、从江加鸠、岜沙，雷山西江（苗语发音"鸡讲"）等地。根据《整高汪欧埋岩辞》：

　　　　去栽"汪有"岩，

　　　　"汪有"岩稳定，

　　　　用土埋锥稳，

　　　　牛刀刚好合，

　　　　昂头伸长颈，

　　　　看像公鸡颈，

　　　　遂叫"正果"岩，

　　　　"汪欧"岩稳固。

　　　　各案各论定，

　　　　各事各定理，

　　　　全定再"整果"，

　　　　"汪欧" 岩稳定，

　　　　"汪欧" 岩不乱。②

　　上述"整高汪欧"埋岩现已不存。苗族支系分家时订立的"五公岩"还存在（在古州镇都江村的一户民房内）。以后迁徙到今从江一支在能秋举行"能秋党偿"栽岩，该岩影响最大。

　　　　先前岩在榕江，

①王杰、杨元龙、范锡彪搜集整理编译：《苗族栽岩议榔辞经典》，第263页。
②王杰、杨元龙、范锡彪搜集整理编译：《苗族栽岩议榔辞经典》，第24—25页。

> 立在车江那地方，
>
> 后来岩移来能赏，
>
> 规定能秋把贾唱，
>
> 岩规拿到能秋赏，
>
> 整根小坝河边上。①

广西融水苗族自治县苗族埋岩很多，多在雍正年间"改土归流"以后。由于融水与贵州榕江、从江县均属月亮山区，地域相邻、往来迁徙，支系、宗族上互有联系，文化上的共同性十分明显。黔东南"改土归流"后有一批苗族迁徙到广西融水。这在"埋岩"活动中有所体现。例如融水良寨"侬起松努埋岩"是从古州（现为榕江县）地方的"整高汪欧"埋岩中分离出来的。这一带原先与相邻榕江苗族是共同的栽岩组织，后来才逐步分离出来。

土地是最重要的生产资料，家族所"号占"的土地都有明确的界线，所以家族间要严格遵守，用"界岩"加以严格保护：月亮山"栽岩划界贾"就说：

> 栽岩在党赏，
>
> 立规在能秋。
>
> 栽为遵守岩，
>
> 立为重要规。
>
> 栽岩聚集众人，
>
> 立规凝聚人心。
>
> 栽岩得产粮，
>
> 立规得丰棉。
>
> 尊重前人插岩，
>
> 尊重栽岩划界。②

在从江加勉老寨（即下寨）附近的"歹恶"（地名）立有一块石头，苗语称为"曰巴匠"，立石年代不详。但据说这个石头是加勉乡最古老的。在生产方面，古老"曰巴匠"埋岩在当地发挥非常重要作用，配合埋岩发挥作用的一面铜鼓，协助其管理生产。当老鼠吃禾穗、麻雀吃谷米时，就敲铜鼓三下，但必须拿

---

① 王杰、杨元龙、范锡彪搜集整理编译：《苗族栽岩议榔辞经典》，第 161 页。

② 范锡彪搜集整理翻译：《月亮山苗族纠纷贾理》，第 337—338 页。

到别娃（地名）去打，敲铜鼓时还须念咒语：这篇话语按原意译成汉语如下（括号内为作者的补充）：

我（说）最（古）老的话，也是"该局"的话，

"该匠"的婚姻法规。

我鼓是最老的鼓，

我打三手（下）塞老鼠（洞），我打三手（下）塞麻雀（窠）。

我鼓（和）石头都很紧（结实），

我造场（意即立石头的场所）给（在）老寨，

竖立这个石头也很紧，

使我的场也很稳，

现（在）哪个（人都）不能跨过我的岩（指"曰巴匠"这石头）。

现在我们的禾把熟，

现在我们的庄稼都很好。①

过去苗族地区的生产力比较低下，人们把收成看成是上天的赐予，对待自然灾害和动物、飞禽的破坏，也要祈求上天给予保佑，这都通过栽岩的这块石头体现出来。世界上很多民族都把收成与人类的生育联系在一起，所以这块岩也具有这种双重意义。

当苗族社会经济发展到一定程度，小的家庭在经济上得到发展，具备独立于大家族的条件，因此要求脱离大家族而独立。到清朝中期以后，苗族地区传统管理方式和经营体制有所改变，表现在从"家族公有制"向"家庭私有制"的转变，故而"贾"用借古比今的口吻谈道：

古时十二蛋，

孵出十二公。

他们长大了，

相闹不相闹。

若是互相闹，

若是他们反。

---

① 《民族问题五种丛书》贵州省编辑组、《中国少数民族社会历史调查资料丛刊》修订编辑委员会编：《苗族社会历史调查（二）》，第126页。

闹是怎样闹，

反是怎么反？

古时十二公，①

他们长大了。

人大思想变，

他们闹意见。

树大要分权，

人大要分家。②

从苗族大量口传资料内容来看，清代苗族地区的地主经济已经发展到较高水平，土地进一步集中，大部分原来的地方土官已经成为当地的地主或财主，他们掌握着辖区内政治、经济和军事权柄，并任意鱼肉当地人民群众。形成了阶级分化，出现了贫富差别，苗族人民内部拉开了贫富差距，行业分工急剧变化，社会阶层变化很大，也出现了一些所谓"官人"和一部分"富人"。如苗族谚语说："穷人心肠如棉花，富人心肠如豆渣"，"老鼠白为猫养崽，穷人流汗为富人"。进入阶级社会后，苗族私有财产得到应有的保护，买卖、借贷、租赁等行为也时常会出现债务，习惯法开始保护债权。苗族贾理《松树和枫香》中用拟人手法讲述了债务因借贷而发展到"神判"的案件：

松树皮干燥，

枫香生油脂。

松树决心访亲，

准备走友。

借枫树心油，

---

① "12"对于苗族人来说是重要的数字，使用的频率最高，在苗族口传资料中俯拾即是。《苗族古歌》中蝴蝶妈妈生"十二个蛋"的传说，讲的是在远古时候作为人类创生主角的蝴蝶妈妈产下了12枚卵，分别孵化出老虎、羊、水牛、野猪等12种动物。以后12派生出苗族人一系列对社会的思考和习惯法制度（徐晓光：《原生态民族法文化中的数字与象征符号》，《凯里学院学报（自然科学版）》2012年第6期）。现在在黔桂边区山地民族中，特别是苗族地区还保持着对违反村规民约"罚120斤米，120斤肉，120斤酒，120斤蔬菜"的"活法"现象，用全村聚餐的形式来处罚危害社会秩序的行为，如果就餐的人数多则再加罚，即"罚4个240"和"4个360"等（参见徐晓光：《从苗族"罚3个100"等看习惯法在村寨社会的功能》，《山东大学学报（哲学社会科学版）》2005年第3期）。

② 万祖德编辑：《三十六首苗族盘古歌》，（香港）中国书画出版社2008年版，第47—48页。

讨枫树皮脂。

点亮好走亲戚，

照明去访友。

松树心不纯，

胸怀刚烧心。

不还枫香油，

它俩按道来讲。

照理来评判，

它俩去烧油锅。

砍狗去赌咒，

捞油锅顺理，

赌咒凭古规。

松树心歹毒，

它亏理在先。

它输了天理，

扭曲了古规。

身躯起泡，

皮肤烫伤，

油脂封刀口，

绝育了后代。

树桩不生芽，

树干不分枝。

砍一根绝一根，

砍一根绝一代。①

　　这个案例体现了因为欠债不还，债权一方通过赌咒发誓，甚至通过"捞汤"神判来解决纠纷。

二、"贾理"反映苗族社会婚姻家庭关系

　　苗族习惯法非常注意婚姻家庭关系的调整，因为在社会、经济、文化发展落

---

① 文远荣编译：《雷公山苗族巫词贾理嘎别福》，第56—59页。

后的西南山区，种族的繁衍、劳动力的增加十分重要。受地域影响，苗族的婚姻半径比较小，近亲结婚的情况比较多。

> 我们像兄弟，
> 好比一家人。
> 祖辈成亲戚，
> 上辈还结亲。
> 我姐是你嫂，
> 你妹成我妻。①

古代苗族地区广泛存在"舅霸姑婚"的情况，而且用埋岩的形式加以固定。如果姑妈家的女儿如果不愿意嫁给舅舅家的儿子，就要赔给舅舅很多钱物，经济负担很重。结婚由于彩礼过高，很多人不能结婚，这不利于种族繁衍和生存，所以很多苗族地区倡导婚姻彩礼的改革，并通过新的埋岩订立以后的规矩。月亮山区有很多"婚姻埋岩"。

> 据古河滩留有线，
> 男女都是有婚姻，
> 旧有立岩在摆鲁，
> 七头水牛登舅门，
> 七两白银赔舅礼。
> 大家都人不合情，
> 富贵家家都能娶，
> 穷人各个打单身。
> ⋯⋯⋯⋯
> 众人极力把旧换，
> 扯旧规岩重栽新。
> 结婚礼物拿四两，
> 离婚亦只罚四分。
> 贫富都能成双对，

---

① 王杰、杨元龙、范锡彪搜集整理编译：《苗族栽岩议榔辞经典》，第159页。

岂敢违背众人心。[1]

在婚姻上"头人娶媳妇得贡品，穷人娶媳妇要折财"，这类反映社会不平等的现象更在贾理中有所反映。又如雷公山贾理《古亲古戚贾》说：

吹三首木叶，

唱三首情歌。

山中有直树，

方约有富人。

富人才配对，

穷人只寡守。

贴身孤单单，

富人才成双。

接开亲古理，

照攀亲古规。

接开亲银两，

按攀戚金厘。

首领丢莎腊，

兴开亲古理。

兴攀戚古规。

送来到哑掌，

传来到必栋。[2]

下面是一起复杂的婚姻案件的诉讼过程：

烧火应一塘，

开亲应一门。

你却烧了两塘火，

开了两门亲。

一女嫁二夫，

一狗找二配。

①王杰、杨元龙、范锡彪搜集整理编译：《苗族栽岩议榔辞经典》，第7页。

②徐晓光主编，吴培华、杨文瑞、潘定华收集整理：《贾》，大众文艺出版社2009年版，第259—262页。

调我牛给他人守，

换我鼓给他人敲。

勉公就答道：

"我烧火只一塘，

开亲只一门。

我不烧两塘火，

不开两门亲。

我交人到你家，

我交女到你屋。

就成你妻子，

就成你媳妇。

各人的牛各人守，

各人的妻各人看。

你牛你不守，

你妻你不看。

牛各失落自你坡，

人各失踪自你屋（证据自举）。"

丈夫回家睡不着。

找理老去论，

让寨老去说。

便请楂赏琏，

便叫楂王习：

"我请你来到，

我叫你来临。

请你吃点肉，

请你喝点酒。

带我话去讲，

拿我语去说。

带我《贾》去辩，

拿我理去评。"

他才沿岭走，

他才下坝行。

走到责努过，

行至依寒番，

去问基雄东：

"我来登你门，

我来到你家。

不是凭空来，

不是无故到。

拿《贾》来论事如戥，

拿理来判案如秤。

那样依大罚你扛不起，

依小罚你抬不动。

这才完六分，

我还有七分。

你讲了实话，

你说了真言。

我作轻你扛，①

我砍生你担。②

就完我七分，

咱纠纷就完，

咱案子就清。

纠纷完彻底，

如雨后天晴。

再无话可说，

再无言可讲啦！"③

---

①指轻判。

②指欺负生人。

③王凤刚搜集整理译注：《苗族贾理（下）》，贵州人民出版社 2009 年版，第 572—577 页。

苗族习惯法限制离婚,对男女未婚先孕与男性不负责任的行为给予较重的处罚。前述"曰巴匠"这个石头是管理婚姻的,同时也管理生产(一说,这个石头"事事都管")。在调整男女青年未婚先孕关系方面,按照椰规,男的要给女方以经济上的赔偿。如果男方坚决否认,由女方"曰巴匠"这个石头边去念古代流传下来的咒语,"咒语"按原意译成汉语如下:

> 我俩(指男女双方)不乖(意指不听老人的话),
>
> 现在养崽(指生小孩)。
>
> 他(指男的)不答应我(指小孩男方不承认是他俩生的)。
>
> 第一害我,
>
> 第二害崽(指孩子),
>
> 第三害爹娘,
>
> 第四害我养饭(指抚养小孩费用和辛苦)。
>
> 现在我拿他(指男的)来报石头,
>
> 让你石头帮我做主。
>
> 请你(指石头)向上"雷"报(指报告雷神),
>
> 向下"龙"报(指报告龙王)。
>
> 他害我一辈(一世),
>
> 他以后生产不好,
>
> 打野兽也不得。
>
> 我坐月只四十天,
>
> (记他)四代人。

第四节 "贾理"反映法律关系与习惯法的变化

清初黔东南苗族地区一些汉人来此定居,部分苗族开始由单纯的民族社会向各种社会交织在一起的地域社会转变,法律制度也就开始由原来习惯法调整向国家法与习惯法并存转变。"国法在场"的条件下,原则上民族地区的刑事案件应由国家管辖,民事案件有些也按当事人意愿部分向"鸣官"方向发展,习惯法完全治理社会的状况开始改变。

一、"贾理"反映法律生活的变迁

国家管辖体现在当地居民只要承认自己是政府子民，国家便确认土地所有权，同时百姓就得向政府纳粮纳贡。因此，百姓的土地管理权利和向政府纳粮活动就成为当地居民之于国家的权利和义务。

月亮山贾理就说：

> 有个官人叫往都，
>
> 有个富人叫沙然。
>
> 他俩栽岩在里稳，
>
> 立规古哟那地方。
>
> 栽岩栽在党绕地，
>
> 立规松离那地方。
>
> 稗子、稻禾在一起，
>
> 苗和客家都相参。[①]

雷公山贾理也说：

> 神婆开言道：
>
> "土地汉郎有，
>
> 疆山属汉郎。
>
> 打从今以后，
>
> 苗族建房先买地，
>
> 先买地坪再开田。
>
> 苗族服徭役，
>
> 苗族担赋税。
>
> 千般重担从那起，
>
> 万般苦役由此来。"[②]

这说明苗族社会生活发生了巨大的变化。由于家族人口和劳动力的差别以及迁入的时间不同，造成苗族地区有的人家田多，有的人家田少，有的人家田好，有的人家田坏，产生了贫富不均的现象，为解决这一问题，有的地方通过"议

---

① 范锡彪整理翻译：《月亮山苗族贾理》，第 234 页。

② 贵州省民族古籍整理办公室编，杨文瑞搜集整理译注：《贾》，第 164—165 页。

榔"进行土地再分配,如清雍正、乾隆年间黔东南台江县反排寨"娄方"(即榔头),联络台江、剑河20余寨,召开"议榔"大会进行决议,鼓励大家多开新田,分配原则是在原来所开田土和新近开发的田土基础上重新分田,原来各家占有的田,每10成留2成给原主,其余8成拿出来和新开田一起按人均分配,好坏搭配,抽肥补瘦。除分田外,还重新分山,也是好搭坏、远搭近,划分成若干份、立石为界,均分给寨民,[1]这时开始了土地的买卖和租佃。

在土地买卖方面,《时令贾》这样唱道:

坐下来磋商,
站起来细语。
索金三百两,
赔银三百锭。
以金押祖鼓,
以银偿人命。
友久这郎夫,
友究这男汉。
卖了别交田,
卖完党修塘。
友久来兴规,
友究来立约:
"卖田不卖水,
卖塘不卖鱼。
卖房不卖门,
卖田不走坎。
卖崽不摸头。"
从此成了典,
成为永久规。
这是古时典,
这是昔时规。

---

[1]《民族问题五种丛书》贵州省编辑组、《中国少数民族社会历史调查资料丛刊》修订编辑委员会编:《苗族社会历史调查(一)》,贵州民族出版社1986年版,第165—166页。

> 叙一桩冤事,
>
> 谱一席案言。
>
> 事既已了结,
>
> 案自无纠纷。①

在土地出租方面:

> 抬犁走不遍,
>
> 扛耙转不周。
>
> 来把田出租,
>
> 来把土租出。
>
> 如今才兴田出租,
>
> 才有土出租。
>
> 有古今才诵,
>
> 古往今有随。
>
> 来歌个古典,
>
> 来诵个古规。②

这说明苗族社会订立买卖、出租土地的规矩,并设置了一些障碍,针对汉族对苗族财产的觊觎,这在"贾理"中也有较多的反映。

在集市贸易方面:

> 不要日子名,
>
> 将它立场规。
>
> 拿它订市约,
>
> 立南农场规。
>
> 订楠宁集约,
>
> 倾方来赶场。
>
> 倾寨来交易,
>
> 狗要狗场天。③

有了市场,一些人就开始学习汉人从事商业,并从中营利。

---

① 贵州省民族古籍整理办公室编,杨文瑞搜集整理译注:《贾》,第477—479页。

② 徐晓光主编,吴培华、杨文瑞、潘定华收集整理:《贾》,第9页。

③ 贵州省民族古籍整理办公室编,杨文瑞搜集整理译注:《贾》,第61页。

去赶场就赚钱，

去经商就得利。

让他们父子，

让他们公孙。

也去渐渐发财，

也去渐渐发富。

发财如汉王，

发富似苗王。①

二、"贾理"反映民间法与国家法关系的变化

黔东南苗族、侗族地区由于交通等环境的限制，苗族村寨高度自治，民间纠纷和案件由寨老、款首处理，"争讼不入官府，（由寨老）以其长短决之"，据明朝田汝成《炎徼纪闻》载："（苗人）争讼不入官府，即入亦不以律例科之，推其属之公正善言语者，号行头，以讲曲直。"村寨纠纷主要靠乡规民约，由寨老自行处理。清代国家权力进入该地区后，这种村寨社会的纠纷解决传统仍影响着人们的诉讼取向，仍在乡规民约中有直接的反映。如从江县《增冲款碑》规定：民间不准横控乡里，"亦不准奔城具控，咬事情况"，保甲和团练制度建立后，该组织具有处理纠纷，抓捕贼盗的功能，《高增款碑》说："尝闻思事以靖地方，朝庭有律法，乡党有禁条，所以端土俗。近年吾党之中，有好强过人者，肆行无忌，勾串油火（勾结外部坏人），受害良民。凡事不依乡规，殊堪痛恨，是以约诸父齐，严设禁条。凡婚姻田土之事，遵依牌长理论。其事有不清，另请乡正、团长明理。况于横行（严重事件），亦不得奔城具控咬事等情。倘敢如前辙，众等致罚。"又如从江《六洞款碑》第9条中说："事理不平，先经团众公论是非，释纷不下，再送朝廷。倘有不遵众议，妄行禀告衙门者，团众先行举罚，后论是非。"②很多乡规民约都规定村内纠纷不许诉讼到官，总是力图在村寨内部解决问题，实在解决不了的才送到官府。苗族、侗族村寨社会讲究和睦的人际关系，都不愿意把事情闹到非由官府解决不可的程度。

---

① 王凤刚搜集整理译注：《苗族贾理（下）》，第709页。

② 以上三通碑文内容与立碑时间相近。引自张子刚编撰：《从江石刻资料汇编》，《从江文史资料》（第7辑），政协从江县文史学习委员会、从江县文化体育广播电视局编印，从江县教育印刷厂2007年12月印刷，第45、50、54页。

以前湘西的一首"苗族古歌"中讲到了这个问题：

他若把钱财背去官府，

他若把粮米送去衙门。

有那么多钱财粮米，

官家会把衙门开得很宽很宽。

他若用钱去塞官吏的衣兜，

他若用钱去打通官家衙门，

有这笔钱去告状，

他可走遍通街。

有这笔钱去打官司，

他可打个长年累月。

这样，钱米像甩进水里，

我们也看不见起泡；

钱财像扔入地窖，

我们再也看不见钱影。

这样啊，我们理郎也就无油来抹嘴！

我们四位理郎，哪来酒肉来落肚肠？

酒肉的气味也闻不上了，

钱粮的影子也看不见了。

尽管我们讲理讲得嘴干，

尽管我们说理说得舌燥，

即使我们说理像流水一样通畅，

就算我们评理评得再好，

那也是无偿的酬劳，

那也无法解决你们的纠纷。①

---

① 石宗仁翻译整理：《中国苗族古歌》，天津古籍出版社 1991 年版，第 347—348 页。根据石启贵《湘西苗族实地调查报告》，苗族人如遇纠纷时"必请牙郎多人，参入场中，代理裁判。所谓牙郎，即是一般狡黠分子，为乡长之爪牙。于理论上，很有见解的。是项人员，时而加入原告地位，时而加入被告地位，时而站立乡长地位。因任牙郎，不仅善描是非，抑且流利语言，天才聪颖，精韵歌词，两造发言，概能拟作歌体唱之。当裁判时，原被两造各距一方，先问原告，后问被告。原住甲地，被住乙地。甲地上午问话，乙地下午答话也。双方牙郎聚集一室外，话声嘈杂，震动耳鼓。"（石启贵：《湘西苗族实地调查报告》，第 162 页）。

苗族群众一般认为官府是可怕的权力机关，一旦进去就没有"好果子吃"，过去的官府"衙门口八字开、有理没钱别进来"，除官署法定诉讼费用较高外，师爷借案搜刮、衙役的索取、"歇家"的捉弄、代笔的敲诈，对文化水平不高的普通苗侗群众来说则是"畏途"。①清朝在黔东南设府建县以后，国家司法进入该地区，按国家法律的诉讼程序要求，当事人不愿"中人"调解或对寨老裁定不服时可到官府提起诉讼，也可以不通过调解直接到官府解决。下面这条贾理说明了官府为迅速解决民间纠纷，还请理老参与审理民事案件。

> 人人来邀请，
> 个个来求援。
> 邀到官衙门，
> 请进官庭里。
> 坐在官家椅，
> 洗脸用瓷盆。
> 背往壁头靠，
> 嘴里朝外边。
> 白天做评理，
> 晚上来断案。
> 大案判为小案，
> 小案判为结案。
> 得银宝过秤，
> 得银元过数。
> 腰间揣银元，
> 肩上扛猪腿。②

第五节　"贾理"反映分类埋岩与判案"成例"

苗族古代埋岩有各种类型，如"婚姻岩""盗窃岩""生产岩""防御岩""神判岩"等等。拿"婚姻岩"来说，为了使一个地方的男女婚姻纠纷得到

---

① 徐晓光：《锦屏林业契约、文书研究中的几个问题》，《民族研究》2007年第6期。
② 杨通华翻译整理，贵州省民族古籍整理办公室编：《雷山苗族理经》，第345—346页。

统一的规约，就集中各村寨共同议榔，制定规约，并且以栽岩为据，这个岩就是"救男女的埋岩"。

> 没栽岩约束，
> 没立规控制。
> 没有岩管汉，
> 没有规理苗。
> 没有岩救女，
> 没有规救男。[1]

埋岩根据苗族族系有很强的谱系关系，即母岩、子岩、孙岩关系。以前的埋岩在当地失去效力，不起作用了，社会上又出现了新的问题，就要到同一支系埋岩比较有影响地方去"扯岩"，建立"分岩"，以解决当地的问题。

> 他们扯岩党利，
> 他们拿规翁最。
> 扯来插在松能，
> 拿来栽在松嘎。
> 栽岩也很稳，
> 规立亦牢固，
> 栽岩也得吃，
> 立规也得穿。
> 老贾不教来，
> 古岩理不传。
> 我们五六寨，
> 谁村也不到管，
> 哪寨也不去理。
> 村成不齐心，
> 寨成不团结。
> 这次又有村老，

---

① 范锡彪整理翻译：《月亮山苗族贾理》，第 372—373 页。

今天又聚寨头。①

围绕着各类埋岩而形成的"贾"一般是具体体现判案过程中形成的道理，这些案例实际上都是古代的一桩桩经过历代理老不断整理而流传后世的典型案例。有些是"普遍性案例"，它只讲一般的道理，有时用动物与自然界规律性关系来比拟。有些是"典型性案例"，有人名、有地点，针对具体案例。这些案例往往作为以后案件审理、调解、评判、裁定的有益参照，同时具有警诫作用。"贾"是案件处理的法理依据，而理既是辩理的套语，也是最后形成具体案件的"判决书"。

雷公山贾理"案件篇"记录一则放火的案例：

往喀这才讲，

夏疆这才说：

"你们放的火，

你们烧的树。

烧死我七十头宽角水牛，

七十头窄角黄牛。

九千株老杉，

七百株老松。

你们拿银赔我牛，

拿钱罚我树！"

议成三百两，

讲成三百钱。

拿赔往喀牛，

拿赔夏疆树。

别人有银赔，

别人有钱偿。

阿博爸无银赔，

阿尤爸无钱偿。

才拿阿博赔，

---

①范锡彪整理翻译：《月亮山苗族贾理》，第448—449页。

才拿阿尤偿。

去做工赔他银，

去做活偿他钱。①

家庭纠纷案例：

兄弟互吵嚷，

妯娌语相伤。

只为斧一把，

请鳄神决断。

油锅判曲直，

试那火灵烤，

尝那沸油锅，

果南略来说，

力毕棒来讲：

"揭开堆牛屎，

就见一把斧。

掀掉棵枕木，

就见一条鲵。

事由自然平，

油锅不用烧。"②

《太阳与月亮贾》中反映一则"赔命价"的案件：

他俩来说理，

他俩来判案。

理语贵如金，

案事重如命。

仰当这样讲，

牛秀这样说：

"你们要不要我说？

听不听我理？

①王凤刚搜集整理译注：《苗族贾理（下）》，第530—531页。

②贵州省民族古籍整理办公室编，杨文瑞搜集整理译注：《贾》，第35—36页。

依从我讲不？
顺服我说不？"
我们要你活，
我们听你理，
我们依你讲。
秀牛又才说：
"不让垮成路，
不许塌成方，
不要吃就扔，
不可死就丢。
判金一百两，
合命二十条算了。
果真赔一百两，
偿命二十条。
修公来敲鼓，
亢公来刻木，
竹简刻纪事，
纸上落墨墨，
成了虎公鼓，
成了公木刻，
他们杀牯子，
用盒接牛血。
杀鸡来议榔，
敲狗来立约。"①

---

① 徐晓光主编，吴培华、杨文瑞、潘定华收集整理：《贾》，第117—119页。

第六节　"贾理"解释自然法思想与习惯法逻辑

苗族的先民们"试图寻求各物种形态特征的成因,这一切也就是他们对此做出解释的成果,其中饱含着他们极其认真的科学认知努力,不论所找出的物种形态成因是天惩无信,还是自取不义,或是意外变故等等,总之在其间道出了一种似乎具有必然决定性的'自然因果关系',而这对于他们也就足够了,他们的认识水平暂时还只能达到这一地步"[1]。这就像中国传统哲学把宇宙万物变化解释称成"五行"相生相克的运动规律一样。

一、"贾理"反映了朴素的自然法思想

老子在《道德经》中说"人法地,地法天,天法道,道法自然",自然世界的构成是"天地人"这"三才",人要遵守地的法则,人毕竟生活在大地上,受土地、河流、山川、万物的制约;大地万物又遵循上天的法则,天有自己运行的规律,不能违背,否则就会遭到上天的惩罚,这就是"天道",从运行规律上说,即为"天法道"。最后老子提炼了三个重要范畴,就是"道""法""自然",从这个方面人间制定的所有规则都必须与之相符合,否则就是违反天道,即违反天的法则、违反自然的法则,苗族从他们的朴素思想和生活逻辑中认识到了这些规范。

月亮山有一首《议榔辞》,内容大意是:在远古,当天地形成之初,太阳没道,月亮没轨,出入无章,进退无序,有时两者挤在一起,要不一个也不出现,搞得人们无所适从,苦不堪言。还有风不调,雨不顺,五六月份下大雪,落冰雹,七八月份大冰冻,十一二月间太阳暴晒,搞得祖母种不出棉,祖父种不出粮,人们没吃没穿,无法生存,在这种情况下,有四位祖先[2]"扛岩到天上去栽,背榔到云里去议,令太阳跟道走,月亮顺轨行,风不能乱吹,雨不能乱下,七八月份太阳照,十冬腊月再结冰",即所谓:"岩栽在天,榔跟到天,岩栽在地,榔跟到地。"[3]议榔和埋岩部分,天和地部分。这是天人合一的宇宙观。但

---

[1] 王亚南:《口承文化论——云南无文字民族古风研究》,云南教育出版社 1997 年版,第 100 页。

[2] 祖先王刚、沙林、王扭、沙纣"背榔云里议,栽岩管冰雹,议榔管风雨,定冷在冬天"。王杰、杨元龙、范锡彪搜集整理编译:《苗族栽岩议榔辞经典》,第 269 页。

[3] 王杰、杨元龙、范锡彪搜集整理编译:《前言》,《苗族栽岩议榔辞经典》,第 3 页。

埋岩更多是针对人间,这在月亮山古老的"主岩"(整高汪欧)埋岩辞中得到了充分体现。

> 要说埋岩款,
> 就说埋岩款。
> 很久的以前,
> 古老的从前。
> 以前不埋岩,
> 古时不埋岩。
> 没有埋岩款,
> 天下秩序乱。
> 人间陷苦难,
> 世界不太平。
> …………
> 直通往天上,
> 龙洞坳两头。
> 去哪里要岩,
> 去"松些"要岩。
> 嘴说九千岩,
> 万个下地上。
> 来给人间埋,
> 书上只写一个。
> 一个来天下,
> 来给人间埋。[1]
> 栽岩在天空,
> 立规在天上。
> 栽岩制冰雹,
> 立规管风雨。
> 人间棉才丰收,

---

[1] 王杰、杨元龙、范锡彪搜集整理编译:《苗族栽岩议榔辞经典》,第21—22页。

地上谷才成熟。①

从这段贾理看，苗族人观念中是"天人相接"的。这说明天上也有埋岩，通过天上埋岩产生"天理"，人们到天上去"取经"，拿回人间，通过地上的埋岩来订立人间的规矩。

喊大家都来，

通大家都到。

来到主岩坐，

都到旧岩来。

那岩栽阴方，

立规立凉处。

栽岩来制日，

立规来控月。

每天出一日，

每夜出一月。

杀水牛来睡，

宰黄牛来死。

来守主岩阴方，

来看主岩凉处。

这样栽岩才牢，

这样立规才稳。

才繁衍人类，

才发展人丁，

才繁衍人崽，

才兴旺牲畜，

禾谷才成熟，

棉花才盛开。②

月亮山区有一种什么都管的埋岩，是一种综合性埋岩，通过它达到人神相

①范锡彪整理翻译：《月亮山苗族贾理》，第218页。

②范锡彪整理翻译：《月亮山苗族贾理》，第264—265页。

通，人与自然达到和谐。

> 栽岩，管天管地，
> 议榔，管人管神。
> 栽岩千年不动，
> 碑立万年不移。①

二、"贾理"体现"天人合一""物我相通"的法逻辑思维

苗族祖先把自然界作为一个整体，把人作为另一个整体来看待。自然界整体包括天地、日月、山川、万物、人类。人的整体包括了"巨人"等广义的神化了的人，以及富于人性的动物、植物和无生物等广义的物种。"贾"作为意识形态的一种，内容很丰富。涉及的领域相当广泛，基于苗族朴素的物我合一、天人合一的理念，用自然万物来解释一切人间的道理。苗族理老在"摆古"时还是喜欢用自然界的一些常见现象来加以比喻。如用动物之间的相生相克关系，剖解人际关系的哲理，这一点在苗族传统法理念中有明显的表现，人和自然万物都是平等的诉讼主体关系，反映物我合一的初始诉讼意识。如水獭吃鱼的案子，猫为何吃老鼠的案子，鱼鳅和黄鳝争地盘、占田坎，黄泥和黑泥争地盘，浑水和清水占水源，家狗和野兽争食物，人类和野牲争夺生存空间等。

马克思说："动物是和它的生命活动直接同一的。它没有自己和自己的生命活动之间的区别。它就是这种生命活动，人则把自己的生命活动本身变成自己的意志和意识的对象。他的生命活动是有意识的。这不是人与之直接融为一体的那种规定性。有意识的生命活动直接把人跟动物的生命活动区别开来。正是仅仅由于这个缘故，人是类的存在物。"②苗族先民以自然界为经线，以人为纬线编织神话贾理，说明他们对主客体的意识和区分是自发的、朦胧的、初始的，所以表现出物我不分，人物、植物、动物一体的认识系统。以后随着人们认识水平的提高，主体客体意识已经明晰，但人不能离开社会而存在，彼此之间的联系和交往是人成为社会动物的关键因素，在人与其他动物区别及畜禽功能的认识上，埋岩"贾"说道：

> 栽岩管虎口，

---

① 王杰、杨元龙、范锡彪搜集整理编译：《苗族栽岩议榔辞经典》，第270页。
② 马克思：《1844年经济学哲学手稿》，刘丕坤译，人民出版社1979年版，第50页。

　　立规制豺狼。

　　不给咬人牛犊，

　　不送吃人小羊。

　　不损人家贵种，

　　不垮人家富根。

　　还有那些老鹰，

　　还有那些鹞子。[①]

　　这是将动物的自然本能，比喻人类社会的不良行径，来提醒人们不要做害人的事情。

　　雷公山区"贾理"也说：

　　叫戛利奶奶，

　　不只育人类。

　　还配生马驴，

　　生育大牲畜。

　　育人做什么？

　　养牛做什么？

　　育人建家园，

　　驴马驮货物。

　　养牛犁田地，

　　造鸡唤太阳。

　　水牛角儿长，

　　黄牛毛色黄。

　　马鬃毛特长，

　　鸡儿嘴尖利。

　　各是一个样，

　　个个血不同。

　　不许水牛配黄牛，

　　不许马配驴，

---

①范锡彪整理翻译：《月亮山苗族贾理》，第220页。

不许鸭犯鸡。

水牛听这样议，

水牛自高傲，

水牛笑掉齿。

马听不舒心，

马装聋作样，

马笑自掉角。

这理是古规，

这约大家订。①

《獭与鱼案》与《谅公和俊儿》说的是两宗诬陷案：

下潭去请龙，

上天去求雷。

请那灵验龙，

求那感应雷。

顺那旋涡水，

傍那母鸭火。

依油锅滚沸，

我烤他不焦。

我染他不清，

我烧他不燃。

龙不领我鸭，

雷不受我猪。

那诬情仍存，

那陷罪仍在。

诬陷案七十，

偷盗案七两。

种地赔亏空，

积蓄补誉称。

---

① 文远荣编译：《雷公山苗族巫词贾理嘎别福》，第170—172页。

不让你损分，

不许你亏厘。

我把你烧烂，

我把你燎焦。

如龙领我鸭，

如雷受我猪。①

诬我们为盗，

陷我们是贼。

盗罚银七两，

诬罚款七十。

理亏自明白，

照规赔七两。②

············

请理老来判，

求头人来评。

请来了基隆，

求来了晋修。

基隆来审理，

晋修来判情。

只见那松陇，

他贾讲不过，

他理说不通。

就赔偿金银，

就补偿牛马。

水牛七十头，

黄牛七十头。③

---

① 贵州省民族古籍整理办公室编，杨文瑞搜集整理译注：《贾》，第273—274页。
② 贵州省民族古籍整理办公室编，杨文瑞搜集整理译注：《贾》，第367—369页。
③ 贵州省民族古籍整理办公室编，杨文瑞搜集整理译注：《贾》，第335页。

推火烧那捏造者，

让神油烫那狡辩人。

烫手当众见，

脱皮大家瞧，

才教育地方，

才警告群众。①

《虎和猪》讲的是有关"风水"案件：

那虎对猪说：

"嚼我父生骨，

挖我公干髅。

破坏了风水，

切断了龙脉，

我吃不果腹。"

西南山地民族对村寨风水标识非常重视，使一片片"风水林"成为诸多靠民间信仰崇拜和村规民约保护的小规模的自然保护区。黔东南苗族村寨附近的山林、水塘等都被认为是"风水"之地，不许乱挖乱动。"风水林"在某种程度上把社会伦理道德与生态伦理道德结合在一起，形成人伦的善美观和生态道德观。苗族人民对山脉、河流这样的自然物加以神化，认为泥土山是龙肉，石山是龙骨，小山起伏是龙的鳞甲，山崩树倒及地震是龙翻身，滔滔不绝的河水是龙水，水源之处则是龙泉，这就形成人们普遍信仰的"龙脉"，认为"龙脉"可以保佑子孙后代。黔桂界邻地区山地民族有自己传统的风水观念，自明清以来各民族不同程度地接受和学习汉文化，又使内地风水观念得以传播。②

第七节　"贾理"反映各民族共存、共生的依赖关系

在月亮山以及整个黔东南地区生活着苗族、侗族、汉族、水族、瑶族等很多民族，各民族的人们由于历史原因和生活的需要，或成群或零散，在不同历史时期来到这里生活，各民族间有过小的摩擦，但总体上和平相处，共同生存繁

①文远荣编译：《雷公山苗族巫词贾理嘎别福》，第157页。

②徐晓光：《我国西南山地民族传统生态观研究》，《中央民族大学学报（自然科学版）》2015年第4期。

衍，文化上的交往、交流、交融没有中断过。这在"埋岩"文化形成与口传贾理中都有充分的反映，在黔湘桂边区，一般与苗族邻近的部分侗族、水族、布依族也把这一活动称作"议榔"。在现存各类"侗款"中就有"侗人来立条约，苗人在旁欢喜"的说法，这充分说明民族法文化的交流。更多的侗族地方称其为"合款"，水族一部分叫"阿卡"，各民族虽叫法不同，但很多情况下要以"栽岩"这种仪式来引起人们对此事件的重视，对通过"竖岩会议"出台的规约，人们必须不折不扣地执行。

在苗族始祖神话中，就有始祖生育了很多民族的传说，并在贾理中有所记载：

央结垛牛作伴，
娶垛仰作妻。
一年还不到，
一岁还未满。
生个肉团子，
生块肉砣砣。
有脚没有手，
有头没有脸。
郜央瞧崽两眼，
郜央气愤愤。
把崽砍四肢，
劈身成四段。
割成七八块，
剁成肉浆浆。
放进河里淌，
凡进深潭中。
肥肉供鱼吃，
骨骼喂龙虾。
心脏成东方的皇帝，
腰子成西方的帝王。
肺成客家和布依，
肉脂成苗侗。

肾脏成革家，

肠子成木佬人。

一个在西边黄土坡，

一个在东方的平寨。

一个在旭日的东方，

一个在日落的西山。

分成方养吾，

撒在夸丹莎。

集中不拢来，

建不成村寨。

央喊来苗族，

去喊来汉族。

再去喊侗族，

喊布依族回来。

客家先来到，

得到堂屋住。

得长桌长凳，

得平坦地方。

侗族跟着来，

来得房灶房。

得锅鼎坛罐，

住水边麓脚。

适合起楼房，

住在吊脚楼。

苗家后来到，

来住屋偏房。

得养牲牛羊，

跟犁锄为友，

邀犁耙作伴。

公在山脚修田，

婆在山洼筑塘。①

苗族与其他民族长期生活在一起，互相尊重、共同发展，这些都需要埋岩立约来保证。月亮山苗族贾理说：

蓝不许吃紫，

高不许吃矮。

厚不许吃薄，

智不许吃愚。

苗不许吃客，

客不许吃我。

个不许吃个，

此岩来发誓。

圆如个鼓边，

周到如锅沿。

此话是古语，

古时传下来，

代传代至今。②

跟汉人成朋友，

跟苗人成兄弟。

相亲十五方，

和谐十六寨。③

《雷山苗族理经》"议榔词"也说：

杀水牛议榔，

宰黄牛决案。

牛倒于地下，

四脚朝天翻。

肉交上方吃，

①文远荣编译：《雷公山苗族巫词贾理嘎别福》，第48—51页。

②王杰、杨元龙、范锡彪搜集整理编译：《苗族栽岩议榔辞经典》，第31—32页。

③文远荣：《雷公山苗族巫词贾理嘎别福》，第140页。

不让苗反客。

肉交上方吃，

不让客反苗。

地方才安定，

古往后人传，

卜往后代送。①

《月亮山苗族纠纷贾理》中提到，在月亮山区苗族和汉族一直和睦相处，但有一个叫裸江的人，②在苗汉之间任意挑拨，在山林使用问题上制造纠纷，曾挑起苗汉之间的矛盾。

苗死汉也泣，

汉死苗也嚎。

苗汉很和睦，

不知是谁坏。

因山柴纠纷，

汉死苗不泣，

苗死汉不嚎。③

在苗族贾理中更多的还是反映各民族的生存环境和生产、生活习惯的内容。

苗为老大哥，

分得左边房间，

分得把锄头，

得锄头挖田。

侗水是老二，

侗水得火塘，

还分得秤杆，

外出做生意。

客为小兄弟，

---

① 杨通华翻译整理，贵州省民族古籍整理办公室编：《雷山苗族理经》，第383—384页。

② 范锡彪搜集整理翻译：《月亮山苗族纠纷贾理》，第66页。

③ 范锡彪搜集整理翻译：《月亮山苗族纠纷贾理》，第71—72页。

分得右房间，

还有油和盐。①

…………

苗郎先来到，

他不进堂屋。

他落脚偏房，

他拿耙和锄，

犁铧和耙子。

他要牛皮鼓，

他拿猪皮锣。

汉郎随后到，

他进到堂屋。

要曲管喇叭，

长箫和唢呐。

来拿飘带帽，

来得龙旒冠。

他来拿黑笔，

又占有书札。

革家住仓脚，

仫佬居榔下。

革家要酸菜，

仫佬得酸糟。

那裏进园圃，

破绵竹编席，

又织手提箩。

各人取各行，

各人赚各样。②

---

① 王杰、杨元龙、范锡彪搜集整理编译：《苗族栽岩议榔辞经典》，第19页。

② 贵州省民族古籍整理办公室编，杨文瑞搜集整理译注：《贾》，第162—164页。

第八节　"贾理"中独特的文学表现方法

段宝林先生说："民间文学的许多修辞手法（如复沓、谐音、双关、迭音、迭韵以及固定的形容词、套语、起兴、比喻和夸张等等）是作家书面文学中所不常用的，修辞学研究是不能离开民间文学的。"[1]"贾"是苗族民间文学艺术中的一枝奇葩，经过一代又一代苗族贾师们的提炼加工与传承，在篇幅、框架、构建内容、编排、遣词造句上，可以说达到完美的艺术境界，呈现出环环相扣、流畅顺达、风格浪漫、富于哲理等特点，它几乎荟萃苗族民间文学的所有艺术表现手法，尤其是在运用对偶、对仗（借用汉语术语，内涵有异）、拟人、排比、想象、夸张等修辞手法上可谓得心应手，体现得淋漓尽致。"贾"具有与苗族古歌或其他歌谣不太一样的艺术特色，如"贾"在使用中既可唱，亦可诵，多为叙述体，很少运用问答体和重复手法。"贾"基本上是五言句式，但也间有三言句、四言句及六言以上多言句，唱"贾"的曲调虽因地区不同而有差异，但都格调古朴、庄严苍劲，不用高昂激越浪漫的唱法。因为"贾"的章节多，有些章节篇幅很长，加了程式性语句，可起到起承转接，或评价议论，或缓口气等作用。

一、比喻的生动性

比喻的作用是将表达的内容说得生动、具体、形象，给人以鲜明深刻的印象，一般根据事物的相似点，用具体、浅显、常见的事物对深奥、生疏的事物进行解说，即打比方，帮助人深入理解所讲的内容。苗族民间谚语说："言无比喻不好听，菜无油盐不好吃。""贾理"多使用群众日常所见、所用的物品来做比喻和对比，口语化的特点使它能在文学性较强的基础上被广为流传，体现出苗族先民的智慧。如《贾结语》说道：

　　　　我携《贾》到头，

　　　　我装房到顶。

　　　　《贾》已然登坡，

　　　　理已然达坳。

　　　　插《贾》如插犁，

　　　　插《理》如插耙。

---

[1] 段宝林：《中国民间文学概要》（增订本），北京大学出版社 2002 年版，第 44 页。

如插草捆好抬走，
如插柴捆好挑行。
尖担穿草才要拔，
尖担穿柴才要拔。
我插《贾》插得准确，
我插《理》插得牢固。
准确如石砌屋基，
牢固似礁立水里。
如砥柱巍然中流，
似巨岩巍然大海。
我《贾》如巨枫挺立，
我《理》似朵树参天。
我根儿生机勃勃，
我梢头苍翠常青。
贾签来掌《贾》，
理片来掌《理》。
不懂贾签教，
不知理片诲。
贾签教就懂，
理片诲就知。
一根拉的才去拉，
一根勾的才去勾。
拉《贾》来论辩，
勾《理》来评说。
传承父辈的贾理，
接续母辈蜡染笔。
传承贾理就明智，
接续技艺就多能。
传《贾》不丢失，
承《理》不遗亡。

牢如身上瘤,

固如肉中刺。

跌倒也不掉,

至死也不落。

我心似灯明,

我眼如针利。

放药自岸上,

获鱼在水中。

用《贾》于人心,

结案在社会。①

…………

叙贾犹如抽树心,

述理像拉绳。

如拉线校杉,

像墨线校树。

你们老和少,

你们众亲友。②

二、排比的活用

排比是一种修辞手法,利用三个或三个以上意义相关或相近,结构相同或相似和语气相同的词组(主谓/动宾)或句子并排,达到一种加强语势的效果。排比句有节奏感,读起来朗朗上口,有一股强大的力量,能增强文章的表达效果。

斧头不入榔,

斧头可劈脚。

镰刀不入榔,

镰刀可割手。

订成榔规,

立成场约。

---

① 王凤刚搜集整理译注:《苗族贾理(下)》,第742—743页。

② 徐晓光主编,吴培华、杨文瑞、潘定华收集整理:《贾》,第3页。

《纽河榔规》，

《黑水场约》。

订成侬集，

立成孔场。

还来制订升合，

制订戥秤。

制升量米，

制戥称银。

互贷来吃，

互易来喝。

拿升来量，

用戥来称。[①]

用排比写人，可将人物刻画细致，读起来有一股强大的气势，能增强文章的表达效果，如《打杀迪公》：

露珠爬稻秆，

窥见迪收银。

露珠爬刺秆，

窥见迪受贿。

迪起心不良，

夏木很气胀。

邀地方长老，

拢水中鱼儿。

商量来议事，

议榔惩罚迪。

"那人不是贾理人，

各是贪钱人。

应当杀掉迪，

坏人不可留。"

---

①徐晓光主编，吴培华、杨文瑞、潘定华收集整理：《贾》，第3页。

一些就说：

"惜迪大理老。

能力不得了，

留下庇寨好。"

一些就说：

"迪心已不良，

杀了靖地方。"

上禀洛尼神，

下询六理老。

议定要杀迪，

除迪靖地方。①

三、对偶的巧用

所谓对偶，即将字数相等或大致相等，结构相同或相似，意义相关的两个句子或词组对称地排列在一起。运用对偶，是为求整齐美观，音律和谐，便于记咏。对偶用结构相同、字数相等、字字相对的一对句子或短语来表达两个相对或相近的意思。其主要作用是整齐匀称，节奏感强，高度概括。"贾"是以苗族中部方言创作，流行于黔东南部分苗族地区，以对偶为其特点，不强调押韵押调，每句字数（音节）不限，但讲究节奏的一种民间文学形式，也指以这种体裁创作的作品。

首完一首起，

首清一首接。

清澈如响鼓，

激扬似吹笙。

层次如栊枇楼房，

项目像卷纱竹片。

响声如开山打石，

震动像滚木下冲。

这贾理广博，

---

① 王凤刚搜集整理译注：《苗族贾理（下）》，第109—110页。

这理语渊深。
贾能训万物，
贾能治地方，
理能扶村寨。
鸡叫就止鸡，
狗吠就止狗。
大事公小事，
小事化无事。
崩处要去撮，
烂处要去补，
坏了就去修。
静如腌鱼坛，
平稳像肉缸。
古有今才诵，
古往今又随。
来歌个古典，
来诵个古规。
这都是古典，
这都是旧规。
这些仍新新鲜鲜，
这些仍活灵活现。
如像发生在昨天，
好比出现在今晨。
口没有说假，
话没有讲错。
不飘洒成雨，
不凝结成冰。①

---

①徐晓光主编，吴培华、杨文瑞、潘定华收集整理：《贾》，第 59 页。

四、夸张的手法

夸张的手法是为了达到某种表达效果的需要，对事物的形象、特征、作用、程度等方面着意夸大或缩小的修辞方式。夸张运用丰富的想象力，在客观现实的基础上有目的地放大，能够形象、具体地描述出物体，用清晰的笔法勾勒出物体，给人以逼真的感觉。夸张的作用是用言过其实的方法，突出事物的本质，或加强作者的某种感情，烘托气氛，引起读者的联想，引起读者丰富的想象和强烈的共鸣。

五、首尾连贯规律

"贾"在某些大段落（或篇或章）或小段落（如节或段）的开头或结尾，以及叙述的过程中，常使用一些程式性的语句，成为一种特殊的表达单元。如开头说："贾完贾又续，月终月复始，续贾阐道理，续理断纠纷。"所以理师、长老在裁定或断案中唱诵理词的时侯，非常注意其完整性，尽量避免遗漏。比如《时令贾》，目的是讲清"贾"的梗概，叙就"理"的要领，前面既以往，继续往下章。

> 贾完又起始，
> 理完又开头。
> 唱歌要唱新歌，
> 叙理要摆古理。
> 叙迦要完整，
> 叙理要无缺。
> 唱完时要说：
> "新理不知何时起，
> 旧理即在此结束。"
> 关于"贾"的作，
> 这都是古典，
> 这都是旧规。
> 这些仍新新鲜鲜，
> 这些仍活灵活现。
> 如像发生在昨天，
> 好比出现在今晨。

口没有说假，

话没有讲错。

不飘洒成雨，

不凝结成冰。①

最后呼唤"众多前辈们"，听众此时要应声，表示已经听懂和记住了，这是口承法文化情形下独具特色的习惯法传承方式。

"贾"虽然在口头传承中因传承人的不同有所变异，但万变不离其宗，而理词则可以临场发挥随机应变，"贾理"也多角度反映了长期以来苗族社会的风土人情、生活状况、思想状况、道德状况及复杂关系。后来有人将具有情节性的部分编成古歌在一些地区传唱，以民间哲理寓言故事的形式在苗族民间传唱。如今苗族地区城镇仍然有一些地方还使用理词、古歌来调解家庭纠纷和邻里矛盾，这对维护苗族地区的社会秩序和谐仍然具有积极的意义，对司法工作者调解民间纠纷和建设以人为本的社会环境仍具有许多有意义的启迪。

①徐晓光主编，吴培华、杨文瑞、潘定华收集整理：《贾》，第59页。

第三章　黔桂界邻地区苗族"贾理"中
神秘解纷方式

　　神明裁判是古代的一种审判形式，其形成的渊源为原始氏族成员对神的膜拜。历史上苗族人一直生活在神鬼的世界中，苗族人认为，神无所不知，无所不能，自然界万物变化和人的生老病死都是神灵支配的结果。人类自身不能解决的问题都要通过神灵来解决，并借助于人神相通的一定方式，所以苗族理老断案时实在解决不了也会请神来辨别是非。直到20世纪50年代，黔东南苗族习惯法保存得比较完整，在神判方面，如"烧汤捞斧""捧热铁""杀鸡饮血（诅咒发誓）""砍鸡头""鸡蛋判""煮粽子""烧汤粑"等，到现在"杀鸡饮血（诅咒发誓）""砍鸡头""鸡蛋判"或多或少地存在，这在当地历史文献和口传资料中都有很多反映。

　　苗族理老负责解决纠纷和审理案件，口承法律文化中要求审判人员必须是博闻强记、精通古理、能言善辩、知识丰富的人。明朝弘治《贵州图经新志》载：

　　　　苗俗有事，则用行头媒讲，行头能言语讲断是非者，苗讲苗以苗为
　　行头……凡行筹讲事，皆用筹以记之，多至一二百筹，少亦二三十筹。
　　每举一筹曰：某事云云，其人不服则弃之，又举一筹曰：某事云……服
　　则收之。如一二百筹讲至如十筹；二三十筹，讲至数筹。然后往报，
　　所为讲者曰，某事，其人不服。所为讲者曰，是则令某人依数陪偿。或
　　不以为然，行头又复如前往讲之，至有十数往，或经月始定。若所讲筹
　　尚多，其人不尽偿，则劝所为讲者，掷一筹与天、一筹与地，又掷一筹
　　与和事之老，然后约其余者，责令赔偿。凡讲杀人，谓之算头，讲偷盗
　　牛马，曰犯瓦，苗以一火为一口，皆酌量事情轻重，以为等差，谓之媒
　　讲者。如婚姻，用媒以通两家情好也。凡请行头，皆用银布，名曰缚行

头，言缚之使不贰心也。

理老绝大多数案件不用使用神判，一般纠纷通过理老按照传统的"十二条大理、三十六条中理、七十二条小理"的贾理原则和榔规榔约做出的规定，大体以33、66、120（不同时期银两、银币和酒肉等实物，有时折合成当时的牛价）的叠加处罚系列标准，可以得到妥善的处理，大家也会信服。如对理师的判决不服，原告主张的证据不足，对方反说原告是诬告，达到不可调和时才用神判解决。贵州黔东南苗族地区自古就存在各种形式的"神判"现象，神判是通过神灵的意志来决断嫌疑人有罪或无罪，确定当事人的诉求和主张是否成立。以前苗族"神判"多针对盗窃犯罪、财产争议、诬陷等行为，在证据不足，僵持不下的情况下，理老可以通过"喊天"（请神到场）这种神判方式解决。本章通过苗族贾理传诵的相关案例，对不同形式的神判过程进行法人类学分析。

第一节　"捞汤神判"

土地是农民的重要生产和生活资料，土地纠纷是财产纠纷中最多的一类。

在苗族口传资料中，有因为田土纠纷通过"捞汤神判"解决的案例，目的是"告诫大众，莫惹争纠结怨，要相劝勤劳积财，各种各的田，各管各的业，团结共处，切莫相争。"传说中苗族祖先迁徙到黔东南地区后，首先是"插草为标"占有土地，插在哪里就占哪里，插占以后即为家族所有，世代粗传。由于苗族是稻作民族，所以占地首先选择的自然是靠近水源，易于水稻种植的可耕地，其次才是离水源较远的山地，苗族称作"土"，这部分只能种旱田，山林地带不易引水灌溉，林地改造成稻田花时费力，所以更不会成为首选之地。《苗族古歌古词》中有一则"烧汤理词"，该理词牵扯的事情比较多，初看顺序很杂乱，细读起来，实际上是一段反映土地纠纷的理词。①

一、纠纷的起因和原委

原告因为有人不时侵占自家的土地，请理老出面解决，确认自己对土地的占有权。原告称：

　　　　为这为那，

---

① 参见贵州省黄平县民族事务委员会编：《烧汤理词》，《苗族古歌古词（下集·理词）》，1988 年内部刊印本。

天响地动。

为抢田边地角响，

为争边界石桩（界岩）闹。

恨来恨去，

恼来恼去。

恨那白日贼，

憎那半夜盗。

恨那恶心人，

憎那狠心贼。

恨那抢田角，

憎那占土坎。

恨那白天拗门，

憎那半夜掘屋。

为这些事起，

愤怒由此来。

才发生争吵，

才动手相打。

争端从此起，

响动由此来。①

被告据理力争，原告仗着人多势众，将祖辈手里传下九代的田地强占，主张恢复自家的土地所有权，称：

你仗祖宗能干，

你仗父亲势力大。

场中来抢妻，

田坝里夺田。

我的里泥田，

我的肥泥塘。

我祖血汗开，

我爹骨肉耕。

你祖作龙搅水，

你爹作雷劈树。

见大掠大，

见好抢好。

人见人怕，

鬼见鬼跑。

抢我祖田种，

夺我祖地耕。

我祖老实，

软弱如粥。

讲不来，

说不出。

气愤到脖颈，

忍受在心中。

父告诉子，

子告诉孙。

一代传一代，

深记不曾忘。

人有代宽代窄，

天有冷暖季节。

鱼该返河水，

田该归故主。

我树根牢固，

我绿叶茂密。

索还我祖田，

收回我旧地。①

　　以上说明被告人由于父辈老实、软弱，祖上传下来的田被作恶多端的强势家

①贵州省黄平县民族事务委员会编：《苗族古歌古词（下集·理词）》，第529—532页。

族强占，所以才采取夺田地的行动。被告人相信理在自己一方，会得到社会舆论支持，便向理师应诉要求返回田地。

二、理师讲理

在苗族审案中"讲理"的过程非常重要，理师提出各种处理意见，必使当事人双方心服口服才能做出判决。所谓"要照古理讲，要以善言说。雷才三思考，龙才三动脑。我只会说理，不会出恶言。理师以理辩，不会出恶言。鬼听鬼害怕，人闻人信服……誉传千里，理服天下。才是好事，才是正道"①，目的是"教育大众，告诫地方"。

（一）理师出场

> 两头主人家，
> 两位当事人。
> 争端压头，
> 祸事缠身。
> 身不能翻，
> 气不能出。
> 才登我门，
> 请我动身。
> 我非见水争沐浴，
> 不是见火想烘烤。
> 不来反怕说拗价，
> 讲我理师太难请。
> 只得执杖而来，
> 脚跨大步。
> 天黑地暗，
> 攀登龙坳。
> 别人坐下会吃惊，
> 站立心头跳。
> 我来稳如必轰，

---

① 贵州省黄平县民族事务委员会编：《苗族古歌古词（下集·理词）》，第540—541页。

坚如必角。①

我来拍竹片，

来就说理。②

（二）理师讲理

我不摆季节理规，

我不说季节理词。

季节理教耕耘，

季节理教做人。

我说纠纷理词，

纠纷理最厉害。

人听人怕，

鬼见鬼惊。

你要我怕，

我要你倒。

…………

两户主人家，

两头当事人。

家有祸事，

屋惹事端。

唤地方兄弟，

求地方父老。

请理师说理，

请中人通话。

入村求能人，

选个好理师。

才不做极端，

把事乱翻天。

---

① 必轰、必角：地名，在黄平县境内。

② 贵州省黄平县民族事务委员会编：《苗族古歌古词（下集·理词）》，第502—505页。

············

家出纠纷，

人遭祸事。

祸事大如牛，

人力壮如虎。

主人心如烈火烧，

主人身似热水淋。

白日坐不安，

夜里睡不着。

碓边无米簸，

床头无利剑。

心伤及手心，

意冷到脚板。

只好进村请能人，

只好入林集干柴。

巧妇教会半边村，

能人维护一片区。

挑花数经线，

理师求理真。

断不成才"烧汤"，

劝不依才"捞斧"。[①]

不做尖利水牛角，

不作恶毒的恶人。[②]

（三）双方抗辩

理老让当事人双方当众辩理，结果僵持不下。一方（原告）说："田耕已十代。"一方（被告）说："是他公抢去。"原告："耕种十代有人见。"被告："代代相传不曾忘。"

[①] 苗族习惯法中，理老必先依理解决，依理解决不了的才不得不使用"神判"。"神判"是用以解决较大的纠纷，比如寨与寨之间争山林，户与户之间争地界，乃至盗窃、诬陷等证据不足，疑而不决的案件。

[②] 贵州省黄平县民族事务委员会编：《苗族古歌古词（下集·理词）》，第483—493页。

原告称：

　　恨那抢田，
　　憎那夺地。
　　我的黑泥田，
　　我的肥泥土。
　　祖宗耕耘已九代，
　　古人十代地种。
　　他手中银多，
　　他怀里金足。
　　目中无人，
　　心不愿理。
　　仗其父子多，
　　踏我千金理。
　　天上有灵神，
　　人间有理老。
　　天上有雷公，
　　管业传到十代孙。
　　下无鼠啃，
　　上无鸟啄。①
　　今年来临，
　　此岁来到。
　　有人仗银多作祟，
　　有人仗粮多作怪。
　　他心长刺，
　　他胆生毛。
　　心狠占人山，
　　意恶抢人田。②

---

① 指从来无疑议。
② 贵州省黄平县民族事务委员会编：《苗族古歌古词（下集·理词）》，第521—523页。

被告称：

　　（索还土地）是据古理，
　　并非新词。
　　天地正直，
　　讲给天听。
　　我依古理，
　　捞不会伤。①

原告又辩道：

　　他说旧祸事，
　　我说新争端。
　　新如新生芽，
　　嫩如初长草。
　　坏人贼心，
　　夺田抢地。
　　讲的不是前年，
　　说的就是今天。
　　就是新"鬼"，
　　并非旧事。
　　三千年来未听讲过，
　　三百年来没听说过。
　　昨天你抢田耕，
　　今天你抢地种。
　　…………
　　你耳不听老人言，
　　你心不服理师讲。
　　就以长斧来判，
　　用"天油"熬粥。
　　…………

---

①贵州省黄平县民族事务委员会编：《苗族古歌古词（下集·理词）》，第532页。

　　我方有理烧，
　　你方肯捞斧？
　　…………
　　我烧粥必烫，
　　你捞必断手。①

被告辩道：
　　你以戏法来，
　　我用理法挡。
　　有理只一句，
　　无理枉千言。
　　我那丘老祖田，
　　我那块传宗地。
　　年年我管理，
　　岁岁我耕种。
　　地有人见，
　　天有雷瞧。
　　我握争纷之正理，
　　我掌弹建屋的墨线。
　　合情合理，
　　勿须多言。
　　主人错主人败，
　　理师斜理师倒。
　　…………
　　错方烧汤不烫，
　　正方捞斧不伤。
　　有理不须多说话，
　　自有舆论来补足。②

---

①贵州省黄平县民族事务委员会编：《苗族古歌古词（下集·理词）》，第525—536页。
②贵州省黄平县民族事务委员会编：《苗族古歌古词（下集·理词）》，第542—544页。

三、"捞汤神判"过程

捞汤审案时，要先"请六寨老，求五大人到场，双方'肢鸡''马腿'（为村寨社会中的大小组织），'鸭笼''饭团'（为议榔中的小团体）全部到齐，来得齐整。理师已述三天理，中人已传多次话"，表明审判已经开始。理老通过分析案情，大家讨论，做出错在被告方的裁定。但被告一方不服理师的裁定，决心作为"雄方"（捞斧的一方），通过神判来解决，以证明自己拥有土地所有权。

五村十寨，

汤场万人。

千手指你鼻。

理师护无理，

自找苦水喝。

众多父老，

众多村公。

分成"马腿"六股，

组成"鸡肢"十四分。

议定一方三百两（银），

讲好一方十三石白米。

赢方则不出，

输方全负担。

赔赢方粮银，

田是赢方的。

…………

我是雌方，

你是雄方。

不怕手断，

把斧捞出。

…………

脸色不变，

谈笑如故。

是天地告诉人，

是高祖传到孙。

真是你的田，

雌方该认输。

…………

我的养老田，

我的养鱼塘。

是母根基布，

是父根基根。

夺我的去，

说是你的。

你做"雌"方烧，

我做"雄"方捞。

雷不助你烧，

龙要护我捞。

你烧白费劲，

我捞手凉爽。

田归原主，

猪还故厩。①

　　烧汤神判用的三脚架，约五尺许，一口深锅高置其中，将米、油、斧子放入锅内，大火烧煮，然后架梯于锅旁。双方当事人，分为"烧方""捞方"，双方当众辩理后，"捞方"伸手入锅内取出斧来。烧汤时，习惯上把烧汤一方称"雌方"，把"捞斧"一方称"雄方"。与此同时，烧、捞两方亲朋人等分别站在锅的两旁。当烧汤理词念毕，理老一声令下，叫准备捞斧。捞方在他们声援者的呐喊助威下，便七手八脚地把柴火抽出灶孔，而烧方人则在他们助威者的叫喊下争着将退出的柴火又放入灶孔中去，以使火烧得更旺。②双方你争我夺，互不相让，已经形成固定的仪式。捞斧者在双方争夺柴火之中，完成这一神明裁判的过

①贵州省黄平县民族事务委员会编：《苗族古歌古词（下集·理词）》，第544—552页。

②徐晓光、吴大华、李廷贵、韦宗林：《苗族习惯法研究》，（香港）华夏文化艺术出版社2000年版，第79页。

程，在这一过程中双方的助威者、参与者，甚至捞汤的人内心积压已久的怨恨借助"神"的力量渐渐得以释放。

四、验看神判结果

神判输赢的标准是捞方手起泡为负，则"烧方"胜；手不起泡，则"烧方"负。起泡"脱皮如蛙脱衣，剥皮如蛇脱皮"即为输；反之，"捞你钝斧，斧凉如冰，手不发痒，皮不起泡"即为赢。但验证要在第二天早晨，大家一起验看是否起泡、脱皮。赢方不但可以得到事先议好的输方300两银（或12石白米），还可以拥有对所争议土地的所有权。验看的目的除了确定输赢，更重要的目的是"告诫大众，莫惹争纷结冤，要相劝勤劳积财，各种各的田，各管各家业，团结共处，切莫相争"①。

本案参与者在理师的主持下进行了捞汤神判，并约定在第二天早晨来验看神判的结果。

> 明早天亮，
> 旭日东升。
> 请六寨老，
> 求五大人。
> 众多前辈，
> 全都来看。
> 看是哪方赢，
> 看是哪方输。
> 各做各当，
> 自作自受。
> 魔鬼已赶去，
> 纠纷已了结。
> 大众平安，
> 人人长寿。
> 鲜花各去开，
> 硕果各去结。

---

① 贵州省黄平县民族事务委员会编：《苗族古歌古词（下集·理词）》，第554—555页。

新理不知在何处，

古理即在这里。

众多前辈们，对！（众人应声）①

第二节　刑事案件的"神判"方法

苗族村落社会的过去和现在刑事案件的发案率极低，但人身伤害、偷盗、诬告等刑事案件不可避免地会出现，所以苗族的刑事诉讼程序与神判过程，在《油汤理词》《烧汤理词》等中反映得非常详细和具体。这些理词都是在刑事案件处理过程中形成，并以口述形式流传下来的。

在刑事案件出现后，双方都请可靠的中人作为调解员，而理老则扮演法官角色。中人一般对双方好言相劝，说明利害，目的是息事宁人，所以不会遭到当事人的怨恨，理师不愿意在未经过调停的情况下做出裁决，即所谓"不愿讲纠纷理，但愿双方息事，评纠纷不会恨中人，断祸事将会恨理师"。说明理师虽可以裁决刑事案件，但裁决的结果只能是一方赢，另一方输，而输的一方很可能认为理师裁定不公而怨恨理师，所以理师对这类案件往往也运用调解手段，通过双方的中人的劝和来达到"双方息事"，避免将来仇恨延续。这类案件的解决过程要用很长的时间，拿出很多个解决方案，在征求双方当事人同意的前提下，以求最佳的纠纷处理效果。刑事调停的原则一是双方当事人愿意调解；二是必须合于苗族习惯法原则和诉讼习惯；三是不愿调解或调解不成可以请高一级（一个地方）理师进行裁决，这次再不服理师裁决，在双方同意的情况下，理师就要通过神判来解决，所以理师的裁定也包括对某些案件是否通过神判解决的"最终裁定"。

《汤粑理词》叙述的是一起盗窃案，原告起诉的案由是：

恨那好吃懒做，

憎那白吃空喝。

偷我十两链，

盗我百段裙。

只好进入牯牛屋，

---

① 贵州省黄平县民族事务委员会编：《苗族古歌古词（下集·理词）》，第 559—561 页。

　　　　寻求高师为我作主，

　　　　为我判断。

原告的根据是：

　　　　狗咬外人不咬主人，

　　　　人防生人不防熟人。

　　　　见近不见远，

　　　　见人不见心。

　　　　画眉嘴巴，

　　　　狐狸心肝。

　　　　我拿他当好人，

　　　　他把我当傻瓜。

　　　　白天探我门，

　　　　夜常转我屋。

　　　　骗我儿外出，

　　　　暗地进我家。

　　　　翻我橱柜，

　　　　撬我箱子。

　　　　偷我首饰，

　　　　盗我衣裙。

　　　　自知齿有虫，

　　　　自明手赃屎。

　　　　害怕抄家，

　　　　疏散赃物。

　　　　外逃七天，

　　　　七夜方回。

原告的证据是：

　　　　我请寨老，

　　　　我求兄弟。

　　　　帮我进门搜家，

　　　　为我进屋查赃。

　　人人都在家，

　　只差他一人。

　　不是他偷，

　　又是谁盗？

原告认为被告有犯罪嫌疑，所以请求理老依理裁断。于是他说：

　　寨老皆齐，

　　理师也到。

　　理师依理讲，

　　寨老洗耳听。

　　是直是曲，

　　定自有理断。

被告对自己进行辩护：

　　我关门家中坐，

　　他闯门来寻衅。

　　白粉抹他脸，

　　黑烟涂我面。

　　帝王名难得，

　　盗贼名难背。

　　蛇咬药可医，

　　人咬理来治。

　　你诬我偷银，

　　我要你洗净。

　　砍我树倒地，

　　我要你接活。

　　不由你道黄就黄，

　　不依你说黑就黑。

　　是谁告诉你，

　　叫他来对嘴。①

① 贵州省黄平县民族事务委员会编：《苗族古歌古词（下集·理词）》，第 463—470 页。

在苗族审判标准中，如果原告拿不出证据就是诬告，被告就赢了"官司"。所以被告又说：

> 见我笨可欺，
> 看我软好吃。
> 神灵各看见，
> 理师各知道。
> 神灵不怕凶恶，
> 理师不欺善良。
> 给我作主，
> 帮我作证。①

理师听完双方一诉一辩后，首先进行调解，唱道：

> 因为鬼临门，
> 因为祸到家。
> 不断怕引起是非，
> 不断怕带来人命，
> 才来挑水扑灭火。②
> 是"金"是"铜"，
> 我心有数。
> 两家烧汤户，
> 两位当事人。
> 各想各的心，
> 各思各的意。
> 是直或是曲，
> 是善或是恶。
> 你俩在明处，
> 我们在暗处。
> 切莫相躲藏，

---

① 贵州省黄平县民族事务委员会编：《苗族古歌古词（下集·理词）》，第471页。
② 贵州省黄平县民族事务委员会编：《苗族古歌古词（下集·理词）》，第484页。

脱裤子遮脸。

牯子牛相碰，

总有一头输。

会水死于水，

玩火终自焚。

莫聪明一世，

莫糊涂一时。

走路看前头，

临崖即止步。

思前想后，

有错认错。

互相忍让，

和睦相处。①

理师又进一步调解，唱道：

有冤睡不着，

结仇坐不安。

父辈结仇，

子孙难解。

为十两银，

结十代仇。

水牯顶角我拉腿，

人闹争纷我劝解。

…………

蛋不裂缝，

蚊蝇不巴。

会起会结束，

谁错谁改正。

思前想后，

_____

① 贵州省黄平县民族事务委员会编：《苗族古歌古词（下集·理词）》，第472—474页。

顾及一切。

…………

理师只劝人和事，
不愿双方来烧汤。
不愿犁牛进鬼场，
不愿拖羊入浑塘。[①]

以上说明理师也不愿意双方用神明裁判的方式来解决纠纷。理师依理进行摆古说理，劝导双方和解，避免矛盾扩大，可谓情真意切、句句在理、不偏不倚。往往当事人双方都知道冤家宜解不宜结的道理，最后双方妥协，达成和解协议。在场观众从纠纷的争执和理老的调解中认识到纠纷所带来的危害，从而在以后的生产和生活中尽量避免纠纷，所以说理老审理过程也是一次"普法"教育活动。

理老几次讲理，劝双方尽量不要进入捞汤程序，但一方坚持对方是盗窃，一方说对方是诬告，所以理师最后唱道：

你们向深处跑，
拉你们回浅处。
你们一个愿意往锅底钻，
你们一个愿意去捞斧柄。
一个请中人，
一个调理师。
一个穿理师衣，
一个戴理师帽。
一个愿烧，
一个愿捞。

在苗族传统审判中，盗窃案处理上使用神裁的极少，威胁使用神判的目的是让偷盗者主动承认偷盗行为，只是在双方僵持不下，原告又拿不出直接证据的情况下才不得不使用神判。"我控事端'鼻'，我据真理'纲'，要双方满意，使地方信服，两头若不依，村寨尚议论，请雷烧错方，求龙护对方"，这时就必须请神灵来裁判。苗族普遍信奉神灵，"雷公"和"龙王"是信仰中的"刑神"，

[①]贵州省黄平县民族事务委员会编：《苗族古歌古词（下集·理词）》，第475—514页。

"明火知情，不烧正方，清水明理，不护歹方"，"龙王公正，雷公正直，冤枉者烧不烫汤，受屈者捞不伤手"。"烧汤捞斧"的震慑作用是很大的，神判过程中很可能理亏一方在滚烫的油锅和通红的铁铧前面很快就认罪了。真正实施捞汤了，基于崇信神灵的普遍观念，大家对双方实施捞汤神判的结果都十分信服。

双方决定捞汤后，经过理老讲理也可以撤回，还有盗窃一方认罪伏法，或原告的东西在别处找到，捞汤程序也可以中止。

> 牛拉到鬼场，
> 才回到了厩，
> 争端到汤场，
> 火还可扑灭。

第三节　"鸡判"与纠纷解决

一、"宰鸡头"

贵州省月亮山苗族地区的"该歪"（理老）为群众调解纠纷或处理其他事件时，在双方各持己见，又无有力人证、物证足以核实谁是谁非的情况下，也采取"神判"的方式来解决。"宰鸡头"就是其中主要形式，而且现在还在运用。方法是宰鸡前先以树桩两棵竖立两旁，然后用绳子3根，把"该歪"拉起坐在两棵树桩的中间，双方当事人则站在树桩两旁，周围站满亲友和围观者。先由"该歪"来"念鬼"，完毕后，将鸡宰杀抛在两棵树桩的中间，任其挣动，看鸡临死时跳到何方，何方就是无理。比如双方对一块土地发生争执，败诉一方除将争执的地田土无条件让给对方外，并须受罚132毫。如鸡死在两桩的中间，则双方和解了息。但是132毫仍然要出，不过在负担上是双方当事人各出一半。这笔费用（实际上相当于罚款）除以一半作为伙食费外，其余的由办事人分用，作为报酬。此外，宰鸡时，双方当事人还须各出10毫，共请一中人作证（担保），以免今后再发生纠纷。[1]

---

[1]《民族问题五种丛书》贵州省编辑组、《中国少数民族社会历史调查资料丛刊》修订编辑委员会编：《苗族社会历史调查（二）》，第130页。参见王承权等：《榕江县加宜乡苗族调查报告》，《贵州省少数民族社会调查》之一。

"宰鸡头"能代表公正，能明辨是非，是一种可行的方式。村民在长期生活中对理老采取神判方式来解决也是持肯定态度的，事实上"宰鸡头"这种神判的结果具有偶然性，清白无辜的当事人偶尔也会受到神判对自己的不公正判决。在神判成为当地人们的集体意识和共同知识背景的前提下，对神判的错误惩罚结果人们也具有屈从的心理。信仰神判的人总是认为，神判的任何结果，都代表着神的意志，对这种结果的怀疑和反抗，就是对神灵的怀疑和反抗。[1]在当地民众的意识里，神是超越一切的东西，与神作对是不会有什么好下场的。尽管裁判结果充满了随机性和非理性特色，但是它却成为某些难题的一种令人满意的解决方法，所以"神判在其社会背景中是理性的"[2]。由于苗族民众的思想和行为深受自然崇拜与神话传说的影响，所以即使是在神判显示的结果中受了冤枉，神判信仰者也会找出各种各样的原因来安慰自己，并做出他们认为合理的解释。这一点其他民族也一样，如藏族，如果他们突然遭受了某些不幸，且这些不幸从逻辑上来说与自己没有分毫关系，如同当事人在这件事上没有过错，受了冤枉，却以为自己在其他方面有过错，那么也会遭到神的惩罚。因为人的一生总是避免不了犯错的。[3]

据贵州民族大学博士生杨代云介绍：原来在黔东南雷山县"砍鸡头"是神判的主要形式，村寨有了纠纷，由理老主持，在双方当事人面前将鸡割断脖子，鸡在作垂死的挣扎，蹦到谁面前便是谁输理。这种神判法在20世纪80年代雷山苗族村寨还有遗存。1985年，雷山县永乐区从木村Y某家与对面坡上的肖家村R某家发生山林纠纷，Y某家指控R某家偷移埋岩（地界桩）。理老询问R某家，R某家以为别人不知其偷移埋岩，拒不承认。理老遂主持"砍鸡头"、喝鸡血仪式，并令双方发下理亏一方必遭天诛地灭的毒誓。两个月后R家所养之猪全死了，Y某家以为R某家得到报应，即齐聚村头向R某家击盆以示庆祝。[4]

据榕江县三江乡脚车上寨村民莫老港（今年85岁，是这一带有名的理老和贾

①牛绿花：《藏族盟誓研究》，中国社会科学出版社2011年版，第231页。

②罗伯特·巴特莱特：《中世纪神判》，徐昕、喻中胜、徐昀译，浙江人民出版社2007年版，第50页。

③参见邓敏文：《神判论》，贵州人民出版社1991年版，第81—82页。

④本案例为贵州民族大学博士生杨代云提供，杨代云是苗族，很长一段时间在雷山工作。黔东北苗族也有神判方式。参见林淳、王军：《"宰鸡头"的个案分析》，吴大华、徐晓光主编：《民族法学评论》（第1卷），（香港）华夏文化艺术出版社2000年版。

师,附近的村寨经常请他去解决各类纠纷,现在他仍然能诵唱在解决纠纷时使用的贾理)讲述,2015年他曾经在榕江县城通过"宰鸡头"解决一起财产纠纷:

> 2015年,榕江一名叫杨胜伟的老板经商致富,富了以后在外面的交往、应酬多了起来,和其他女人的接触也多了。老板的太太怕以后有家庭变故,不多掌握点财产以后的生活没有保证。有一天这位太太的舅妈来看她,她就以舅妈有部分现金要放进保险柜为借口,在丈夫那里骗走保险柜的钥匙,将柜里的金条拿走。丈夫发现后认定是自己妻子拿走了他的金条。而太太拒不承认。丈夫通过朋友请我去解决。于是我买了一只鸡,为他们举行了宰鸡头的仪式,结果是割下头的鸡在临死的时候扑向了太太一方,太太当场哭了起来。结果虽然出来了,但大家都揣着明白装糊涂,此时社会舆论对太太非常不利,所以她心理负担很重。我又专门为她举行了"鬼事",以平衡其心理。表面上看来事情不了了之,但私下里太太向丈夫承认了自己拿了保险柜里的金条,丈夫也原谅了她的行为,两口子后来和好了,问题得到了圆满解决。[①]

根据莫老港讲述,神判的经过是这样的:

> 今天是凶日,
> 今天夜是恶夜。
> 对于处理纠纷是个好日子,
> 才请我贾师来,
> 到这处理纠纷。
> 我今天来到榕江,
> 到县城里来。
> 我到杨胜伟家,
> 进他家门,
> 不是我多管闲事,
> 我只为弄清明白。
> 这里有人丢金条,
> 失银子。

[①] 2021年8月13日晚莫老港讲述,榕江县文化馆王杰翻译。

如果哪个偷金条，

盗银子，

鸡就会倒在他面前，

死在他脚下。

你家儿媳是高同人，

如果是她偷金条，

盗银子，

那鸡就倒在她面前，

死在她脚下，

倒她面前，

死她脚下。

如果金不是她偷，

长学爷爷诬陷她，

那鸡就倒在长学的面前，

死在长学脚下。

这米有水火之神力，

先人之神效，

历经千奇百怪，

看懂是非黑白。①

二、"杀鸡诅咒"

（一）"杀鸡诅咒"②习俗的存在

赌咒发誓，也叫起誓。起誓通常是指主体对自己过去未实施恶行（或当事人所争议的行为）或者以甘愿承受神判惩罚来约束自己将来实施的恶行（或当事人约定不得从事的行为）的一种宣言。在黔东南苗族侗族自治州，起誓与苗族人迷信鬼神的信仰和追求向善、朴素的心理有关。据清朝陆次云《峒溪纤志》载：

遇冤忿不能白。必告诸天王庙，设誓刺猫血滴酒中，饮以盟心，谓之吃血。既三日，必宰牲酬愿，谓之悔罪做鬼。其入庙，则膝行股慄，

①2022年1月13日晚莫老港讲述，榕江县文化馆王杰翻译。

②苗族称"砍鸡头骂娘"。

莫敢仰视。理屈者，逡巡不敢饮，悔罪而罢。其誓词曰：汝若冤我，我
大发大旺，我若冤汝，我九死九绝。犹云祸及子孙也。事无大小，吃血
后则必无悔。有司不能直者，命以吃血则惧。盖苗人畏鬼甚于法也。①

　　从这份记录来看当时是"吃猫血"。可见"吃血"是解决苗人争端的传统
神判方式之一，神判主持者往往根据当事人是否敢"吃血起誓"来判断罪之有无
和是非曲直，充分体现了神灵与裁判紧密结合，敢于吃血的人的誓言往往会被听
信，以这种仪式体现了淳朴的"神灵畏惧"和"信度依赖"。在寨老裁判的事件
中，当事人双方对案件本身有根本的分歧，经调解无效，则用起誓方法解决。在
深信神灵会惩罚的心理状态下，通过神的权威以达到震慑"对神说谎"一方的目
的，从而尽可能让过失一方主动承认错误，即"理曲者，逡巡不敢饮，悔罪而
罢"。爱必达《黔南识略》卷二十七亦载：苗民以为"背盟不详，必干鬼怒也，
盖其信巫畏鬼之心甚于畏法。"②

　　苗族人相信诅咒以后，无理的一方会得到神的惩罚，贾理中这一部分的内容
比较多。如土地纠纷中理老通常会使用这样的贾理：

> 分田栽界岩，
> 埋岩在中间。
> 哪位使坏心，
> 扯掉中间岩。
> 占进一蔸禾，
> 使别人怨恨。
> 骂到天上去，
> 使得天也怒。
> 有亏又有损，
> 有病又有灾。③

　　在伤害案件的处理中也是如此：

> 拿去买来一只公鸡，

---

① 严如煜：《风俗上》，《苗防备览》卷八，清刻本。

② 爱必达、罗绕典辑：《黔南识略·黔南职方纪略》，杜文铎等点校，贵州人民出版社 1992 年版，第 223 页。

③ 王杰、杨元龙、范锡彪搜集整理编译：《苗族栽岩议榔辞经典》，第 25 页。

由天神来判，

杀鸡喝血。

韦苟林没有子女，

无后顾之忧，

由他来宣誓。

蒙老望去准备火把，

香纸，

一盆水。

潘老佛也去准备火把，

香纸，

一盆水。

我们叫韦苟林来宣誓，

你们再各自灭火，

喝鸡血，

由天神来审。

如果是蒙老望说假话，

那火灭，

三个月之内蒙老望就死。

鸡死，

三个月之内蒙老望就死。

那死归死，

村寨仍然罚他三个百二十斤，

百二十斤米，

百二十斤肉，

百二十斤酒。

如果是潘老佛说假话，

那火灭，

三个月之内潘老佛就死。

鸡死，

三个月之内潘老佛就死。

那死归死，

村寨仍然罚他三个百二十斤，

百二十斤米，

百二十斤肉，

百二十斤酒。

人间可以说假话，

天神明白。

案件这样断，

冤仇这样结。

假如你蒙老望说，

今天确实以死宣誓。

那我不敢，

也只罚些钱米罢。

确实是我自己摔倒了，

我诬陷潘老佛的。

你们村官寨佬减少一些，

罚轻一点，

我找钱米负给你们去。

说真话来，

认错去，

我们村官寨佬就来减半。

罚轻一点，

三个百二十斤，

我们罚一半。

如果你潘老佛说，

我们未必请天神，

确实以死盟誓。

那我不敢，

也只罚些钱米罢。

确实是我打蒙老望了，

我欺哄大家的。

你们村官寨佬

减少一些,

罚轻一点,

我找钱米负给你们去。

说真话来,

认错去,

我们村官寨佬就来减半。

罚轻一点,

三个百二十斤,

我们罚一半。

关于这个案件,

我们是这样审,

案就这样断,

没有后话,

没留恩怨。①

（二）"杀鸡诅咒"案例

改革开放后,国家法律介入力度逐渐加强,在苗族地区"神判"作为经常性的活动已经不存在了,但一些案件通过民间调解和国家审判机构对案件做出处理后,还会出现"败诉"一方不服,单方采取"神判"的方式要求"胜诉"方回应的情形,这种情况都使用"杀鸡诅咒"的方式。②

案例一

2013年雷山县西江镇（西江镇在黔东南雷山县东北部,现在有贵州省著名的旅游景点"西江千户苗寨"）,下辖21个行政村,1个居委会,共62个自然寨,222个村民小组,6376户,总人口24147人,其中苗族21585人,占全镇总人口的84%。这里发生了因为一小点土地而引起的"砍鸡头骂娘"神判事件:

西江镇羊排村唐某A与唐某B因土地发生纠纷,请寨老杨某、李某A、李某B

---

①2022 年 1 月 13 日晚莫老港讲述,榕江县文化馆王杰翻译。

②在歃血神判中,鸡作为牺牲常用于小纠纷的了结,猫作为牺牲则用于重大事件的了结,各具有不同的约束效力与秩序效力。参见麻勇恒:《敬畏:苗族神判中的生命伦理》,民族出版社 2016 年版,第 94 页。

处理。三人按照当地风俗对争议地的归属做出了处理，并在土地上杀鸡、埋鸡。但是原告唐某A不服，从西江镇麻料村请来了巫师潘某（已77岁）到西江神判台进行赌咒。2013年7月30日，唐某A与潘某来到神判台。该台地处西江镇山上的山坳里，因该处有两棵面向西北方的神树（柏树、香樟树合栽）而成为神判的最佳地点，唐某A与潘某携带了举行神判的必要物品：红公鸡一只，红布一条，饭、米、酒、香纸若干。仪式开始前，在柏树上系上红布带，然后由潘某手捧公鸡、面向神树，念念有词地开始了。巫师的咒语的意思是：因为与唐某A发生土地纠纷，虽有人处理了，但是处理不公，特请土地神进行处理。今天向神献上大红公鸡一只，公鸡的本领很大，它一叫天就亮，它一叫天就黑。请神做出决断，请神的人在此赌咒：如果有人做了昧良心的事情，就叫他家人丁不旺，不得好死，稻子没收成，即使有收成，也没人吃，就像这只公鸡一样。念叨完后，巫师一刀砍断鸡头，用纸钱沾上鸡血，涂于树上，将饭、米、酒等物置于树下，并将公鸡放置于平台上。①

案例二

2009年6月，黔东南苗族侗族自治州台江县抬拱镇P村二组村民L甲与同村村民L乙，因两家的母牛在冬天"放浪"（散放）在山上，到春耕时节找牛犁地时，在两头母牛中间中多了一头小牛，双方对孳息小牛的所有权出现争议，双方争执不下，L甲将L乙告到县法院，台江县法院经过对三头牛进行了DNA鉴定，做出最后判决。

> 争议小母牛，系被告L乙家母牛所生，系属原物繁衍出生的财产，属被告法定取得孳息。现所争议小母牛应确认归被告所有。被告享有占有、使用、收益和处分的权利。禁止任何个人侵占、哄抢或破坏。为此，依照《中华人民共和国民法通则》第七十一条、第七十五条和《中华人民共和国物权法》第三十三条、第三十九条的规定，判决如下：

---

① 当代神判材料很难收集，时有某村因某事要举行神判的信息，但很难赶到现场，即使赶到现场苗族人也忌讳外人参加。至今为止，笔者所见、所闻的几起具有传统神判性质的事件，仅在"田边地角"的土地权属及财产所有权纠纷中，当纠纷发生后，由基层调解组织和基层法院做出了处理和判决，而"败诉"一方不服，单方面进行的"杀鸡诅咒"的情形，即表现为一方缺席情况下的"神判"。苗族人把这一单方进行的仪式形象地称作"砍鸡头骂娘"。2013年7月29日笔者接到雷山本土学者李国璋的电话，说次日在雷山县西江镇有因为土地纠纷引起的神判仪式，笔者与凯里学院法学教授杨长泉前去调查，并请当时西江民族博物馆馆长侯天江当翻译，这个案例是根据侯天江的翻译整理的。

原告L甲与被告L乙现所争议的一头小母牛的所有权归被告L乙所有。

案件受理费60元，鉴定费用6750元，两项共计6810元，由原告L甲承担。

二〇〇九年六月三日①

原告L甲在判决后还继续请求人民法院重新受理鉴定申请，当法院不准重新鉴定的通知下达以后，原告L甲在本村则通过"看生鸡血酒""请鬼师念咒"等传统方式，试图依靠传统神判方式重新"讨回公道"，但胜诉一方并没有理睬。

一方缺席的两个案例是目前神判遗留的同类案件，即在一方不在场情况下举行的神判活动。认真分析两件案情后笔者发现有以下特点：

1.争议的对象只是少量财产。两个案例中当事人双方均为同村同姓，都有一定的血缘关系，平时相互熟悉，不分你我，经常往来互助，但也容易出现财产纠纷。案例二争议双方平时关系比较好，所以春耕时才会一同上山找牛，因为意外出现一头小牛才闹翻脸。本来这头小牛在当时的价值还不到一千元钱，但最后不得不通过高成本地寻找证据，闹到非得做DNA鉴定才行。案例一中对双方争议的一小点土地，神判仪式结束后笔者跟随唐某A来到该地查看，实际上争议的土地面积很小。据了解，争议双方还是远房亲戚关系，启动"神判"仪式实属无奈。

2.神判的"一方缺席"。案例二中是在一方缺席情况下进行的神判，据侯天江馆长说："规范的赌咒仪式应该是原告、被告双方到神的面前进行，此次不知为何胜诉方唐某B未到场。是不是唐某B觉得自己理亏，尽管赢了官司，却不敢到神树面前发誓、赌咒。"案例二中，当法院判决以后，败诉方要求通过"看生鸡血酒""请鬼师念咒"等方式解决，说明双方矛盾再一次激化。好在"胜诉方"一直不肯"接招"。据后续调查，由于败诉一方一直纠缠不止，双方家族间出现了械斗的苗头。

3.必须有神判的场所和巫师。据侯天江馆长介绍，案例一中的"神判台"，在新中国成立前是远近闻名的举行神判的地方，作为神判要有当地人们相信灵验而共同信奉的场所，在黔东南这类场所还有遗存。比如"南岳庙"是黔东南锦屏县文斗、平鳌、加池一带的主要祭祀场所，如有越界侵占、强卖林木、盗砍盗伐

---

① "台江县人民法院民事判决书"(2009)T民初字第55号,详见徐晓光：《小牛的DNA鉴定——黔东南苗族地区特殊案件审理中的证据与民间法参与》,《广西民族大学学报(哲学社会科学版)》2011年第1期。

事件出现，原告、被告连同证人，齐赴南岳庙，在这个地方杀牲祀神以决是非，这种通过神灵解决纠纷的传统方式当地苗族经常使用。以前文斗和平鳌两寨还有一种到"南岳庙"拈阄的神判方式。[①]在黔东南苗族侗族自治州剑河县岑松镇和柳旁苗寨也有着一处用于神判的"将军庙"。[②]20世纪30年代凌纯声等对湘西苗族地区进行过实地调查，对当地苗人在"天王庙"吃血以及请天王到村寨折狱描述得很具体："苗人最敬畏此神（'天王'或称'白帝天王'），如在天王庙吃血设誓，无敢后悔者。苗寨天王庙甚多。在干城鸦溪者最大，苗人视为圣地。如无天王庙之苗寨，有时可请天王至本寨断讼折狱；亦可请天王出巡，为凤凰新寨天王被请至他寨断讼折狱。"[③]雷山县以外，临近的剑河、台江等县，甚至较远榕江县的苗族百姓发生纠纷也会到此处理，但新中国成立后要求通过神判的方式处理纠纷的情况少了，改革开放以后就更少了。上述两个案例中"砍鸡头骂娘""请鬼师念咒"最重要的环节是聘请巫师，因为他才是当地神与人的沟通者，他的咒语才灵验。

4.必须举行"喝血"仪式。在以前"看生鸡血酒"应该是当事人双方在场进行的神裁，是苗族村落社会在证据不足情况下解决纠纷的一种方法。通常是申请神判解决的一方杀一只鸡，然后纠纷的双方请好中人，在碗里倒上酒，把鸡血倒到碗里，当事人都将血酒喝下去。神判的主持者（巫师）通过看双方当事人喝酒的决心和酒后神态变化以及此后几日内发生的各种变异，来判断他们话语的可信度。在普遍相信神灵和报应的情况下，如果有一方不敢喝血酒或者喝的时候表现出迟疑的神态就说明已经心虚了。[④]喝下酒后在一定期间内（一般是三日内）被告如果发生凶灾疾病，即表明神灵惩罚了被告。若无这种反应，原告则属于诬告。

若从民间习惯法"民信即法"[⑤]角度进行理解，案例一中当事人唐某A单方进行的"砍鸡头骂娘"应该属于神判范畴，对方的缺席并没有影响神判仪式的进

①参见唐立、杨有庚、武内房司主：《贵州苗族林业契约文书汇编(1736—1950年)》（第3卷），日本东京外国语大学亚洲非洲语言文化研究所2003年内部刊印本。

②刘俊：《神明裁判的民间法思维——以黔东南剑河县柳旁苗寨为例》，第十四届全国民间法民族习惯法学术研讨会论文集(2018)。

③凌纯声、芮逸夫：《湘西苗族调查报告》，民族出版社2003年版，第114页。

④据此后前往台江县对案例一进行后续调查的广东省警官学院副教授李向玉介绍，他在详细询问当事人如果重新鉴定申请不被批准时，当事人怎么办时，当事人明确地回答，要采取民族习惯方式（即神判的方式）来处理。

⑤穗积陈重：《法律进化论》，黄尊三等译，中国政法大学出版社1997年版，第7页。

行，神判仪式还是完成了的。苗族村寨村调解委员会的成员，也都是当地"德高望重"的寨老，寨老按当地习俗进行裁定，唐某A当时也认可了这一裁定的结果，"并在土地上杀鸡、埋鸡"，但此后他越想越不对，或许是之前某种"说不出口"的原因，或许是碍于亲戚面子导致了自己的"败诉"，为了证明以前寨老们的裁决与实际情况不相符，也为了以后自己能在村里抬得起头来，唐某A没有选择国家司法解决途径，到镇上的司法所或综治办进行解决，而是请了巫师，选择当地人认为最灵验的地点，通过神判这种方式完成了一次"广场化"的仪式，这种方式在当地是具有一定"信度依赖"效果的。[1]通过传统的程序来证明自己的清白。而另一方的缺席，"不敢前来参加赌咒发誓"，是因为心虚，害怕受到神灵的惩罚，还是不相信所谓神判，更坚信民间处理结果的正确性，不接受这种荒唐的挑战，还要进行深入的调查。在本案中对唐某A来说，即使对方缺席，神灵也会"开眼"的，不会影响起誓所带来的效果。

（三）"诅咒"的文化解释

"诅"原指祈祷鬼神加祸于所恨的人，今指"咒骂"。诅咒可以在被咒主体不明的情况下进行，如某人家的门被砸坏了，受害人不知道是谁实施了该行为就可以诅咒。"诅"后加"咒"字，"对既往已发生的敌方或仇人的行为而祈神加祸之，因而，它的仪式中不需要有敌方主体的出现，不一定双方或者多方的参与，只需单方面对着神灵把希望对方所遭受灾祸告白即可"。[2]

过去对于偷盗行为被人指认，但嫌疑人拒不承认，要对山神发誓：

> 叶老左说是我岗爷偷他家鱼，
>
> 污蔑我，
>
> 我不偷，
>
> 我不承认。
>
> 他坚持说是我偷，
>
> 意志坚定，
>
> 我们一个不舍弃，

---

[1] 但据调查者介绍，此地柏树上已经系有四根红布带，从颜色的新旧程度来判断是最近才系上的，表明近年至少在此处进行过四五次神判。

[2] 牛绿花：《藏族盟誓研究》，第45页。

一个不死心。

所以我们来问你山神，

问你土地公，

人漂亮，

士潇洒。

你居山头，

住山里。

你看见是我偷的鱼，

那火灭，

我就死。

鸡死，

我就死。

你看见不是我偷，

偷鱼另有其人，

那火灭，

叶老左就死。

鸡死，

叶老左就死。

（传香火给另一方）

山神啊，

土地公，

人漂亮，

士潇洒。

你居山头，

住山脚。

你看见是岗爷偷我的鱼了，

那火灭，

岗爷就死。

鸡死，

岗爷就死。

> 如果看见不是岗爷偷，
>
> 偷鱼另有其人，
>
> 那火灭，
>
> 我叶老左就死。
>
> 鸡死，
>
> 我叶老左就死。①

但单方的咒骂会引起纠纷，在苗族贾理中记录了一则"骂别人纠纷"，这是由诅咒盗窃引起的纠纷案例，有人的东西被偷了，但不知道是谁偷的，对门的邻居听多了，就认为是指桑骂槐，由此产生了矛盾。双方就请寨老、贾师来处理化解了矛盾纠纷，并让双方保证不翻案。《月亮山苗族纠纷贾理》介绍了一则这样的案例：

> 编箩已到口，
>
> 编筐已到边。
>
> 事到这里终，
>
> 案到这里结。
>
> 事银已交完，
>
> 案钱已付清。
>
> 事今已了断，
>
> 案今已终结。
>
> 中人把事断，
>
> 贾师将案结。
>
> 大家耳都听，
>
> 我们眼都睹。②

笔者认为，作为神判的构成，有巫师参与，并有一定的神判仪式，这才具有神判的意义，否则只能是个人行为的"咒骂"，这一点一定要区分清楚。在苗族地区是通过"鬼师念咒"的方式来请神灵判断，鬼师在苗族村落社会是"神职人员"，是村寨社会的精神领袖，民众一般都相信鬼师，通过鬼师来决断当事人双

---

① 2022年1月13日晚莫老港讲述，榕江县文化馆王杰翻译。

② 范锡彪搜集整理翻译：《月亮山苗族纠纷贾理》，第465—466页。

方是非曲直，最令人信服。

起誓也与苗族村寨实际社会生活相适应，在交通不便、信息落后的苗族村寨，不可能及时、准确地查证各种复杂案件的起因和证据，所以不得不通过"对神起誓"的仪式使各种纠纷得到尽快的解决，这在维系与约束苗族内部关系，加强村寨的凝聚力方面起到一定的作用。盟誓在历史上是很多民族社会发展阶段中普遍的、重要的习惯法律形式，它植根于特定的社会结构之中，在神权保证下发挥着一定的社会功能。喝血具有"歃血盟誓"的意义。在黔东南，同治八年（1869）黎平县潘老乡长春村立下这样的禁碑："吾村后有青龙山，林木葱茏，四季常青，乃天工造就之福地也，为子孙福禄，六畜兴旺，五谷丰登，全村聚集于大坪饮生鸡血酒盟誓，凡我后龙山与笔架山一草一木，不得妄砍，违者，与血同红，与酒同尽。"①黔东南苗族侗族自治州苗族地区这种盟誓立约的情况很多，以前经常被统治者利用，成为维护公共事务和地方秩序的有效手段。

事实上，盟和誓是两个不同的概念，虽然二者在概念外延上有交叉之处，但深究其含义，还是能感觉到二者的些许区别。石泰安认为："盟"是书面的，盟文（载书）被置于献祭的动物上，这些动物的血要用以涂抹嘴，有时要以血做"义符"，这个动作叫"歃血"。《说文解字》云："《周礼》曰：国有疑则盟，诸侯再相与会，十二岁一盟。北面诏天之司慎、司命。盟，杀牲饮血，朱盘玉软，以立牛耳"。按许慎对"盟"的解释：一是指古代的制度，二是指一种仪式。②"誓"一般来说是口头的，是十分庄重的口语，就是献忠的誓词，没有献祭仪式（以"言"做义符）。③"歃血盟誓"过程中不可或缺的媒介物是血，血液是与其混同在一起的神圣本原的载体，同样的血液有同样的神，具有同样的神圣性质。因而，当人们需要结盟时，他们把血液混合起来。"歃血盟誓"所用的大致可分为鸡血、人血、鸡血人血混用三种情况。从生物学视角来看，"食物制造血液，血液创造生命；吃同样的食物意味着融为一体，或是共享生命的同样资源；它意味着产生相同的血液"④，由此可以看出血的重要作用。人们共同吃相

---

① 转引自黔东南苗族侗族自治州地方志编纂委员会编：《黔东南苗族侗族自治州志·林业志》，中国林业出版社 1990 年版，第 161 页。

② 转引自田兆元、龙敏：《中国盟誓中杀牲歃血行为的动机探讨》，《民族艺术》2001 年第 4 期。

③ 石泰安：《唐蕃会盟考》，《国外藏学研究译文集》（第 7 辑），西藏人民出版社 1990 年版，第 83—84 页。

④ 刘平：《歃血盟誓与秘密会党》，《民俗研究》2001 年第 3 期。

同的"圣物"，这样也就共享同样的神灵，参与的人们通过这一行为达到相互信任和保证。在只有双方起誓的情况下，定下契约的人通过共饮一杯酒、同吃一碟食物，或甚至是共享一顿饭，都能够同等地约束自己。①如在苗族集体订立"榔约"的活动中都有杀牛（现在有杀猪的情况）会餐的仪式，同时还将一小部分肉穿成"串串肉"，由参会的代表带回家给没有参会的家庭成员吃。吃了肉，就意味着必须执行"榔约"，在这一点上"会餐""吃肉"与"喝血"具有同样的意义，即"融化在血液中，落实在行动上"。

第四节　"蛋判"的神裁方法

一、"蛋判"的起因

蛋判在苗族地区也经常使用，理老对案件的认定是根据煮蛋后蛋内物质的多少、硬度来判断双方的输赢，这个过程中蕴含着天意神裁，一个蛋在形成过程中接受天地之精华、母体的孕育，具有无限的灵性，而在蛋判的过程中又经过"水架在上，火在下烧。龙水煮熟，神火煮透"，所以蛋判就具有了权威性和公正性。在我们的田野调查中，榕江县三江乡脚车寨莫老港诵唱了一段过去解决纠纷通过蛋判的贾理，由于是新调查的资料，本节全文照录，进行过程分析，以探讨苗族贾师的神判逻辑。

> 高爷（唐老高）枪走火，
> 打中了保瓜。
> 多爷是保瓜的父亲，
> 就要去砍高爷。
> 午爷是高爷哥哥，
> 午爷来跟高爷说：
> "你赶快跑，
> 你卖田地去，
> 得钱才去医治。"
> 高爷才卖了田地，

---

① 爱弥尔·涂尔干：《职业伦理与公民道德》，渠东、付德根译，上海人民出版社 2006 年版，第 143 页。

得七十个大洋。
叫摆俩铁家的人来医，
卖块摆列山。
卖给韦老松，
松爷已经死了，
高爷也死了。
现在高爷的儿子巴、午、林又来争，
松爷的儿子暴、莫、科、义不同意：
"已经卖给我的父亲了。"
巴、午、林说还没卖，
暴、莫、科、义说卖了。
人说人有理，
各讲各有道，
这才找来贾师来判。
岗爷是贾师，
人说人有理，
各讲各有道。
那你们拿自家米来，
我们到山林边去蛋判。

二、"蛋判"的过程

（一）位置选择

蛋判是用鸡蛋来评判是非，在预判前双方定好方向，用泥土和锅垢划界，人们认为现场泥土清楚是非，即所谓"泥土划在先"。

你们谁选哪边？
巴、午、林说是我山，
我要右边，
暴、莫、科、义要左边。
贾师就拿泥土来给蛋划界线，
泥土划在先，
锅垢划在后。

要暴、莫、科、义，

用他们的米来唤醒松爷。

拿巴、午、林他们的米来唤醒高爷。

你们谁选哪边？

巴、午、林说是我山，

我要右边，

暴、莫、科、义要左边。

贾师就拿泥土来给蛋划界线，

泥土划在先，

锅垢划在后。

要暴、莫、科、义用他们的米来唤醒松爷。

拿巴、午、林他们的米来唤醒高爷。

　　这里是说要用一个鸡蛋来判断是非，请纠纷双方先选定自己的那一半鸡蛋，寨老就用争议山林的泥土和锅灰对鸡蛋进行划界，因人们认为争议山林的泥土对自己的归属很清楚。又让双方故去的老人"到场"，以增加裁判的神圣性和公正性。到这一阶段本次神判的"审判长"——看不见的神明，和"陪审员"——争议山林买卖时的当事人，即双方故事去的老人都"到场"了，鸡蛋正式成为了裁判的媒介，泥土和锅垢成了"证人"和"见证人"，至此，关于本案的一个完整神判"法庭"就形成了。

（二）理老讲理

小鸡跑进火，

跳进坑。

千夫指，

众所责。

手脚指，

眼睛瞪。

只有你聪明，

唯独你机智。

只有公鸡，

只有母鸡。

只有雕爷，

只有丁爷。

在能野，①

住汪气。

父拔山，

母涉水。

带公鸡，

提母鸡。

提在脚两边，

挂在大腿旁。

涉九条江，

跋十条岭。

寻好地，

找好坪。

来到能党，②

到达欧当。

来到能所，③

到达欧首。

来到能乌，④

到达欧邹。

来到能晌，

到达欧凸。⑤

…………

---

①能野：地名，是苗族最早居住的地方。

②能党：地名，与欧当对应。据说迁徙到此，人们不是同时到达，是一个等一个，互相在此等待。"党"的苗语意思是等待。

③能所：地名，与欧首对应。据说迁徙到此，人们混杂一块，分不清民族。"所"的苗语意思是混杂。

④能乌：地名，与欧邹对应。据说此地混沌朦胧，人鬼不分，万物都能说话。"乌"，苗语是浑，"能乌"，苗语是混沌之意。

⑤以下全是到达的地名或讲述到达的过程。

地辽阔，

坪宽广。

泥土肥，

土地厚。

父母来建房子，

栽禾晾。

这样才发展起来，

人丁兴旺。

生水牛，

发黄牛。

生土狗，

发肥猪。

生小鸡，

发小鸭。

鸡走寨脚，

行寨边。

抓虫子，

捉蜘蛛。

吃进肠，

吞进肚。

母鸡肥，

公鸡壮。

公爬母，

母交配。

鸡回到笼，

来到圈。

到了第二天，

东边开天眼。

母鸡咯咯叫，

鸡叫早生蛋。

生一天就得两个，
生两天就得三个。
生三天就得四个，
…………
生十七天就得十八个。
生十八天就得十九个，
生十九天就得二十个。
二十个终结，
二十个完毕。
结束鸡生蛋，
完成公爬母。
结束鸡叫春，
生蛋告段落。
遇草就用草做窝，
逢稻就以稻筑巢。
抱在竹篮里，
孵在箩筐中。
抱一天就得二天，
抱二天就得三天。
抱三天就得四天，
…………
抱十八就得十九，
抱十九就得二十。
二十天和二十夜，
斗换星移，
日月轮回。
蛋黄往外变成野兽，
蛋白往里成鸡心肝。
小鸡在蛋里听到就敲里边，
母鸡在外边窃听就啄外壳。

生（化）啵咯，①
化啵啰。
男人出门去，
男人不知道。
男人野外走，
男人不清楚。
小鸡生，
小鸭化。
嫂子在思考，
母亲在琢磨。
生一把火苗，
燃一把火炬。
烧鸡虱，
焚跳蚤。
嫂子在思考，
母亲在琢磨。
撒绿食，
抛白米。
说好话，
念吉言。
祷告公鸡，
祈福母鸡。
生满笼，
发满圈。
九个换到布匹，
十只兑得钱米。
换到白银，
兑得黄金。

①形容鸡蛋孵化成鸡苗的状态。

　　　　此蛋昨天才生，

　　　　前天才得。

　　　　不知是公，

　　　　不知是母。

　　　　今天要你来判断，

　　　　拿你来审理。

　　　　不是白判，

　　　　空审无依。

　　这是寨老讲理的过程，此段内容较多，囿于篇幅所限，在本章中在保全该理词意思及意义完整性的基础上选择性地略去了重复部分。在这一过程中寨老主要是讲鸡蛋的神圣来历和珍贵，这些看似与本案裁判的主旨离题万里、绕来绕去、内容或意思多有重复的贾词，正是这枚鸡蛋足以担当此次神判媒介其主体"适格"的证明与背书，意在强调这个鸡蛋足以承载上天的旨意为纠纷做出公正的裁决。

　　这段贾词是寨老在神判一开始交代纠纷的起因，从程序结构上说，等同于原告陈述案情、案由、诉讼请求及被告答辩部分，只不过大量工作都在神判开始前做了，还进行了"庭审人员"构成宣告——由"凡人"贾师港爷（莫老港）主持。与人民法院审理民事案件只需提供本次纠纷的案由"山林纠纷"的基本内容及争议焦点，即当初山林卖与没卖而一般不问为何而卖不同，在寨老裁判中还追溯到"诉讼原因之前的原因"，即"高爷枪走火，打中了保瓜……午爷是高爷哥哥，午爷来跟高爷说：'……你卖田地去，得钱才去医治。'高爷才卖了田地，得七十个大洋，叫摆俩铁家的人来医，卖块摆列山，卖给韦老松……"，体现出苗族寨老在裁判中追根溯源寻找纠纷的源头及对细节"查究务尽"的特点。

　　（三）理老裁判

　　　　今天判山界纠纷，

　　　　林权明主。

　　　　过去有高爷，

　　　　有松爷。

　　　　人已死，

　　　　埋于地。

现在有群小孩，

年轻不知。

有巴、午、林，

有暴、莫、科、义他们。

年纪小，

赶不上。

不知卖与否，

年小不清楚。

东家说东家有理，

西家说西家有道。

东家不安心，

西家不解气。

今天是个凶日，

今晚是个恶夜。

水火禾，①

飞蛾米。②

行金山，

走银山。

绕这片土地，

走这块山林。

喊松爷老人来，

叫他来山林看。

让他来到这座山，

自己看看杉山，

看看林地。

这水火禾，③

①抓甲方几粒米抛出去。

②指大米易生飞蛾，米要通过水火煮熟。

③再抓乙方几粒米抛出去。

飞蛾米。

行金山，

走银山。

绕这片土地，

走这块山林。

你再喊高爷老人也来，

喊凡人来，

叫贵人到。

让他来到这座山，

叫他来山林看，

自己看看杉山，

看看林地。

如果你今天不在理，

站不住脚。

你已卖了杉林，

卖了土地，

卖给了松爷。

卖得银子，

卖得金钱。

你就走右边，

在里边。

那么你就矮蛋黄，

薄蛋白。

如果松爷你完银子，

花钱买。

买过杉山，

购过林地。

那你就厚左边，

固外边。

针线牢，

布匹紧。

如果高爷没有卖杉山，

换林地，

地仍然属于他的。

山没有卖过，

那你就厚右边，

固里边。

如果高爷你不在理，

站不住脚，

你卖了杉山。

卖了林地，

卖得银子，

卖得金钱。

卖给了松爷，

松爷付好钱，

花钱买过。

松爷在左边，

左边蛋就厚，

外边蛋牢实。

针线厚，

布匹牢。

嘱咐公鸡带话去，

委托母鸡传唤言。

你住鼎灌，

睡铁锅。

你侧身就是不听话，

倾斜就是不听讲。

水架在上，

火在下烧。

龙水煮熟，

神火煮透。

我上寨头，

上村头。

手拿钢刀，

握铁剪。

宰看头，

杀看脚。

宰我不吃蛋黄，

杀我不吃蛋白。

人们把我看成懒汉，

看成馋嘴夫。

传话给公鸡，

委托给母鸡。

你住鼎罐，

睡铁锅。

侧身睡，

就是不听话。

斜身躺，

就是不听讲。

水开跟着水开，

火笑跟着火笑①你头朝东，

尾朝西。

记住我理师的话，

带我理师话前去。

行要直，

立要正。②

　　这是寨老依鸡蛋所附着的神力下达裁定的一段，当剖开"龙水煮熟，神火

①柴火燃烧的样子。按民间说法，煮饭的时候"火笑"时就会有客人来。

②莫老港口述，榕江县文化馆工作人员王杰翻译，根据王杰翻译后的原话笔录整理。

煮透"的鸡蛋时，属于唐家的那边只有蛋清没有蛋黄，是为唐家败诉，争议山林仍归韦家所有。如果蛋黄均匀分布在整个鸡蛋的中间而使得双方选定的两边多少一样，那么本次神判即告失败，就是贾词中所说的"侧身睡，就是不听话，斜身躺，就是不听讲"。可以看出，整段裁判过程中以古说理的部分居多。这一阶段中，寨老仍然是一个公正的主持人，判决的做出与下达者是神明和双方故去老人组成的"合议庭"，鸡蛋除裁判的媒介外又承担了神判"判决书"的功能。鸡蛋剖开，哪方蛋黄呈现较多，胜负即分，此次神判完成。

第五节　"烧汤粑"神判

"烧汤粑"是争执双方各包一个重量、大小基本相同的粽粑，共入一锅煮，熟方为胜，未熟方为败。烧汤粑虽然不像捞汤神判那样激烈，但也是决定输赢的一种神判方式，在苗族村落社会讲究和谐的人际关系，都不愿意把事情闹到非用神判解决不可的程度，所谓"铸锅为蒸食物，不是煮粽断纠纷"。黄平县民族事务委员会编辑的《苗族古歌古词》中收有两则"烧汤粑"的理词。介绍了烧汤粑的程序和对一件偷盗案件的处理情况。第一则中说：

铁锅高架，
干柴一堆。
两方各包粑，
粽子四斤米。
同入一锅煮。
看谁的粽熟，
看谁的粽生。
谁的熟谁胜，
谁的生谁负。
小孩做玩，
大人认真。
一方称银二十两，
量出五斗米。
交给寨老，

代为保管。
煮粽来判断,
谁胜谁收取。
议一致就烧,
捆紧了就煮。
人不依劝,
用粑判断。
粑入锅底,
尽力加火。
明火知情,
不烧正方。
清水明理,
不护歪方。
粽同一锅煮,
各翻各的粽。
天地神明,
公正判断。
粽子一熟一生,
熟方赢,
生方输。
两个都熟,
两个都生,
没有输赢。
依理师话,
双方息事。①

第二则中讲到通过烧汤粑神判查出"游寨鬼"和"半夜贼"的过程:

一户收一杯米,
一家收一支麻。

①贵州省黄平县民族事务委员会编:《苗族古歌古词(下集·理词)》,第477—480页。

每人缝一个袋，
每袋装一个粑。
袋上写有名，
袋上书有姓。
写好来喊龙，
书好来叫雷。
喊龙来就说，
叫雷到就讲：
"龙你不要遮，
雷你不要护。
你烧就真烧，
你焚就真焚。
人人的粑都蒸熟，
个个的粑都煮透。
谁的粑煮不熟，
谁的粑还夹生，
他就是游寨鬼，
他就是半夜贼！"
…………

众望所归的师傅。
白天他来说，
夜间他来讲：
"烧就真实烧，
捞就真实捞。
寅日我们就烧，
卯日我们就焚。
有那白天贼，
有那夜间盗。
我们就搁在面前，
我们就放在里边。

> 他的粑就煮不熟，
>
> 他的粑就熟不透！
>
> 我们编鞋一只，
>
> 我们搓绳一股。
>
> 定要他倾家荡产，
>
> 定要他家业耗尽！"①

第六节　"神明裁判"的法人类学分析

神判作为一种司法文化现象，在世界很多民族中都曾普遍存在过。古籍资料表明，早在上古时代到春秋时期有神兽裁判的记载，商朝的甲骨卜辞中有诸多占卜和神判的记录。②国家认可的神明裁判是神权法观念在司法方面的突出表现，也是中国古代统治者借助鬼神意志进行审判和科处刑罚的概括。③但秦汉以后由于国家行政、司法管辖的扩大和深入，神判现象在中原政权法制中几乎无迹可寻。然而在边疆少数民族历史中，各个民族都有独特的纠纷解决和神明裁判程序。明朝至清朝中期，由于黔东南山川阻隔，国家行政管辖还没有完全进入该地区，苗族村寨处于高度的自治状态，所谓各村寨"互不兼统"而"无法制相縻"。清朝中期到民国，国家虽然在此地名义上实现了行政和法律的管辖，但由于交通不便、语言不通、民族文化迥异等因素，统治的成本很高，国家还没有更多的政治资源和司法资源来完全统治这些地方。明清时期此处的乡村处于一种自治或半自治的状态。国家并不过多干涉乡村的日常生活和公共事务。特别是西南少数民族村寨，在非制度性精英（寨老、头人、理老等）的安排下自主地决定本地的事务，小地域范围内的民族生存与发展要求内部团结，当村寨发生各类纠纷时，也多由其调解解决。所以苗族理师在处理村寨内部治安案件即便是刑事案件时，还是在保证村落社会秩序稳定的前提下，希望事件能平稳解决。如《烧汤理词》说：

有力去做活，

---

① 贵州省黄平县民族事务委员会编：《苗族古歌古词（下集·理词）》，第 165—169 页。

② 徐晓光：《神判考析》，《原生态民族文化学刊》2012 年第 4 期。

③ 贾晖：《中国古代的"神判"》，《人民法院报》2002 年 6 月 3 日。

有智做生意，

力大莫相斗。

明智不相争，

各做各的事，

各吃各的饭。

你退三丈，

我退三丈。

莫以角相斗，

不用头相碰。

两公牛相斗，

总有一头跑。

并非力不足，

只因一处吃草。①

最后实在调解不了的案件才不得已进行"裁判"，这主要针对各类重大案件和疑难案件，用"神判"的方式来解决事件实际上是"最终的判决"。以前黔东南苗族侗族自治州苗族地区对于重大的疑难案件和判决不服案件要交"公众审定"程序，如果仍不能辨明，就要求助于主宰人间命运的神来判决。出于当地民众对于神灵笃信，神"无所不知"的判断功能取得了一定的权威性，并慢慢形成公众神判意识。神判的思想基础是凭借无法认知的超验性的神灵，对神裁的结果人们甘愿信服，所以"神判"只有在普遍相信神灵的条件下才能存在，这是前提条件。"神明裁判"是苗族村落社会的人们对正义观的追求和自身一套公正秩序的理想构建，此种裁判仪式尚有保留，说明很多人是相信神判的，相信神灵绝对公平、绝对不会偏私。深信很多案件在通过人判无力解决的情况下，②必须通过神判解决，所以在案件处理伊始，都会交代案由，并有"请神"的过程。前面伤害案件处理中就有具体的请神情节：

今天是个凶日，

今夜是个恶夜，

①指将来还要一起生活，要互相忍让。

②徐晓光：《神判考析》，《原生态民族文化学刊》2012年第4期。

今天我们来伸冤，

我们来断案。

今天有个蒙老望，

他喝醉酒，

不知怎么受的伤，

他说是被潘老佛打，

潘老佛却说不是，

是蒙老望自己喝醉酒摔倒受的伤。

因为没有人证明，

蒙老望说是潘老佛打，

潘老佛说不是他打，

两个都不示弱，

没有证据，

我们也不知怎么判。

现在天下人不说真话，

天神是知道的，

这个案子抓不到凶手，

找不到证据，

蒙老望说是潘老佛打，

潘老佛说他不打，

两人都在外面发生的事情，

也没有谁证明，

我们不知怎么判。

现在天下弯，

天上直，

今天地上判不下，

就让天神来判，

潘老佛出一百元，

蒙老望也出一百元。①

　　神判的结果也许可能对无辜的被疑者有失公允，但却有效地消除了当事人之间的部分敌对情绪，间接地对未来类似侵害案件的发生起到预防作用，对其他民众来说也是一种有效的"警示"，苗族村寨长期形成的社会因素和心理因素的作用使得震慑和预防的效果更加凸显出来。神判的"权威"和"灵验"效果还会不同程度地被民众所接受。即使到了近代，在国家权力尚不深入的苗疆地区，为了维护当地社会的稳定和谐，当纠纷发生时，在没有其他更好的替代机制和手段的前提下，当地的自然领袖必须使用他们认为最为适当的解决纠纷的途径和方式。清代民国以来，随着汉文化传入苗疆地区，苗族的习惯法受到内地司法文化的影响，神判的现象越来越少。但在较为封闭的苗族村寨，当出现疑难的纠纷案件时，当地自然领袖在人力不能认定谁是谁非的情况下，他们多半会联想到大家公认和信服的神灵。这时神灵就成为他们脑海里所能想到的最合理的选择，也是最会令所有民众满意的选择。尽管神判的结果不可能完全让民众产生一致共识，但却如同任何进入"司法程序"的案件一样，最终会获得一个判决，实现"定纷止争"之功效。新中国建立后，国家法律深入到黔东南苗族地区，建立了较为健全的司法系统，以"神判"为代表的传统审判方式从整体上退出历史舞台，历史上出现的典型的神判事象已经很难寻觅。现在国家法律对民族地区司法管辖非常深入，基层司法机构和民间纠纷调解体制已比较健全，案件经过处理后，当"败诉"一方觉得法院裁决或民间调解有失公允时，也仍然会求助于"神灵"，这也是对国家调解制度、法院审理案件的公正性的挑战。如遇到解决不了的纠纷，他们也会不辞辛苦、千方百计地请来有名的"理师"举行单方面的神判仪式，即使他们知道这样做也许对最终结果不会产生实际意义，但还是要通过这种仪式，谋求心理上的平衡和民众的认同，达到自我解救。

　　在现代人的观念里，"神明裁判"是一种迷信色彩浓厚的行为，但在一定历史条件下又发挥着社会治理和地方稳定的作用，这种纠纷解决方式和规范，具有明显的历史局限性，与当今的法治建设是相冲突的。随着我国法治的不断健全和完善，国家法律在民族地区普及，国家法律对各民族习惯法的限制力不断加强，但观念层面的传统神判影响还会长期存在，并还会有某些遗迹存在。应当认

真分析神判现象存在的社会文化基础，思考神判习惯法在当代存在的根源，研究神判习惯法消除的具体途径。长期以来由于社会发展的阶段性和地区发展的差异性，神判及相关习惯法的存在有其历史、社会、文化、心理等方面的基础，对各少数民族神判遗留现象的研究，有助于理解传统神判与人判等纠纷解决方式的特点和由"神判"（鸣神）到"人判"（鸣官）的发展规律；从一个特殊角度明晰当前国家解纷方式的局限和阻力，反思国家法律在少数民族地区发挥功能的社会条件；分析少数民族地区民众的法需求、法观念、法心理及其社会基础，思考民族地区现代法律意识的生长条件和具体途径。当下，以国家审判为主的现代社会解决纠纷方式普遍实行，随着国家法律在少数民族地区实施速度的加快，其权威性、普遍性、统一性、有效性在民族地区日渐加强，神判这一解纷方式虽然在我国的某些地区、某些民族中还存在，但这只是极个别的现象，神判习惯法摆脱不了退出历史舞台的命运。像黔东南苗族侗族自治州雷山县西江镇，随着民族村寨旅游高度发展，商品化程度在加入旅游系列的村寨中是非常高的，外地人到此处开店经商的也比较多，附近村寨的人们和村寨的老人们不可能不受其影响。随着科学的昌明、教育的普及和苗族地区年轻一代与外界的接触，相信他们以后遇到纠纷不会求助于神灵的裁判，在他们的脑海里也不会再有"神判"的影子。

第四章　黔桂界邻地区"岩规裁判"的方法与逻辑

　　"岩规裁判"作为黔桂界邻地区苗族民间纠纷解决的重要方式之一，十分具有特色。本章所说的"岩规裁判"以寨老"裁判"为其主要表现形式，之所以称其为"岩规裁判"是因为其基本的"裁判依据"是苗族传统的"埋岩立法"，无论直接在立规埋岩之"岩"前"裁判"，还是在其他特定、不特定场所进行纠纷解决，"裁判"的"法律渊源"一般均为埋岩所立之"法"。也因此，出于行文表述需要及读者理解的便利，本章会将"岩规裁判"和"寨老裁判"两个在此处概念等同的术语交互使用。

　　"岩规裁判"的基础是苗族地区小地域文化中的习惯法，既有对传统文化的传承，也有伴随时代发展的与时俱进，在当地一直发挥着"定分止争"的社会稳定器功能，它是黔东南等苗族地区民间纠纷解决的重要方式，直观表现形式就是寨老"裁判"或理老"裁判"，作为其"法律渊源"的是历史上传承下来的民族民间习惯法，有着特定的裁判方式。对传统习惯法的掌握及"裁判程序"的把控在当地属于专门知识，由寨老，即具有这种知识的专人所掌握（因在裁判中寨老要理事、说理，也被称作"理老"）。因此，其中所体现的思维逻辑是基于黔东南苗族地区小地域文化、为当地群众所认可、接受、遵从的寨老的思维逻辑，也反映出苗族特殊的文化逻辑。虽然除黔东南地区的从江县、榕江县以及广西壮族自治区的融水苗族自治县外，其他苗族地区"埋岩"很少，①只有"议榔立规"，但是，这种情况很可能是在长期的传承过程中形成的一种"仪式减法"简化所致，对"依规裁判"的启动、调查、说理、"裁决"全过程的类型一致性没

---

① 课题组在雷山县朗德乡报德村杆吾组的芦笙坪上发现一块埋岩，在该村附近的山林中发现"岩公岩母"，经常有人去"求子"，说明该地石头崇拜十分盛行。

有根本性的影响，故此，本章仍采用"岩规裁判"的概念。

第一节　"岩规裁判"的"法律渊源"

"岩规裁判"作为黔东南苗族侗族自治州苗族地区解决民间纠纷的重要方式之一，其所依据的"法律渊源"是苗族习惯法。"民族习惯法是一种地域性的知识，作为一种保守的力量，在村寨中其社会调整功能是非常强的。"① 由于苗族历史上一直处于无文字状态，其文化传承长期靠口口相传，属于典型的口承文化，而苗族习惯法正是这种文化的重要组成部分，也正因口承形式十分依赖传承人之间的表达和记忆，具有易失传的特点，② 所以产生了"议榔"和"埋岩"的立法形式，到今天苗族地区的许多村规民约也大都通过议榔的形式制定，并体现出与国家法适应并且与传统习惯法文化的承继相统一。

一、议榔与"埋岩立法"及其内容

"议榔，苗语为ghed hlangb（音'构榔'），是苗族人集体议事、订定规约的活动"③，制定习惯法规则（榔规）是议榔活动的重要内容及职能。议榔立规因与苗族的原始宗教信仰及对超自然力的信奉与敬畏密切相关，所以在苗族民众的眼中是神圣而不可违逆的，这就保证了习惯法有着很好的实施效果。④ 民国《镇远府志》载："凡有事，专刹牛相约，食片肉，即死不敢忘性。"⑤ 议榔会议由提出议榔建议的人或榔头（自然领袖）召集，小到一个村或一个自然寨，大到几个自然寨或几十个村派出各自的榔头作为代表，在会议指定的榔头主持下由理老或歌师向与会者朗诵事先拟定好的"议榔词"，众人发誓遵守后杀猪宰牛会餐并带一块肉给未到会者，使其知晓所议定之榔规并遵守，一次议榔即成。议榔立规的内容是与时俱进的，随着时代的发展社会将越来越复杂，利益诉求不可避免地日益增多，人与人之间纠纷的种类及数量也随之增加，此时，如果国家法及

---

① 徐晓光：《原生的法：黔东南苗族侗族地区的法人类学调查》，中国政法大学出版社2010年版，第4页。
② 参见徐晓光：《原生的法：黔东南苗族侗族地区的法人类学调查》，第24页。
③ 徐晓光：《原生的法：黔东南苗族侗族地区的法人类学调查》，第82页。
④ 参见周相卿：《法人类学理论问题研究》，民族出版社2009年版，第147页。
⑤ 参见民国《镇远府志》卷九《风俗》。

原有村寨习惯规范出现立法滞后的"无法可用"现象，就会通过新的议榔活动制定新的规范来解决对村寨生产生活影响重大的具体问题，以及与现在社会生活实际情况依然适应的习惯规范。随着"立法"时间久远而出现信奉与遵守危机时，也将通过议榔活动而再次强化。总之，议榔活动承载了苗族习惯规范的制定、修改、废止和强化功能。一般情况下，与议榔活动相伴随的往往是"埋岩"活动。议榔的时候，议榔所涵盖范围内的人会以一块石头为"神器"集中起来举行具有浓重宗教色彩的仪式，喝血酒盟誓以将榔规交给鬼神或其他超自然力保证实施。①这反映了苗族地区原始朴素的石头崇拜。

　　埋岩也被苗族群众称为"栽岩"，是把一块长条形的石头半截埋入地下半截露于地上，是将议榔或裁判内容固定化以铭记的形式，因石头上不刻文字而被视作无字碑，常见的有"盗窃岩""婚姻岩""彩礼岩"等，其实质是对盗窃犯罪处理、婚姻制度确立、彩礼数目规定之后的备忘石。"立法"所栽岩石虽然无字，但当地民众对栽岩的目的及其承载的习惯规则内容十分理解并熟悉，进而自觉地在此习惯规则轨道内行事，寨老在调处纠纷、裁决案件时会严格依照栽岩所定之规和先前"判例"，为双方当事人所信服。埋岩所蕴含的法律文化信息十分丰富，"苗族的'埋岩'立法活动以及以此为依据的审判习惯在苗族法律文化研究中非常重要"。②至今，在苗族地区仍然有将"犯罪""犯法"称为"犯岩"的现象存在。民国学者刘锡蕃在《岭表记蛮》中对月亮山区广西融水县苗族"埋岩"作了较为详细的描述，他将苗族"埋岩"称作"公益集会"。这种公益集会，多半有一定的会期，届时"数千百寨之蛮人咸来会集，其范围愈广泛，其意义亦愈严重。凡地方农牧、刑罚、交际、丧婚、诉讼、民约、禁令等一切利弊，无不于此会解决""凡与会者……均有发言权及表决权。每决一案，则取草一本结之，悬之高处，令讫，当众数草，表明此会决议若干，自始至终完全用口头，到会者默识十心。归而召集所部蛮人，剀切宣布，听者亦各暗诵而熟记之，自是以后，会区所有民众，对于决议各案，皆须绝对服从"。并专门提到清嘉庆年间黔桂界邻苗族曾在当时融安县的林安举行大规模的"埋岩活动"，决定婚姻聘礼，规定结婚聘金至多不超过一两二钱。"案已决，三江属之良权、良陇独后期

----

① 参见周相卿：《法人类学理论问题研究》，第142—143页。

② 徐晓光：《原生的法：黔东南苗族侗族地区的法人类学调查》，第25页。

至，诸酋嚷之曰：'汝不赞成我等所提议案，而故意来迟耶。然则尔处婚娶，猪牛必四头，衣服必十袭，聘金必十两，许加不许减'，迄今百余年，环境婚聘诸费皆极简约，独良权、良陇诸蛮，遵行此等苛刻且非正式之议案，犹不敢违背，埋岩之雄伟而不可侮，可见一般。"[①]此次埋岩定下的规则在当地影响至今。

　　课题组于2021年7月至8月份赴从江县和榕江县调查时，在榕江县兴华乡摆贝村发现三块"综合岩"栽在村口右侧山坡上，据当地寨老说，这三块埋岩规定的内容是"3个120""3个66"和"3个33"，即，按照所犯错误或造成损失的大小处罚与上述数字相对应的钱、肉、酒请全村（寨）人吃饭。比如，放火烧坡200亩处罚120元钱、120斤酒、120斤肉；200亩以下100亩以上罚66元钱、66斤酒、66斤肉；100亩以下罚33元钱、33斤酒、33斤肉。在榕江县栽麻镇高岜村就有这样一个案例：2021年春季，高岜寨老和村干部用栽岩榔规处理一例打人事件，有一男村民怀疑一女村民（老人）偷他的一块垫柱脚石头而多次发生争吵，男村民把女村民打成重伤，以栽岩榔规处罚男村民66元钱，66斤肉，66斤饭，66斤酒。[②]在三江乡脚车村调查时发现，当地的埋的"盗窃岩"现存共有10多块，距今最近的为新中国成立前后，承载了典型的"判例法"信息，据当地寨老莫老港说，他亲历的埋岩就有三四块，以往是发生一起盗窃案件对作案人进行处罚时就栽一块岩，自20世纪70年代后已不再埋岩，而改为对作案人在埋岩处处罚时由莫老港拿木棍边敲打最后栽的一块岩边进行"说理审判"。课题组在调查中发现，苗族的埋岩有着谱系现象，通过调查基本能够掌握其脉络，人们戏称这种现象中的主岩及其分支为"爷爷岩""爸爸岩""儿子岩"和"孙子岩"，可以说是一脉相承的"上位法"至"下位法"现象。2013年，榕江、从江、荔波3个县共100多个村寨的代表聚集在从江县加鸠乡加学寨山脚处，举行了隆重的仪式，重温千年的"能秋埋岩"（该埋岩栽在此，苗语称"耶能秋"）。2014年的重温"七佰岩"埋岩（苗语称"岩党虽规松客"）、2016年的重温"孔明五寨榔岩"（苗语称"岩松能规松嘎"）等都说明埋岩立规活动在苗族群众心目中的重要地位，自2014年以后在中共从江县委政法委的领导下，从江县已对本县众多的埋岩规范内容进行了清理，并在埋岩旁立碑将规范内容刻于碑上加以确认。笔者在调查中也发现雷山

①刘锡蕃：《岭表纪蛮》，第91页。
②2022年1月28日由榕江县栽麻镇高岜村龙安吉整理提供。

地区和丹寨地区的苗族只议榔而不埋岩，笔者认为这只是苗族习惯法文化在传承中形成的一种"立法"仪式的简化现象，并不影响习惯规则在当地村寨生活中的权威性。

二、"埋岩"、寨（族）规与村规民约

由以上我们可以得出这样的结论：苗族习惯法是在长期自治状态或半自治状态下的苗族地区，在生产生活中形成的具有原始宗教色彩的，为苗族群众所普遍遵守的，有苗族群众公认的外部公共强制力保证实施的，非国家制定或认可的社会规范体系。[1] 在法律逻辑学中，对习惯法进行法律解释要遵循四个基本原则，即安全性、整体性、合法性和妥当性。[2] 因为苗族习惯规则所具有的与时俱进的特征，现在的习惯法与国家法相协调的程度越来越高，明显的冲突日益减少。如课题组在2021年2月赴荔波县佳荣镇大土苗寨调查时了解到，该村不仅完好地保存有埋岩，还根据时代的发展浓缩了"岩规"的内容，并以文字形式刻于碣石之上，立于该村广场边，《苗寨族规》内容如下：

不许打架斗殴不许偷盗财物，

不许聚众赌博不许通奸乱淫。

不许玩弄妇女不许打骂他人，

不许虐待儿童不许不孝老人。

凡触犯上述规定者，按人头一斤米一斤酒一斤肉供全寨公开批评教育大会用餐。[3]

以示告诫

一九九二年十月制

从上述族规可以看出，虽然规定的处罚方式保留了明显的习惯规则内容且处罚标准较重——全村按人头算每人一斤米一斤酒一斤肉（大土村有200余户共970余口人，按每人"三个一斤"进行经济处罚，对于农村一般人家来说确是一笔不算轻松的负担），但是其禁止事项与国家法律法规的要求别无二致。而从该村最

---

[1] 参见范玮：《侗族习惯法研究的意义——以黔东南侗族习惯法为视角》，《洛阳师范学院学报》2013年第6期。

[2] 参见陈金钊、熊明辉主编：《法律逻辑学》，中国人民大学出版社2015年版，第80—82页。

[3] 即是"八个不许三个一斤"。

新的村规民约来看又对埋岩有了新的发展，部分习惯法的内容已转化为村规民约的内容，这对"岩规裁判"所持的"法律依据"已没有太多的技术障碍。下面将该村村规民约全文列出，读者将之与上面的《苗寨族规》对比一下即可对苗族习惯规则与时俱进的变化有一个直观的了解。以下是《大土村村规民约》：

第一条　为搞好本村治安，保障国家、集体财产和村民生命财产等合法权益不受侵犯，促进本村物质文明、精神文明、政治文明及和谐社会建设，打赢脱贫攻坚硬仗，村党支部、村委会依据国家的有关法律和政策，结合本村实际，在反复调查、广泛征求各方意见、全村群众代表大会充分酝酿的基础上，制定此村民自治章程。

第二条　土地、山林、荒坡、草场等属集体所有，每个村民必须依法对自己承包的田土、责任山林、草场、荒坡等进行生产经营，积极履行承包合同。在田土、责任山林、草场、荒坡上可根据自己意愿和市场需求进行经营，除经镇以上人民政府根据有关法律和政策征用或调整外，任何个人均不得撂荒。不得擅自转让、出售、乱占滥用、毁林开荒、破坏资源或未经批准在田土上建造永久性建筑物，违者向有关部门汇报，收回其承包的田土、山林、荒山，其非法所得充公。

第三条　田土、山林、荒山按有效证据的原则，在继续稳定承包的基础上，如发生此类纠纷，须由村党支部、村委会或镇党政机关按国家法律和有关政策法规处理，不得以"私了"形式处理或互相打骂，以免激化矛盾，违者，属第二条范围的向有关部门汇报。不允许清原根、继祖业，违者经教育仍不改，强行侵犯他人合法权益者，按党的政策、国家的法律从严处理。同时应向村委会支付罚金500—800元。

第四条　计划生育"村为主"，提倡晚婚晚育，自觉执行少生优生的计划生育政策，违者按村计划生育村民自治章程进行处理。

第五条　凡小偷小摸、玩弄妇女、酗酒闹事、聚众赌博、打架斗殴等《犯规》者按全村总户数承担"一户一斤米、一户一斤肉、一户一斤酒"的费用，供全村群众召开教育大会就餐（即："三个一斤"约定处罚），情节严重者除收到上述处罚外，并移交司法机关处理。

第六条　杜绝无中生有、歪曲事实、颠倒黑白、到处拨弄是非、挑拨离间，诬陷他人。如造成毁坏党和政府的形象，损害村级组织和干部威信，破坏他人名誉的，除公开承认错误、赔礼道歉外，轻者向村委会交纳100元罚金，重者交纳400—500元罚金，情节恶劣、后果严重者送交司法部门处理。

第七条 切实强化防火意识，自觉做好火灾的预防工作，积极参加意外火灾的扑救。违反者作如下处理：

1.对故意纵火者，除按规定扭送司法机关外，必须全部赔偿其他受害人的全部损失。

2.对因过失造成火灾者，要全部赔偿受害人的损失。未成年人造成的火灾，由其家长按以上规定负责。

第八条 加强对自己饲养的家畜、家禽的管理。严防所养的动物对粮食、蔬菜、水果等经济作物、林木及其他财物造成损坏。凡因自己管理不当或疏忽造成他人损失者，均按所损失物品当时市场最高价赔偿给受损失人（由村委会、受损失人及村寨德高望重者5人以上组成的价值小组估价）。同时按赔偿金的20%向村委会交纳违约金。家畜、家禽损毁他人庄稼等经济作物，被当场抓获的，应及时向村组领导汇报并张贴失物招领启示，失物者也应及时认领。如不认领，交受损人喂养，每天每头牲畜喂养费50元，从张贴失牛、失马等招领启示之日起30天内无人认领的，由村委会和受损失人一同将物品（或牛马）拿到市场出售，所得款用于赔偿受损人的损失、支付饲养费（每头每天30元）和交纳罚金。

第九条 村民要对自己喷洒投放农药和投放灭鼠药的场所设置醒目警示牌和采取有效防护措施，违者，造成人畜伤害的，须负责赔偿受害人所有损失（包括所有合理费用），已设置警示牌和采取了有效的防护措施，但因受害人自身原因而造成伤害的，概不负任何责任。

第十条 每个村民都有责任和义务保护好本辖区内的国家、集体和他人的电力设备，农田水利设施和乡村道路等，因使用不当或疏忽造成损坏的，当事人须在高于原标准质量的基础上修复被损坏的设备、设施和道路，并向村委会支付200元的罚金。属有意破坏的，除按上述要求修复外，支付500元以上罚金。情节恶劣、破坏严重的送交司法机关处理。

第十一条 凡在村境内发生宅基地纠纷的，一律以有效证据为处理依据，在双方都无字据的情况下，由集体讨论，参照有关法律决定宅基地权属，如不服村委会的决定，由不服的一方在15日内向上一级申请裁定，逾期不申请的，视为放弃，村委会决定生效。

第十二条　人人都自觉地对本村河沟、水塘、水井等水资源进行保护和合理利用，违者分别处理如下：

1.农户个人未经村委会许可，擅自破坏河沟走向，水塘蓄水池，水井的饮用水功能及造成河沟、水塘永久或长时间（1个月以上）断流、干涸等，必须由破坏者负责恢复原状，并向村委会支付200—500元罚金。

2.在河沟、水塘用电击、炸药爆炸或投药毒鱼等其他水产品造成损失或水源污染的，除由其负责修复被毁河沟、水塘、清理污染物、赔偿单位或个人的全部损失外，须向村委会交纳200—500元罚金。如造成严重后果的，送交国家司法机关处理。

3.对在他人鱼塘或稻田盗窃鱼等水产品者，除没收捕钓工具和物品及赔偿受损失人的损失外，须向村委会交纳200元罚金。

4.故意在水源头投毒致人畜中毒、伤亡者，除交司法机关惩治外，人伤残或死亡的负责赔偿、安葬，承担丧事处理的全部费用、财物及遗属抚恤和困难补助费用；畜伤亡的负责赔偿所有损失，并向村委会交纳500—1000元罚金。

第十三条　灌溉期间，农户用水要通过协商公平合理地使用。不得强抢霸占他人灌溉时间，如占用他人灌溉时间超过半小时的扣减其两次分水时间。在插花田土上过水，应本着互谅、互让的原则协商解决。对未经别人同意，乱开田坎，偷放水，损害他人利益者，应赔偿损失。如必须过他人田用水灌溉，应协商通过。对抢水、用水、过水中发生的斗殴，按第七条的办法处理。

第十四条

（1）充分利用自己承包的荒山、草坡和山林，积极植树造林，加强中幼林的管理，依法合理采伐成材林。不得侵占和乱伐集体或他人的林木，偷砍集体或他人林木的按第五条的办法处理。需出售自留山林的必须向国家有关管理部门申请办理手续后方能砍伐。对自己承包的山坡长期不管理、不开发的，经村委会催促两年仍不进行管理或开发的，第二年由村委会收回重新公开发包。

（2）矿产资源属国家所有。本村任何荒山、林地等地下的矿藏都属国家所有，严禁任何人私自非法开采或引资开采。如发现零星边缘矿，在经政府矿产管理部门同意的前提下，由本村集体统一安排开发，任何个人不得干涉；开发中个人栽种或抚育的林木受损失的，由村两委组织相关人员进行损失评估后赔偿。

第十五条　讲究卫生，爱护公共卫生设施，积极参与美化村容村貌。建设文明卫生村寨是每个村民应尽的职责，每位村民应做到：

1.树立讲究卫生光荣、不讲卫生可耻的观念；

2.做到屋内环境卫生整洁，物品有序堆放；

3.做到屋外无垃圾、无污水、无污泥；

4.必须讲究餐饮卫生，饭后及时洗碗；

5.必须讲究个人卫生，勤换衣服、勤洗脸、勤洗澡；

6.必须每天一小扫，每周一大扫；

7.不准乱丢果皮纸屑、乱倒脏水、乱堆杂物，如：柴火、灶具、建筑材料等；

8.不准随意放养家畜、家禽；

9.不准往生活垃圾桶（池）、往河内河岸倾倒建筑垃圾；

10.不准在道路两边、公共场所的墙面和电杆上乱涂、乱贴、乱刻；

如有不遵守上述规定者，情节严重者给予全体通报并处罚金。

第十六条　为打赢脱贫攻坚战，在全村营造"我要脱贫，脱贫光荣"和全体村民共同脱贫致富的氛围，特制定以下八项禁令：

1.严禁享受了国家、省、州、县扶贫政策还歪曲事实不予承认；

2.严禁破坏阻挠镇村实施产业项目和公益性事业以及故意刁难镇村干部和上级派驻扶贫干部正常工作；

3.严禁村干部在上级安排的扶贫项目中优亲厚友、违纪违法，损害群众利益，破坏党和政府形象；

4.严禁装穷卖苦骗取国家、省、州、县扶贫项目资金（包括故意不孝敬父母帮其骗取贫困户待遇）；

5.严禁违反《大土村环境卫生管理办法》和破坏生态文化旅游资源；

6.严禁不遵守镇村规划私搭乱建；

7.严禁有劳动能力还好吃懒做,抱有越穷越光荣的思想坐等扶持;

8.严禁酗酒劝酒,打架斗殴,偷盗财物,参加邪教组织等。

凡违反上述禁令的村民(含村干部),以户为单位,纳入负面清单进行管理。凡列入负面清单者,6个月内村委会不予办理有关事项,属于贫困户的,其享受的扶贫相关待遇可延缓执行;属于村干部的,报镇党委政府批准后给予相关处分,另单行罚款200元用于村里公益事业。

第十七条 为告别陋习,以健康、文明、低碳、有序有度的形式积极推行火葬,改革土葬,破除旧的丧葬习俗,节俭办丧事,建设社会主义精神文明。村民应自觉遵守各级政府关于殡葬改革的相关规定,严格杜绝破除看风水、选坟地、搭灵棚、摆路祭、出大殡、打幡摔盆、烧香化纸、收送挽幛等迷信和铺张浪费现象,大力提倡文明、俭朴、节约办丧事的殡葬礼俗,减少铺张浪费的靡靡之风。同时,应在祭奠过程中,文明、环保、节俭、安全祭祀。

第十八条 为有效制止"巧立名目乱办滥办酒席"不正之风,营造"移风易俗树文明新村风"的良好社会环境,村民应自觉遵守"只允许办结婚、丧事和苗族杀牛祭祖的酒席,其他酒席一律禁止操办"的倡议,真正从面子上脱离出来,积极积累财富,实现家庭生活水平提高。

第十九条 对违反本村民自治章程的人和事,知情不报者要给予批评教育;包庇纵容者要公开检讨,承认错误并向村委会交纳200—300元罚金。

第二十条 赔偿金和违约金的管理和使用原则:

1.赔偿金全部赔付给受害人。

2.罚金的30%奖励检举揭发人,30%作为村委会办公经费和公益金,40%作为村调解委调解工作专用经费;

3.凡违反上述规定,应交的赔偿金和罚金,必须在10日内付清,在规定期限内不付清的,超一天按所欠金额的5%加收,并加付催款人每次每人80元的催交劳务费;

4.无力交纳赔偿金和罚金的,由村委会组织村民组长及群众代表进行催缴;

5.村委会对所收罚金要确保妥善管理,做到合理使用,账目做到日清月结并定期在全村公开，接受全村群众监督，不得乱支滥用；

第二十一条　本章程如有未尽事宜，在执行中进行修改补充，由村党支部、村委会成员、各组组长及群众代表讨论通过，并在村内公布修改或新增的内容。如有与国家法律、政策法规相抵触之处除立即修改并公布外，以法律、政策法规为准。

第二十二条　本章程自2018年3月1日起生效，全体村民必须共同遵守、互相监督。村干部必须带头实施，确保这一章程的顺利实施。

佳荣镇大土村村民委员会

2018年3月1日

从大土村规民约可以看出，其既在尽可能与党和国家法律、政策相适应的前提下又保留民族传统习惯法文化，也可以说，村规民约的核心部分就是上述碢石族规。另外，从调查发现在苗族地区还有没有在纳入村规民约内容而实际在日常生活中起作用的"不成文法"，很值得我们去研究，这在下节中将会有较详细的介绍。

第二节　"岩规裁判"的主要方法

苗族"岩规裁判"所依据的习惯法既包括实体规则又包括程序规则，裁判的案件类型既涉及民事纠纷又涉及刑事裁决，裁判的形式既涵盖调解又涵盖裁定，或二者兼而有之。承载习惯规则的载体就是"理词"或"古歌"，笔者认为大部分的理词和古歌均可视为苗族"贾理"。贾（jax），是一种叙述语词构成的苗族民间系列文学作品，数量繁多，有的篇目五言押韵（苗语押韵）、有的则长短句对偶，有的二者兼有，内容包罗万象，包括开天辟地、万物诞生、祖先迁徙、宗教信仰、婚姻制度、民族关系、纠纷调解、案件裁定、埋岩议事等。在寨老用念诵的形式时则为理词，采吟唱形式时即为古歌。在苗族村寨处理纠纷时，如果不用贾理只采用一般调解形式，很可能就会变成争执不休的闹剧，如果采用逻辑推理及哲理性强、比喻得体、条理清晰的贾理说理辩论，则当事人双方及在场旁听者会非常安静、洗耳恭听、十分敬畏信服，至今仍起到"小纠纷不出村，大纠纷才到法庭"的作用。[1]寨老裁判的诉讼程序和方法一般都会蕴含在理词和诉讼古

---

[1]范锡彪整理翻译：《前言》，《月亮山苗族贾理》，第6页。

歌中，表现出特定的格式化。

一、程序的启动及一般过程

黔东南苗族侗族自治州苗族村寨遇有婚姻、财产纠纷时，首先会请家族长老或舅爷调解，如村民之间发生纠纷则请长老、村支两委进行调解，调解不成时才请寨老裁判、设理场辩理，进入这种类似"法庭调查"与"法庭辩论"的形式便开启了寨老裁判，即"岩规裁判"程序。纠纷双方当事人各自设各自的理场，并请己方的寨老（或称理师）二人以上作为自己的代理人，双方理场中各由一名寨老充当主持人，是为"掌理师"，而另一名寨老则作为"送理师"往来沟通两边理场送达理情。这一裁判程序中双方当事人并不碰面，全凭双方所请寨老依据案情及各自证据、对理由的陈述以现场编作唱诵理词的方式进行理论与辩驳。小纠纷一般由本村寨或鼓社的寨老裁断，若是双方不服或案情复杂，则双方当事人会提出"上诉"而进入"二审"程序，各自到更高一级的理老处申辩，由在一片区域内公认的更高一级理老受理。

过去寨老在整个裁判过程中大都会引经据典进行解释、协商，甚至也会以抑扬顿挫的念诵形式引用贾理。理词的内容多是寨老就当下案件的即兴之作，既传递了旧有的习惯法文化和道德规范，又融入了本次案件是非曲直的具体情况，以旧有的曲调唱出或直接念诵，十分悦耳动听，能够打动旁听者，识记、理解效果非常好，有学者称之为"歌唱的审判"。经过寨老裁判，纠纷双方都会和解，纷争即行消除，一般不会再起争端。作为裁判依据的理词毫无疑问其基础仍然脱胎于议榔和埋岩所立之榔规，正所谓"迦（世间之常理）完又起始，理完又开头，唱歌要唱新歌，叙理要摆古理……"[①]诵唱裁判是寨老裁判的主要方式但并不是唯一的方式，比如寨老一人的"独任法庭"中由其一人吟唱理词进行裁判，还有大量的盗窃案件在埋岩处进行的"岩规裁判"等。此外，在课题组调查中也发现目前也有不进行对歌裁判的现象且数量在逐步增加，其依据仍然是苗族习惯法规则，笔者认为，这是随着社会经济的发展苗族习惯法文化变迁的结果，是传统裁判方式适应时代发展的简化形式，这在下文中将有所呈现。

二、婚姻裁判方法

①徐晓光:《原生的法:黔东南苗族侗族地区的法人类学调查》，第65页。

在榕江县调查中，莫老港提供了一个其作为寨老亲自裁判的婚姻纠纷案例：

解放初期，脚车村退伍军人王铁和结婚不久妻子去世，耐不住寂寞的他就去占了李老望的妻子（应是通奸，双方产生了感情，这里所说的"占"是从该妇女丈夫李老望的角度而言），时间一长李老望发现后就劝说妻子回家。王铁和与李老望妻子想长期在一起，就拿老鼠药闹（药死、毒死）李老望，丈夫有所警觉几次不肯吃有药的饮食。后李老望见让妻子回心转意已无可能就主动提出让王某拿一头牛赔偿他，再拿一头牛请全寨人吃饭并栽岩盟誓。最终，王某赔了丈夫一头牛，并从三都买来了120斤肉、120斤酒、120斤米（等同于一头牛的价钱）请全寨人吃了饭，在寨老的主持下举行了隆重的栽岩仪式，栽了岩喝了鸡血酒。据莫老港说，此次栽岩有两个功能：一是裁定妇女和丈夫解除婚姻关系并另嫁王某，以后互不干涉；二是遇有同类案件照此办理。从此次栽岩后同类案件大都是在岩前按照同样方式、同样的规格办理的，这就是栽岩的力量。据莫老港称，此前他遇到过很多同类事情中丈夫被用药闹死的情况。①

从上例可以看出，埋岩除了"裁决书"的功能外，还是"判例法"的"立法"活动及其"纪念碑"与"备忘录"。

这是一个发生在解放初期的真实事件，莫老港亲自用"贾理"处理的民事纠纷，说贾如下：

今天属牛，
子丑天，
今天我们来整嫩，
到松虾，
我们栽榔岩。
有王铁和，
来引诱李老望的妻子。
这种事情不合理，
我们才来这里栽岩。
目的是教育你们，
从此往后，

你们听话一点。

谁又去逗人家姑娘，

年轻人正常交往不算生事。

如果去逗人妻妾，

鸡不会回笼，

猪不知回圈。

那一样拿你们来这里，

栽岩处理。

拿到整嫩，

带到松虾。

话已说完，

到此结束。

说完不再接，

结束不再重复。①

从本案例的处理来看，关于婚姻纠纷处理的"岩规裁判"原则是维护苗族村寨的团结与和谐，以维护婚姻家庭稳定为首要，但夫妻关系确已破裂、无挽回可能之时力求"好聚好散"，这与现代婚姻家庭法律规定的婚姻自由不谋而合，避免了矛盾升级"由民转刑"，并由埋岩形式立为定例，大大减少了"奸情杀人"案件的发生，究其根本目的还是为了村寨的团结与和谐。从裁判依据和技巧来说，本案的裁判遵循了苗族的法律文化传统，以寨老的自然权威依古说理，理入人心，双方当事人和听讼群众都能信服。"埋岩定案"立为成例，成为今后同类案件处理的依据，有着与现代法理学上"法官造法"功能类似的效果，是为"寨老造法"。

三、偷盗案件裁判方法

历史上黔东南等少数民族地区经济发展普遍落后，经国家大力开发和扶持虽已普遍脱贫，经济状况已脱胎换骨，但时至今日与内地其他地区相比仍有差距，因此，在该地区及贵州其他少数民族地区对财产有着不同于内地和其他民族地区

---

① 莫老港口述，榕江县文化馆工作人员王杰翻译。

的重视程度，对偷盗等侵犯财产的行为更加痛恨，处罚较为严厉，各民族的裁判方式也十分相近，裁判结果普遍体现为"3个（或4个）100""3个（或4个）120"等。现相关规定在黔东南地区被普遍纳入各民族村寨村规民约之中，笔者2013年在从江县洛香镇洛香村（侗族村寨）调查时就看到该村村规民约中就有同样的规定。从下面这则榕江县栽麻镇高岜村的《偷牛裁决贾理》，[①] 就能够对苗族群众处理偷盗行为的过程和结果有一个直观的认识：

> 天是很正直，
> 地上直像墨线。
> 古老的母亲，
> 古代的父亲。
> 古老有尤公，
> 古代有定公。
> 母亲立岩在平坝，
> 父亲插碑在平原。
> 老人插岩在松亚，
> 栽岩在松牛。
> 栽岩定有规章千万条，
> 立榔议有千章百条。
> 山上定完马牛猪鸡鸟，
> 河中定完鱼虾蟹。
> 哪位母亲的心不正，
> 哪位父亲的心不好。
> 哪位哥的手脚长，
> 哪个弟的嘴巴饿。
> 古代议榔栽岩在这里，
> 处罚有三条路走。
> 栽岩定大案走上条路，
> 需赔四个一百二十：

---

① 2022 年 1 月 28 日由榕江县栽麻镇高岜村龙安吉整理提供。

完一百二十两白银，
完一百二十斤饭，
完一百二十斤肉，
完一百二十斤酒。
走中间一条路，
栽岩议定中间案，
需完四个六十六：
完六十六两白银，
完六十六斤饭，
完六十六斤肉，
完六十六斤酒。
栽岩定下条路，
需完四个三十三：
完三十三两白银，
完三十三斤肉，
完三十三斤饭，
完三十三斤酒。
这次你心不暖，
你心不好，
你手脚长。
你去偷天下百姓的牛，
饥饿了就偷朋友水牛。
别人抓住你的手，
别人抓住你的鼻。
我们中人来评理，
都依天上理。
依据天下的议榔，
根据松代的栽岩。
松尤的议榔，
你强盗洗耳听听，

你这坏人睁眼看看：

把黄牛当父亲，

把水牛当母亲，

吃穿全靠它。

这次你偷案大，

那就走上条路，

处罚四个一百二十：

完一百二十两白银，

完一百二十斤肉，

完一百二十斤酒，

完一百二十斤饭。

偷牛还牛，

相罗①全凭天上理，

全按天下栽岩。

须遵守母亲的理，

须遵守父亲的议榔。

处罚银子要一天付清，

饭吃一餐清。

定三天之内，

你须拿结案银子。

又加偷的木赃钱，

定时挑到原告家。

你要拿案子银子交了，

此案就了断千年，

和平万万年。

如果你不按榔规来赔理，

母亲翻案母亲死，

父亲翻案父亲绝。

---

①相罗，是古代苗族部落精通贾理善辩论的寨老，相当于现在的法官及律师。

要是强盗翻案，

一条翻主人，

二条翻相罗和圣岩。

我们全照母亲的道理，

全凭父亲榔规。

如果你翻案，

两案二两四。

你偷一头牛，

应该赔两头牛。

罚两倍四个一百二十，

整个村整个地方的人，

都来吃光你的家产，

喝你家穷尽。

使你千年没脸见人，

使你的名声遗嗅万代。

对偷盗行为的裁判一般也是由寨老主持，现在遵循先前寨老裁判定下的"判例法"前提由村委会进行裁判的事例逐渐增多，但如裁判后被处罚人拒不执行裁判结果则进入"强制执行"程序，该强制执行程序依然由寨老主持，多由嫌疑人亲属执行。

苗族人们最讨厌小偷，为了管制他们，就制定了章法来约束其的行为，对他们进行相应的惩处。苗族惩治小偷的章法是以贾理、栽岩为依据。下面这段贾是对小偷先进行罚款，累计资金达到能购买一头猪，然后就买下猪来，喊来有过偷盗被罚款的小偷，再喊全寨人集中到栽岩的地方，由贾师念这段贾词，并现场杀鸡。寨上以姓氏为单位派代表来喝鸡血，各代表宣誓，保证你这个姓的人今后不再犯错误，如果犯了错误，你自己（村寨和家族）来处理。活动结束就栽一块岩。看似不显眼的几颗岩石，实际上暗藏着很多不为人知的故事。如，笔者2021年8月在榕江县调查时莫老港提供了两个新中国成立前夕偷盗的两个案例：

案例一

以前，脚车和高排两个相邻的寨子栽岩订立榔规，禁止偷禾（偷盗刚成熟的稻谷），如有违犯即被处死，否则杀牛栽岩向被盗寨子认错可免死。新中国成立前有一年，脚车有人到高排偷禾被发现，该偷禾人在寨老主持下在栽岩处按照榔规被处罚，杀了一头牛并重新栽了岩，榔规得到进一步确认。

> 今天属牛，
> 子丑天。
> 喊来九千人，
> 聚集众八百，
> 喊众人来整嫩松虾，
> 不是平白无故来，
> 有名叫九的人偷鱼，
> 罚二十豪，
> 有名叫部和木的人，
> 他俩偷柴，
> 也罚二十豪，
> 还有名叫牧和暴的人，
> 她俩偷布，
> 也每人二十豪，
> 名叫耶和写的人，
> 偷鸡偷鸭，
> 他俩二人共四十豪，
> 还有名叫米和牙的人，
> 去骚扰别人老婆，
> 他俩每人罚五十豪，
> 现在这钱够买头一百二的猪，
> 才叫大家来整嫩松虾。
> 今天我们吃他们的罚款钱，
> 教育后人。
> 从此往后，
> 我们各管各兄弟，
> 各教各子孙，
> 管好自己妻子和女儿。

从今往后，

各自行正一点，

如果有谁又偷人家的东西，

就是罚你们的款，

喊我们来处理，

我们也不乐意来。

今天我们来这里，

我们是来议榔，

待会吃饭喝酒的时候，

宁愿少吃一些，

你可惜柴超重就痛腰，

可惜菜吃多就痛肚子。

能担一挑的，

就抬一头罢，

全都是亲戚，

全都是兄弟，

能喝一斤的，

就只喝五两，

喝多又醉酒来，

借酒气又来争吵，

在场父老乡亲，

全都是亲戚，

全都是兄弟，

吵起架来，

多不好。

案例二

20世纪60年代，三都县小脑寨50个人到脚车山林中偷采菌子被抓，脚车群众在寨老主持下把对方的村干部和寨老叫来解决此事，最后依双方寨老裁定，小脑寨50人共同出牛来脚车宰杀，带来米和酒请脚车全寨吃饭，并杀鸡栽岩，喝了鸡血酒——以后不管哪个寨子出了这种事就照此办理。①

　　课题组2020年2月在荔波县佳荣镇大土苗寨调查时，了解到一个偷盗兰花草的案例：

　　2020年10月2日，佳荣镇坤地村（布依族村寨）村民覃某在大土村游玩之际，从该村村民潘某家门口将一株兰花草偷走。潘某发现自家兰花草不见后便向村里反映（此前来大土村旅游的一位商人出价1200元买这株兰花，潘某最低要1800元，双方未达成交易），村支书、苗王（大部分苗族村寨称寨老，大土村称苗王）根据潘某反映的大概丢失时间到佳荣派出所报案并调看村里监控视频，发现是覃某所为。派出所将覃某叫来派出所进行调解时，大土村代表——村支书和苗王要求按照该村碣石上所刻《苗寨族规》，即"3个1斤"处罚覃某并在大土村召开教育大会。经调解，覃某支付6000元钱给大土村并要派出所做大土村的工作，表示已认罚了，也认识到自己的错误并从此事受到教育了，乡里乡亲的就别让自己再去大土村丢人了。最终，覃某没去大土村再次"接受教育"，大土村将覃某支付的6000元钱以3000元给了潘某作为兰花丢失的赔偿，另3000元作为会餐费用召开了全村人参加的教育大会，会上苗王以此事教育本村村民，在村内村外，无论到哪里都不要偷盗别人的财物。②

　　从上述案例的处理过程及结果来看，苗族村寨对偷盗案件的处罚遵循"处罚超赃所值"的原则，脚车偷禾案的处理结果正是该原则的极端情形，体现了苗族群众对小偷的厌恶与憎恨，但背后的深层次原因则是大多数苗族村寨历史以来的经济落后，长期的物资、财产不丰所致的对生产、生活资料的"超常"保护意识与心理。一把作为零食的未成熟嫩稻谷不值什么钱，但在寸土寸金的山间贫瘠之地产量有限，如任由偷食行为发展就有可能影响到农户必要口粮的收获，其他财产亦是如此。

　　另外，从大土村兰花草丢失案的处理结果可以看出，在各民族文化"互嵌式社区"各民族文化历史以来的自然融合成果，拿本案中苗族习惯规则来说，不但约束着本村的苗族群众，也为外村寨的布依族、汉族、水族等其他民族群众所"本能"地接受、认可，甚至国家机关也将之作为处理纠纷的"非正式法律渊

①莫老港口述，榕江县文化馆工作人员王杰翻译，根据王杰翻译后的原话笔录整理。
②根据大土村党支部书记龙银贵口述材料整理。

源"。这在维护当地社会秩序稳定的同时,也在促进着当地各民族间的相互包容与理解,维护了民族关系的和谐,现在大力进行"中华民族共同体意识"研究时,这些小地域民族交往、交流、交融的范例值得注意。

四、生态纠纷裁判方法

黔东南少数民族地区自古以来就十分重视对山林和水流的保护。该地区充沛的雨量及历史上长时期处于封闭或半封闭状态,受外界滋扰较少的地域特征使得该地区树木成长茁壮、森林十分茂密。以清水江流域为例,自明清时期木材成为商品被赋予经济价值加以利用后,保护树木在当地得到了空前的重视。另外,一些大树、古树是贵州许多少数民族传统自然崇拜的对象,被赋予了某种神力,比如村寨的"神树""保寨树"等,在村寨文化中是天然的保护对象,是"禁忌",关于村寨的水源保护也大体如此。因此,"生态裁判"就成为了"岩规裁判"的重要内容。各村寨的村规民约中都有关于生态裁判及处罚的规定。

苗族关于保护山林及河流的埋岩理词中就有:

> 封山才有树,
>
> 封河才有鱼。
>
> 封山有林,
>
> 不准烧山。
>
> 哪个乱砍山林,
>
> 我们要罚他十二两银子。
>
> 他若不服,
>
> 要加倍罚到二十四两到三十两。
>
> 偷人家杉树,
>
> 罚银三两三。
>
> 偷人家松树,
>
> 罚银一两二。
>
> 偷人家干材,
>
> 轻的罚六钱,
>
> 重的罚一两二。

据莫老港说,脚车村有一个典型的生态裁判案例:

新中国成立之前,脚车村潘某和其两个儿子在脚车河里放药闹鱼被群众发现，向寨老"起诉"，经寨老审理后，认为其还有其他"犯岩"之事。根据苗族习惯法每年栽秧期不准带柴回家，否则这一年老鼠吃稻米就多，潘某已多年因破坏此习俗被告诫不听，按每次应受处罚计算再加上这次闹鱼已达到处罚标准。最终，寨老裁定处罚潘某出120斤猪肉、120斤米、120斤酒，并由寨老在埋岩处向全村人唱诵"宣判"理词后全村人会餐。①

从这个案例可以得出如下信息：一是潘某因投放药物求得渔获而污染水体受罚，二是苗族村寨存在"记录小错，累积叠加，数罪并罚"的情况。该案例中，苗族地区对农业生产及捕鱼方法的忌讳习俗与现代生活保护生态环境的要求不谋而合，也正因如此，苗族地区一般古树名木众多、水流清澈，生态环境良好。另一个重要方面是，案件的裁判体现了"罚当其罪"的原则。

在榕江县古州镇打摆村村东，有一块埋岩，当地人说是保护环境的，具体埋岩时间和历史已无从知晓，但在它的不远处有一块石碑。碑高78厘米，宽36厘米，厚6厘米。碑文为道光二十五年（1845）平江司杨奉清军府禁示，规定木林归属，严惩盗砍者，保护村民林业利益。②碑文为：

平江司杨奉清军府庞示

山林树木，各有地主。

私砍树木，既同偷盗。

如有匪徒，偷木行抢。

地方捆送，从严治罪。

言出法随，绝不宽宥。

放火烧坡，一例同究。

发歹摆寨，勒石晓谕。

道光二十年三月二十五日

从上述碑文内容来看，颇有苗族埋岩贾词的味道，此禁令告示又是官府所发，这说明禁令是官府应当地所请而发，是国法与苗族习惯规则的结合，由此，关于山林保护的习惯规则有了官府权威的加持，并被当地以勒石立碑的方式加以固定和彰显。就历史传统和当地苗族村寨的特点来说，林木纠纷案件的处理还是

---

① 莫老港口述，榕江县文化馆工作人员王杰翻译，根据王杰翻译后的原话笔录整理。

② 课题组成员范玮 2021 年 7 月 10 日拍摄，刘家佑识读。

采用"岩规裁判"的方式居多，但自此以后主持裁判的寨老增加了一层"代官理案"身份，使裁判的权威性得到进一步增加，这也使得群众的林业财产和生态环境的保护力度得到进一步加强。

关于生态环境的"埋岩立规"及"岩规裁判"对保障群众健康、避免群体性卫生事件的发生作出过积极贡献，尤其是在大灾大疫之年，笔者在榕江县栽麻镇高岜村调查时就了解到这样一则案例。

在明朝年间，榕江县和黎平县爆发大瘟疫死去很多人，有的村寨人口几乎灭绝，而高岜苗寨没有发生一例瘟疫，所有村民毫发无损，当时高岜寨老用"栽岩议榔"进行隔离管理，全寨男女老幼在栽岩处喝鸡血狗血发誓，所有外面的人不准进高岜寨，处在发生瘟疫的村寨的亲人病死，不准去现场，在明朝年间，苗族祖先会用隔离进行预防瘟疫。[①]

高岜村的这块防瘟疫岩至今还在，虽然没有发生有人违反此岩规被"审判"的案例，但人人奉行无违的事实本身就说明：如果有人违反此岩规而进入实际的"裁判"程序，依规"裁决"的不利后果是其无法承受的。也因此，在当时周边地区因瘟疫造成大规模病亡而十室九空的严峻形势之下，高岜得以保全村寨而无一人染病。这与现代社会突发公共卫生事件中所采取"疫情隔离"的科学防控措施如出一辙，很好地保护了村寨群众的健康和生命安全。

五、地界裁判方法

如果发生了土地纠纷，通过寨老裁判一般都能解决，如果常规裁判方式不能平息纷争，应纠纷双方当事人请求则会进入寨老裁判的极端程序——"神判"。如前所述，《苗族古歌古词》中记载了田地纠纷进行神判的"烧汤理词"，原告主张被告强占了他的田地，被告辩驳说争议田地是他家祖上开垦传下来的，在原告家以往人丁兴旺时霸道地强占了去，而现在形势逆转被告家强盛了起来，所以重新夺回祖田。在寨老通过一般裁判程序难以裁定时，应双方要求进行烧汤捞斧神判，即在寨老主持和众人见证下，由原告煮一锅粥，粥中置一把斧头由被告下手捞，若被告捞出斧头而手不被烫伤则被告胜诉，反之则原告胜诉。

"田水纠纷"是农村较常见的纠纷。近几年，八开乡高晒苗寨都还有因为田水纠纷而死亡两个人的案件发生。我国农村主要以种田生产粮食维持生活，每

年二三月份，人们就开始忙碌田地里的活，每天到田里修埂、修沟，引水灌溉。
水对人们灌溉田非常重要，没有水，就意味着没有收成，同时就面临着困难和饥
饿，所以，人们对水灌溉田非常重视。在农村，很多人的田都在一起，但是水源
一般就只有一个。所以，人们根据田的面积进行分水。但是，遇到干旱季节，个
别人还是悄悄地把别人家的田水拦进自家的田去。有的为了守住田水不被别人偷
着拦去，整夜去守。这段贾词就是人们守夜捉到偷拦田水的人的纠纷。

> 我们都靠双手劳动，
> 才种出粮食来吃。
> 现在是干旱季节，
> 我们都无奈。
> 你的田也像我的田，
> 我的田也像你的田。
> 一条沟从溪边来，
> 我们大家一起修建。
> 现在水源小，
> 我们也要分配均匀。
> 你的田干旱，
> 我的田也干旱。
> 我的干旱，
> 你的也干旱，
> 那才叫公平。
> 有的人耙田好一点，
> 水就少渗透些。
> 有的田耙不好，
> 水就多渗透些。
> 如果有意拦截人家田沟，
> 让别人的水去养自家的田，
> 使人家的田干旱。
> 那人家也有人去清理沟壑，
> 你家也只派一人去清理。

今天你去拦人家田沟来养自己的田，

让人家的田干旱，

这种根本不合道理。

现在你被我们抓到，

你私自拦截人家田沟。

我们参照村规民约：

三个四十四，

四十四斤肉，

四十四斤米，

四十四斤酒。

话好说，

钱难找。

限你三天之内，

自觉拿来交清。

没有后话，

没留恩仇。①

　　这则案例体现了苗族村寨"保护生产秩序"和追求"公平正义"的涉地纠纷处理原则，这一点与国内其他地区的涉地纠纷处理原则一致，是农业生产是农民主要经济收入来源传统途径的彰显。裁判的依据则是"岩规"以及田地界石、案情陈述、拦田水现行等证据，体现了"以事实为依据，以'岩规'为准绳"的裁判原则。上举"捞汤神判"案例反映纠纷无法解决时，利用苗族群众笃信神明传统民族文化进行裁判的无奈之举，而八开乡高晒苗寨案例是经过寨老通俗易懂而蕴含哲理的说理后，都能理服人心，在起到了定分止争的作用同时，亦收化解双方怨气之效。

---

① 莫老港口述，榕江县文化馆工作人员王杰翻译。

第三节　"岩规裁判"的法律逻辑

法律不仅包括行为规范，还包括由法律方法塑造的思维规则。在法律运用中，不仅存在着社会语境因素，还包括思维规则体系。法律思维规则是对执法、司法等实践的总结，是在逻辑规则的基础上建构的法律智慧。[①]黔东南等苗族地区"岩规裁判"，从作为其裁判依据的苗族习惯规则的议榔、"埋岩立规"活动到裁判中对规则的适用，再到人们对裁判结果的服膺，直至其"强制执行"程序的启动都体现出其古老质朴的思维逻辑。

一、"岩规裁判"体现了中国古典自然法逻辑

自然法本身并不是一套成文的法律体系，它是一种价值判断，是用来规定人的行为的一种初始准则。[②]苗族榔规等少数民族习惯法与汉族地区早期的法律一样也是"天人合一""道法自然"的体现，这正印合了我国民族多元一体，有着共同或相近的传统法文化起源。

就苗族地区订立习惯规则来说体现出"物我不分""人与自然万物一体"的认识系统。苗族祖先把包括天地、日月等天体和山川万物、人类的自然界作为一个整体来看；把人作为另一个整体来看，这里的人包括"巨人"和被赋予了人性的自然万物。[③]这在苗族古歌、埋岩贾词以及裁判理词里多有表现。比如埋岩贾词《神岩规》中就有："栽岩在天空，立规在天上。栽岩制冰雹，立规管风雨……立规制豺狼……栽岩来制鹞子……立规给人间，栽岩给天上。"因栽岩议事制度起源于什么时间已无从考，只能大致推断为进入农业社会后耕种和畜牧养殖逐渐成为人们的主要生产、生活方式为开端。这则贾词是说六、七月份天上会下冰雹，破坏庄稼；地上的狼豺虎豹会咬死牲畜；空中的鹞鹰等猛禽会抓走鸡鸭；高坡上的石头会滚落下来砸死人畜等，天上地下就利用栽岩立规来控制自然灾害，约束强者侵害弱者的行为。通篇充满了神话色彩，但它反映了人们对控制自然界、避免自然灾害以追求幸福生活的向往，自此揭开了苗族埋岩立规的大

[①]参见陈金钊：《价值入法的逻辑前提及方法》，《扬州大学学报（人文社会科学版）》2021 年第 3 期。

[②]参见王星：《论自然法作为 17 世纪民法体系化的动力——以让·多玛〈自然秩序中的民法〉为例》，《荆楚法学》2022 年第 4 期。

[③]参见张晓：《苗族古歌所体现的价值意向探讨》，《中南民族学院学报（哲学社会科学版）》1989 年第 6 期。

幕。才有了以后的"……喊东边栽岩人来，通四面立规人到。喊岩九村，通规七寨……"也开启了寨老裁判的纠纷处理方式。同时，这些早期的埋岩立规者都被称为"母""父"，表明这一时期的苗族社会正处于一夫一妻制已形成的原始社会末期，没有阶级分化，更没有强有力的统治者。这一阶级等级观念不明显的传统一直延续至今。①这也是"岩规裁判"之所以能传承下来的历史文化根源。

"岩规裁判"体现了苗族原始宗教信仰与禁忌。美国人类学家霍贝尔认为："一旦社会成员认为作孽的行为所带来的恶果可能波及整个群体，而不是仅限于作孽者本人时，通常那种作孽的行为便也成了犯罪。"②苗族地区的原始宗教禁忌大多体现为因某种不当的言行触犯鬼神，而招致某种超自然力带来轻则受伤、破财、生病，重则丧命的灾难后果作为惩罚，因而，都会避免这类言行以躲避这些灾难。一般以"古树崇拜禁忌""岩石崇拜禁忌"较为常见。在历年的调查中，不乏听到或看到村寨中对"保寨树""护寨岩"进行顶礼膜拜祭祀，以及听到有人言行冲撞了"保寨树"而遭受报应的例子。因人们惧怕超自然力的惩罚给自己带来不利益的后果，也催生出了"神判"这种裁判形式。一般在遇有疑难复杂案件，不易找到物证、人证无法采取常规裁判方式裁断时，人们便会寄希望于"威力无边""无所不知"的神明裁判，久而久之便在苗族村寨中形成了稳固的社会心理，如前所述之"烧汤捞斧"和"蛋判"等。即使裁判结果对某一方来说有失公允，他也会认为是自己在其他方面或其他事情上冲撞了神灵而在此事上得到的报应。这一笃信神判的社会心理还会"外溢"影响到一方区域内的其他民族，比如笔者在榕江县朗洞镇宰岑村调查时，在当地村民杨秀堂、杨松松、杨胜易的带领下在该村半山腰处找到了一块"神判岩"。

据被调查者介绍，当地村民如果遇到纠纷，双方僵持不下，就会前往神判岩前进行赌咒发誓，他们会把脚放在岩石上，然后发誓赌咒，说谎理亏的一方就会生一场大病，甚至死亡。更有甚者，还没到神判岩石前，就已生病难受，所以当地村民不敢轻易去进行岩前赌咒的。

该岩位于大约在清朝中期所埋，长19厘米，宽21厘米，厚4.3厘米，主要是通过神灵的力量来解决村寨里发生的纠纷的，它适用的范围很广，当地的水族、苗

---

①范锡彪整理翻译：《序》，《月亮山苗族贾理》，第4页。

②E·A·霍贝尔：《初民的法律——法的动态比较研究》，周勇译，罗致平校，第292页。

族、侗族、汉族都要笃信这块"神判岩"。这一情况也与上述"大土兰花草失窃案"一样，说明居住在同一区域内的各民族自古以来就处于自然融合的过程中，因而具有了同样的社会心理。

二、"岩规裁判"体现了"长老统治"的农耕民族思维

被教化者所要学习的文化，是先于他而存在的。长幼之序在中国亲属制度中是最基本的原则，而掌握教化权力的就是这个长者，是为"长老统治"。[①]在作为乡土社会的苗族村寨这种长老统治显得尤为重要，寨老本身就肩负着教化村寨的使命，这种教化功能在寨老裁判的过程中显得更加突出。寨老之所以在苗族群众中拥有权力和地位，是因为他们是传统文化知识丰富、为人正直的长者，记忆力好，精通古理、古词，头脑灵活、口才极佳，能够在裁判中依"旧理"加"新词"，他们在苗族群众心目中就是"公正"的代名词，是在一定区域内群众信服而自然产生的自然领袖。在荔波县佳荣镇大土村等一些地方甚至称其为"苗王"，足见其地位之高。

首先，"古为今用"是"岩规裁判"的基础。无论对古歌古词的掌握还是对古理的运用以及裁判程序的把控，都是一项专门的地方知识仅为寨老这一少数群体的专利。一般父子相传、父死子继，这是由于这一专门知识属于无文字文化，它的掌握依赖于传承人在记忆力、口才、应变能力、理词的即兴创作能力等方面完全"适格"，父子之间因遗传基因而具有传习优势。另外，寨老正直的为人会对儿子一辈起着言传身教的作用，儿子在日常生活中耳濡目染也会人品端正，这些都会成为作为裁判寨老、"岩规守护人"的潜质。不过，父子相传也不是绝对的，比如莫老港的儿子就不是寨老，对该知识的学习不感兴趣而一窍不通；也有非寨老儿子的人跟随他人学习最终继任为寨老的情况。

其次，"岩规裁判"的最终目标在于教化。在裁判的整个过程中，寨老吟唱理词的行为本身就是向在场的人传递民族历史文化的过程，朗朗上口、韵律古朴、节奏明快、理词直白地讲理会使人们感觉悦耳动听，很容易记住其表达出的内容，这一过程无形中加强了人们对习惯规则的知晓率，强化了人们的规范遵守意识，因此，它也是一个"普法"教育的过程。通过裁判过程，在使当事人之间纠纷解决的同时完成了对当事人行为的评价，强化了人们对习惯规则语境下行为

[①]参见费孝通：《乡土中国》，青岛出版社 2019 年版，第 113—119 页。

模式的认知，也体现出了习惯规则对人们行为的预测功能。裁判结果本身就具有强制作用，这种强制作用的功效在被处罚人拒不执行裁判结果时就会升级为强制执行，其一般表现形式为强行到被执行人家里牵牛捆猪、强取米酒，取够等同于裁判结果所列处罚财产价值的东西，这也是维护习惯规则及寨老裁判权威的必要行动，是一堂最为生动的"普法教育课"，这也体现出教化权力中的强制性因素。至此，现代法理学中法的规范功能之五大作用在"岩规裁判"中全部得到了体现，完成了"岩规裁判"的教化功能。

三、"岩规裁判"体现了传统"无讼"观念

　　"所谓礼治就是对传统规则的服膺。"①中国传统的乡土社会毫无疑问就是礼治社会，乡土社会变迁的速率也决定着礼治社会解构的速率，黔东南等苗族地区相较于北方汉族地区属后发展地区，因此"更有资格"被称为礼治社会。以河南为代表的北方汉族地区有句旧时俗话"饿死不做贼，屈死不告状"，将"告状"视为与"做贼"同等之令人不齿之事，可见传统礼治社会的"厌讼""无讼"传统有多浓厚，这反映的是一种委屈自己被动"厌讼""避讼""逃讼"的社会心理。在苗族村寨也是追求"无讼"，但与北方汉族地区不同这并不是一种"厌讼"思想，更没有被动"躲讼"的社会心理，而是积极面对，寻求解决。寨老在"岩规裁判"中无论接手的是严重的偷盗案件，还是一般的民事纠纷，追求的都是平息事态以恢复人际关系的和谐，从而维护村寨的安定团结。本身在中国传统文化里"理"与"礼"就相通，"讲理"亦可理解为"讲礼"，礼治在苗族村寨就是依传统习惯规则之治。这里所说的无讼是指不去国家法庭，而使纠纷解决在村寨，使矛盾消弥于无形。如果矛盾双方一旦对簿公堂最终无论判决结果是哪方胜诉，极易结下怨恨今后再难相处。而由寨老裁判则大不相同，寨老作为"中人"往来斡旋，借古喻今，以"理"服人，以达到息事宁人恢复和谐的目的。寨老吟唱理词的裁判方式本身就带给双方当事人轻松的心情，缓解紧张的局面，理词中所含的古理也是劝人向善、互谅互让、维护团结的，经过寨老裁判解决的案件大都能够减小矛盾，一方服罚一方谦让，当事人还会和睦相处，达到"无讼"的礼治状态。

---

① 费孝通：《乡土中国》，第 95 页。

四、"岩规裁判"体现了村寨生活实用主义思维

"地方法或习惯法传统看重事实，而非一般原理，因此依赖于类推和列举，而不是演绎法。而且，人们从中世纪和近代早期的欧洲习惯法源中发现，这些习惯法通常会列举特定的事实，然后陈述一条规则来规制这个事实，这使得习惯法几乎没有抽象的可能。"[1]苗族习惯规则也无法脱离上述习惯法特征，而且反映出村寨生活中朴素的实用主义特征。

首先，从"岩规裁判"本身来看，寨老所依据的古理基本万年不变，寨老秉持的是向古要理的"拿来主义"，理词的情况也一样。比如，施秉县一则婚姻理词中的这样一段"……我继前人的古规，我承先辈的古理，我用古规来讲，我拿古理来说……"[2]这是理词中的"套话"，可援引性极强，相信当地的纠纷处理中寨老们会不吝一用，届时寨老吟唱的理词中除了关于双方纠纷的起因、各自陈述的案件细节、提供的证据、最终的裁判结果等，其他部分可能在不同的寨老裁判不同的案件时重复出现。寨老既是裁判的"法官"又是"立法"的主持人，如前所述，脚车村的"偷盗岩"也好，"离婚岩"也罢，埋岩既是对判决结果的确认，又是"判例法"制定与颁布施行的证明，到下个同类案件发生时即遵照前例裁判即可。

其次，从裁判结果看，体现出苗族特有法律思维逻辑。第一，就偷盗、火灾等严重案件来说，裁定处罚被告人"3个（或4个）120"等，对现在而言，虽然不跟过去一样以银两或银毫计算，但单就其中的120斤肉以2021年10月31日的全国均价计算，猪肉单价为11.13元，120斤就是1336元；牛肉单价为24.27元，120斤就是2912元。再加上酒和米，在苗族村寨里的一般人家负担起来还是有压力的。能够做出偷盗行为的人除品行不端有此恶习外一般都不会富裕，而得到的却是案值与被处罚所值严重不对等的"超赃所值"裁判结果。之所以如此裁判，就是出于对这类行为的严重否定，力图罚到偷盗行为人"肝疼"，使其记住这次教训不敢再犯，同时，让其他人引以为戒。第二，对于男女奸情的处罚有几种，因为苗族传统上没有强奸和通奸之分，若发生奸情被发现，如果在坡下则处罚得轻，如

---

①王星：《论自然法作为17世纪民法体系化的动力——以让·多玛〈自然秩序中的民法〉为例》，《荆楚法学》2022年第4期。

②徐晓光：《原生的法：黔东南苗族侗族地区的法人类学调查》，第70页。

果在坡上处罚得较重。前者如罚"3个66",后者就罚"三个120",这里的逻辑是:在坡下因为男人不用太用力,说明女方是顺从的;在坡上因为男人需要用力将女方拉上去,说明女方有过反抗是被迫的。对女方一般不处罚,即使有证据表明是女方自愿合奸也由丈夫拉回家打一顿了事,这里的逻辑是:一般苗族地区经济状况都不太好,苗族女孩一般都十分漂亮,如果丈夫经济条件不好再把她处罚了,她就有可能出走另找他人生活不回来了。课题组今年七八月份在榕江县调查时,据当地一名寨老龙政权(65岁)说,当地很多姑娘结婚早,因未到法定婚龄没有领结婚证,即使生过孩子也看不出来结过婚,外出到沿海省份打工时遇到条件好的男人就跟人家结婚不回来了。因此,不处罚女方的根本原因还是"光棍危机"。在摆贝村调查时,据该村退休老支书说,发生奸情时男人处于不同的年龄段会受到不同等级的处罚,35岁以下的男人罚"3个33",35岁至55岁的男人罚"3个66",55岁以上的男人罚"3个120"。这里的逻辑是:35岁以下属于青年,即使有孩子孩子也还小,对孩子的负面示范效应不大,这个年龄段的男人也没有太多经济积累承受不起太重的处罚;35岁至55岁的男人,孩子已经懂事,负面示范效应大,也已有了一定的经济积累,可以承受较重的处罚;55岁以上的男人,可能已经有孙子孙女了还为老不尊,影响极为恶劣,也已经有了大半辈子的经济积累,应当承受最重的处罚。第三,小错记账,积累到可罚物资够请全寨人吃饭的程度一并处理。据莫老港说,在脚车有两种情况:一是数人并罚,二是对一人数罪并罚。前者是对犯小错的人记账,在一定时期内如果犯小错的人多,各人所犯错误当罚之值达到全寨会餐的程度就在埋岩处一并处罚;后者是一个人在一定时期内所犯小错当罚之值累加到全寨会餐的程度,就在埋岩处对他个人进行处罚。这里的逻辑是:对小错误的零容忍,采取"污点账本"对犯小错之人进行负面清单,使其受到实实在在的处罚,对其本人吸取教训和告诫、教化其他村民,维护村寨风气和秩序都有益处。这种做法可行性极强,"大错不犯,小错不断,气死公安,难死法院"的行为在苗族村寨是行不通的。以上所举从不同侧面反映了寨老裁判从实用出发的思维。

最后,从对习惯规则选择性的"用""弃"上,更能体现出村寨生活的实用主义思维。目前,随着经济、社会的发展和受教育水平的提高、文化的普及,苗族现代议榔立规的成果固化形式,已由以往所埋之无字碑——"岩"转化为跟汉族地区一样的勒石刻字的有字碑,或者保留以往埋岩的同时,在岩旁立碑详细记载椰规的条款，这一普遍现象说明"埋岩立规"已采取了以汉字为表达工具的更加实用之手段。另外，新的椰规条款如果与现实社会生活状况相脱节，不符合现实需要和所辖地域范围内的民意，那么就会被苗族群众自发地"变通执行"或者抵制，比如，课题组2021年8月13日在从江县东朗镇孔明村调查时了解到，2019年在中共从江县委政法委的支持下，根据时代发展合摆鸠、分居、分摆、摆里、龙早、党相、党义、高沙8个村寨进行了议椰，并于当年5月7日在孔明村村委会（位于分摆寨）门前广场旁立了《孔明八村〈椰规〉》碑，用以替代使用了埋岩历史久远却一直在用的"五寨岩"（岩松能规松嘎）①。虽然《椰规》碑的内容基本取代了"五寨岩"，不过其关于婚姻仪式所涉礼物（金）的部分条款本意是提倡移风易俗以减轻群众负担，却因其与现实需要脱节而被群众自发抵制，该部分内容如下：

第三条　男娶女嫁，红白喜事办酒，送节等应按以下规定执行，如有违反规定者，按照"3个120"（120斤猪肉，120斤大米，120斤米酒）处理并承担违约责任：

1.男女订婚：男方彩礼限10000以下，女方限送鸡鸭21只以下，禁止送猪等大牲畜。（自愿相拐罚男方猪肉33斤，水酒33斤）

2.男女结婚：男方彩礼限30000元以下。女方陪嫁：猪1头、鸡鸭19只以下，棉被5床以下，毛毯6床以下，一些生活必需品由女方自己根据需要安排，男方不能指派。女方陪送人员限19人以内，送婆、伴娘、新娘每人赠送吉利费（红包）限20元以下，新娘回门回赠猪肉限30斤以下。

3.小孩满月走婆家，②可送现金2000元以下，陪同限5人以下；婆家回赠限送糯米30斤以下，鸡鸭9只以下，方便时可送猪一头；陪同外孙返家限9人以下。

4.办红白喜事一律不准回赠礼肉。

---

① "五寨岩"，苗语称"岩松能规松嘎"，这里的岩和规就是埋岩立规的意思，埋岩地点在当地称为松能、松嘎，即去往龙早寨的村道旁一棵大枫树下，因当时议椰埋岩的是龙早、党相、摆里、摆鸠、分摆五个寨子，所以也称"五寨岩"。笔者调查时该石已损坏散落在枫树下的泥土中。

② 这里所说的"婆家"与北方的意思不同，在北方"婆家"是男方或男方的父母家，而在这里与贵州大多数地方一样跟北方正好相反，是指女方父母家，大概是男女婚后有了孩子叫女方的父母为外公、外婆，婆家就是外婆家，是"孩子外婆家"在贵州语境中的简称。

5.订婚期间和新婚的节日送礼：端午节和春节等限送糯米粑100个、猪肉30斤以下。

6.结婚（相拐）后的合亲酒，禁止女方父母召集房族兄弟、亲朋好友到女婿家吃喝。

7.父母违背子女意愿包办婚姻所造成的损失，一律不得追回补偿，禁止组织策划聚众强制追回补偿（已达法定婚龄结婚后背叛婚姻的除外）。

据该村被调查人王光祥（75岁，退休教师）、王老长（73岁，寨老）说，以上条款中对一些酒席的参加人数规定得太绝对，家里亲戚的人数以"一刀切"的形式是不可能的；对棉被等的陪嫁物品规定太死板，反正都是给自己子女用的，家庭条件好的愿意多给就多给，家庭条件不好的让他多拿也拿不起；与陪嫁一样彩礼规定得也太少了，不符合实际；孩子满月煮红蛋都规定多少个数量是不行的，应该根据前来吃满月酒的实际人数；定婚去女方家都抬头猪去，除了吃饭用，回来时女方还要回赠猪肉，如果按照现在《榔规》条款执行，连吃饭都不够等等，群众还是按照以前的习俗行事，这部分条款根本就执行不下去。[1]可见，在苗族群众心目中具有神圣地位的埋岩、榔规条款如果与实际情况严重脱节，也会被群众自发抵制，而仅是具文而已，这种"活法"现象也是"岩规裁判"实用主义思维得以体现的一个重要方面。

五、"岩规裁判"体现了国家法和民间法的互动

历史上，中央政府对苗族地区的治理模式十分宽松，"其人物犷悍，风俗荒怪，不可尽以中国教法绳治，如羁縻而已"[2]，明永乐十一年（1413）贵州布政使司的设立标志着改土归流的开始和朝廷对苗族地区开始加强控制。《大清律例》规定："其一切苗人与苗人自相争讼之事，俱照苗例归结，不必绳以官法，以滋扰累。"[3]自清朝顺治年间开始，朝廷逐渐加大在贵州推行"王化"的

---

[1]根据对王光祥、王老长的谈话材料整理。

[2]范成大：《桂海虞衡志》，转引自田玉隆，田泽，胡冬梅等：《贵州土司史》（上册），贵州人民出版社2006年版，第291页。

[3]《大清律例》卷三十七，《断狱下·断罪不当·条例》，转引自胡兴东：《清代民族法中"苗例"之考释》，《思想战线》2004年第6期。

力度，但终清一代除清水江流域外黔东南大部分地区仍然处于高度的自治状态，在新中国成立前国民党政府虽开始把统治触角向该地区基层延伸，但仅开始了收税，所采取的统治措施仍然留有明显的羁縻政策的痕迹，苗族地区内部的纠纷解决仍然依靠地方习惯法。上面所说的"苗例"应当是指苗族习惯规则及依据其所处理案件的成例，毕竟至今仍未发现历史上叫《苗例》的成文法律规范。对此作为苗族历史创造人和见证人的苗族同胞一定有着清晰的认识和深刻的记忆。直到新中国成立之初"岩规裁判"还几乎是苗族地区唯一的纠纷解决机制。

随着国家基层政权的建立与逐步完善及法制统一进程的推进，"岩规裁判"的地位有所下降，黔东南苗族地区实际上进入了一个纠纷解决多元化的时代，如今"岩规裁判"仍然有着不可替代的作用。村民自治制度的实施与完善，基层政权建设的加强，《民法典》第十条关于"习惯"适用原则的确立都为"岩规裁判"留下了空间，标志着自清朝开始在该地区推行教化的工程在新时代取得了不可逆转的成功。"岩规裁判"也已脱胎换骨为新型的寨老裁判，体现了对历史身份和国家推行"德法共治"的双重认可。具体表现为：其一，寨老裁判对刑事案件的审理、判决功能已经弱化，尤其是对严重的刑事案件审理进行回避，交由国家司法机关受理。其二，寨老裁判向村委会日常工作靠拢，一是有些村寨将寨老裁判纳入了基层人民调解工作，村委会会对寨老裁判做合国法性的指导，寨老裁判为人民调解工作赋予民间自然权威性；二是有些村寨将村委会调解作为一些案件寨老裁判的前置程序，只有村委会调解不成时才交寨老裁判，这等于是寨老主动将自己对某些案件的受理交由村委会把关。其三，是寨老参与新型村规民约的制定，这是一种以国家法为统领，以传统习惯规则为可操作规范的村民自治规约，如前面大土村将村规民约作为全村村民的契约，为了不与国家法律相抵触，将大量的原习惯法中关于"罚款"的条款修改为了"违约金"，但仍以习惯法中与国家法相适应并符合时代需求的内容为核心。现在苗族地区村寨制定实施的都是这种新型村规民约，并且随着时间的推移有可能逐渐成为"岩规裁判"的主要"法律渊源"。据龙政权说，解决纠纷时要双方"讲理"，一方会讲一方不会讲就"讲不成理"，只能根据古理的原理进行没有歌唱的"审判"。现在会讲理词的人逐渐减少，但苗族村寨长老统治的礼治社会并没有解构，苗族传统文化仍然会传承下去，因此"岩规裁判"的权威性并不会受到损害。

　　"古往今来每个民族都在某些方面优越于其他民族。"①我国作为多元一体的多民族国家，各个民族应该相互学习共同进步促进民族融合和国家发展，对于巩固我国法治国家建设成果并继续推动完善来说也是如此。比如，榕江县人民法院成立的独具特色的民歌法庭，就是借鉴了侗族寨老以唱歌的形式解决纠纷的习惯法传统，在处理婚姻纠纷等案件的处理上收到了良好的效果。苗族"岩规裁判"是苗族朴素思维逻辑支撑起来的一个纠纷解决体系，是优秀法律文化的传承结果，在很大程度上做到了"矛盾不上交，消化在基层"，是黔东南等苗族地区的"枫桥经验"，对改善基层治理与推动诉源治理都有积极的借鉴意义。至于总结出可以推而广之的普遍经验，还需要进一步研究。

---

① 中共中央马克思恩格斯列宁斯大林著作编译局编译：《马克思恩格斯全集》（第 2 卷），人民出版社 2006 年版，第 194 页。

第五章 黔桂界邻地区"贾理"资料与裁判实像

  埋岩贾理这一流传至今的古老的法文化以月亮山区的贵州省从江、榕江，广西壮族自治区融水苗族自治三县最为丰富，不仅覆盖密集，并且有明显的谱系关系，范围和层次非常明显，黔南布依族苗族自治州三都水族自治县和荔波也有埋岩的少量遗留。"栽岩实物"及相关"贾理"的抢救与整理，对黔湘桂边区各民族无文字社会状态下口传文化的研究十分重要，黔桂界邻区域少数民族不同社会范围地域组织的栽岩种类、性质、"判例法"功能及其法文化意义探讨，离不开这些尚未开垦的珍贵资料，所以课题组在月亮山区调查了大量的"埋岩实物"，采访数量不多的了解每件埋岩实物文化经历与内涵的老人，依靠当地的研究学者和对民族文化有兴趣的人士，对口传的埋岩贾理进行鉴别、翻译、整理和研究。这是本课题的关注重点，也是本书最大的亮点。课题组在调研中又发现了一些新资料和各类新的埋岩场所，特别庆幸的是调查中结识了优秀的贾理传承人和致力于贾理研究的苗族地方学者。本章资料多为莫老港、张老纽、王老林等人口述，并由榕江县文化馆工作人员王杰翻译和整理的稀有口承资料。章内第一人称叙述者为王杰。

第一节 纠纷贾

  贾理本来就是调解纠纷的，以案例为参照，使当事人听明白后自觉听从、理性认知。冲突都是因为情绪控制不住引起，冲突后还是要谈判，最终静下心来说道理才能解决根本问题。纠纷调处中，最怕情绪控制不住使案情升级，让双方当事人静下来说道理非常关键，贾理的特点就是言语谦虚谨慎，以案例为基础，层层说理。本小节总共有五个案例，其中《虫岩鸟榔》是以多个动物为案例叠加说理；《蚱蜢与猴》是单一以二者争抢地盘发生纠纷为案例。猴子用锤，蚱蜢用锯，明看猴子占优势，但是蚱蜢动作快，蚱蜢落在猴子的鼻子上，猴子用锤去打，蚱蜢飞去，猴子打死自己，猴子惨败，如今田坝宽坪才是蚱蜢占地，猴子落败进深山老林居住，案例具有讽刺意义；《试话》是纠纷调处开场白，非常关键，话语更加谦虚谨慎，既在理，又无过；"田水纠纷"是民间常见的纠纷调解案例。现在农村种田少，没有人去争田水。过去人们赖以生存的粮食全靠种田，往往在禾苗正需要水的时候干旱，所以人们把水分好。但是有人就不自觉，半夜偷水，这种小纠纷在农村一般罚"3个44"，即44斤米，44斤肉和44斤酒；"婚姻纠纷"是指夫妻感情破裂，双方父母找人调解。语言谦虚谨慎，以多个案例层层说理，最后才说婚姻，道理很深刻。

一、《虫岩鸟榔》

《虫岩鸟榔》是2013年榕江县非遗中心开展全县苗族贾理调查的时候，我和杨胜军老师到计划乡从加乃张老纽处收集的。当时只是录音，并没有整理出来，现在才放来听，还觉得很有道理，一连串借喻，不得不让人信服。大量的借喻也是贾理的最大亮点，虫鸟都有制度，何况人呢？所以，说完这些贾词，一般理性的人都会选择人性化的调解，不会再无理纠结。

Nius ninx dal nius xax,		
远　古　的　历　史		很久以前，
Nius nal dal nius ghaot.		
过　去　的　事　情		古老古代。
Gux genb ghot sal niangb jox,		
蚂　虫　都　全　有　　章		昆虫都有章，
Nenl nes ghot sal niangb bongk.		
鼠　鸟　都　全　有　　法		鸟兽都有法。
Ghas neid nes ghaid zex nex nes xangb,		
这　里　斑鸪　混　杂　逢鸪		这里有斑鸪嫁给逢鸪，
Zot mul lol neek nes ghaob.		
跑去　嫁给　斑鸠		又跑去跟斑鸠和好。
Ghas neid nab daix Beid seb jit wieex,		
这　里　先　是　联　姻　相遇		最初都是联姻相亲，

Saos khet jit saok,
结　亲　相　逢　　　　　　　　　　　　　　结亲相逢，

Nab ghaib sal at nab ninb,
天　始　都做天妇　　　　　　　　　　　　先是东家媳妇，

Nab ghenb diangd at nab wot.
天　后　又　做天婆　　　　　　　　　　　后又变成西家娘妻。

Ghas neid nes ghaid laol at nes ghaob,
这　里　斑鸪　来做斑鸠　　　　　　　　　这样斑鸪嫁跟斑鸠，

Max dios nes sot,
不　中　逢鸱　　　　　　　　　　　　　　不嫁逢鸱，

Ghob bab neid pangb od dlob diot nenl,
就　送　了件　衣白　给穿　　　　　　　　斑鸪赔逢鸱一件白衣穿上，

Jangs pangb od bangk diot mangk,
和　件　衣蓝　给披　　　　　　　　　　　补偿逢鸱一件蓝衣披着，

Nab nab ninx dal niangx lieb,
天　天　走　在大　山　　　　　　　　　　天天走在大山里，

Mangt mangt mangs dlial dlias lit.
夜　夜　披　飘飘河　　　　　　　　　　　夜夜披在河边。

Ghas neid gux genb ghot sal niangb jox,
这　里　蚱虫　都全有　章　　　　　　　　这样昆虫都有章，

Nenl nes ghot sal niangb bongk,
鼠　鸟　都全有　法　　　　　　　　　　　鸟兽都有法。

Neix nex genb bul,
他　吃　朋　友　　　　　　　　　　　　　他欺骗朋友，

Mul bait neix jub,
去　哄　人　口　　　　　　　　　　　　　哄骗亲戚，

Max bub niox diot eb dees leel,
不　知　留　给河哪　流　　　　　　　　　不知用哪条水洗清，

Dail diot dol dees kab.
放　给　火哪　烧　　　　　　　　　　　　哪把火烧尽。

Ghas neid ghot sal nees jub ghaot ghab,
这　里　都全依　意古　时　　　　　　　　这也都全依照古理，

Nees ngof dik,
依　古　代　　　　　　　　　　　　　　　按照古规，

Meis niox gab vongx diot bongd,
母　留　角龙　　给　占　　　　　　　　母留龙角我才占，

Bat dail leil xed diot dis,
父　放　言　虎　给　说　　　　　　　　父留虎语我才念，

Meis niox langx diot daod,
母　留　痕　来　照　　　　　　　　　　母留痕迹才跟，

Bat dail yel yok tot.
父　放　纹　人　画　　　　　　　　　　父留纹路才画。

Ghas neid nius ninx dal nius xax,
这　里　远　古　的　历　史　　　　　　这都是远古的道理，

Nius nal dal nius ghaot.
过　去　的　事　情　　　　　　　　　　过去的规章。

Ghas neid genb lieex dal max dios genb qangt,
这　里　蝼　蛄　本　不　中　蟋　蟀　　这里蝼蛄又去嫁给蟋蟀，

Ghas neid nab daix mul beid seb ghos haot jit wieex,
这　里　天　头　去　联　姻　就　说　相　连　　起初都说是联姻相亲，

Saos kheet jit saok,
结　亲　相　逢　　　　　　　　　　　　结亲相逢，

Nab ghenb dal genb lieex max dios genb qangt,
天　后　条　蝼　蛄　不　中　蟋　蟀　　后来蝼蛄不嫁蟋蟀，

Bab lab niel mul denb linx,
送　个　鼓　去　敲　打　　　　　　　　蝼蛄赔蟋蟀一个鼓，

Jangs lab niel dens liuk,
和　个　鼓　敲　击　　　　　　　　　　补偿蟋蟀礼钱，

Nab nab mul ghenb ghenb nenl lit,
天　天　去　大　深　山　里　　　　　　天天去大山里敲，

Mangt mangt mul ghenb lieex fat lak,
夜　夜　去　田　边　地　角　　　　　　夜夜在田边地角叫，

Genb fenb ghot sal buk gux,
村　庄　都　全　见　外　　　　　　　　村村都明白，

Vangl ghot sal xangk niangk.
寨　都　全　识　里　　　　　　　　　　寨寨都清楚。

Ghas neid gux genb ghot sal niangb jox,
这　里　蚱　虫　都　全　有　章　　　　这样昆虫都有章，

Nenl nes ghot sal niangb bongk.

鼠　鸟　都　全　有　　法　　　　　　　　　　鸟兽都有法。

Neix nex ghenb bul,

他　吃　朋　　友　　　　　　　　　　　　　他欺骗朋友，

Mul bait neix jub,

去　哄　人　口　　　　　　　　　　　　　哄骗亲戚，

Ghas neid ghot sal gheib bait,

这　里　都　全　点　　名　　　　　　　　这里已经点了名，

Ghot sal bot liongk,

都　全　道　姓　　　　　　　　　　　　道了姓，

Ghas neid mox nok jub naix at jeel,

这　里　你　自　侧　耳　以　听　　　　　你自己侧耳细听，

Jas mas at lab,

睁　眼　以　看，　　　　　　　　　　　睁眼细看，

Wal ghot max fax ghab fel,

我　也　不　乱　虚　拟　　　　　　　　我也不虚拟造假，

Mul longs ghab liongs.

不　瞎　　捏　　造　　　　　　　　　　不胡乱捏造。

Ghab neid meis ghot sal niox langx diot daod,

这　里　母　都　全　留　脉　来　照　　这里母全留痕迹来跟，

Bat dail yel diot tot,

父　放　纹　给　画　　　　　　　　　　父全留纹路来画，

Meis niox gab vongx wal liok bod,

母　留　角　龙　我　才　占　　　　　　母留龙角我才占，

Bat dail leil xed wal liok dis.

父　放　言　虎　我　才　念　　　　　　父留虎语我才念。

Nius ghaot ghab,

那　古　时　　　　　　　　　　　　　那古代，

Nius ngof dik,

那　古　代　　　　　　　　　　　　　那远古，

Gux genb ghot sal beid seb,

蚱　虫　都　全　结　亲　　　　　　　　昆虫也全联姻，

Nenl nes ghot sal saos kheet.

鼠　鸟　都　全　结　戚　　　　　　　　鸟兽也都结亲。

Nes xix ghot mul lol dal nes nios,

鸟　黑　也　去　嫁　只　鸟　麻　　　　　　黑鸟嫁给黄鸟，

Nab daix ghos haot mul jil jenx seb,

天　头　都　说　去　开　成　亲　　　　　　起初都说是联姻相亲，

Ghot sal haot jangs jas kheet,

都　全　说　结　成　戚　　　　　　　　　　结亲相合，

Nab ghenb dal nes xix diangd haot max dios nes nios,

天　后　　只　鸟　黑　又　　说　不　中　鸟　麻　　后来黑鸟又不肯嫁黄鸟，

bab neid pangb od benx diot nenl,

送　了　件　衣　花　给　穿　　　　　　　　黑鸟赔黄鸟一件花衣，

Jangs pangb od ghenk diot mangk,

和　件　衣　绣　给　披　　　　　　　　　　补偿黄鸟礼钱，

Nab nab mul longx geed gongl,

天　天　去　走　小　道　　　　　　　　　　天天走在大街小巷，

Mangt mangt mangs dlial nins,

夜　夜　披　走　路　　　　　　　　　　　　夜夜走在街头巷尾，

Ghenb fenb ghot sal buk gux,

村　庄　都　全　见　外　　　　　　　　　　村村都明白，

Vangl ghot sal xangk niangk.

寨　都　全　识　里　　　　　　　　　　　　寨寨都清楚。

Gux genb ghot sal niangb jox,

蚱　虫　都　全　有　　章　　　　　　　　　昆虫都有章，

Nenl nek ghot niangb bongk.

鼠　鸟　都　有　　法　　　　　　　　　　　鸟兽都有法。

Nex ghenb bul,

吃　朋　　友　　　　　　　　　　　　　　　欺骗朋友，

Mul bait neix jub,

去　哄　人　口　　　　　　　　　　　　　　哄骗亲戚，

Max bub niox diot eb dees luil,

不　知　留　给　河　哪　流　　　　　　　　不知用哪条水洗清，

Max bub dail diot dol deek kab,

不　知　放　给　火　哪　烧　　　　　　　　哪把火烧尽。

Jox naix geed nenl mul ghot seik xangb lieex geed jek,

稻谷　东　边　去　都　接　田　埂　　西　边　　东家人也联姻西家客，

Jox naix geed jek ghot seik xangb lieex geed nenl.

稻谷 西边 都 接 田 埂 东 边　　　　　西家客也联姻东家人。

Meis niox gab vongx diot bod,

母 留 角 龙 给 占　　　　　　　　　母留龙角我才占，

Bat dail leil xed diot dis,

父 留 言 虎 给 念　　　　　　　　　父留虎语我才念，

Vongx ghot sal niox hveb ful nil mul xet dal neid zeid kheeb.

龙 也 全 留 话 古理 去 让 人们 教 育　龙的话语教育人间。

Meis niox langx wal liok daod,

母 留 脉 我 才 照　　　　　　　　　母留痕迹我才跟，

Bat dail yel wal liok tot,

父 留 纹 我 才 画　　　　　　　　　父留纹路我才画，

Ghas neid liok max deed diot eb deek leil,

这 里 才 不 带 给 河 哪 流　　　　　这里不知用哪条河洗清，

Dol deek kab.

火 哪 烧　　　　　　　　　　　　　哪把火烧尽。

Ghab neid niangb faib ghob sal haot ghenb qub mul diot gid,

这 里 在 远 都 全 说 肚 囊 去 装 饭　都说带肚子去吃饭，

Khangd naix jas hveb,

耳 朵 听 话　　　　　　　　　　　　带耳朵去倾听，

Ghas neid sal jeb naix at jeel,

这 里 全 侧 耳 来 听　　　　　　　　这里你自己用耳朵细听，

Jangs mas at lab.

睁 眼 来 看　　　　　　　　　　　　睁眼睛细看。

Wal hveb max deeb,

我 话 不 厚　　　　　　　　　　　　我话不长，

Wal seed max not,

我 语 不 多　　　　　　　　　　　　语不多，

Hveb ob diux mul,

话 两 门 去　　　　　　　　　　　　两头话，

Seed baib lab.

语 三 言　　　　　　　　　　　　　三两言。

Ghas neid ghos nok sal hvangd diot nenl,

这 里 都 来 全 教 在 东　　　　　　　这里都来教东家，

Vok diot jes diot.

　育　在　西　罢　　　　　　　　　　　　训西家。

Ghas neid eb diangd leel mul ghent veeb gox gul,

这　里　水　又　　流　去　石　头　下　面　　　这样水都在石头下流，

Ghenb bail mul longk nes ghaid nek jit,

陆　　地　去　戏　斑　鸪　乌　鹞　　　　　　陆地戏斑鸪、乌鹞，

Hveb ghot ob diux,

话　也　两　门　　　　　　　　　　　　　　两头话，

Seed baib lab,

语　三　言　　　　　　　　　　　　　　　　三两言，

Hveeb max deeb,

话　　不　厚　　　　　　　　　　　　　　　话不长，

Seed max not.

语　　不　多　　　　　　　　　　　　　　　语不多。

加乃张老组说
王杰记录整理

二、《蚱蜢与猴》

　　这是一个猴子与蚱蜢争夺地盘的典故，蚱蜢使用的武器是锯子，猴子使用的武器是锤子。蚱蜢的武器轻巧，没有杀伤力，但是速度快。猴子的武器笨重，有杀伤力，但是速度慢。蚱蜢落在猴子脸上，猴子用锤子去打，蚱蜢迅速飞走了，结果死的是猴子自己。苗语叫"leeb nof dieeb leeb"，意思是猴子自己打猴子。该典故用来讽刺那些执迷不悟，一意孤行，结果受害者是自己的人。

Niangb jox biees deel niul,

　有　块　坪　德　牛　　　　　　　　　　　有块德牛宽坪，

Wangs longx eb laol nenl.

坝　　隆　欧　往　下　　　　　　　　　　　有块隆欧大坝。

　Nios　gux haot wal ngangl,

青年 蚱蜢 说　我　吞　　　　　　　　　　蚱蜢说是我的坝，

Wal hek jox biees deel niul,

我　喝　块　坪　德　牛　　　　　　　　　　我要德牛宽坪，

Biees longx eb laol nenl.
坪　隆　欧往下　　　　　　　　　　　　　　我要隆欧大坝。

Nios leeb haot wal ngangl,
青年猴　说　我吞　　　　　　　　　　　　猴子也说是我的，

Wal hek jox biees deel niul,
我　喝　块　坪　德　牛　　　　　　　　　我要德牛宽坪，

Biees longx eb laol nenl.
坪　隆　欧往　下　　　　　　　　　　　　我要隆欧大坝。

Jit deif dal gos feil,
互　踹　呀跌　倒　　　　　　　　　　　　互相争吵，

Jit ef dal vongs val.
互争　呀没　　完　　　　　　　　　　　　没完没了。

Nios　gux　qib　ghal niol:
青年蚱蜢　把　话　说　　　　　　　　　　蚱蜢来说道：

Ob　mul khangk diot nab nix nenl,
我俩去　约　　在　天　牛鼠　　　　　　　"我俩约在鼠牛天，

Ob　mul maif diot genb yongx yaol,
我俩去　定　在　马　羊　　时　　　　　　定在马羊时，

Wieex mangt mok eed yal bail,
到　　夜　　猫　就　开战　　　　　　　　到兔日来开打，

Ob　geed yus deel diot deel niul,
我俩再　交　战　在　德　牛　　　　　　　我俩来德牛打一回，

Biees longx eb laol nenl.
坪　隆　欧往　下　　　　　　　　　　　　隆欧大坝往下。

Hvad wal nios guxg had jul dlinl,
看　我　青年蚱蜢已　完　力　　　　　　　要是我输了，

Vaos bif niangb deel niul,
气　断在　　德　牛　　　　　　　　　　　死在德牛宽坪中，

Biees longx eb laol nenl,
坪　隆　欧往　下　　　　　　　　　　　　隆欧大坝往下，

Eed wal ghos was jox biees deel niul,
那　我　就　丢　块　坪　德　牛　　　　　　那德牛宽坪就是你的，

Biees longx eb laol nenl,
坪　隆　欧往　下　　　　　　　　　　　　隆欧大坝往下，

Eed nios leeb mox geed laol ngangl,
那　青年猴　你　再　来　吞　　　　　　　　由你占领使用，

Mox geed ghok jox biees deel niul,
你　再　收　块　坪　德　牛　　　　　　　你占块德牛宽坪，

Biees longx eb laol nenl.
坪　隆　欧　往　下　　　　　　　　　　隆欧大坝往下。

Hvad nios leeb mox jul dlinl,
看　青年猴　你　完　力　　　　　　　　要是你输了，

Mox vaos bif niangb deel niul,
你　气　断　在　　德　牛　　　　　　　死在德牛宽坪中，

Biees longx eb laol nenl,
坪　隆　欧　往　下　　　　　　　　　　隆欧大坝往下，

Neid ghos was jox biees deel niul,
那　就　丢块　坪　德　牛　　　　　　　那德牛宽坪就是我的，

Biees longx eb laol nenl,
坪　隆　欧　往　下　　　　　　　　　　隆欧大坝往下，

Nios　gux　wal geed laol ngangl,
青年 蚱蜢我再　来　吞　　　　　　　　由我占领使用，

Geed laol hek jox biees deel niul,
再　来　喝　块　坪　德　牛　　　　　　我占块德牛宽坪，

Biees longx eb laol nenl.
坪　隆　欧　往　下　　　　　　　　　　隆欧大坝往下。"

Neid ghos khangk diot nab nix nenl,
那　就　约　　在　天　牛　鼠　　　　　约好在鼠牛天，

Maif diot genb yongx yul.
定　在　马　羊　时　　　　　　　　　　定在马羊时。

Nios leeb mieef dliod bal,
青年猴　本　狡　猾　　　　　　　　　　猴子狡猾，

Leeb laol mieef dangl mul,
猴　来　于　半　夜　　　　　　　　　　猴半夜就来了，

Gheeb ghat leeb laol deel.
鸡　　叫　猴　来　了　　　　　　　　　半夜鸡叫猴来等。

Leeb ghob dax xongs diongl,
猴　就　来　七　川　　　　　　　　　　猴占满七座山，

Xongs juf det xangt niul.

七　十棵松　树　　　　　　　　　　七片松林都是猴子。

Gux　ghot dax bad xongs lenl,

蚱蜢也　来满七　片　　　　　　　　蚱蜢也来了，

Xong dleef nex seb lol.

七　片芭蕉叶　　　　　　　　　　　蚱蜢占满七片芭蕉叶。

Leeb diangd xib hvaob ghal niol:

猴　也　说话　一　遍　　　　　　　猴先开口说：

Mox vek dax ob yal dlinl,

你　下　来我俩拼力　　　　　　　　"蚱蜢下来我俩比拼，

Ob　yus vok diot deel niul,

我俩比　拼在　德牛　　　　　　　　打一回在德牛宽坪，

Biees longx eb dangl nenl.

坪　隆　欧下　边　　　　　　　　　隆欧大坝下边。"

Gux　diangd qib hvaob ghal niol:

蚱蜢也　回话　答　说　　　　　　　蚱蜢回答说：

Mik not eb sad jaol,

母　多水米碓　　　　　　　　　　　"母亲家务忙，

Bak not gheb geed bal,

父　多活繁　多　　　　　　　　　　父亲活路多，

Teek xif vongx nenb dlenl,

等　时龙　蛇　到　　　　　　　　　等到龙蛇时，

Niox ob　geed yal dlinl,

那　我俩再　拼力　　　　　　　　　我俩再来比拼，

Yus vaos diot deel niul,

比　拼在　德　牛　　　　　　　　　打在德牛宽坪，

Biees longx eb laol nenl."

坪　隆　欧往下　　　　　　　　　　隆欧大坝往下。"

Teek xif vongx nenb dlenl,

等　时龙蛇　到　　　　　　　　　　龙蛇时间到，

Gux　ghob xib hvaob ghal niol:

蚱蜢就　放话　说　道　　　　　　　蚱蜢把话说：

Vek dax ob yal dlinl,

下　来我俩拼　力　　　　　　　　　"猴子你来吧，

Ob　yus ves diot deel niul,
我俩 比拼 在 德 牛　　　　　　　　我们去德牛宽坪比拼，
Piees longx eb dangl nenl.
坪 隆　欧 下 边　　　　　　　　　隆欧大坝里。"
Nios　leeb ghob laol mul,
青年 猴 就　来 了　　　　　　　　猴子来了，
Leeb ghob gangf dinb benb det lil.
猴　就 握　个 槌　杨梅　　　　　　猴子拿把杨梅树槌。
Nios　guxg　hot laol mul,
青年 蚱蜢 也 来　了　　　　　　　蚱蜢也来了，
Gux　ghob gangf dinb kob linl diaol.
蚱蜢 就　握　把 锯 镰 刀　　　　　蚱蜢拿把锯齿镰刀。
Neid ob dab ghob yal dlinl,
那　他们 就　拼力　　　　　　　　他们开始比拼，
Ghob yus vaos diot deel niul,
就　比拼 在 德 牛　　　　　　　　在德牛宽坪中，
Piees longx eb dangl nenl.
坪 隆　欧 下 边　　　　　　　　　隆欧大坝。
Gux　yent pok gux　ghob mul,
蚱蜢 飞 跃 蚱蜢就　走　　　　　　蚱蜢会飞，
Gux　yent saos nios leeb mangl,
蚱蜢 飞 落 青年 猴 脸　　　　　　蚱蜢落在猴子脸上，
Leeb nof jit dat niox leeb dlel,
猴　自 互 杀青年猴　死　　　　　　猴子自己杀死自己，
Gux　yent pos gux ghob mul,
蚱蜢 飞　跃蚱蜢就　走　　　　　　蚱蜢却飞走了，
Gux　dot tas liux ib neil,
蚱蜢没 死 在　哪里　　　　　　　蚱蜢没死，
Leeb nof jit dat niox　leeb dlel,
猴　自互 杀 青年猴　死　　　　　　猴子自己杀死自己，
Leeb nof tas jul hvenb lenl.
猴　自 死 完 片　山　　　　　　　猴子死完整片山。
Haot nios gux jul jul?
看　青年蚱蜢完几　　　　　　　　蚱蜢死多少呢？

Nios gux nof jul jus dal,
青年 蚱蜢 才 完 一 只　　　　　　　　蚱蜢才死一只，
Nios gux yangf xongs dal.
青年蚱蜢 剩 七 只　　　　　　　　蚱蜢还剩七只。
Haot nios leeb jul jul?
看 青年猴 完 几　　　　　　　　猴子死多少呢？
Nios leeb jul xongs dal,
青年 猴 完 七 只　　　　　　　　猴子死七只，
Nios leeb yangf jus dal.
青年猴 剩 一 只　　　　　　　　猴子只剩一只。
Gheel dlinb dangf niux mil,
得 案 像 嘴 马　　　　　　　　猴子惹得一个大案，
Gheel nees dangf niux vaol.
得 状 像 嘴 线球　　　　　　　　结一次大冤。
Vax bub dios ghas dees nex linl,
不 知理老 哪 里 利刀　　　　　　不知去哪里找理师来判，
Bak ghas dees songl gil,
父 里 哪 说 榔　　　　　　　　岩规在哪里，
Qaot det diangs deel niul,
修 案件 德 牛　　　　　　　　断下德牛这个案，
Piees longx eb laol nenl.
坪 龙 欧下 边　　　　　　　　隆欧宽坪冤。
Diot mut jus wangx geel,
希 望 独 官 螳螂　　　　　　　　螳螂是唯一希望的理师，
Dlas geef niangb venl vol,
富 螳螂住 深 山　　　　　　　　住在深山里，
Qut laot gheib laol deel,
放 话 喊 下 来　　　　　　　　托话喊他来，
Gol dlas geef laol deel.
喊 富 螳螂 下 来　　　　　　　　螳螂才能判此案。
Dlas geef neib songl gil,
富 螳螂他 说 榔　　　　　　　　螳螂懂得岩规理，
Bat dleef xit yux bol,
披 件 纸 风 衣　　　　　　　　披一件大风衣，

Gangf dal khob linl diaol,
握　把 镰　刀 锯　　　　　　　　　　握把锯齿镰刀,

Geef at lab vangx lol.
螳螂 做个 样　老　　　　　　　　　　威风凛凛。

Nios geef neib songl gil,
青年螳螂 他　主　岩　　　　　　　　　螳螂当判官,

Qaot det diangs nenl yol,
断　件案　能　哟　　　　　　　　　　断这个德丢大案,

Piees longx eb laol nenl.
坪　龙　欧下 边　　　　　　　　　　　隆欧宽坪冤。

Nios geef neib songl gil,
青年 螳螂 他　说　榔　　　　　　　　螳螂当判官,

Nios geef qib ghax niol:
青年 螳螂 把 话　说　　　　　　　　　螳螂把话说:

Mox jit bab eb yal bail,
你们争 抢 水 洗 手　　　　　　　　　"你们争抢地盘,

Jit dos gheb dangl mul,
争 夺 活　夜　半　　　　　　　　　　争夺土地,

Leeb mox ghos xas diot ghenb jux jeel,
猴　你 就　上　到 深　山 林　　　　　猴子输理你进深山,

Gof det neid dios leeb mob zaid nongl,
树 稍 就　是　猴 你 屋 仓　　　　　　森林是你家,

Guf dlat ghos dios leeb mob geed ngangl.
芭芒草 就　是 猴 你 食　物　　　　　芭芒草是你的食物,

Leeb mob ghob was jox piees deel niul,
猴　你 就　丢 块坪　德　牛　　　　　你失块德牛宽坪,

Piees longx eb laol nenl,
坪　隆　欧 往 下　　　　　　　　　　隆欧大坝往下,

Nios gux ghob laol ngangl,
螳　螂　就　来 吞　　　　　　　　　　蚱蜢占领,

Hek jox piees deel niul,
喝　块 坪　德　牛　　　　　　　　　　蚱蜢得块德牛宽坪,

Piees longx eb laol nenl.
坪　隆　欧 往 下　　　　　　　　　　隆欧大坝往下。"

Nios geef diangd qeeb ghal niol:
青年 螳螂 又　 把 话 说　　　　　　　　螳螂接着说：

Wal qaot det diangs deel niul,
我 判 件 案　 德 牛　　　　　　　　　　"我判此案，

Piees longx eb laol nenl,
坪　 隆　 欧 往 下　　　　　　　　　　隆欧大坝往下，

Wal niangb gheb mieel zel,
我 有　 功 断　 案　　　　　　　　　　我有功劳，

Jat seeb lob mul gol,
鞋 垫 脚 去 尾　　　　　　　　　　　不理不睬，

Hvad mox vax niangb gheb mieel zel,
看 你 没 有　　 功 断　 案　　　　　　如果你不答谢，

Jat seeb lob mul gol,
鞋 垫　 脚 去 尾　　　　　　　　　　不理不睬，

Neid wal ghos gangf gux yab deid bail,
那　 我 就 抓　 蚱 蜢 手 指　　　　　那我就捉你来吃，

Hek gux yab leed laol,
喝 蚱 蜢 下 饭　　　　　　　　　　　用你下饭，

Laol teeb niaf saod feil.
来 拌 饭 早 晚　　　　　　　　　　　早晚用来拌饭。"

脚车村莫老港说
王杰记录整理

三、《试话》

　　《试话》是双方已经产生矛盾，调处时两家再次相遇，不知怎么开口，所以才有《试话》这段贾词。这段贾词虽然不多，但是很有道理。一开始就说双方是亲戚，关系亲密，不必撕破脸，把话语权让给对方，实际上是让对方如实说出事情真相，不论哪一方的错误都是栽岩规定的，只要对方愿意把事情化小就是好事，我方是讲理的人。以这一说话方式开头，对方想要蛮横动粗，也自然会在心里压下去。

Sat baib　ghaot diux vongx haob,
全 我们老　门 亲　戚　　　　　　　　都是老亲戚，

Zaid neil yok.
房　舅　丈　　　　　　　　　　　　自家人。

Baib bub nab beid seb,
我们自 天 结　亲　　　　　　　　自从结亲后，

Bub mangt saos kheet,
自 夜　 结 戚　　　　　　　　　　我们就成了亲戚，

Beid seb diot menx diux,
结 亲 进 你 门　　　　　　　　　走进你们门，

Saos kheet saos menx zaid.
结 戚　 到 你 家　　　　　　　　来到你们家。

Ghas nod menx diangd niangb neik nenx ghab dlongb,
这 里 你 又 有　点 刀 于 鞘　　现在有不愉快的话，

Bieel neik bongt bail vud,
有 点 气 于 野　　　　　　　　　不开心的事，

Leix diangd diuib leix,
人 又　 打 人　　　　　　　　　　一人抵触一人，

Dal diangd khaid yok.
个 又　 敲 个　　　　　　　　　　一个殴打一个。

Dlaix dal xenb venx nongl,
碰　 个 丝 网 檐 仓　　　　　　　才有人上门通知我们，

Dlof dal vees venx diux,
遇　个 蜘蛛 梁 门　　　　　　　　告诉这件事情，

kheib nenx dangf ded dol,
指 名 像 砍 柴　　　　　　　　　口口点大名，

bok bait dangf jox lix.
道 姓 像 说 理　　　　　　　　　声声道台甫。

Baib　nof niangb jox laol,
我们 才 有　 话 来　　　　　　　所以我们有话要说，

Xut jox dax.
有 理 到　　　　　　　　　　　　有理要讲。

Nod　baib　dax baib ghot dax haot eb haob beit duil,
现在我们 到 我们 也 到 像 大雾 铺 地　　我们来也只是旁听，

Laol ghot laol haot nail niol buit seet,
来 也 来 像 鱼 斑 睡 水　　　　静静在一边听你们讲，

Baib dax geed ghel nel,
我们 到 于 烦 杂　　　　说不好听是在添麻烦，

Laol geed ghad niad,
来 于 费 事　　　　是在碍事，

Dax geed deb leb,
到 于 糊 涂　　　　我们不是当事人，

Laol geed ghak niak.
来 于 昏 迷　　　　不清楚事实真相。

Baib niangb geed xet eb niul,
我们在 于 头 水 浑　　　　我们离远不知道，

Menb niangb geed nenl eb xenb.
你们 在 于 头 水 清　　　　你们当事人清楚。

Jex jangb puid bend yangf jangb tad,
九 斤 迷 会 有 斤 解　　　　九个谬论会有一个真理，

Xongs wens sot nof bend yangf lab bot.
七 万 关总 会 有 个 开　　　　七万条款会有一条符合。

Wal max bub menb bot jangl geed veeb bail veek,
我 不 知 你们 开 路 于 岩 摆 野　　　　我看你们选择哪条，

Dos benx geex dees zeit zeid.
开 花 于 哪 结 果　　　　由你们选。

Gongl jul geex dees zeit dliangd,
路 头 怎 么 行 走　　　　你们怎么开路我们就怎么走，

Bongx jangl geex dees los yees?
河 弯 怎 么 倒 流　　　　还能把事情弯曲不成？

Lab nod menx zaix laol baib nof nangd,
这 个 你们 讲 来 我们 才 听　　　　怎么选择也要说出来，

Jeef laol baib nof bub.
说 来 我们 才 知　　　　我们大家才知道。

Lab dios vux mul geed dios ghenb,
条 是 收 回 就 是 好　　　　只要事情平息就是好，

Lab dios laot mul geed dios naix.

条　是　心　声　就　是　理　　　　　　　　话合众人心就是道理。

九牛王老林说
王杰记录整理

四、田水纠纷

　　"田水纠纷"是农村较常见的纠纷，近几年，八开乡高晒苗寨还因为田水纠纷而被杀死了两个人。我国农村主要以种田生产粮食维持生活，每年二三月份，人们就开始忙碌田活，每天到田里修埂、修沟，引水灌溉。水对人们灌溉农田非常重要，没有雨水，就意味着没有收成，同时就面临着困难和饥饿，所以，人们对水田灌溉非常重视。在农村，很多人的田都连在一起，但是水源一般就只有一个。所以，人们根据田的面积进行分水。但是，遇到干旱季节，个别人还是会悄悄地把别人家的田水拦进自家的田去。有的人为了守住田水不被别人偷拦着去，整夜去守。这段贾词就是有关人们夜守捉到背着人拦田水的人的纠纷。

Baib　ghot sal at gheb nex nenl,

我们都　全　劳动　吃　穿　　　　　　　我们都靠辛勤劳动，

Nof yas lab bongt nod,

才　填　口　气　　这　　　　　　　　才种出粮食来吃，

Xix nod nof wax daib gal lol laol,

现　在　本　上　天　干旱　来　　　　现在是干旱季节，

Max dot faf,

没　办　法　　　　　　　　　　　　　我们都无奈，

Mox benf ghot dangf wal benf,

你　的　也　像　我　的　　　　　　　你的田也像我的田，

Wal benf ghot dangf mox benf.

我　的　也　像　你　的　　　　　　　我的田也像你的田。

Jox xenk diot niangs laol,

条　沟　从　溪　　来　　　　　　　　一条沟从溪边来，

Baib ghot sal qet,

我们　也　共　修　　　　　　　　　　我们大家一起修建，

Xak nod eb yut laol,
现　在　水小来　　　　　　　　　　　　　现在水源小，

Baib ghot sal jit bab jit dangf diot,
我们也　都分配　均匀　　好　　　　　我们也要分配均匀，

Mox kheeb,
你　干　　　　　　　　　　　　　　　你的田干旱，

Wal ghot kheeb,
我　也　干　　　　　　　　　　　　　我的田也干旱，

Wal kheeb,
我　干　　　　　　　　　　　　　　　我的干旱，

Mox ghot kheeb,
你　也　干　　　　　　　　　　　　　你的也干旱，

Eed nof sal jit dangf.
那　才是公平　　　　　　　　　　　　那才叫公平。

Niangb bens ngas kik vut,
有　　的　勤　耙田　　　　　　　　　有的人耙田好一点，

Neix ghas dix eb neik,
它　就　盛水　些　　　　　　　　　　水就少渗透些，

Niangb bens ngal max kik vut,
有　　的　懒　不　耙田　　　　　　　有的田耙不好，

Neix lieex ghas not kheeb diot hed neik.
那　田　就　多干　于　些　前　　　　水就多渗透些。

Nab nod neix diangd mul sangd jib dab eb,
天　这　他　又　去拦　人　家　沟　　如果有意拦截人家田沟，

Sangd jib dab eb mul yas neix lieex mul,
拦　人家水去　养他　田　去　　　　用别人的水去养自家的田，

Eed niox jib dab benf gangt,
那　让人家　的　旱　　　　　　　　使人家的田干旱，

Eed jib dab benf jab　ghot xongk qet xenk,
那人家　的　人家也去　　清沟　　　那人家也有人去清理沟壑，

Neix ghot nof dax mul deix dal yos qet xenk,
那　他　家的　也只　派一人　去　　你家也只派一人去清理，

Nab nod neix mul sangd jab eb laol yas neix benf,
今　天　他去拦　人家来养他田　　今天你去拦人家田沟来养自己的田，

Niox jib dab benf kheeb,
让 人 家 的 干   让人家的田干旱，
Lab nod genb benl max hof lil.
这 种 根 本 不 合 理   这种根本不合道理。
Xak nod max wail ghos wail gos yees,
这 次 不 抓 也 抓 到 了   现在你被我们抓到，
Eed nod mox sangd eb,
这 次 你 拦 水   你私自拦截人家田沟，
Baib bend meib baib cenb guib minf yof,
我 们 参 照 村 规 民 约   我们参照村规民约，
Baib niub dlob juf dlol,
三 个 四 十 四   三个四十四，
Dlob juf dlob ik,
四 十 四 肉   四十四斤肉，
Dlob juf dlob niaf,
四 十 四 米   四十四斤米，
Dlob juf dlob jod.
四 十 四 酒   四十四斤酒。
Hveb ghas biees,
话 在 平   话好说，
Gheit ghas songb,
钱 在 陡   钱难找，
Xent mox baib nab ghas niangs,
限 你 三 天 之 内   限你三天之内，
Mox ghos dent laol diot baib,
你 就 拿 来 交 清   自觉拿来交清，
Hvub liub max saix,
话 大 没 有   没有后话，
Seed yut max dot.
舌 小 没 得   没留恩仇。

三盘龙老拉说

王杰记录整理

五、婚姻纠纷

这段"婚姻纠纷"是指夫妻不在同一条线上，感情破裂，双方父母找人调解。语言谦虚谨慎，"来像早晨大雾，静静听主人说"——不声张。"纺车轮两边转，当事人两头说"，使用建设性语言展开话题，然后列举"水牛拭疥癣"弄坏古椰岩，使自然规律受破坏，才杀牛修椰规。"前辈教育在先，我才教育在后"以古人真理为依据。接着以陆地猛兽吃野羊，水中凶猛的鱼吃小鱼为案例层层说理，最后才说到婚姻，道理很深刻。

Venx seb ghot laol,
亲　戚　都　来　　　　　　　　　　　　亲戚都来，
Bail kheet ghot dax,
客　帮　也　到　　　　　　　　　　　　朋友都到，
Ghenb deix ghot laol,
兄　弟　都　来　　　　　　　　　　　　兄弟都来，
Ghenb jid ghot dax.
姊　妹　也　到　　　　　　　　　　　　姊妹都到。
Baib　ghenb venx max beid dlinb,
我们坡　脚　没　结　怨　　　　　　　　我们不是来生事，
Ghenb bail max saos diangs,
坡　头　没　结　仇　　　　　　　　　　不是来结怨结仇，
Nees gongl teib Link jens,
因　路　女　道　男　　　　　　　　　　因为夫妻不和，
Nix max hek eb,
牛　不　喝　水　　　　　　　　　　　　牛不喝水，
Dal max lol yos.
个　不　嫁　人　　　　　　　　　　　　妻不嫁夫。
Nees ghas neid gheib venx seb ghob laol mul,
因　这样　叫　亲　戚　都　来　去　　　所以才叫亲戚都来，
Yongs bail kheet ghob dax,
喊　朋　友　也　到　　　　　　　　　　朋友都到，
Dax dangk eb haob beit deel,
到　像　大雾　盖　地　　　　　　　　　来像早晨大雾，

Laol dangk nail niol beit seet.
来　像　蛇花鱼　游　水　　　　　　　　　来像蛇花鱼游水。

Fab lieex ghot laol ob dangl dliangd,
纺　轮　也　来　两头　转　　　　　　　　纺车轮两边转,

Fab vel ghot laol ob pieet veek,
纺　线　也　来　两边　缠　　　　　　　　纺线也来两边缠,

Ded ghot liangl,
审　也　断　　　　　　　　　　　　　　　案件审理就断,

Sangt ghot jos.
判　也　结　　　　　　　　　　　　　　　事情处理就清。

Bieel neik diux hveb sangb sot,
有　段　门　话　纠　纷　　　　　　　　　这点家庭矛盾,

Nees neik diux seet meil lis,
有　段　门　语　纠　葛　　　　　　　　　婚姻纠纷,

Ghas neid diangd mul genb,
这　里　转　回家　　　　　　　　　　　　经过我们这次处理,

Diux mul bat ghot liangl hveb.
退　去　父　就　无　话　　　　　　　　　回去两头无话。

Ghas neid nius ninx dal nius xax,
这　里　古　老　的　时　候　　　　　　　古老的时代,

nius nal dal nius ghaot,
古　代　的　事　情　　　　　　　　　　　上古的事情,

Nix mul haod genb tangb diot,
牛　去　拭　疥　癣　哟　　　　　　　　　因为水牛拭疥癣,

Eib gil mul wax naox dlab,
偏　石　向　天　空　黑　　　　　　　　　偏岩规向白云深处,

Niat mul nint genb leik diot,
牯　为　搓　蝇　蛆　哟　　　　　　　　　水牯拭蝇蛆,

Gos gil nint zet et dlek.
斜　槟　向　云　层　乌　　　　　　　　　斜槟桩向黑云沉中。

Nees neid khaob liol mul liok dax ninx jex,
因　这　冰　雹　才　落　来　月　九　　　　所以九月下冰雹,

Jit nongs liof laol leit juk.
风雨　才　来　月　十　　　　　　　　　　十月暴风雨。

Nees ghab nod nof bal fenb daib benx naix,
因　这　样　才　损　天　下　稻　花　　　　　　　　因为冰雹打烂天下稻花，

Vangs fenb deel benx nek,
坏　　大　地　谷　物　　　　　　　　　　　　　破坏大地谷物，

Liol mul liok max xend,
瓜　也　才　不　熟　　　　　　　　　　　　　藤不结瓜，

Ghongd max zeit,
果　　不　结　　　　　　　　　　　　　　　树不结果，

Veeb liod max dix dongk nongl,
石　已　不　稳　柱　仓　　　　　　　　　　　天下萧条饥荒，

Gil liof max jot dongk lak.
榔　已　不　固　柱　晾　　　　　　　　　　　大地动荡不安。

Ghas neid ghot niangb dal mis ghaot ghab,
这　里　就　有　个　母　亘　古　　　　　　　这里有个亘古的母亲，

Mis vof dis,
父　上　代　　　　　　　　　　　　　　　　上古的父亲，

Ghot niangb dal wangx gangb,
就　有　　叫　王　岗　　　　　　　　　　　母亲叫王岗，

Bieel mul dlak nint,
有　叫　莎　宁　　　　　　　　　　　　　　父亲叫莎宁，

At veeb diot vangx wax naox dlab,
栽　岩　来　管　天　空　黑　　　　　　　　　栽岩在天上，

At gil mul diot zet et dlek,
立　榔　来　控　云　层　乌　　　　　　　　　议榔在云中，

At veeb diot vangx khaob liol,
栽　岩　来　管　冰　雹　　　　　　　　　　　管理冰雹，

At gil mul vok jit nongk,
立　榔　来　控　风　雨　　　　　　　　　　　控制风雨，

Vangx mul ghot dix,
管　　来　就　止　　　　　　　　　　　　　管就停，

Vok ghot jongt,
控　就　停　　　　　　　　　　　　　　　　控就止，

Fanb daib diangd xend ghongd,
天　下　又　丰　收　　　　　　　　　　　　　天下才又丰收，

Fenb deel diangd songl mub,

大　地　又　丰　产　　　　　　　　　　大地又丰产，

Liol mul xend,

瓜　就　熟　　　　　　　　　　　　　藤来结瓜，

Ghongd diangd zeit.

果　　就　　结　　　　　　　　　　树来结果。

Ghab neid veeb dal at sangx,

这　里　石　有　多　层　　　　　　　古代栽岩有多道，

Gil mul at wes,

榔　去　多　道　　　　　　　　　　　义理有多层，

Nes ghaid laol dax ninx jex,

鸟　雪　来　自　季　九　　　　　　　过去九月飞来雪鸟，

Nes jit laol leit juk,

斑　鹟　来　月　十　　　　　　　　　十月飞来斑鹟，

Nees ghab nod niox bal fenb daib benx naix,

因　这　样　才　损　天　下　稻　花　　因为斑鹟吃天下稻穗，

Vangs fenb deel benx nes,

坏　大　地谷　物　　　　　　　　　　破坏大地谷物，

At liol liof max xend,

使瓜　才　不　熟　　　　　　　　　　藤不结瓜，

Ghongd max zeit,

果　　不　结　　　　　　　　　　　树不结果，

Veeb max dix dongs nongl,

石　不　稳　柱　　仓　　　　　　　　天下萧条饥荒，

Gil max jongt dongs lak.

榔　不　固　柱　　晾　　　　　　　　大地动荡不安。

Nius ninx dal nius xax,

古　老　的　时　候　　　　　　　　　上古的时代，

Nius nal dal nius ghaot,

古　代　的　事　情　　　　　　　　　远古的事情，

Niangb dal meis wok xangb,

有　个　母　偓　香　　　　　　　　　有个母亲叫偓香，

Bieel dal bak dlas xit,

和　个　父　莎　戏　　　　　　　　　父亲叫莎戏，

At veeb diot ghenb linx,

栽岩　在　山　　岭　　　　　　　　　　　他们栽岩在山岭，

At gil diot ghenb deet,

立椰　在　山　　头　　　　　　　　　　　立椰在山头，

At veeb diot vangx nes ghaid,

栽岩　来　管　　雪　鸟　　　　　　　　　管理雪鸟，

At gil mul vok nes jit,

立椰来　控　斑　鹑　　　　　　　　　　　管控斑鹑，

Vangx nes ghaid diot ninx deb,

管　　雪鸟　到　冬　季　　　　　　　　　管雪鸟到冬季，

Vok nes jit diot leit laok,

控　斑　鹑到　月　冷　　　　　　　　　　控斑鹑到年末，

Neis ghas neid diof max bal fenb daib benx naix,

因　这　样　才　不　损　天　下　稻　花　　这样斑鹑不吃天下稻穗，

Max vangs fenb deel benx nek,

不　坏　　大　地　谷　物　　　　　　　　不破坏大地谷物，

Liol mul xend,

瓜　又　熟　　　　　　　　　　　　　　　藤又结瓜，

Ghongd diangd zeit,

果　　又　　结　　　　　　　　　　　　　树又结果，

Veeb liot dix dongk nongl,

岩　来稳柱　　仓　　　　　　　　　　　　天下风调雨顺，

Gil mul jongt dongk lak.

椰来　固　　柱　晾　　　　　　　　　　　大地欣欣向荣。

Ghas neid meix laol vangx daix,

这　里　人们　来　管　　先　　　　　　　前辈教育在先，

Wal liok laol vangx ghenb,

我　才　来　管　后　　　　　　　　　　　我才教育在后，

Meix vok ghaot,

人们　控　旧　　　　　　　　　　　　　　前辈说的话，

Wal liok laol vok hveeb.

我　才　来　控　新　　　　　　　　　　　我才用之教育后人。

Ghas neid wal deed meis hveb geeb laol haod,

这　里　我　带　母　话　碓　来　春　　　　今天我带母亲古话来说，

Bat hveb niel laol diuib,
父　话　鼓　来　敲　　　　　　　　　　　　拿父亲古理来讲，

Veeb ghob sal diot bail,
岩　都　全　在　岸　　　　　　　　　　　　岩栽在陆地，

Gil mul diot eb.
榔　来　在　水　　　　　　　　　　　　　　义理在水中。

Nius nix dal nius xax,
古　老　的　时　候　　　　　　　　　　　　上古的时代，

Nius nal dal nius ghaot,
古　代　的　事　情　　　　　　　　　　　　远古的事情，

Ghas neid at veeb vangx ngeex xed,
这　里　栽岩　管　老　　虎　　　　　　　　这次栽岩管制老虎，

At gil vok laot ment,
立榔　控　豺　狼　　　　　　　　　　　　　控制豺狼，

Ghas neid nex dal ngeex vob dab,
这　　里　吃　只　羚　　羊　子　　　　　　因为老虎吃羚羊，

Het dal ngeex dot vangt,
喝　只　野　　鹿　幼　　　　　　　　　　　杀野鹿，

Ngeex vob dal max hangd nid,
羚　　羊　心　里　不　　愿　　　　　　　　羚羊不开心，

Ngeex dot max vut hveeb,
野　鹿　心　不　甘　　　　　　　　　　　　野鹿不同意，

Ghuib dal meis ngeex bax yed laol,
叫　那　母　豺　　狼　必　来　　　　　　　现在叫你豺狼必须来，

Yongs bat ngeex xed yud dax,
喊　　父　老　虎　必　到　　　　　　　　　喊你老虎必须到，

At veeb laol vangx ngeed xed,
栽岩　来　管　老　　虎　　　　　　　　　　栽岩管理老虎，

At gil laol vok laot ment,
立榔　来　控　豺　　狼　　　　　　　　　　立榔控制豺狼，

Max bab dal vongx bal jad,
不　让　条　龙　　毁　潭　　　　　　　　　不让龙王毁水塘，

Haob net det,
雷　　劈　树　　　　　　　　　　　　　　　不准雷公劈大树，

Meix ded ghot liangl,

我　审　就　断　　　　　　　　　　　　我来审就清,

Mul sangt ghot jos.

去　判　就　结　　　　　　　　　　　　判就断。

Jex zangb jex liangl,

九　审　　九　断　　　　　　　　　　　九审九断,

Xongs zangb xongs jos,

七　判　七　结　　　　　　　　　　　　七判七结,

Eb ghot sal gil nal,

水 都　全 低　流　　　　　　　　　　　事已结束,

Dongl ghot sal bub daib.

踩　都　全 动 地　　　　　　　　　　　案已了结。

Meis niox gab vongx wal niok bod,

母　留　角龙　我 才　说　　　　　　　　母留龙话我才说,

Bat dail neid xed wal niok dis,

父 放 枪 虎 我 才 打　　　　　　　　　父留虎语我才讲,

Vongx ghot sal niox hveb ful nil mul xet dal neid zeid kheeb.

龙　也 全 留 话 古 理 去 让 人 们　教　育　　龙也全留龙语教育人们。

Meis niox langx wal niok daod,

母　留　脉　我 才　照　　　　　　　　母留纹我才刻,

Bat dail yel wal liok tot,

父 留 纹 我 才 画　　　　　　　　　　父留脉我才画,

Wal ghot max fax ghab del,

我 也 不 歪 曲 事　　　　　　　　　　我也不歪曲事实,

Mul longk ghab liongk,

不 节 外　枝　　　　　　　　　　　　不节外生枝,

Wal ghot max bal menx ib langx seb,

我 也　不 损 你们 一 门　亲　　　　　　不损谁家一门亲,

Max vangs ib det kheet.

不　坏　一门戚　　　　　　　　　　　不坏谁家一门戚。

Niangb neik hveb sangb sot,

有　　点 话 教　育　　　　　　　　　今天调解婚姻纠纷,

Bieel neik seed meil lik.

和　点 言 归 纳　　　　　　　　　　处理夫妻不合。

Nius nix dal nius xax,
古　代　的　时　候　　　　　　　　上古的年代，
Nius nal dal nius ghaot.
远　古　的　事　情　　　　　　　　远古的事情，
At veeb ghot sal diot bail,
栽岩　都　全　在　陆　　　　　　　岩栽在陆地，
At gil mul diot eb.
议　榔去　在　水　　　　　　　　　议榔在水中。
At veeb diangd vangx nail jongx,
栽岩　又　　管　　鱼　鲨　　　　　栽岩管理鲨鱼，
At gil mul vok nail juit,
议　榔来　控　鱼　虎　　　　　　　议榔控制虎鲸，
Nab nab xenl xenl diot bongx eb mul nenl,
天　天　游　移　在　河　　水　往　下　　他们天天在水中，
Xenk xenk diot bongx eb mul jek,
游　　移　在　河　水　往　上　　　游上游下，
Mox at mangl mangl max deex,
你　装模　　模　不　像　　　　　　心不好，
At mas mas max dios,
装　样　样　不　同　　　　　　　　行不正，
Mox nex dab nail xenb dab,
你　杀　了　黄　尾　子　　　　　　杀黄尾，
Het dal nail leik vangt,
吃　了　细　鳞　儿　　　　　　　　吃细鳞，
Nail xenb max hangd nid,
黄　尾　不　同　意　　　　　　　　黄尾不开心，
Nail leik max vut hveeb,
细　鳞　不　允　许　　　　　　　　细鳞不同意，
Ghuib dal meis vongx liot laol,
喊　　个　母　龙　要　来　　　　　喊鲨鱼来，
Yongs bat laob liot dax,
叫　　父　蛟　要　到　　　　　　　召虎鲸到，
At veeb diot liux daob,
栽　岩　在　水　深　　　　　　　　栽岩在深水区，

At gil mul diot jad zet,

议 榔 去 在 阴 潭　　　　　　　　　　　　议榔在深潭里，

At veeb ghot sal vangb dal nail jongx,

栽 岩 都 全管　条鱼 鲨　　　　　　　　　栽岩管理鲨鱼，

At gil ghot sal vot dal nail juit,

议 榔 都 全控 条 鱼 虎　　　　　　　　　议榔控制虎鲸，

Max bab dal nail lieb laol nex dal nail yut,

不 准 条鱼 大 来 吃 条鱼 小　　　　　　不准大鱼吃小鱼，

Max bab nail neek nex nail gab,

不 准 鱼 恶 吃 鱼 善　　　　　　　　　　不准恶人欺善人，

Nees ghas neid laol gil lol mul diot xongs leix,

因 这 样 来 干旱 去 在 七 月　　　　　　这样才干旱于七月，

Liangl diangs diot xongs sangk.

断 案 在 七 辈　　　　　　　　　　　　案结于七代。

Meis niox gab vongx wal liok bod,

母 留 角 龙 我 才 占　　　　　　　　　　母留龙角我才占，

Bat dail mieex xed wal liok dis.

父 留 牙 虎 我 才 说　　　　　　　　　　父留虎语我才说。

Hveb dal ob diux,

话 来 两 门　　　　　　　　　　　　　　两家话，

Seed baib lab.

语 三 言　　　　　　　　　　　　　　　二三句。

Nius nix dal nius xax,

古 老 的 时 候　　　　　　　　　　　　过去的年代，

Nius nal dal nius ghaot.

古 代 的 事 情　　　　　　　　　　　　远古的事情。

Deed veeb laol diot bail,

栽 岩 来 陆 地　　　　　　　　　　　　岩栽在陆地，

Deed gil mul diot eb.

议 榔 在 边 水　　　　　　　　　　　　议榔在水中。

Ghas neid niangb dal ghet dliab,

这 里 有 个 公 加　　　　　　　　　　　这次有个加爷，

Bieel dal ghet dlinx,

和 个 公 令　　　　　　　　　　　　　和个令爷，

Yangd nix diot deel dongb,
共　牛　在　德　东　　　　　　　　　　　约定拉牛到德东，
Yangd niel diot kheet xek,
共　人　在　革　秀　　　　　　　　　　　集中在革秀，
Nix max jit dangk dlinl,
牛　没有　相　当　　　　　　　　　　　　牯牛力量不相当，
Niel mal jit dangk ves,
人　没有　相　等　　　　　　　　　　　　男女年龄不相配，
Bab tiab diot nenl mul,
分　角　宽　往　东　　　　　　　　　　　分宽角牛去一边，
Ceit gheek diot jek,
分　窄　　往　西　　　　　　　　　　　　窄角牛去一边，
Eb xenb mul ib geed,
水　清　往　一　边　　　　　　　　　　　清水去一边，
Eb niel mul ib pieet.
水　浑　往　一　边　　　　　　　　　　　浑水去一边。
Hveeb max ninl,
心　　不　甘　　　　　　　　　　　　　　婚姻没结成，
Nid max mak,
意　不　愿　　　　　　　　　　　　　　　双方不甘心，
Jod yangl mul diangd laob gab,
浊　酒　去　又　　抹　角　　　　　　　　又拿浊酒抹牛角，
Jab het diangd zaos nuis,
辣　椒　又　　抹　鼻　　　　　　　　　　辣椒喷牛鼻，
Diangd dieeb diot nab yenx,
又　　约　　在　天　虎　　　　　　　　　约在虎天，
Khangt diot mangt mos,
定　　在　夜　　猫　　　　　　　　　　　定在兔夜，
Diangd yangd nix mul diot deel dongb,
再　共　牛　去　了　德　东　　　　　　　等牛长大再拉到德东，
Yangd niel mul diot geet xek.
共　人　去　在　革　秀　　　　　　　　　人长大再约定结婚。
Neis ghas neid dlik ghot juk diut,
因　这　里　列　牯　十　六　　　　　　　姑娘十六岁，

Fens ghot juk xongs,
芬　牯　十　七　　　　　　　　　　后生十七岁，

Haot baib zenx dongb dlod nenl,
像　三　坝　苇　往　东　　　　　　两牛在地上相斗，

Baib zenx dongb jeet jes,
三　坝　苇　往　西　　　　　　　像洪水汹涌，

Dab nix nok zenl dlinl,
方　牯　才　力　当　　　　　　　牯牛力量相当，

Dab niel nok dangt ves,
方　女　才　搭　配　　　　　　　男女年龄相配，

Nix dongk kit,
牛　力　当　　　　　　　　　　牛一样大，

Dab dongk sangs.
方　同　年　　　　　　　　　　人一样高。

Neid meib diot benx seb laol diongb,
这　要　来　段　亲　来　中　　　这样就开成亲，

Saos kheet laol niangk,
结　戚　来　内　　　　　　　　结成戚，

Jil seb seb laol niox,
结　亲　亲　来　成　　　　　　开亲就成亲，

Saos kheet kheet laol niangb,
结　戚　戚　就　好　　　　　　结戚就成戚，

Nees ghot tiab saos kheet,
同　宽　角　开　亲　　　　　　拉着水牛做彩礼，

Laok nees ghot bangk.
结　同　水　牯　　　　　　　　开水牛亲。

Ghet gheb mul vongb nix,
爷　勾　去　找　牛　　　　　　勾爷推行水牛亲，

Ghet ghongk mul venk niel,
爷　贡　去　寻　鼓　　　　　　贡爷主持婚事，

Xab nix mul fenb fend,
带　牛　去　广　地　　　　　　各寨都在推广，

Xet niel mul wangk lieb,
带　鼓　去　宽　坪　　　　　　各村都在遵行，

Ghas neid nees ghet gheb liok xab nix laol veet,

这　里　因　爷　勾　才　拉　牛　来　近　　　　　因为苟爷开亲近寨，

Xet niel laol saok,

带　鼓　来　到　　　　　　　　　　　　　　结戚近家，

Dieeb beid bieed diel juk zeib diot beid zeib lax seb mul diel,

宰　了　猪　肥　十　五　来　办　五　等　亲　往　外　　杀十五头猪开五类亲婚出，

Het beid bieet diel juk diut diot saos diut det kheet laol mib,

杀　了　猪　肉　十　六　来　开　六　等　亲　往　里　　宰十六头牛开六类亲婚进，

Langx yed saib ful ful mul nenl yed bet linb linb.

个　又　顶　呱　呱　向　东　来　响　当　当　　　村村寨寨都知道。

Ghas neid ghet gheb laol pangb,

这　样　爷　勾　来　说　　　　　　　　　　　勾爷和贡爷，

Ghet ghongk laol xenk,

爷　贡　来　讲　　　　　　　　　　　　　　他们的教育总结，

Dent nod menb at xeex saib ful ful mul bet linb linb ab?

这　次　你们　真　的　顶　呱　呱　来　响　当　当　吗　　你们村村寨寨都知道了吗？

Ghet dliab laol pangb,

爷　加　来　说　　　　　　　　　　　　　　加爷和令爷，

Ghet dlinx laol xenk:

爷　令　来　训　　　　　　　　　　　　　　来问他们说：

"Menb nix mul jit dangk dlinl,

　你们　牛　来　力　相　当　　　　　　　　　　"你们牛来相当，

Menb niel mul jit dangk vek,

你们　鼓　来　数　相　等　　　　　　　　　　人相配，

Ob　beid seb laol niangk,

我们　结　亲　来　里　　　　　　　　　　　开了亲，

Saos kheet laol diongb,

结　戚　来　中　　　　　　　　　　　　　　结了戚，

Ob　jil seb laol ghot nees ghot tiab,

我们结亲　来　也　同　牯　宽　　　　　　　　拉水牛结亲，

Saos kheet nees ghot bangk,

结　戚　同　牯　灰　　　　　　　　　　　　牯牛做彩礼，

Ghas neid hvad menb nex dliub gheeb laol max dangx duid,

这　里　看　你　吃　毛　鸡　来　不　遮　尾　　你结亲时没人说贾总结，

Dliub ghol max bens nink,

毛　鹅　不　蓬　乱　　　　　　　　　就像没领结婚证，

Dliub gheeb dangx duid,

毛　鸡　遮　尾　　　　　　　　　　如果你诵了贾，

Dliub ghol bens nink,

毛　鹅　蓬　乱　　　　　　　　　　向世人宣布，

Beid langx seb laol niox,

结　成　　亲　来　放　　　　　　　结成亲好，

Wal laol dluit mox jox nenl,

我　来　借　　你　理　穿　　　　　我来借你衣穿，

Wal laol lieet mox bongk nex.

我　来　讨　你　道　　吃　　　　　讨你饭吃。

Eed wal neil wal venx saix hveb dlinb sangb sot max?

那　我　亲　我　戚　有　争　执　纠　　缠　吗　　　那这门亲是否还有纠纷呢？

Seit nix max hek eb,

若　牛　不　喝　水　　　　　　　　如果以后发生矛盾，

Dal max lol yos,

个　不　从　婚　　　　　　　　　　夫妻不合，

Ghas neid leix xangx leix mul,

这　里　个　中　个　去　　　　　　一方离去，

Dal buit dal diangb laol,

个　睡　个　又　　来　　　　　　　一方出轨，

At neid nix max hek eb,

这样　牛　不　喝　水　　　　　　　又闹矛盾，

Dal max lol yok,

个　不　嫁人　　　　　　　　　　又想离婚，

Nab daix mul at nab ninb,

天　初　去　做　天　媳　　　　　　起初是自家媳妇，

Nab ghenb diangd at nab wot.

天　后　　又　做　天　婆　　　　　后来变成人家娘妻。

Hvad dal nix max het eb,

看　头　牛　不　喝　水　　　　　　发生矛盾，

Dal max lol yok,

个　不　嫁人　　　　　　　　　　夫妻不合，

Laol neet neix liangl,

来　行　短　路　　　　　　　　　　　　来行短路，

Laol dix diot nab xeeb,

来　吊　颈　身　亡　　　　　　　　　　吊颈身亡，

Mul dal mongb feeb,

去　根　葛　藤　　　　　　　　　　　　死于野葛，

Das dlat get,

死　绳　硬　　　　　　　　　　　　　　死于藤蔓，

Eib diot duil mul,

偏　在　坪　来　　　　　　　　　　　　倒在坪中，

Gok diot wangk.

倒　在　地　　　　　　　　　　　　　　死在眼前。

Duib duib ghob nenl hangd,

念　念　就　深　海　　　　　　　　　　这时你才想到说贾比海还深，

Niuk niuk ghob ghot wax.

想　想　就　高　天　　　　　　　　　　比天还高。

Leix max saix hveb sangb sot,

个　没　有　真　理　话　　　　　　　　没有理论依据，

Mox max dot seet neil lis,

你　没　有　义　理　语　　　　　　　　没有贾理支撑，

Bub feil ed ghot bal mangl dab pieet,

明　天　要　也　难　为　　女　方　　　这样女方也无脸见人，

Vangk mas dab jenk.

害　　羞　男　方　　　　　　　　　　男方也丢尽面子。

Jis xeed ghot mul daol,

马　上　就　嫁　远　　　　　　　　　马上想另嫁他人，

Jis xat ghos dangk,

立　刻　就　均　　　　　　　　　　　再婚成家，

Diux ghot bail dangk,

走　也　不　同　　　　　　　　　　　嫁也不脱干系，

Lab bail dos.

地　没　挖　　　　　　　　　　　　　男方还没离婚。

Nab nod wal niangb neik hveb sangb sot,

天　这　我　有　　这　真　理　话　　　今天我的真理古话，

Seed meil lik,
义　理　语　　　　　　　　　　　　　义理古语，

Hvad haot nix max hek eb,
看　是　牛　不　喝　水　　　　　　看是谁闹矛盾，

Dal max lol yok,
个　不　嫁　人　　　　　　　　　　夫妻不合，

Ghas neid mox ghot diangd meix nix dal wieex lax,
这　里　你　也　退　　人　牛　头　到　圈　　那谁想离就先退人家礼，

Tuit meix niel mul saok tiut.
退　人　鼓　去　到　家　　　　　赔人家青春。

Nix eed max dangx eb dlab,
牛　又　不　浸　　水　黑　　　　如果发生矛盾，

Niel mal liok eb dlek,
鼓　不　沉　云　乌　　　　　　　夫妻不合，

Neek ghas neid bab tiab diot nenl mul,
那　这　样　分　宽　往　东　去　　就好好离婚，

Ceit gheek diot jek.
散　窄　往　西　　　　　　　　　各奔东西。

Hvad mox hveeb max xangx,
看　你　心　不　中　　　　　　　如果是男方不中意，

Dal nid max daok,
个　意　不　合　　　　　　　　　先提出离婚，

Ghas neid mox ghot longl meix vob nieex wieex wenx,
这　里　你　也　送　人家　韭菜　到　地　　那你先退人家礼，

Vob gat saos dangk diot.
菜　青　到　园　着　　　　　　　还人家青春。

Leix max dal mob hveeb,
个　不　合　你　心　　　　　　　如果是女方不中意，

Dal max daos mot get,
人　不　中　你　意　　　　　　　先提出离婚，

Menx ghot deed meix nix wieex lax,
你　也　送　人家　牛　到　圈　　你也先退人家礼，

Songt meix niel saos tiut,
送　人家　鼓　到　家　　　　　还人家青春，

At nok max bal mangl dab pieet,
那 才 不 难 为　女 方

那女方才有名誉，

Max vangk mas dab jenk.
不 害 羞 男 方

男方才有面子。

Ghet gheb laol pangb daix,
爷 勾 来 说 先

老人说在先，

Wal liok laol pangb ghenb,
我 才 来 说 后

我才说在后，

Ghe ghongk pangb hed,
爷 贡 说 前

父母说在前，

Wal liok laol vongb nis,
我 才 来 跟 起

我才跟起说，

Meis niox gab vongx wal liok bod,
母 留 角 龙 我 才 占

母留龙角我才占，

Bat dail leil xed wal liok dis.
父 留 言 虎 我 才 说

父留虎语我才说。

Ghas neid hveb dal ob diux,
这 也 话 来 两 门

这样两家话，

Seed baib lab,
语 三 句

三两句，

Hveb max deeb,
话 不 厚

话不长，

Wal seed max not.
我 语 不 多

语不多。

Ghas neid nees dal ib langx seb,
这 里 因 有 一 门 亲

因为一门亲，

Nees ib det kheet,
因 一 段 戚

一门戚，

Laol baib ded ghot liangl,
来 我们 决 也 断

我判决就断，

Mul sangt ghot jok,
去 审 也 清

审理就清，

Jex zangb jex liangl,
九 审 九 断

九审九断，

Xongs zangb xongs jos,
七　判　七　结　　　　　　　　　　　　　　七判七结，

Eb ghot sal gil nal,
水　都　全　低　流　　　　　　　　　　　　事已结束，

Dongl ghot sal bub daib.
踩　都　全　动　地　　　　　　　　　　　　案已了结。

Hvad dlinb laol diangd feid diongb,
看　案　来　又　翻　转　　　　　　　　　　假如谁又想来翻案，

Diangs diangd put nik,
冤　又　重　伸　　　　　　　　　　　　　　再次伸冤，

Ghas neid mox diangd xob deeb mul hvad meis,
这　里　你　再　脱　裙　去　看　娘　　　　那你脱裙子看娘一下，

Xob daol mul hvad bak,
脱　裤　去　看　爸　　　　　　　　　　　　脱裤子看爸一眼，

Ghas neid mox jeet venx vens dol gangt,
这　里　你　上　坡　找　干　柴　　　　　　你再次上山找干柴，

Jeet fenb vens bat sox laol,
上　寨　找　能　人　来　　　　　　　　　　上寨找能人，

Bub feil hvad mox dlinb haod dil mul,
明　天　看　你　案　翻　有　理　　　　　　如果你翻案有理，

Diangs fat diangk,
冤　成　功　　　　　　　　　　　　　　　　伸冤成功，

Eed niox wal nex wal ib langx diongb,
那　留　我　吃　我　一　中　人　　　　　　那我中人此次处理的结果，

Wal ngil wal ib sangs nik nod.
我　担　我　此次　审　理　　　　　　　　　由我自己承担。

Hvad haot bub feil mox bangd niongx wal set,
看　是　明　天　你　打　鸟　我　棚　　　　看是你仍然按照我的义理，

Dliuit jed wal tiab,
下　黏　我　树　　　　　　　　　　　　　　依照我的思路，

Mox diangd bangd niongx wal set,
你　再　打　鸟　我　棚　　　　　　　　　　打鸟在我棚，

Dliut jed wal tiab les,
下　黏　我　树　呢　　　　　　　　　　　　下黏在我树，

Lab eed mox dliof deeb laol hvad meis,
那 样 你 脱 裙 来 看 娘　　　　　　　那你脱裙子看娘一下，

Dliof daol laol hvad bat.
脱 裤 来 看 父　　　　　　　　　　脱裤子看爸一眼。

Hvad haot mox bangd niongx wal set,
看 是 你 打 鸟 我 棚　　　　　　　看是你仍然按照我的义理，

Dliuit jed wal tiab,
下 黏 我 树　　　　　　　　　　　依照我的思路，

Mox ghob zangb wal diongb,
你 先 补 我 中　　　　　　　　　　那你先补偿我中人，

Geed deed mox xenb mul beid,
再 拿 你 话 去 辩　　　　　　　　你再拿理去申辩，

Mox laol zeet wal nik,
你 来 赔 我 礼　　　　　　　　　　你先赔补我贾师，

Mox geed deed mox diangs mul saok,
你 再 拿 你 冤 去 伸　　　　　　　你再拿案去伸冤，

Lab eed wal ghot max xongb lob dial,
那 样 我 也 不 伸 脚 挡　　　　　　那样我也不伸脚阻拦，

Max xongb bail dies.
不 伸 手 遮　　　　　　　　　　　伸手妨碍。

Hveb ob diux,
话 两 门　　　　　　　　　　　　两家话，

Seed baib lab,
语 三 句　　　　　　　　　　　　三两句，

Zangb diot nenl mul,
决 向 东 来　　　　　　　　　　　审理东家，

Sangt diot jek,
断 向 西　　　　　　　　　　　　判决西家，

Hveb max deeb,
话 不 厚　　　　　　　　　　　　话不长，

Seed max not."
语 不 多　　　　　　　　　　　　语不多。"

加乃张老纽说

王杰记录整理

第二节　盗窃贾

《现代汉语词典》对"偷"的理解是：私下拿别人的东西，占为己有。靠生产劳动获取食物的人，受人尊重，但是有些人却不肯劳动，只想偷别人的食物为据为己有，这类人叫小偷。人们讨厌小偷，为了管制他们，苗族有惩治小偷的贾理，栽岩作为依据。这一节盗窃贾有三个案例，前两个案例是莫老港说的，后一个案例是王老林说的。莫老港既懂贾理，又懂祭祀。年轻时因为当组干，所以村里经常有人找他占卜、解卦、调处纠纷等。莫老港生于解放前，在那个年代，民间纠纷多半用贾理调处，他经历过。"盗窃贾"和"偷盗贾"均为莫老港亲自用贾理调处的案例。"总结"是王老林说的，王老林生于1958年，"总结"是他父亲传给他的。"总结"是中间人说的话，它的特点也是以自然规律、动物等为案例说理，使人从中悟出真谛，心平气和，理性调处。

一、盗窃贾

这段贾是对小偷事先进行罚款，累计资金达到购买一头猪，喊来寨人，事先偷盗被罚款的小偷，大家集中在栽岩的地方（庭审场），由贾师念这段贾词，并现场杀鸡。寨上以姓氏为单位派代表来喝鸡血，各代表宣誓，保证这个姓的人今后不再犯偷盗，如果谁家教育不好，犯了错误，所犯的事情自己来处理。活动结束就栽一块岩。

解放初期，高排有两个姑娘来脚车做客，第二天回家途中偷折脚车田中谷子来吃，被脚车的人发现后捉来交给高排的人各自处理。由于事发前，脚车也有人去偷高排的谷子吃过，但是脚车已经拿牛去抵罪了。但是这两个姑娘偷谷子吃，高排人不拿牛来抵罪，他们就叫人把这两个姑娘杀死了事。当时就是在这个地方杀的人，其中一块岩就是杀死那两个姑娘时栽的。

Nab nod nab nix,
天　这　天　牛　　　　　　　　　　　　　今天属牛，
Denf nab nenl.
和　天　鼠　　　　　　　　　　　　　　子丑天。
Gol dab jex senb,
喊　群　九　千　　　　　　　　　　　　喊来九千人，

Jid yif bat,

人 八 百 　　　　　　　　　　　　　聚集众八百,

Gol menb laol zenx nenx dlongs xab,

喊 你们 来 整 嫩 松 虾 　　　喊众人来整嫩松虾①,

Vax gol laol seeb,

不 是 来 空 　　　　　　　　　　不是平白无故来,

Niangb dal jid jex nod neix nins nail,

有 　 叫 弟九 这 他 偷鱼 　　有名叫九的人偷鱼,

Dot ob juf haof,

得 二 十 豪 　　　　　　　　　　罚二十豪,

Niangb jid bex dangf jid muf ob dab,

有 　 弟部 和 　弟木 二人 　　有名叫部和木的人,

Diangd nins dol,

又 　 偷 柴 　　　　　　　　　　他俩偷柴,

Ghot ob juf haof,

也 二 十 豪 　　　　　　　　　　也罚二十豪,

Diangd niangb jid mul dangf jid baox,

又 　 有 　弟牧 和 　弟暴 　　还有名叫牧和暴的人,

Ob dab diangd qaob nenx,

二人 又 　 捡 布 　　　　　　　　他俩偷布,

Ghot dal yos ob juf haof,

也 每 人 二 十 豪 　　　　　　　也每人二十豪,

Jid veeb denf jid xeex ob dab,

弟 耶 和 弟 写 他 俩 　　　名叫耶和写的人,

Diangd nins gheeb nins aok,

又 　 偷 鸡 偷 鸭 　　　　　　　偷鸡偷鸭,

Ob dab ob yos dlob juf haof,

他 人 二 个 四 十 豪 　　　他俩二人共四十豪,

Diangd niangb jid mil fenf jid yas,

又 　 有 　 弟米 和 弟牙 　　还有名叫米和牙的人,

---

① 整嫩松虾:地名,在榕江县三江乡脚车寨头。"松虾"苗语意思是邪地,"虾"是邪。

Diangd nias mix ninb caob nux saos xik,

又　和　别　媳　吹　叶　唱　歌　　　　去骚扰别人老婆，

Ob dab dal yos juf zeib haof,

他　人　每　个　十　五　豪　　　　　　他俩每人罚五十豪，

Xif nod lab gheit nod gos dal bat niangb bat ob,

现　在　个　钱　这　够　头　猪　有　　百　二　　现在这钱够买头一百二的猪，

Geed neid nof gol menb laol zenx nenx dlongs xab.

这　样　才　叫　你俩　来　整　嫩　松　　虾　　才叫大家来整嫩松虾。

Nab nod baib　nex dal neid dal neid benf,

天　这　我们　吃　个　某　个　某　的　　　今天我们吃他们的罚款钱，

Ghod diot dab yut.

教　　给　小　孩　　　　　　　　　　　教育后人。

Neid ghas nod mul wax,

从　现　在　往　后　　　　　　　　　　从此往后，

Baib nof kheeb nof deix jid,

我们各　教　各　兄　弟　　　　　　　　我们各管各兄弟，

Nof xens nof dab yut,

各　育　各　子　孙　　　　　　　　　　各教各子孙，

Nof kheeb nof waid dab.

各　教　　各　妻　女　　　　　　　　　管好自己妻子和女儿。

Nod mul wax,

此　往　后　　　　　　　　　　　　　　从今往后，

Nof deex bail lob nieek,

各　正　手　脚　些　　　　　　　　　　各自行正一点，

Mul bail menb bal jab benf laol,

以　后　你们　犯　他　人　来　　　　　　如果有谁又偷人家的东西，

Diangd faf menx gheit,

又　　罚　你们　钱　　　　　　　　　　就是罚你们的款，

Gheib baib　laol,

喊　我们　来　　　　　　　　　　　　喊我们来处理，

Baib　ghot ngil vax nex.

我们也　懒　不　吃　　　　　　　　　　我们也不乐意来。

Nod bail　laol nod,

现　我们来　这　　　　　　　　　　　今天我们来这里，

Nab nod baib nex gil,
天 这 我们吃 榔　　　　　　　　　　　我们是来议榔，

Qak baib nex ik hek jod,
待 会 吃 饭喝 酒　　　　　　　　　　待会吃饭喝酒的时候，

Huk xos nieek,
喝 少 些　　　　　　　　　　　　　　宁愿少喝一些，

Mait dol mox mub diub,
惜 柴 你 痛 腰　　　　　　　　　　你可惜柴超重就痛腰，

Mait vangd mox mub qub.
惜 菜 你 痛 肚　　　　　　　　　　可惜菜吃多就痛肚子。

Ghent at dent,
抬 做挑　　　　　　　　　　　　　能担一挑的，

Menx ghent at dangl laol,
你们抬 做头 来　　　　　　　　　就抬一头罢，

Sal nax jub geed khat,
全 人 口 亲 戚　　　　　　　　　　全都是亲戚，

Sal genb deix hed jid,
全 哥 兄 老 弟　　　　　　　　　　全都是兄弟，

Neid menb Ghent at dent,
那 你们 抬 做挑　　　　　　　　　能喝一斤的，

Menx ghent at dangl laol,
你们抬 做头 来　　　　　　　　　就只喝五两，

Qak menx diangd xangd jod laol,
待会你们又 醉 酒 来　　　　　　喝多又醉酒，

Menx diangd jit tait,
你们 又 吵架　　　　　　　　　　　借酒气又来争吵，

Sal deix jid bak dab,
全 兄 弟 父 子　　　　　　　　　　在场父老乡亲，

Sal nax jub jid khat,
全 人 口 亲 戚　　　　　　　　　　全都是亲戚，

Sal genb deix hed jid,
全 哥 兄 老 弟　　　　　　　　　　全都是兄弟，

Qak menx jit tait laol,
待会 你们 吵 架 来　　　　　　　吵起架来，

Vax vut jas naix.

不　好　听　耳　　　　　　　　　　　　　多不好。

脚车莫老港说

王杰记录整理

二、偷盗贾

　　律师掌握很多法律知识，然后依据法律条款来量刑定罪。苗族没有文字，法律体系就是贾。为什么贾能够让人信服呢？因为贾有其比较完整的伦理道德体系，它的表述中没有直接的批评，而是通过很多案例作参照，遵照古人行事，哪怕是其他人来说，也要遵循古理，然后裁岩作为证据。所以他们每次裁岩，都要喊来全寨人接受教育。

Niangb jeef ghenb bail,

在　　于　亘　　代　　　　　　　　　　在那古代，

Xet jeef ghaot yas.

坐　于　古　　时　　　　　　　　　　　很久以前。

Deix ninb nof jil veeb niangb nenl fol,

哥　嫂　自　栽岩　在　　能　否　　　　哥嫂栽岩在能否①，

Jangs xaof niangb dangx ghaob,

种　桩　　在　党　　高　　　　　　　　议榔在党高，

Xab dal dab dlinl ngil,

管　个　人　懒　惰　　　　　　　　　　管那些懒人，

Dial dal jid mas vaos,

控　个　弟　吃　力　　　　　　　　　　控那些强盗，

Xab dal dab jangl bail,

管　个　人　弯　手　　　　　　　　　　管那些行不直，

Dial dal jid waif lob.

控　个　弟　颠　脚　　　　　　　　　　控那些立不正。

---

①能否：地名，跟党高对应，是苗族最早栽岩管控偷盗的地方，具体位置难以考证。

Leet niut ghenb.

到　年　后　　　　　　　　　　　过了若干年。

Deix ninb diangd ghent veeb laol jil,

哥　嫂　又　扛　岩　来　栽　　　　哥嫂又带岩来栽，

Mis bak diangd ghent xaof laol jangs,

母　父　又　扛　桩　来　种　　　　父母又移榔来议，

Ghent veeb diot Nail Lal,

扛　岩　到　乃　腊　　　　　　　　带岩到乃腊，

Ghent xaof diot Mas Xus,

扛　桩　到　麻　舒　　　　　　　　移榔到麻舒，

Jil veeb niangb Nail Lal,

栽　岩　在　乃　腊　　　　　　　　栽岩在乃腊，

Jangs xaof niangb Mas Xus,

种　桩　在　麻　舒　　　　　　　　议榔在麻舒，

Xab dal dab dlinl ngil,

管　个　人　懒　惰　　　　　　　　管那些懒人，

Dial dal jid mas vaos,

控　个　弟　吃　力　　　　　　　　控那些强盗，

Xab dal dab jangl bail,

管　个　人　弯　手　　　　　　　　管那些行不直，

Dial dal jid waif lob.

控　个　弟　颠　脚　　　　　　　　控那些立不正。

Leet niut ghenb,

到　年　后　　　　　　　　　　　过了若干年，

Deix ninb diangd ghent veeb laol jil,

哥　嫂　又　扛　岩　来　栽　　　　哥嫂又带岩来栽，

Ghent xaof laol jangs,

扛　桩　来　种　　　　　　　　　　移榔来议，

Ghent veeb diot Nenl Mangl,

扛　岩　到　能　莽　　　　　　　　带岩到能莽，

Ghent xaof diot Ghaib Gangb,

扛　桩　到　该　岗　　　　　　　　移榔到该岗，

Xab dal dab dlinl ngil,

管　个　人　懒　惰　　　　　　　　管那些懒人，

Dial dal jid mas vaos,
控　个　弟　吃　力　　　　　　　　　　控那些强盗，
Xab dal dab jangl bail,
管　个　人　弯　手　　　　　　　　　　管那些行不直，
Dial dal jid waif lob.
控　个　弟　颠　脚　　　　　　　　　　控那些立不正。
Leet niut ghenb,
到　年　后　　　　　　　　　　　　　　过了若干年，
Deix ninb diangd ghent veeb laol jil,
哥　嫂　又　　扛　岩　来　栽　　　　　哥嫂又带岩来栽，
Ghent xaof laol jangs,
扛　　桩　来　种　　　　　　　　　　　移榔来议，
Ghent veeb diot Yaod Dliaol,
扛　岩　到　耀　辽　　　　　　　　　　带岩到耀辽，
Ghent xaof diot Ghaib Dongb,
扛　桩　到　该　东　　　　　　　　　　移榔到该东，
Jil veeb diot Zenx Nenx,
栽岩　在　整　嫩　　　　　　　　　　　栽岩在整嫩，
Jangs xaof diot Dlongs Xab,
种　桩　在　松　　虾　　　　　　　　　议榔在松虾，
Xab dal dab dlinl ngil,
管　个　人　懒　惰　　　　　　　　　　管那些懒人，
Dial dal jid mas vaos,
控　个　弟　吃　力　　　　　　　　　　控那些强盗，
Xab dal dab jangl bail,
管　个　人　弯　手　　　　　　　　　　管那些行不直，
Dial dal jid waif lob.
控　个　弟　颠　脚　　　　　　　　　　控那些立不正。
Niangb jid vox,
有　　弟　沃　　　　　　　　　　　　　有个叫沃的人，
Dail jid diob,
和　弟　鹰　　　　　　　　　　　　　　和一个叫鹰的人，
Menb dlinl ngil,
你俩　懒　惰　　　　　　　　　　　　　你俩懒，

Menb mas vaos,

你们 吃 力 　　　　　　　　　　　做强盗，

Menb jangl bail,

你俩 弯 手 　　　　　　　　　　　行不直，

Menb waif lob,

你俩 颠 脚 　　　　　　　　　　　立不正，

Menb xib mix nix,

你俩 拉 他羊 　　　　　　　　　　偷人家的羊，

Nins mix liod.

偷 他 牛 　　　　　　　　　　　　盗别人的牛。

Niangb mil wangx,

有 群 官 　　　　　　　　　　　　有群村官，

Dail mil dlas,

和 群 富 　　　　　　　　　　　　有群寨佬，

Ghent menb diot gil lol,

带 你俩 到 规 老 　　　　　　　　带他俩来审判，

Gangf menb diot dlangb dliaob,

拿 你俩 到 榔 大 　　　　　　　　做榔规教育人，

Ghent menb diot zenx nenx,

带 你俩 到 整 嫩 　　　　　　　　带到整嫩，

Gangf menb diot dlongs xab,

拿 你俩 到 松 虾 　　　　　　　　拿到松虾，

Mox max bal hveeb diot mil wangx,

你 莫 怨 恨 于 群 官 　　　　　　你不可抱怨村官，

Bif nid diot ghul dlas.

仇 恨 于 理 老 　　　　　　　　　不可憎恨寨老。

Mox nof jangl bail,

你 自弯 手 　　　　　　　　　　　你自己行不直，

Mox nof waif lob,

你 自颠 脚 　　　　　　　　　　　立不正，

Mox nof ib nias veeb zenx nenx,

你 自歪于 岩 整 嫩 　　　　　　　思想偏离于岩，

Gos nias gil dlongs xab.

倒 于 规 松 虾 　　　　　　　　　行动走歪于榔。

Dlieb diob mox geet jent,
处　理　你　致　槟　　　　　　　　　　　处理你以致谢榔，

Niet dlat mox bab veeb,
惩　罚　你　谢　岩　　　　　　　　　　　惩罚你以感恩岩，

Mox max bal hveeb diot mil wangx,
你　莫　怨　恨　　于　群　官　　　　　　你没理由抱怨村官，

Vax bif nid diot mil dlas.
莫　仇　恨　于　群　富　　　　　　　　　憎恨寨佬。

Niangb mil dab jex senb,
有　　群　子　九　千　　　　　　　　　　今天聚众九千，

Niangb mil jid yif bak,
有　　群　弟　八　百　　　　　　　　　　群集八百，

Leix dees neix dlinl ngil,
个　哪　他　懒　惰　　　　　　　　　　　今后谁行不直，

Leix dees neix mas vaos,
个　哪　他　吃　力　　　　　　　　　　　立不正，

Diangd nins mix zeid deb,
又　　摘　人　南　瓜　　　　　　　　　　去偷人家南瓜，

Diangd nins mix zeid paid,
又　　偷　人　冬　瓜　　　　　　　　　　摘人家冬瓜，

Diangd bok mix nail,
又　　开　人　鱼　　　　　　　　　　　　开人家鱼，

Diangd geed mix dol,
又　　偷　人　柴　　　　　　　　　　　　偷人家柴，

Diangd dieeb mix gheeb,
又　　杀　人　鸡　　　　　　　　　　　　偷人家鸡，

Diangd dieeb mix aok,
又　　杀　　人　鸭　　　　　　　　　　　盗人家鸭，

Diangd xib mix nix,
又　　拉　人　羊　　　　　　　　　　　　拉人家羊，

Diangd xib mix liod,
又　　拉　人　牛　　　　　　　　　　　　偷人家牛，

Diangd bok mix nongl,
又　　开　人　仓　　　　　　　　　　　　开人家仓，

Diangd bok mix zaid.

又　　开　人　屋　　　　　　　　　　进屋偷盗。

Diangd ghenb mox diot gil lol,

又　　拿　　你　到　规　老　　　　　就拿谁来整嫩这里栽岩,

Diangd gangf mox diot dlangb dliaob,

又　　带　　你　到　榔　　大　　　松虾这里议榔,

Mox vax bal hveeb diot mil lol,

你　莫　怨　恨　　于　群　老　　　你也不可抱怨村官,

Vax bal nid diot ghuf dlas.

莫　仇　恨　于　群　　富　　　　　憎恨寨佬。

Neb jub mox nof bens bail,

瞎　针　你　自　锥　手　　　　　　粗心针才锥手指,

Geed songd mox nof jok lob,

抬　骨　　你　自　触　脚　　　　　瞎眼脚才碰路石,

Mox vax bal hveeb diot mil lol,

你　莫　怨　恨　　于　群　老　　　你也不可抱怨村官,

Vax bal nid diot ghuf dlas.

莫　仇　恨　于　群　　富　　　　　没有理由憎恨寨佬。

脚车莫老港说
王杰记录整理

三、总结

这段总结,先阐述先辈的栽岩——自然规律的栽岩,抢劫的栽岩,偷盗的栽岩,敲诈的栽岩,然后用猫头鹰、虎鱼和人等为例子,间接或直接地描述偷盗、抢劫等,告诉人们,凡是这些行不正、令不从的行为都受栽岩议榔管制。谁触犯它,自己去衡量。对于那些累犯不改的人,最终都是死在犯罪路上。人们对犯人的处罚,都是依照先人的规定执行,哪怕有不服从,"再追捉到的还是老鼠,再审败诉的还是错方"。

Max jut geex dees baib yangd dongx jub,

不　因　哪　样　我们　聚　群　人　　　　　　　为啥我们相聚一群人，

Max nees geex dees baib ghok bangl saos.

不　因　何　事　我们　集　群　　士　　　　　　为何我们集中一群士。

Niangb neik hvub jit sol,

有　　点　话　混　淆　　　　　　　　　　　因为有点矛盾，

Bieel neik seed jit sef,

有　点　言　肴　杂　　　　　　　　　　　有点纠纷，

Nab nod baib nof yang ib dongx jub,

天　这　我们　才　聚　一　群　人　　　　　　所以我们才相聚一群人，

Nees geed nod baib　nof ghok ib　bangl saos.

因　这　样　我们　才　集　一　群　　士　　　　集中一群士。

Nod baib dax kheeb mul wieex liux,

现　我们来　教　　去　到　门　　　　　　　现在由我来总结案情，

Sat mul saos but,

荫　去　到　边　　　　　　　　　　　　　归纳真相，

Neid menx lib menx gheib,

那　你们　想来　　说　　　　　　　　　　如果你们谁还有话要说，

Menx ghos nof laol gheib diot,

你们　就　自　个　说　　着　　　　　　　　就请先来说，

Menx lib menx los,

你们　想来　　讲　　　　　　　　　　　　有理要讲，

Menx laot ghos nof laol los diot.

你们　就　自　个　来　讲　着　　　　　　　就请先来讲。

Neid niangb neik hvub sangb sot,

现　有　点　话　　总　　结　　　　　　　现在双方让我来总结案情，

Bieel neik seed meif lis,

和　点　言　归　纳　　　　　　　　　　归纳真相，

Neid niux nof laol gheib,

现　嘴　才　来　说　　　　　　　　　　所以我才来说，

Wal laot nof laol los.

我　口　才　来　讲　　　　　　　　　　我才来讲的。

Diees dod wal fieeb mangf dax nab deeb,

次　　这　我　转　身　　向　日　出　　　　　这次我转身向日出，

Fieeb mas dax leit daod,
转　脸　向　月升 　　　　　　　　　　　　　　转脸向月升，

Nab dax nab jub xax,
日　到　日　祈　祷 　　　　　　　　　　　　日来日祈祷，

Leit laol leit diot nenf,
月　来　月　祝　福 　　　　　　　　　　　　月升月祝福，

Dieeb wal xax beid leil,
祈　我　祷　讲　理 　　　　　　　　　　　　祈祷我总结，

Diot wal nenf saos jax.
祝　我　福　说　贾 　　　　　　　　　　　　祝福我说贾。

Meis mul ghot sal max dangx jab,
母　走　也　都　不　埋　药 　　　　　　　母亲离开不埋药根，

Bak liangs ghot sal max diuf jax,
父　死　　也　都　不　带　贾 　　　　　　父亲死去不带贾理，

Meis mul niox jab ghenb mieed laot,
母　去　留　药　在　心　理 　　　　　　　母亲离传药在心理，

Bat liangs dail jax ghenb xis fangf,
父　死　　传　贾　在　口　中 　　　　　　父亲死传贾在口中，

Jux ninx nof bend jux jend niel,
九　年　仍旧　九　道　理 　　　　　　　　九年仍旧九道理，

Xongs daot nof bend xongs dangt het,
七　代　仍旧　七　真　谛 　　　　　　　　七代仍旧七真谛，

Meis niox dliongb nof bend daod sad,
母　留　碓　　仍旧　舂　米 　　　　　　　母亲留碓仍旧舂米，

Bat dail tongt nof bend yub xix.
父　留　筒　仍旧　冶　金 　　　　　　　　父亲留鼓风机仍旧冶金。

Nius ninx dal nius xax,
古　老　的　年　代 　　　　　　　　　　　从前的年代，

Nius nal dal nius ghaot.
古　时　的　岁　月 　　　　　　　　　　　过去的岁月。

Khaob liol laol ghos max deex dongd,
冰　雹　来　不　是　季　节 　　　　　　　冰雹下不是季节，

Jit nongs laol ghos max dios leit.
风雨　来　不　是　时　候 　　　　　　　　风雨刮不是时候。

Khaob liol laol ninx jex,
冰　　雹　来　年　九　　　　　　　　冰雹九月下，

Jit nongs laol leit juf,
风雨　　来　月　十　　　　　　　　风雨十月刮，

Bal fenb daib benx naix,
损　天　下　稻　花　　　　　　　　损坏天下稻花，

Vangf fenb deel benx nes,
落　大　地　稻　谷　　　　　　　　打落大地谷物，

Fenb daib max xend gid,
天　下　无　丰　收　　　　　　　　天下不丰收，

Fenb duil max tod qub.
大　地　无　丰　产　　　　　　　　大地不丰产。

Niangb dal meis senb linx,
有　　个　母　生　令　　　　　　　有个女人叫生令，

Bieel dal bat senb seix,
和　个　父　生　岁　　　　　　　　和个男人叫生岁①，

Meib diangd dex veeb diot wax naox dlab,
母　又　　拉岩　到　天　空　黑　　他们移岩到天空，

Dliot gil diot sat et dlek.
拔　　榔　到　云　层　乌　　　　　带榔到云层。

Dex veeb deed mul jil,
拉　岩　拿　去　栽　　　　　　　　移岩拿去栽，

Jil diot wax naox dlab,
栽　在　天　空　黑　　　　　　　　栽在天空，

Jangs diot sat et dlek,
种　　在　云　层　乌　　　　　　　种在云层，

At veeb vangx khaob liol,
做岩　管　冰　雹　　　　　　　　　栽岩管制冰雹，

At gil vof jit nongk,
做　榔　控　风　雨　　　　　　　　议榔控制风雨，

———————
①生令、生岁：传说中的神仙。

Vangx khaob liol ghot diangd dix,
管　冰　雹　也　就　停　　　　　　管制冰雹也就停，
Vof jit nongs ghot diangd jongt.
控　风雨　也　就　止　　　　　　　控制风雨也就止。
Leit zeib max laol dal bat zeib nab,
月　五　不　来　次　雪　五　天　　五月风雪不落五天五夜，
Leit xongs max dax khaob liol xongs lias.
月　七　不　下　冰　雹　七　两　　七月冰雹不下七斤七两。
Khaob liol max laol ninx jex,
冰　　雹　不　下　年　九　　　　　九月冰雹不下，
Jit nongs max laol leit juf.
风雨　　不　来　月　十　　　　　　十月狂风不刮。
Max bal fenb daib benx naix,
不　损　天　下　稻　花　　　　　　不损坏天下稻花，
Max vangf fenb deel benx nek.
不　落　大　地　稻　谷　　　　　　不打落大地谷物。
Fanb daib ghot diangd sal xend gid,
天　下　都　又　　全　丰　收　　　天下全都丰收，
Fenb duil sal tod qub.
大　地　全　丰　产　　　　　　　　大地全都丰产。
Nees geed neid vangx khaob liol ghot dix,
因　这　样　管　冰　　雹　也　停　因为管制冰雹停止，
Vof jit nongs ghot jongt,
控　风雨　　也　止　　　　　　　　控制风雨不刮，
Fenb daib laol xend gid,
天　下　来　丰　收　　　　　　　　所以天下才丰收，
Fen duil sal tod qub.
大　地　全　丰　产　　　　　　　　大地才丰产。
Ghas neid wangx jangx diangd ghent veeb diot Veel Bail,
这　里　王　酱　又　扛　岩　到　野　摆　这次王酱到野摆栽岩，

Dlas ghaol nof ghent gil diot Ghab Liongd.
莎　告　自扛　榔到　嘎　弄　　　　莎告①到嘎弄议榔。

Diangd laol at veeb diot ghenb bul,
又　　来做岩　管朋　　友　　　　　栽岩管控朋友，

At gil diot ngix jub,
做榔控人　口　　　　　　　　　　议榔治理人类，

Max bab nenl liub mul nex nenl yut,
不让鼠大去吃鼠小　　　　　　　　不准强吃弱，

Max jas nel lol mul nex nenl dab.
不给鼠老去吃鼠幼　　　　　　　　不让大吃小。

Nof at deix veeb dix,
来做那岩　稳　　　　　　　　　　栽岩使人心安宁，

Bieel gil jongt.
和　榔固　　　　　　　　　　　　议榔使社会稳定。

At deix veeb kheeb,
做那岩　教　　　　　　　　　　　栽岩教育人，

Bieel gil xens.
和　榔育　　　　　　　　　　　　议榔管理寨。

Hveb kheeb ghot max sox,
言　传　也　不会　　　　　　　　父母教育不听从，

Xit xens ghab dab niak,
身教　于　儿时　　　　　　　　　哪怕儿时就教导，

Ghot meix xix laol kheeb nof dix,
也　人　们来教　　才会　　　　　最终还是靠岩规教才会，

Leit xens nof jongt.
人　传　才懂　　　　　　　　　　榔理管才懂。

Niangb menx daox jid fad,
有　　梦　道　计划　　　　　　　计划②有个梦道③，

①王酱、莎告：是传说中的神仙。
②计划：地名。
③梦道：人名。

Jub vangl Bail Lab,

久　阳　摆　拉　　　　　　　　　　摆拉①有个久阳，

At veeb diot Jub Deib,

做岩　在　鸠　堆　　　　　　　　他俩在鸠堆②栽岩，

At gil diot Gud Ghangk.

做榔　在　都　江　　　　　　　　在都江议榔。

At veeb diot ghenb bul,

做岩　管　朋　　友　　　　　　　栽岩管控朋友，

At gil diot nax jub,

做榔 控 人　口　　　　　　　　　议榔治理人类，

Max bab nenl liub nex nenl yut,

不　让 鼠　大　吃 鼠　小　　　　不准强吃弱，

Max jangs nenl lol nex nenl dab.

不　给　鼠　老吃 鼠　幼　　　　不让大吃小。

Hveb kheeb ghot sal max sox,

言　传　　也　都 不　会　　　　父母教育不听命，

Laot xens ghot sal max ngas,

身　教　也　都 不　勤　　　　　家人教导不听从，

Ghot sal meib meix xix laol kheeb,

也　都 靠　人们 话 来　教　　　最终还是靠岩规，

Deed meix seed laol xens,

拿　人们语　来 传　　　　　　　靠榔理，

Bend kheeb nof sox,

仍　教　　才 会　　　　　　　　教才会，

Xens nof ngas.

育　才 勤　　　　　　　　　　　管才懂。

Niangb ghaox wix Dliab Vongl,

有　　告　蔚 加　翁　　　　　　加翁③有个告蔚④，

---

①摆拉：地名，今计划乡摆拉村。

②鸠堆：人名。

③加翁：地名，今加鸠镇加翁村。

④告蔚：人名。

Bieel ghaof wat Dliab Vis,

和　嘎　娃加　叶　　　　　　　　　加叶 ① 有个嘎娃 ②，

At veeb diot Jub Niub,

做岩　在　久　纽　　　　　　　　　栽岩在久纽，

At gil diot Bail Nius.

做榔　在　摆　牛　　　　　　　　　议榔在摆牛。

At veeb diot ghenb bul,

做岩　管　朋　友　　　　　　　　　栽岩管控朋友，

At gil diot ngix jub.

做榔　控　人　口　　　　　　　　　议榔治理人类。

Max bab nenl liub nex nenl yut,

不　让　鼠　大　吃　鼠　小　　　　不准强吃弱，

Max jangs nenl lol nex nenl dab.

不　给　鼠　老吃　鼠　幼　　　　　不让大吃小。

Hveb kheeb nof band sal max sox,

言　传　　也　都　全　不　会　　　父母教育不听命，

Seed xens nof bend sal max ngas,

身　教　也　都　全　不　勤　　　　家人教导不听从，

Nof bend meib meix xix laol kheeb,

还　是　拿　人们　话来　教　　　　最终还是靠岩规教才会，

Deed meix seed laol xens.

拿　人们　语　来　传　　　　　　　榔理管才懂。

Diees nod diangd niangb deix leix,

这　里　还　有　　些　人　　　　　社会仍有小部分，

Bieel xut yos,

和　个　别　　　　　　　　　　　　有个别人，

Daid bail dal vob yongx,

伸　手　偷　菜　苦　　　　　　　　伸手去偷人家菜，

Yongs gut dal vob yax,

长　指　偷　菜　青　　　　　　　　摘人家瓜，

---

①加叶: 地名。

②嘎娃: 人名。

Mul kheib meix nongl diul,
去　撬　人们仓　谷　　　　　　　　　　撬人家谷仓，

Mul bot meix gent jent,
去　开　人们房　门　　　　　　　　　　开人家房门，

Kheib meix gil xix,
撬　　人们宝箱　　　　　　　　　　　　撬人家宝箱，

Bot meix nongl niok,
开　人们钱　柜　　　　　　　　　　　　开人家钱柜，

Lab eed ghot sal niangb veeb eb.
那　些　都　全有　　岩　哦　　　　　　那些全都有榔规管制哦。

Ghaot ghab nof at laol,
古　代　　自做来　　　　　　　　　　　古代议定来，

Vof dis nof at dax.
亘　古　自做在　　　　　　　　　　　　古人立规在。

Dies neid kab fenb ghot sal niox geed,
这　里　烧　山　都　全见　土　　　　　道理是烧山会见土，

paid bail ghot sal buf nins.
焚　林　也　全见路　　　　　　　　　　焚林会见路。

Geed eb mox khob liux veeb,
水　路你甯　犯岩　　　　　　　　　　　水边你莫去偷，

Geed bail mox khob longs det,
陆　路你甯　犯树　　　　　　　　　　　陆地你莫去抢，

Qangb mox jut mul zet mox fenb,
让　你林去荫你　地　　　　　　　　　　各人教育好自家子女，

Zaix geed neid diot menb nangd,
说　这　样　给你们听　　　　　　　　　说给你们明白，

Jeef geed neid diot menx bub.
讲　这　样　给你们懂　　　　　　　　　讲给你们知道。

Niangb xut leix,
有　　些人　　　　　　　　　　　　　　社会仍有小部分，

Bieel xut yos,
和　个别　　　　　　　　　　　　　　　有个别人，

Nod niangb meil dab nes vob,
现　有　　只　猫头鹰　　　　　　　　　像那猫头鹰，

Bieel mieef jid nes dliongt,

有　　一　　只　雕　鹗　　　　　　　　　　　和那些雕鹗，

Neix nab nab nex ngix jub,

它　天　天　吃　人　口　　　　　　　　　　在外天天吃人，

Mangt mangt hod mis bat.

夜　　夜　　骗　父　母　　　　　　　　　　来家说谎话骗父母。

Saix dal duis niux mul jax jit niuf,

看　哪　个　嘴　来　有　血　迹　　　　　　人们追踪足迹，

Dal duis laot jax dliub.

哪　个　口　粘　毛　　　　　　　　　　　　最后都捉到小偷。

Neix laot diangd jax dliub,

它　口　又　　粘　毛　　　　　　　　　　　看到猫头鹰的嘴粘毛，

Nab nab nex nes jub,

天　天　吃　画　眉　　　　　　　　　　　　是它天天吃画眉，

Mangt mangt hek nes zat,

夜　　夜　　杀　白　颊　　　　　　　　　　夜夜杀白颊，

Ghot niangb neik veeb dix,

也　有　　点　岩　稳　　　　　　　　　　　也有栽岩维稳，

Niangb neik gil jongt,

有　　点　椰　固　　　　　　　　　　　　　也都有椰规管制，

Mox geed mul bongx neix xix laol kheeb,

你　再　去　拿　　他　理　来　教　　　　　你拿自己去衡量，

Deed neix seed laol xens.

拿　他　话　来　育　　　　　　　　　　　　所犯的是哪条。

Hvad niangb meif dab nail diul,

还　有　　那　些　鱼　虎　　　　　　　　　还有些虎鱼，

Jid nail dik,

那　鱼　鲨　　　　　　　　　　　　　　　　有些鲨鱼，

Nab nab nex nail jongb,

天　天　吃　鱼　斑　　　　　　　　　　　　天天吃斑鱼，

Mangt mangt hek nail lieek,

夜　　夜　　杀　鱼　鳞　　　　　　　　　　夜夜杀鳞鱼，

Ghot meib neix laol deed xix kheeb nof sox,

也　依　他　理　来　言　传　才　会　　　　也要依照岩规教才会，

Deed dlinl nof ngak.
身　教　才　勤　　　　　　　　　　　　　椰理管才懂。

Hveb kheeb ghot max dix,
话　说　也　不　会　　　　　　　　　　　父母教育不听命，

Seed xens ghot max jongt.
语　传　也　不　听　　　　　　　　　　　家人教导不听从。

Ghaot ghab at laol,
古　代　做来　　　　　　　　　　　　　　古代议定来，

Ngof dis nof at dax.
亘　古　自做在　　　　　　　　　　　　　古人立规在。

Ghot sal meib xix khee,
都　全　用　话　教　　　　　　　　　　　都是依岩规来判，

Diot seet xens.
用　言　育　　　　　　　　　　　　　　　用椰理来审。

Ghaot ghab at laol,
古　代　做来　　　　　　　　　　　　　　古代议定来，

Ngof dis nof at dax.
亘　古　自做在　　　　　　　　　　　　　古人立规在。

Lab neid menb nof daid bail vob yongx,
这个　你们自伸手菜苦　　　　　　　　　　有部分私自偷人家菜，

Yongk gut vob yat,
长　　指菜青　　　　　　　　　　　　　　摘人家瓜，

Menb nof kheeb nongl diel,
你们自撬　谷　仓　　　　　　　　　　　　撬人家谷仓，

Bot zaid jent,
开　房　门　　　　　　　　　　　　　　　开人家房门，

Kheeb gil xix,
撬　宝箱　　　　　　　　　　　　　　　　撬人家宝箱，

Mot longb niub,
开　钱　柜　　　　　　　　　　　　　　　开人家钱柜，

Ghot niangb neik veeb dix,
也　有　点岩稳　　　　　　　　　　　　　也有栽岩维稳，

Niangb neik gil jongt.
有　　点　椰固　　　　　　　　　　　　　也都有椰规管制。

Dieeb neid ghaot ghab at laol,
这　种　古　代　做来　　　　　　　　　古代议定来，
Ngof dis nof at dax.
亘　古　自　做　在　　　　　　　　　　古人立规在。
Geed eb mox khob liux veeb,
路　水　你　甭　犯　岩　　　　　　　水边你莫去偷，
Geed bail mox khob longs det,
路　陆　你　甭　犯　树　　　　　　　陆地你莫去抢，
Kab fenb niangb geed,
山　烧　见　　路　　　　　　　　　　烧山会见土，
Paid bail niangb nins.
焚　林　见　　道　　　　　　　　　　焚林会见路。
Qab niox jut,
刨　留　迹　　　　　　　　　　　　抢劫自然心虚，
Suit niox fenb.
砍　留　山　　　　　　　　　　　　偷盗自然发现。
Zaix geed neid diot menb nangd,
说　这　样　给　你们　听　　　　　　说给你们听，
Jeef geed neid diot menb bub.
讲　这　样　给　你们　知　　　　　　讲给你们知。
Zaix diot dangl daid,
说　在　众　下　　　　　　　　　　让真理授于人，
Jeef diot dlas liub.
讲　在　群　官　　　　　　　　　　真相揭穿于众。
Zaix diot menb nangd,
说　给　你们　听　　　　　　　　　说给你们听，
Jeef diot menb bub.
讲　给　你们　知　　　　　　　　　讲给你们知。
Ghaot ghab nof at laol,
古　代　自　做　来　　　　　　　　古代议定来，
Ngof dis nof at dax.
亘　古　自　做　在　　　　　　　　古人立规在。
Ghenb nof ghenb menx ghenb dit,
香　也　香　你们　碗　里　　　　　香也只是你们碗里香，

Lit nof lit menx ghenb dliongb.

紧 也 紧 你们 槽　　中　　　　　　　　　　　紧也只有你们槽中紧。

Max ghenb baib ghot max meib xeed put,

不 香　我们 也 不 会　撒 盐　　　　　　　　　不香我们也不撒盐，

Max lit baib ghot max meib dliot daod.

不　紧 我们 也 不 会　杵 冲　　　　　　　　　不紧我们也不杵冲。

Menb meil nof jus lob bail geed dangx,

你们 马 自 一 路 爬 往　山　　　　　　　　　马一心想翻高山，

Yof nof jus deit bail geed dlongs.

鹞 自 一 翅 飞 向　岭　　　　　　　　　　　鹞一意想越山岭。

Meil jus lob geed dangx,

马　一 路 爬　山　　　　　　　　　　　　　马执意翻山，

Meil nof das diot dab yux,

马　才 死 于 山 腰　　　　　　　　　　　　马才死在山上，

Yof dof jus deit geed dlongs,

鹞 自 一 翅 飞　岭　　　　　　　　　　　　鹞执意越岭，

yof nof das diot dlongs bongd.

鹞 自 死 在 山　头　　　　　　　　　　　　鹞才死在岭中。

Baib max daid nof at dix,

我们 不 偷 才 安稳　　　　　　　　　　　不偷不抢心理安稳，

Max bed nof at xed.

不 吃 才 踏实　　　　　　　　　　　　　不贪不吃心中踏实。

Baib ghot meib dlat liax,

我们 都 用　绳 丈　　　　　　　　　　　大小要用心比对，

Deed yof tot.

拿 尺 量　　　　　　　　　　　　　　　长短要用尺丈量。

Geed eb mox khob liux veeb,

水　路 你 甭 犯 岩　　　　　　　　　　　水边你莫去偷，

Geed bail mox khob longs det.

陆　路 你 甭 犯　树　　　　　　　　　　陆地你莫去抢。

Dees nod meib mox xix laol kheeb,

次　这 拿 你 话 来 教　　　　　　　　　这次拿你们的纠纷，

Deed mox seed laol xens.

拿　你 言 来 育　　　　　　　　　　　作为偷盗教育典型。

Meib mox xeex xangx haot,

拿　你　银　散　罢　　　　　　　　　　　罚你们一点小钱，

Nof bend niangb mox xeex lias.

仍　旧　有　　你　银　坨　　　　　　　　你们仍然还有大钱。

Meib mox xeex lais laol zangb haot,

拿　你　银　白　来　审　罢　　　　　　　即便罚款白银，

Nof bend niangb mox xeex jangb;

仍　旧　有　　你　银　金　　　　　　　　你们还有黄金；

Deed mox xeex jangb laol zangb,

拿　你　银　零　来　审　　　　　　　　　罚款零用钱，

Nof bend niangb mox xeex juf.

仍　旧　有　　你　银　锭　　　　　　　　你们还有存款。

Mox feib diot ghab ninx,

你　贵　于　那　年　　　　　　　　　　　你们高贵于年积月累，

Mox dlas diot ghab daod,

你　富　于　那　劳　　　　　　　　　　　你们富足于艰辛劳作，

Feib nof bend jex jeel,

贵　仍　旧　千　秋　　　　　　　　　　　千年仍旧高贵，

Dlas nof bend xongs sangs.

富　仍　旧　万　代　　　　　　　　　　　万代仍然富有。

Feib max bal,

贵　不　损　　　　　　　　　　　　　　　名誉不被亏损，

Dlas max lox.

富　不　破　　　　　　　　　　　　　　　财富不被破坏。

Diees nod mox zangb meix dlinb,

次　这　你　审　人　们　案　　　　　　　这次处理你们的纠纷，

Qut meix diangs.

断　人　们　冤　　　　　　　　　　　　　罚你们的款。

Nex ghot nis ghaot ghab,

吃　也　依　古　时　　　　　　　　　　　罚也是依据榔规，

Mul ghot nis ngof dis.

拿　也　按　亘　古　　　　　　　　　　　处也是按照古理。

Dangl nex nod,

像　吃　这　　　　　　　　　　　　　　　施罚方，

Nex ghot denb menb,

吃　也　芳　香　　　　　　　　　　　　吃也芳香，

Nenl ghot dongs mongs.

穿　也　靓　丽　　　　　　　　　　　　用也靓丽。

Nex ghot nis veeb,

吃　也　依　岩　　　　　　　　　　　　罚依据古岩，

Nenl ghot nis xek.

穿　也　按　桩　　　　　　　　　　　　处按照古规。

Dangl nex nod,

像　吃　这　　　　　　　　　　　　　　施罚方，

Nex ghot mul jub,

吃　也　去　兴　　　　　　　　　　　　吃也兴旺，

Het ghot mul xenf.

喝　也　去　发　　　　　　　　　　　　用也繁荣。

Nex ghot jenx feib,

吃　也　发　贵　　　　　　　　　　　　吃也发富，

Het ghot jas dlas.

喝　也　发　富　　　　　　　　　　　　用也发贵。

Naingb baib leix diongb,

有　　三　人　中　　　　　　　　　　　现在我们三个中人，

Bieel baib dlas ghaot.

和　　三　富　佬　　　　　　　　　　　三名寨佬。

Nex ghot denb menb,

吃　也　芳　香　　　　　　　　　　　　吃也芳香，

Hek ghot dongs mongs.

喝　也　靓　丽　　　　　　　　　　　　用也靓丽。

Nex nis veeb,

吃　依　岩　　　　　　　　　　　　　　吃也依岩规，

Nenl nis xek.

穿　按　桩　　　　　　　　　　　　　　用也按榔理。

Nex ghot max haod veeb,

吃　也　不　过　岩　　　　　　　　　　吃也不多拿，

Nenl ghot max fad xet,

穿　也　不　超　榔　　　　　　　　　　用也不多占，

Nex ghot denb menb,
吃 也 芳 香　　　　　　　　　　　　　吃也芳香，

Hek ghot dongs mongs,
喝 也 靓 丽　　　　　　　　　　　　　用也靓丽，

Nex ghot niul jub,
吃 也 去 兴　　　　　　　　　　　　　吃也兴旺，

Het ghot mul xenf.
喝 也 去 发　　　　　　　　　　　　　用也繁荣。

Diees nod keeb mul wieex liex,
次 这 清 去 到 头　　　　　　　　　　这次处理彻底，

Dlat saos but,
理 到 边　　　　　　　　　　　　　　没有余怨，

Dat max liangl nof bend liangl,
割 不 断 也 要 断　　　　　　　　　　不接受也要接受，

Det max jos nof bend jos es.
砍 不 完 也要 完 哦　　　　　　　　　不服从也得服从。

Dlinb liangl nof bend nees but deix,
伸 冤 仍旧 按 条 文　　　　　　　　　审理仍旧对比岩规，

Diangs jos nof bend nees diongb xib.
结 案 仍旧 依 理 规　　　　　　　　　结案仍旧参照榔理。

Hvad bub feil dal deek,
看 明 天 有 谁　　　　　　　　　　　看是明天还有谁，

Genb jongb diangd mul mas jud deik,
飞 虫 又 去 松 翅 膀　　　　　　　　又要来反悔，

Xed menl diangd mul mas dongx ghenb.
野 兽 又 去 软 尾 巴　　　　　　　　想来翻案。

Dleib meil yut nongl diangd jeet dins,
骗 伙 小 孩 又 爬 梯　　　　　　　　诱骗不懂事的人来闹事，

Bak diangd diot daod ghaib.
父 又 来 翻 案　　　　　　　　　　　哄骗当事人来翻案。

Ghenb fenb ghot mab at dangl,
群 众 也 不 支 持　　　　　　　　　　那群众也不支持他，

Vangl saos ghot mab at pieet.
寨 人 也 不 帮 助　　　　　　　　　　寨人也不帮助他。

Ghas eed jongb hveeb sal dlaid nenl,

那 样 叫 声 都 狗 鼠   再追捉到的还是老鼠，

Nis dlaid sal das ngeex haot.

追 狗 都 死 猎 的   再审败诉的还是错方。

Ghenb fenb ghot mab at dangl,

群 众 也 不 支 持   群众不会支持错误一方，

Vangl saos ghot mab at pieet eb.

寨 人 也 不 帮 助 哦   也不会帮助败诉的人。

Zaix geed neid diot menx nangd,

说 这 样 给 你们 听   说清大家明白，

Jeef geed neid diot menx bub.

讲 这 种 给 你们 知   讲明大家知道。

Nab nod haot liangl nof bend liangl denk,

天 这 案 结 也 就 结 了   今天案结也就结了，

Haot jos nof bend jos.

线 完 也 就 完   结案不留余怨。

Hvad bub feil menb dangl nod,

看 明 天 你们 头 这   假如明天输方反悔，

Menb laol ghuib neix ghenb deix,

你们 去 叫 他 哥 兄   他重新喊人，

Yongs neix hed jid,

喊 他 老弟   喊亲戚朋友又来，

Baib ghot sal at nex yenb nees yeb,

我们 也 全 做 吃 案 依 理   再审也是这种结果，

Nenl ghot nees xed vangt diot.

穿 也 依 榔 规 的   都是按榔规执行的。

Menb nof laod wal ghenb ghol,

你们 也 按 我 路 走   还是重复我判的思路，

Vok wal deed niongx haot,

依 我 理 办 吧   按照我审的结果，

Wal dlinb nof bend beid,

我 案 仍 旧 正   我的审理仍旧正确，

Wal diangs nof bend saos.

我 冤 仍 旧 准   案结仍旧标准。

Lab eed neit,

哪　个　呢　　　　　　　　　　　　　如果哪个不服，

Mox dleib meil jid nongl diangd yok dins,

你　诱　群　小　孩　又　拆　桥　　　再次诱骗小孩拆案，

Lal bak diot zaid diot diangd daod ghaib,

换　父　在　屋　又　来　　翻　案　　哄骗当事人翻案，

Genb liongb diangd miees mas jeed deik,

牛　蚊　又　　藏　眼　翅　根　　　事情不当面说，

Xed menl diangd miees mas dongx ghenb.

野　兽　又　　藏　眼　尾　巴　　　背面阴谋诡计。

Lab eed neit,

这　种　呢　　　　　　　　　　　　像这种情况，

Ghenb fenb ghot max at dangl,

群　　众　也　不　支　持　　　　　群众也不支持，

Vangl vangl ghot max at pieet.

寨　人　　也　不　帮　助　　　　　寨人也不帮助。

Xongb hvib ghot sal daod nenl,

狗　　追　也　全　米　鼠　　　　　再追捉到的还是老鼠，

Nis dlat ghot sal saos ngeex eb.

追　踪　也　都　捉　猎　　哦　　　再审败诉的还是错方。

Zaix geed neid diot nangd,

说　这　样　给　听　　　　　　　　说清大家明白，

Jeef geed neid diot bub.

讲　这　样　给　知　　　　　　　　讲明大家知道。

Lab neid nab nod,

这　事　天　这　　　　　　　　　　今天这个案件，

Haot liangl nof bend liangl,

说　断　也　就　断　　　　　　　　审完也就完了，

Ded haot jos nof bend jos.

案　说　结　也　就　结　　　　　　案结也就结了。

Dlinb nof bend liangl nees jit ded,

案　仍　旧　断　依　真　理　　　　审案依据真理，

Diangs nof bend jos nees diongb xib.

冤　　仍　旧　结　按　理　　规　　结案遵从榔规。

Jof zaix geed neid diot nangd haot,

只 说 这 样 来 听 罢　　　　　　　　　说清大家明白，

Jeef geed neid diot bub.

讲 这 样 来 知　　　　　　　　　　　　讲明大家知道。

九牛王老林说

王杰记录整理

第三节　教育贾

　　未成年人涉世少、不懂事，容易犯错误，因此大人们经常对未成年人进行语言上的教育，久而久之就形成了教育贾。一个家庭风气好，父母的道德习惯好，经常对子女进行正确的思想教育，那么其子女长大后就不会犯错误。那些平时不重视教育，看见孩子行为不对，家长只是认为孩子小不懂事就不去教育，长大后才知道是父母的错。那些纵容孩子的家庭，往往子女容易犯错。

　　这节《贾》是对未成年人进行教育，要求听父母的话，好好劳动才过长久，偷人家的东西那只是得一时吃一时，得一次吃一次，内心空虚，最终还是要被罚款，被千夫所指。高帮教育贾是婴儿出生三天，就去请寨里德高望重的人来说，期望这个新出生的人长大后有所作为，清正廉洁，不贪小便宜，自食其力，自力更生；这一辈子不犯错误，长命百岁，祈福这一生平安大吉，健康成长。

一、教育贾

　　这是第三者对晚辈的教育贾。农村有不务正业的孩子，三天打鱼两天晒网，爬东家墙，摸西家瓜，所以被人们捉来罚款教育。

Dab ghos liub zenl meis,

女 都 大 若 娘　　　　　　　　　　　女人长大听娘话，

Jid ghos liub zenl bak.

男 都 大 若 父　　　　　　　　　　　男人长大听父说。

Meis ghos kheeb at gheb,

母 常 教 干活　　　　　　　　　　　母亲叮嘱干活，

Bat ghos kheeb saos nex,
父　常　教　劳　动　　　　　　　　　　父亲吩咐劳动，

Kheeb liub max daib,
长　大　不　从　　　　　　　　　　　大后不听从，

Yut max yangk,
小　不　听　　　　　　　　　　　　　儿时不中讲，

Nab dieeb mul bail,
天　跑　往　东　　　　　　　　　　　天天东游玩，

Mangt zok mul but,
夜　行　往　西　　　　　　　　　　　夜夜西逛荡，

Nees neid mox nongb lob nof mul bus meix ful,
因　这　你　失　脚　才　进　人　家　套　　所以才钻入人家套，

Nongb bail nof mul bus meix dlat.
失　手　才　进　人　家　绳　　　　　　踏进人家圈。

Neis neid meis kheeb max sox,
都　因　母　教　不　从　　　　　　　　都是母亲教不听，

Bat xens max ngas,
父　训　不　听　　　　　　　　　　　父亲训不从，

xeex diangd kheeb nof sox,
银　又　教　才　懂　　　　　　　　　　罚款才晓得，

Gheit diangd xens nof ngas.
钱　又　训　才　勤　　　　　　　　　　完钱才心痛。

Geed neid jul neik xeex hangb mangl,
所　以　花　点　银　遮　脸　　　　　　所以拿钱米抵押，

Jul neik gheit xongt mas,
付　点　钱　盖　面　　　　　　　　　　拿金钱赎罪，

Jul neik xeex liangl lol,
花　点　银　两　老　　　　　　　　　　得花银子，

Jul neik gheit lias ghaot,
付　点　钱　币　古　　　　　　　　　　付出代价，

Mul tit jib dab benf senb niub bieet ghongd.
去　还　人　们　的　千　般　百　样　　　赔人家千般百样。

Geed neid dot ib diangd ghas bub,
这　样　得　一　次　便　知　　　　　　罚一次便知道，

Dot ib wus ghas xangk,

得 一 回 便 识　　　　　　　　　　痛一次才心疼，

Khob diangd gil ghab diangx,

别 再 矮不 懂　　　　　　　　　　千万别再不听，

Xangt ghab vuk.

旧 犯 发　　　　　　　　　　　　　旧犯复发。

Mox diangd hob diangd haot:

你 不 要 又 说　　　　　　　　　你不要认为：

Jib dab at ob,

人 们 罚 我　　　　　　　　　　　人们罚你，

Ob max hangd hveeb.

我 不 服 气　　　　　　　　　　　你不服气。

Lab neid ob bend sens ob benf cot,

这 样 我仍 记 我 的 错　　　　你必须牢记错误，

Nof neb diot jeed,

本 蠢 于 身　　　　　　　　　　　全怪你自己愚蠢，

Ngil diot qub,

懒 于 肚　　　　　　　　　　　　　不自觉，

Nees neid sal saos dax kheeb nof sox,

因 这 大 家 来教 才 懂　　　　所以大家来教才懂，

Xens nof ngas.

训 才 勤　　　　　　　　　　　　　罚款才明白。

Neid ghos tad od ghaot mul,

这 就 脱 衣旧 去　　　　　　　从此脱去旧服，

Nenl od hveeb diot,

换 衣新 穿　　　　　　　　　　换上新衣，

Eed mox niangb nof sol zeib nenl,

那 你 生 才 融 凡 人　　　　那你才融入社会，

Xet nof dangf diut jes,

活 才 像 广 众　　　　　　　　活像凡人，

Beid nof xend,

耕 才 产　　　　　　　　　　　　耕耘丰产，

Saos nof yof.

种 才 获　　　　　　　　　　　　种植收获。

Geed neid mul hed jab nof max mongt guf,

这　样　往　前　人　才　不　白　眼　　　　　　　这样走在前面不被白眼，

Mul gheb jab nof max mongt diees,

往　后　人　才　不　小　瞧　　　　　　　走在后面不被小瞧，

Geed neid niangb nof sol zeib nenl,

这　样　生　　才　像　凡　人　　　　　　　生才像凡人，

Xut nof zenl diut jes,

活　才　像　广　众　　　　　　　活像广众，

Beid nof xend,

耕　才　产　　　　　　　耕耘丰产，

Saos nof yof,

种　才　获　　　　　　　种植收获，

Geed neid nof beid nof nex,

那　样　自　栽　自　吃　　　　　　　自产自销，

Nof saos nof hek,

自　种　自　喝　　　　　　　自给自足，

Geed neid nex nof wenx nab,

这　样　吃　才　足　天　　　　　　　晴天做来落雨吃，

Ngangl nof biees mangt,

穿　才　满　夜　　　　　　　年轻做来老来享，

Nex nof lol daid,

吃　才　长　久　　　　　　　吃才长久，

Nenl nof jos sangs,

穿　才　终　生　　　　　　　穿才终生，

Nex nof denb menb,

吃　才　甜　蜜　　　　　　　吃才甜蜜，

Nenl nof dongs mongs.

穿　才　芬　芳　　　　　　　穿才倩丽。

Nab nab diangd mul deib yul ghongd nex,

天　天　又　去　念　人　饭　吃　　　　　　如果天天又去偷，

Mangt mangt diangd mul nins fens eb hek,

夜　夜　又　去　盗　人　水　喝　　　　　　夜夜又去抢，

Geed neid nex max wenx nab,

那　样　吃　不　足　天　　　　　　　那吃也不长久，

Nenl max biees mangt,

穿　不　满　夜　　　　　　　　　　睡也不安宁，

Saix xix dees ghos nex xix eed,

得　一次　就　吃一次　　　　　　吃一次算一次，

Dot xix dees ghos hek xix eed haot,

遇　一餐　就　喝　一餐　的　　　过一餐算一餐，

Geed neid mox ghos dax niut meis hveb,

所　以　你　叫　来　听　娘　话　　所以才让听娘话，

Niut bak seed diot.

从　父　语　的　　　　　　　　　听父说。

Geed neid ghos nenl od hveeb mul,

这　样　就　穿　衣新　去　　　　来穿上新衣，

Tad od ghaot mul,

脱　衣旧　去　　　　　　　　　脱去旧服，

Geed neid eb tod yenx diot,

这　样　水来　细　流　　　　　　胸怀大志，

Leix tod hveeb diot,

心　来开　阔　　　　　　　　　坦荡做人，

Ghenb venx niox nid,

坡　　岭留意　　　　　　　　　放下心来，

Ghenb bail niox hveeb diot,

坡　　头　留　心　呀　　　　　放开手干，

Ded hveeb laol beid,

用　心　来　耕　　　　　　　　用心来耕，

Ded nid laol saos diot,

用　意　来　种　啊　　　　　　用意来种，

Beid gheb nof saix nex,

耕　耘　才　有　吃　　　　　　耕耘丰产，

Saos dlas nof dot hek,

劳　动　才　得　喝　　　　　　劳动收获，

Hob liab nex leel,

不　可　空　拿　　　　　　　　不可空拿，

Hob laol hek hvenk,

不　来　白　要　　　　　　　　不能白要，

Nex leel nof bend nex bul,
空　拿　仍　会　吃　剑　　　　　　　　　空拿会遭利刺，
Hek hvenk nof bend ngangl diok,
白　要　仍　会　吞　刀　　　　　　　　　白要会吃快刀，
Nex max denb menb,
吃　不　甜　蜜　　　　　　　　　　　　　吃不芳香，
Ngangl max dongs mongs,
吞　　不　芬　芳　　　　　　　　　　　　穿不倩丽，
Nex max jenx feib,
吃　不　发　财　　　　　　　　　　　　　吃不发财，
Ngangl max jenx dlas.
吞　　不　发　富　　　　　　　　　　　　穿不富贵。

加苟龙政权说
王杰记录整理

二、《磊教小孩》

由于地区差别，这里把类似固定语言称作"磊"，跟"贾"是一个意思，只是称谓不同。《磊教小孩》流布于朗洞高帮这支苗族。新生娃娃出生三天后，孩子的亲人就请寨里德高望重的人来到家里，一只手抱小孩，一只手拿秤，然后念诵这段磊（贾），希望孩子今后长大正直高洁，不做坏事，能找到生计，长命百岁。

Dongf diot yul zaix fenb deib,
说　给　大　地　神　州　　　　　　　　　传给大地神州，
Xees diot yul deis fenb daos,
讲　给　华　夏　子　孙　　　　　　　　　讲给华夏子孙，
Dongf diot mub nenl od lieex,
说　给　苗　穿　衣　花　　　　　　　　　传给天下苗族，
Xees diot gud nenl od dlab,
讲　给　侗　穿　衣　青　　　　　　　　　讲给大地侗族，
Dongf diot senb sangx bul lol,
说　给　千　辈　古　人　　　　　　　　　传给千辈古人，

Sees diot bait bus bangb vox.

讲　给　百　代　子　孙　　　　　　　　讲给百代子孙。

Diux diux yas dab,

家　　家　育　子　　　　　　　　　　　家家育子,

Zaid zaid yas vangt,

户　户　养　孙　　　　　　　　　　　　户户养孙,

Diux diux yas pieek,

家　　家　育　女　　　　　　　　　　　家家育女,

zaid zaid yas jees,

户　户　养　儿　　　　　　　　　　　　户户养儿,

Diux diux sal xangx yas dab hvangd,

家　家　都望　　育　女　强　　　　　　家家望女成凤,

Zaid zaid sal xangx yas vangt vaos.

户　户　都望　　养　子　壮　　　　　　户户望子成龙。

Xif dod menx deil vut jenx ghaob,

目　前　你　们　小　如　　鸽　　　　　如今你们柔弱像鸽,

Menx deil gil dangf diongs,

你　　们　矮　如　　鹑　　　　　　　　矮小像鹑,

Wieex dangl genb,

到　　今　后　　　　　　　　　　　　　等到今后,

Saos dangl vat,

等　未　　来　　　　　　　　　　　　　未来长大,

Jib zail vut,

树　成　林　　　　　　　　　　　　　　树长成林,

Nas leet gongt,

笋　过　竹　　　　　　　　　　　　　　笋高过竹,

Ed mul at deex,

去　做　好　事　　　　　　　　　　　　要做好事,

Khob mul at yangs.

甫　做　坏　事　　　　　　　　　　　　别做坏事。

Khob mul at diaob not bail,

别　　去　做千　　脚　虫　　　　　　　不要多手多脚,

Khob mul at gaid not lob,

别　　去　做蛙　多　手　　　　　　　　千万别贪便宜,

Deed deex nof niangb lol,
拿　直　才　坐　老　　　　　　　　高洁才命长，

Deed daos nof niangb laix.
行　正　才　坐　久　　　　　　　　正直才永久。

Xif nod menx khob mul haot nes gix haot nail gif,
现 在 别 认 为 是 鸟 叫 说 鼠 咬　　现在教育不要认为是狗咬耗子，

Mis kheeb haot mis xif.
母　教　说　母　批　　　　　　　　父母教诲不要认为管事哆嗦。

Mis nex jex geeb ghad,
母　粘　多　少　屎　　　　　　　　母亲不知沾多少屎，

Bak hek juf jeeb jent,
父　湿　多　少　尿　　　　　　　　父亲不知湿多少尿，

Diof lieb menx at dab ghab gof aik,
才　把　你　们 养 大　背　上　　　才抚养背在背，

Diangl menx at jid ghab diees bes.
扶　你　们 大 面 前　抱　　　　　哺育抱在胸。

Vongb dal vut ghos jenx dal vut,
跟　　好　人　就　成　好　伴　　　近朱者赤，

Vongb dal bal ghos jenx dal bal.
随　　坏　人　就　成　坏　人　　　近墨者黑。

Niux fend tiab,
嘴　宽　刂　　　　　　　　　　　　大嘴巴，

Laot fend dlaot,
口　宽　扎　　　　　　　　　　　　善言谈，

Faib niux vok nail mas mul ghad saib dab diel,
转　脸　向 东 服 去 千 众 汉 民　　东边千众佩服，

Wais laot jeet jes ghot mas mul ghad bait dab mub,
转　脸　向 西 也 服 去 百　群 苗 裔　西边万民听信，

Naix lieb bus beil,
大　名　远　扬　　　　　　　　　　大名远扬，

Bait lol bus eb.
美　誉　千　古　　　　　　　　　　美誉千古。

Liof ed jib dab liab,
只　需　人　们　想　　　　　　　　只希望人们称赞，

Max ed jib dab teit.

不 望 人 们 骂　　　　　　　　　　　不希望人们唾骂。

Eb deex nail diof jeet,

水 缓 鱼 才 上　　　　　　　　　　　水缓鱼上游，

Dlongs biees nix diof haib,

坡 平 牛 才 爬　　　　　　　　　　　坡平牛上山，

Jit xens nof nex nof benf eb niux gol bais,

商量 自 吃 自家 水 口 嘴 边　　　独立自主，

Nof hek nof benf eb niangk venx ninb.

自 食 自 家 水 汗 脸 颊　　　　　自力更生。

Nof nex nof benf eb ghab mieex dliut,

自 吃 自 家 水 露 锄 头　　　　　自己劳动，

Nof hek nof benf eb ghab mieex daot,

自 食 自 家 水 汗 斧 子　　　　　自己耕耘，

Nof nex nof benf eb niux gol bais,

自 吃 自 家 水 口 嘴 边　　　　　自食其力，

Nof hek nof benf eb niangk venx ninb,

自 食 自 家 水 汗 脸 颊　　　　　自给自足，

Nex neid diof jenx ngeex kheed dliud,

吃 这 才 长 肉 保 心　　　　　　那才长肉保心，

Hek neid diof jenx nees kheed diuf.

食 这 才 生 油 护 肺　　　　　　那才长油护肺。

Khob mul benf jib dab benf dangd ned xangx ed dangd ned,

不 可 见 人 家 的 牛 马 就 拿 牛 马　不可拿不义之财，

Khob mul benf jib dab benf dangd ab xangx ed dangd ab,

不 可 见 人 家 的 鸡 鸭 就 拿 鸡 鸭　不可贪小便宜，

Dangd neid nex ghot max jenx ngeex kheed dliud,

这 样 吃 也 不 长 肉 保 心　　这样拿也不长肉保心，

Hek ghot max jenx nees kheed diuf.

食 也 不 生 油 护 肾　　　　　　吃也不长油护肾。

Khob mul at diaob not bail,

别 去 做 千 脚 虫　　　　　　　不要多手多脚，

Khob mul at gaid not lob,

别 去 做 蛙 多 手　　　　　　　千万别贪便宜，

Ghab fenb jit xens mul langd,

天　下　约　成　去　讲　　　　　　　　千夫指，

Hangd vangl jit xens mul dongf,

村　　寨　商　量　去　说　　　　　　　众人批，

Nenx ghot max jenx ngeex kheed dliud,

吃　也　不　长　肉　保　心　　　　　　拿也不长肉保心，

Hek ghot max jenx nees kheed diuf,

食　也　不　生　油　护　肾　　　　　　吃也不长油护肾，

Deed deex nof niangb lol,

拿　直　才　坐　　老　　　　　　　　　清廉才命长，

Deed daos nof niangb laix,

行　正　才　坐　　久　　　　　　　　　正直永富贵，

Naix liub bus bail,

大　名　远　扬　　　　　　　　　　　　大名远扬，

Bait lol bus eb.

美　誉　千　古　　　　　　　　　　　　美誉千古。

Yas dab ghot baol lol,

养　儿　为　防　老　　　　　　　　　　养儿防老，

Xeeb dol ghot baf bat.

积　　柴　为　防　寒　　　　　　　　　烧炭御寒。

高帮杨光林说

王杰记录整理

三、《教女教男》

　　高帮这支苗族是从黎平那边迁来的，以前在盖宝住过很长时间，那里平坦易耕，容易找到生计，是他们向往的地方，由于历史原因，他们才迁到高帮来。这段贾词大致意思是：没有吃穿我不如去盖宝找，为何要来找你，因为你侵犯到我方利益，损我方名誉，不得不来找。

Pieet jens:

甲　方：　　　　　　　　　　　　　　　　甲方：

Max dot nex wal nof mul Sab Zeib Ngol Bul,

没　有　吃　我　自　去　莎追　沃　布　　　没有吃我自己去莎追沃布①，

Bail dot hek wal nof mul Wais Diut Ngol Eb,

没　有　穿　我　自　去　歪　丢　沃　欧　　没有穿我自己去歪丢沃欧②，

Wal seix dliat max wix,

我　是　不　会　来　　　　　　　　　　请我都不想来这里，

Wal seex laol max saos,

我　是　不　会　到　　　　　　　　　　不想招惹是非，

Nab nod mox at geex dees?

天　这　你　为什　么　　　　　　　　　但是今天我为什么来？

Ghait ghenb fait diot wal lieex lieb nail bail,

挑　糠　　放在　我　水　田　鲫鱼　　　因为你拿糠毒我家水田鲫鱼，

Did laol langd seed diot wal zaid diel xeex veib,

咋　来　坏　话　在　我　家　庭　瓦　屋　说我家坏话，

Mox xangx laol ib wal at xix,

你　真　　来　让我　毁灭　　　　　　要我家无脸见人，

Jangl wal at jod.

要　我　消亡　　　　　　　　　　　　毁坏我家名声。

Jex juf jex dangx,

九　十　九　件　　　　　　　　　　　九十九件案例，

Aob　mul hvaob ib dangx laol at yul dlieeb neis niub,

我们去　拿　　一件　　来　作为案　例　照　我们拿一件来做参照，

Yif juf yif bus,

八　十　八　条　　　　　　　　　　　八十八条规理，

Aob　mul hvaob ib　bus laol at yul diangs neis songd.

我们去　拿　　一条　来　作为　论　据　依　我们拿一条来做对比。

Mox xangx laol ib wal at xix,

你　真　　的　要我　毁灭　　　　　　你要毁我名声，

①莎追沃布：今黎平县尚重镇盖宝村。

②歪丢沃欧：今黎平县尚重镇盖宝附近。

Jangl wal at jod.

要　我消亡　　　　　　　　　　　　　败我名誉。

Pieet pieek：

乙　方　　　　　　　　　　　　　　　乙方：

Nab dod mox haot max dot nex mox nof mul Sab Zeib Ngol Bul,

天　这　你　说　没　有　吃　你　自　去　莎　追　沃　布　　今天你说没有吃你自己去莎追沃布,

Bail dot hek mox nof mul Wais Diut Ngol Eb,

没　有　穿　你　自　去　歪　丢　沃　欧　　　　没有穿你自己去歪丢沃欧,

Mox haot mox seix dliat max wix,

你　说　你　邀　请　不　来　　　　　　　　请你都不肯来,

Mox seex laol max saos.

你　手　拉　不　到　　　　　　　　　　　抬你都不肯到。

Nab nod mox haot wal deed laol,

天　这　你　说　我　带　来　　　　　　　　今天你说我,

Ghait ghenb faib diot mox benx lieex lieb nail bail,

挑　米　糠　放　你　家　水　田　鲫　鱼　　　拿糠毒你家水田鲫鱼,

Wal deed laol langd seid diot mox benf zaid diel xeex veib,

我　带　来　坏　话　在　你　的　家　庭　瓦　屋　　说你家坏话,

Mox haot wal ib mox at xix,

你　说　我　让　你　毁　灭　　　　　　　　要你家无脸见人,

Jangl mox at jod.

要　你　消　亡　　　　　　　　　　　　毁坏你家名声。

Jex juf jex dangx,

九　十　九　件　　　　　　　　　　　　九十九件案例,

Aob mul hvaob ib dangx laol at yul dlieeb neis niub,

我们去拿　一件　来　作为论　据　依　　我们拿一件来做参照,

Yif juf yif bus,

八　十　八　条　　　　　　　　　　　　八十八条作对比,

Aob mul hvaob ib bus laol at yul diangs neis songd.

我们去拿　一条来　作为案　　例照　　我们拿一条来做定理。

Mox haot wal ib mox at xix,

你　说　我　让　你　毁　灭　　　　　　　　你说我毁坏你家名誉,

Jangl mox at jod.

要　你　消　亡　　　　　　　　　　　　败坏你家名声。

Wal haot mox dios dal maot zaot mal niaol ghaib

我 说 你 是 只 猫 头 鹰 落 枫　　　　　　我说你就是一只吃小鸟的猫

max laod,

树 枝　　　　　　　　　　　　　　　　　头鹰,

Mox dios dal zaod lol mal niaol ghab bangt et,

你 是 只老 虎坐 在 石 头 上　　　　　　是一头吃猪羊的老虎,

Max dongf nof benb jul ib yul dab qot ghad,

没 说 就知 全娃不会 开屎　　　　　　　就连娃娃都知道,

Baif langd nof zangt jul ib yul jeed qet mox,

没 讲 就晓 全孩不会 说话　　　　　　　三岁小孩都明白,

Max dongf sait dlongx nof nangd,

不 说 聋 子 也 知　　　　　　　　　　　就连聋子都清楚,

max xens bait dliul nof benb.

不 讲 瞎 子 也 晓　　　　　　　　　　　瞎子都明白。

高帮姜文发说
王杰记录整理

第四节　婚姻贾

　　婚姻跟人的一生有关系,婚姻贾是指有关婚姻的经文,这个小节内容较多。贾理作为调解纠纷的经文,难免伴随一些仪式活动,受历史因素影响,许多世俗文化被视为落后、迷信,不曾被提及而被埋没,只有婚姻贾用得最多,哪怕是法律健全的今天,仍有人选择用贾理调解婚姻纠纷,所以婚姻贾相对完整。

　　这个小节总共有八个案例。第一个是母系氏族社会嫁男典故;第二个案例是婚姻岩。随着苗族迁徙,婚姻岩也不断迁移,并不断健全完善,它对于研究苗族历史有很大的价值;"做亲做戚"是苗族婚姻改革,旧时结婚礼节复杂,路程远,改革后实行简便婚姻;"订婚"是传统婚俗看鸡眼睛预定吉凶。过去不是很开放,男女有情不能来往,多半是由父母请媒人完成婚姻大事,先试话再订婚,最后选择日子结婚;"私奔"在"订婚"的基础上向自由婚姻走进了一步,"私奔"在封建社会中不被人们接受,视为女人不讲自尊;"夺妻贾"属于婚姻纠纷,因第三者插入,女人变心,处理办法是罚款第三者；"男冤女案"是夫妻不合，女方要求男方赔偿青春损失费；"中间人"是离婚调解，语言具有建设性，不强迫，很平和，感到合理就采纳，不合理就另找高人。

一、《懂德》

这一篇反映的是古代母系氏族社会时期的人类生活。古代人们栽岩规定是女人出嫁的，但是当时女人势力大，不肯嫁，再加上母亲认为女人勤快，能持家，男人懒惰，怕败家，所以让男人出嫁。后来发生战争，女人上战场打不退敌，保不住家，才又让男人回家。男人身强力壮，才能保住家。从这以后，才换成女人出嫁，男人保家。

Nius jeef ninx mub nal,
古 代 的 年 岁　　　　　　　　　　远古的年代，
Niuk ghaot dlinl ghaib bail.
古 老 的 事 情　　　　　　　　　　过去的事情。
Veeb ghaot niangb diel diel,
岩 老 在 丢 丢　　　　　　　　　　古岩栽在丢丢，
Dil Dliab Bangf laol nenl.
在 加 邦 往 下　　　　　　　　　　在加邦下头。
Mis Ghob hof laol mul,
母 果 和 前 去　　　　　　　　　　有个女的叫果和，
Bail Jaok mib laol mul,
摆 角 他 前 去　　　　　　　　　　有个男的叫摆角，
Mul mif det pib det fol,
去 砍 贝 花 桦 槁　　　　　　　　　他们去砍贝花树和桦槁树，
Mif det neib det yangl,
砍 香 椿 红 椿　　　　　　　　　　砍香椿树和红椿树，
Deix ninb ghob mul tid dinl,
哥 嫂 就 去 立 屋　　　　　　　　　建造成座房屋，
Dot dif deix ninb niaol.
得 屋 哥 嫂 住　　　　　　　　　　父母才有屋住。
Dof niut ghenb diangl wangl,
到 年 后 时 间　　　　　　　　　　过了一段时间，

Mis Ghob hof ghob niul liol,

母　果　和　就　生　娃　　　　　　　　　果和生了娃娃，

Bail Jaok ghob niul liol,

摆　角　就　生　娃　　　　　　　　　　摆角有了后代，

Niul jenk ghob niul bieel,

生　弟　就　生　妹　　　　　　　　　　生弟又生妹，

Niul yees ghob niul denl,

生　男　就　生　女　　　　　　　　　　生男又生女，

Ghaot dot zeib niul niul,

配　　对　五　双　双　　　　　　　　　配对成双双，

Diut niut bak ghal veel,

六　双　配　整　齐　　　　　　　　　　五六对配齐，

Diangl jenk diangd diangl bieel,

生　弟　又　生　妹　　　　　　　　　　又生弟生妹，

Diangl yeek diangd diangl denl.

生　女　又　生　男　　　　　　　　　　又生男生女。

Dab pieek ghot mif dab nuil,

姑　娘　是　母　亲　生　　　　　　　　生女也是母亲生，

Dab jenf ghot mif dab nuil,

后　生　是　母　亲　生　　　　　　　　生男也是母亲生，

Mif niot nab laol niul,

母　留　一　天　生　　　　　　　　　　母亲用一天来生，

Bak niox nab laol lil.

父　花　一　天　理　　　　　　　　　　父亲用一天护理。

Mif nais diot dlenx jul,

生　在　春　碓　旁　　　　　　　　　　生娃在春碓旁，

Bak bus diot dax bail.

父　亲　包　在　手　　　　　　　　　　抱娃在胸口中。

Dios Baif Diees ghal veel,

生　白　碟　出　来　　　　　　　　　　生个女的叫白碟，

Baif Diees laol bub gangt ghuil,

白　碟　生　杀　头　猪　　　　　　　　父母杀头猪庆生，

Dios Dongf Dees ghal veel,

生　懂　德　出　来　　　　　　　　　　生个男的叫懂德，

Dongf Dees laol dieeb nent ghenl.

懂　德　来　杀　头　牛　　　　　　　　父母杀头牛庆生。

Kab nab liok nut diul,

天　晴　树　荫　遮　　　　　　　　　　天晴用树遮阴，

Ub nongf guk yut dial,

雨天　雨　伞　盖　　　　　　　　　　落雨用伞遮盖，

Vat bab ub wat yaol,

不　让　雨　水　淋　　　　　　　　　不让太阳晒，

Ub nongf suk vent mangl.

雨水　湿　脑　门　　　　　　　　　　不给风雨淋。

Vet hveeb mif laod fol,

心　安　　母　折桦稿　　　　　　　　山头折桦稿取乐，

Diongl daob liok zeid liol.

山　　川　摘　野　泡　　　　　　　山脚摘野泡哄逗。

Yaf jaik lab nint seel,

过　寒　冷　季　节　　　　　　　　　日复一日，

Saof dlok lab nint ghaol,

轮　回　到　暖　季　　　　　　　　　年复一年，

Yaf jaik lab nint ghaol,

过　温　暖　季　节　　　　　　　　　光阴似箭，

Saof dlok lab nint seel.

轮　回　到　寒　季　　　　　　　　　岁月如梭，

Deef juk ob nint dlenl,

转　眼　十　二　年　　　　　　　　　转眼过了二十年，

Baif Dees mib diangl dlinl,

白　碟　她　长　大　　　　　　　　　白碟已经长大了，

Vaof dangs zeef mil bongl,

力　气　像　战　马　　　　　　　　　力气像战马，

Dongf Dees mib diangl dlinl,

懂　德　他　长　大　　　　　　　　　懂德也长大，

Vaof dangs zeef mil bongl,

力　气　像　战　马　　　　　　　　　力气像战马，

Liuk xat ub diongl veel,

像　那　山　涧　　水　　　　　　　　像那山涧水，

Dangk git zeib diongl dleil,
像　芦笙　才　制　　　　　　　　　　　像那芦笙才制，

Diongl sof mieef niul sul.
才　出　新　生　物　　　　　　　　　　壮年力大无穷。

Baif Diees xongt gheeb ghol,
白　碟　起　鸡　叫　　　　　　　　　　白碟很勤快，

Gheeb ghas neef nab laol,
清　早　就　起　床　　　　　　　　　　鸡叫就起床，

Nab laol xongf ghent dol,
一　天　七　担　柴　　　　　　　　　　一天七挑柴，

Xongf ghet ub laol vangl.
七　挑　水　到　家　　　　　　　　　　一夜七担水。

Dongf dangt dab ngil lol,
懂　生　很　懒　惰　　　　　　　　　　懂德很懒惰，

Dongf biees xongt nab nenl,
懂　睡　太　阳　升　　　　　　　　　　每天睡大觉，

Biees diongb nab vat fil,
中　午　不　起　床　　　　　　　　　　睡到中午不起床，

Angs maf dliaob nit niaol.
眼　肿　像　铜　鼓　　　　　　　　　　眼睛肿得像铜鼓。

Dof niut ghenb diangl wangl,
到　了　第　二　年　　　　　　　　　　过了若干年，

Deix ninb nof jil gil,
哥　嫂　才　议　榔　　　　　　　　　　人们来议榔，

Laof lab langb mal bieel,
栽　个　岩　嫁　人　　　　　　　　　　栽个嫁娶岩，

Lis yees gib mul lol.
让　人　们　去　嫁　　　　　　　　　　明确人出嫁。

Jil langb max jil niul,
栽岩　不　栽　空　　　　　　　　　　　栽岩不乱栽，

Jil langb mif dal ghenl,
栽岩　杀　头　牛　　　　　　　　　　　栽岩杀头牛，

Mif nix eb jil gil,
杀　水　牛栽　规　　　　　　　　　　　杀水牛议榔，

Laof lab langb mal bieel,
种　个　岩　嫁　人　　　　　　　　　　栽个嫁娶岩，
Lis yeek gib mul lol.
让　人　们　去　老　　　　　　　　　　让人们出嫁。
Jut jenx dliub hed yeel,
箥　像　细　头　发　　　　　　　　　　箥小像头发，
Seet ik jenx dab deid bail,
肉　串　像　手　指　头　　　　　　　　肉串像指头，
Zenf bak zeib jid niaol,
聚　人　五　方　来　　　　　　　　　　四面八方聚拢来，
Yif jox eb dlod nenl.
八　方　水　汇　集　　　　　　　　　　五湖四海归集到。
Jil langb vax jil niul,
栽　榔　不　栽　空　　　　　　　　　　栽岩不乱栽，
Jil langb mif dal ghenl,
栽　榔　杀　头　牛　　　　　　　　　　栽岩杀头牛，
Mif nix eb jil gil,
杀　水　牛　栽　规　　　　　　　　　　杀水牛议榔，
Laof lab langb mal bieel,
种　个　榔　嫁　人　　　　　　　　　　栽个嫁娶岩，
Lis yeek gib mul lol.
换　女　人　去　嫁　　　　　　　　　　让人们出嫁。
Niaf gos nias wenx langb liad ghenl,
牛　就　跟　边　榔　岩　上　　　　　　牛死在支架上，
Niaf gos vax nieel denl,
牛　就　不　朝　男　　　　　　　　　　头不朝男方，
Vax lis jens gib mul lol,
不　换　男　人　去　嫁　　　　　　　　男人不需要出嫁，
Niaf diangd gos gib nieel bieel,
牛　又　倒　头　朝　女　　　　　　　　牛头朝女方，
Lis yees gib mul lol.
由　女　人　去　嫁　　　　　　　　　　女人就远嫁他乡。
Baif Diees diangd vab hol lol,
白　碟　又　不　肯　嫁　　　　　　　　叫白碟去嫁，

Baif laot diangd vas diux baol,
她 话 又 尖 像 刺　　　　　　白碟说话很坚决，
Baif Diees vab hol lol.
白 碟 不 肯 嫁　　　　　　　白碟不肯嫁。
Dongf mis diangd qib ghal niol:
懂 母 就 把 话 说　　　　　母亲把话说：
"Dongf nod bieet diongb nab vax fil,
懂 这 睡 懒 觉 不 起　　　"懂德也是个懒人，
Mas angt liaob nix niaol,
眼 肿 像 牛 眼　　　　　　每天睡大觉，
Nab xongs diees nex ghaol,
天 七 次 吃 饭　　　　　　一天吃七餐，
Nab nof dot jus ghenx dol,
天 才 得 一 挑 柴　　　　才得一挑柴，
Neid miees dongf dees mul lol,
就 由 懂 德 去 嫁　　　　换懂德去嫁，
Jus ghaot fenb Diel Diel,
嫁 到 方 丢 丢　　　　　嫁到丢丢去，
Vangl Dliab Bangf mul nenl.
寨 加 邦 往 下　　　　　加邦的地方。
Baif niangb baif nof gil yaol,
白 留 白 才 挑 花　　　　白碟在勤快挑水，
Link dlenb od wal nenl,
缝 衣 服 我 穿　　　　　做衣服给父母穿，
Qangb jub diot wal bail.
穿 针 交 我 手　　　　　穿针线给父母缝。
Gheeb ghat nof nees gheeb fil,
鸡 叫 才 和 鸡 起　　　　鸡叫就和鸡起床，
Nees lius ghat fil diongb mul,
和 公 鸡 起 半 夜　　　　半夜起来劳动，
Seik mis eb sad jul,
接 母 水 米 碓　　　　　承接母亲杂活，
Seik bak gheb geed bail,
接 父 活 路 杂　　　　　继承父亲遗产，

Seik mis ghent eb lieed jeel.

接　母　挑　水　于　肩　　　　　　　　　方能养育后人。

Dongf Dees ghob nof mul lol,

懂　德　就　自　各　嫁　　　　　　　　换成懂德去嫁，

Jus ghaot fenb Diel Diel,

嫁　到　方　丢　丢　　　　　　　　　　嫁到丢丢去，

Lol lab vangl Dliab Bangf mul nenl."

嫁　个　寨　加　邦　往　下　　　　　　加邦的地方。"

Dongf ghaot jus dongf geed neid dol,

懂　嫁　出　懂　带　猎　枪　　　　　　懂德出嫁他带走猎枪，

Aik diux saib kod lol,

背　钢　铁　随　后　　　　　　　　　　背钢铁随后，

Jus ghaot fenb Diel Diel,

嫁　到　方　丢　丢　　　　　　　　　　嫁到丢丢去，

Vangl Dliab Bangf mul nenl.

寨　加　邦　下　头　　　　　　　　　　加邦的地方。

Baif diees ghob lil vangl,

白　碟　就　理　寨　　　　　　　　　　白碟留下治理村寨，

Baif vax mul seet jent dal jeeb jil,

白　不　去　架　槽　用　杉　树　　　　白碟不会用杉树架涧，

Vax dieeb diot lieex ghob vol,

不　接　进　田　耕　种　　　　　　　　接水去耕种，

Baif diangd mul seet jent vob gox liongl,

白　又　去　架　槽　用　酸　苔　　　　白碟用酸广苔架涧，

Sos tongs det gix neel,

槽　柱　用　竹　子　　　　　　　　　　接水去耕种，

Kab nab ghob mul kheed neel,

太　阳　就　去　枯　萎　　　　　　　　太阳出来酸广苔就枯萎，

Eb nongs ghob mul laod ghail,

下　雨　就　去　断　截　　　　　　　　落雨酸广苔就断节，

Ghob gos ghab dlaof khangd diongl,

就　倒　塌　在　川　边　　　　　　　　垮塌在山涧中，

Mib seb bail laol neef,

用　树　叶　补　漏　　　　　　　　　　用树叶去接，

Eb dil dil nees geef,
水 潺 潺 向 溪　　　　　　　　水还是潺潺向溪流，

Tos mis lieex ghob vol,
裂 母 田 大 邱　　　　　　　　丢下父母田干裂，

Tos bak lieex ghob vol.
裂 父 田 大 邱　　　　　　　　荒田一垅垅。

Ghenb xangb ghob tos yangx ngangl,
两 边 裂 缝 放 脚　　　　　　田两边裂痕像脚板，

Ghenb diongb tongs yangx niaol,
中 间 裂 放 鼓　　　　　　　田中间裂痕像铜鼓，

Ghenb xangb ghob fieef mul vongl,
田 边 就 塌 下 坡　　　　　　田埂坍塌下坡，

Ghenb niangs ghob gaof laol niul,
里 坎 长 草 遮 阴　　　　　　田坎荒草丛生，

Bieek jenx lab vongl lol,
塌 成 个 大 坑　　　　　　　坍塌成个大坑，

Lak ghot dax gheib gol xol.
地 也 长 草 阴 森　　　　　　长草像片森林。

Niut daix mib gil lol,
年 头 大 干 旱　　　　　　　第一次干旱，

Niut daix ghob mib xeex mal,
年 头 就 拿 银 买　　　　　　白碟拿出银子，

Ghob mul lis lab niat Nenl Fol,
就 去 换 口 饭 能 甫　　　　　到能甫换粮，

Niat Gud Khaob laol ngangl,
饭 固 考 来 吃　　　　　　　到固考买饭，

Mis hek lab niux gil,
母 吃 六 七 月　　　　　　　才得米过冬，

Zaid neif eeb ghax jal;
辣 椒 苦 楚 多　　　　　　　购买的粮食价格高；

Niut ghenb mib gil lol,
年 后 又 干 旱　　　　　　　第二年干旱，

Niut ghenb ghob mib niaol mal,
年 后 就 拿 鼓 换　　　　　　第二年她拿铜鼓，

Lis lab niat Nenl Fol,
换　口　饭　能　甫　　　　　　　　　　　到能甫换粮，

Niat Gud Khaob laol ngangl;
饭　固　考　　来　吃　　　　　　　　　到固考买饭；

Niut ghenb diangd mib gil lol,
年　后　又　　仍　干　旱　　　　　　　第三年又干旱，

Niut ghenb diangd mib gil xenl,
年　后　就　　剪　头　发　　　　　　　第三年她剪头发，

Gik ghenb deb wangl wangl,
剪　头　　发　嗤　嗤　　　　　　　　　剪刀嗤嗤响，

Gik ghenb deb mul mal,
剪　头　　发　去　卖　　　　　　　　　拿头发去卖，

Mul lis lab niat Nenl Fol,
换　得　口　饭　能　甫　　　　　　　　到能甫换粮，

Niat Dud Khaob laol ngangl,
饭　固　考　　来　吃　　　　　　　　　到固考买饭，

Mis hek lab ninx gil,
母　吃　六　七　月　　　　　　　　　　才得米过冬，

Zeid neif eeb ghax jal.
辣　椒　苦　楚　多　　　　　　　　　　购买的粮食价格高。

Niut ghenb diangd mib gil lol,
年　后　又　　仍　干　旱　　　　　　　第四年仍然干旱，

Niut ghenb mib gil xenl,
年　后　拿　衣　服　　　　　　　　　　第四年她卖衣服，

Jos hveeb ninb ghob tad daol,
无　奈　　母　亲　脱　裤　　　　　　　脱裤子去卖，

Mis tad deeb mul mal,
母　脱　裙　去　卖　　　　　　　　　　脱裙子去卖，

Lis lab niat Nenl Fol,
换　口　饭　能　甫　　　　　　　　　　到能甫换粮，

Niat Gud Khaob laol ngangl.
饭　固　考　　来　吃　　　　　　　　　到固考买饭。

Dongf Dees ghob niub daid niul,
懂　德　本　身　稳　重　　　　　　　　懂德先天稳重，

Baif Diees ghob niub lad gheil,
白　碟　本　身　急　躁　　　　　　　　白碟性情急躁，

Deif xongs lob mul bail,
踢　七　脚　朝　上　　　　　　　　　她踢商贩大米，

Deif xongs lob mul deel,
踢　七　脚　朝　下　　　　　　　　　几脚把米踢翻，

Biees bangf bangb jux lenl,
木　板　倒　九　块　　　　　　　　　倒下几块木板，

Los xongs dleef laol deel,
落　七　块　下　来　　　　　　　　　砸到现场商人，

Laod dinb dliok songd zangl,
断　把　秤　象　牙　　　　　　　　　断一把象牙秤，

Tos lab vees kid baol.
破　把　梳　刻　花　　　　　　　　　破一把雕花梳。

Qut dliut tiub tid yaol,
套　袜　套　米　杆　　　　　　　　　脚又套住木秤，

Gos xongs mof saod deel,
倒　七　袋　大　米　　　　　　　　　倒下七袋大米，

Laod dinb dliok songd zangl,
断　把　秤　象　牙　　　　　　　　　断一把象牙秤，

Tos lab vees tid baol.
破　把　梳　刻　花　　　　　　　　　破一把雕花梳。

Niangb jox fenb Nenl Fol,
事　发　在　能　甫　　　　　　　　　这事发生在能甫，

Gud Khaob ghob vax bail haol,
固　考　就　不　高　兴　　　　　　　固考的人就不高兴，

Gud Khaob ghob liax bangl,
固　考　就　喊　人　　　　　　　　　固考喊得人来，

Liax jenb vux jul mil,
喊　能　人　都　来　　　　　　　　　凡是能说能打的，

Diuf saos vux jul dal.
一　个　都　不　丢　　　　　　　　　全部都喊来。

Dliab Sab laol geed bail,
加　沙　上　边　来　　　　　　　　　加沙从水路来，

Dliab Seek laol geed deel,
加　舍　下　边　来　　　　　　　　　　　加舍从陆路到，

Ghob laol leil mis eb hed yal,
就　来　拿母　水洗头　　　　　　　　　就要来抢母亲钱财，

Lof bak veeb haod denl,
抢父　磨　刀　石　　　　　　　　　　　占父亲土地，

Lab wenl zos qub geed nenl.
洗　衣　潭　也　被　占　　　　　　　　就要来抄家产。

Xens Baif Diees mul bil,
叫　白　碟　去　挡　　　　　　　　　　叫白碟去应战，

Baif Diees ghob vax mul bil,
白　碟　就　不　去　挡　　　　　　　　白碟说不敢去，

Xens Yongx Eeb mul bil,
叫　甬　阿去　挡　　　　　　　　　　　叫甬阿去应战，

Yongx Eeb ghob vax mul bil,
甬　阿　也　不　去　挡　　　　　　　　甬阿也不敢去，

Jos hveeb Baif Diees mul bi.
无奈　白　碟　去　挡　　　　　　　　　无奈白碟才去应战。

Baif diangd gangf ghaok vax dios jeel,
白　又　握　枪　不　是　边　　　　　　白碟不会拿枪，

Gangf ghaok diees bail jil,
左　手　去　握　枪　　　　　　　　　　用左手提枪，

Ghaok bix lob bail denl.
枪　落　在　地　上　　　　　　　　　　枪重拿不动。

Dliab Sab ghob dax vil vil,
加　沙　就　来　群　群　　　　　　　　加沙的来一群群，

Dliab Ak ghob dax vil vil,
加　昂也　来　群群　　　　　　　　　　加昂也来一群群，

Ghob leil mis eb hed yal,
就　拿　母　水　洗　头　　　　　　　　就要来抢母亲钱财，

Lof bak veeb haod denl,
抢父　磨　刀　石　　　　　　　　　　　占父亲土地，

Lab wenl zos qub geed nenl.
洗　衣　潭　也　被　占　　　　　　　　就要来抄家产。

Baif diangd qib hvaob ghal niol:
白　又　来把　话　说　　　　　　　白碟把话说：

　"Leil wal mis eb hed yal,
　拿　我　母　水洗　头　　　　　　　"钱财已经被抢，

Lof wal bak veeb haod denl,
抢　我　父　磨　刀　石　　　　　　　土地也是被占，

Wenl zos qub geed nenl,
洗　衣　潭　下　边　　　　　　　　　家产都被抢光，

Nod niangb jus lab wal ninb niaol,
现　有　独个　母　铜　鼓　　　　　　只剩下一个铜鼓，

Mis hek dangx vangb vangl."
母　鼓　看　家　宝"　　　　　　　　唯一的看家宝。"

Baif nof nangk baib benb niaol diaol,
白　才敲　三　声　铜　鼓　　　　　　白碟才去敲铜鼓三声，

Dif liub hvaob diangl wangl,
桶　声　大　传　远　　　　　　　　　铜鼓声音传得远，

Baot leet fenb Diel Diel,
响　到　方　丢　丢　　　　　　　　　传到丢丢的地方，

Leet lab vangl Dliab Bangf mul nenl.
到　个　寨　加　邦　下　头　　　　　传到加邦寨下头。

Dongf Dees jab naix dil,
懂　德　侧　耳　听　　　　　　　　　懂德听到铜鼓声，

Neid wal ninb jul dol,
看　来　母　完　柴　　　　　　　　　知道老家出事情，

Zot yel yek bail gangl,
柴　火　无　人　扛　　　　　　　　　看来母亲无柴烧，

Neid wal ninb nof gol wal,
这　我　母　才　叫　我　　　　　　　她才敲铜鼓喊我，

Eed wal ninb jul ghaol,
或　我　母　无　粮　　　　　　　　　或者是她们缺粮，

Niat yaof yaos nenl fol,
缺　粮　无　人　找　　　　　　　　　没有米下锅，

Wal ninb nof gol wal,
我　母　才　叫　我　　　　　　　　　母亲才敲铜鼓喊我，

Dongf Dees mib laol vangl.

懂　德　回　娘　家　　　　　　　　　　懂德才回娘家来。

Neid Dliab Sab ghob laol geed bail,

这　加　沙　就　来　上　路　　　　　　加沙来到半路上，

Dliab Seek laol geed deel,

加　舍　来　下　路　　　　　　　　　　加舍也来到路头，

Ghob leil mis eb hed yal,

就　拿　母　水　洗　头　　　　　　　　就要来抢母亲钱财，

Lof bak veeb haod denl,

抢　父　磨　刀　石　　　　　　　　　　占父亲土地，

Lab wenl zos qub geed nenl.

洗　衣　潭　也　被　占　　　　　　　　就要来抄家产。

Dongf Dees ghob mib laol mul,

懂　德　回　娘　家　来　　　　　　　　正好被懂德看见，

Jus yos kheit ghob dangf senb mil,

一　人　喊　就　像　千　群　　　　　　懂德吼一声震耳欲聋，

Jus yos tait ghob dangf senb dal,

一　人　训　就　像　千　人　　　　　　挥一拳千军万马，

Kheit niongx eb niul niul.

叫　声　震　动　地　　　　　　　　　　声音震动大地。

Dongf Dees mib laol mul,

懂　德　去　迎　接　　　　　　　　　　懂德去应战，

Lieet dins laif ninl bail,

带　一　把　铁　枪　　　　　　　　　　拿一把长铁抢，

Xas baib liangf geed jangl,

转　三　段　弯　路　　　　　　　　　　转三段弯路，

Dos baib laif neid dol,

放　三　声　铁　炮　　　　　　　　　　放三声铁炮，

Dliab Sab ghob taik mul bail,

加　沙　就　退　往　上　　　　　　　　加沙害怕往后退，

Dliab Seek ghob taik mul deel,

加　舍　就　退　往　下　　　　　　　　加舍投降就撤军，

Deef mis eb hed yal,

放　母　水　洗　头　　　　　　　　　　放下母亲财产，

Was bak veeb haod denl.

还　父　磨　刀　石　　　　　　　　　　留下父亲土地。

Baob fent liuf saod fil,

到　了　第　二　天　　　　　　　　　　到了第二天，

Liuf wat aob liad vol,

天　空　刚　麻　亮　　　　　　　　　　天刚刚要亮，

Dongk pangb hvaob dlial dlil:

懂　说　话　声　道　　　　　　　　　　懂德把话说：

"Dieef nod wal xib vob menb ngangl ghul,

　这　次　我　种　菜　你　们　吃　　　　　"这次我栽得菜给你们吃，

Dieeb fenb menb laol niaol,

打　下　你　们　坐　　　　　　　　　　打胜仗给你们坐，

Diongt bub jaik niaol leil,

筒　响　鼓　即　停　　　　　　　　　　我得回家了，

Mongt niangb jaik wal mul."

你　留　我　赶　路　　　　　　　　　　你们留下吧。"

Dongf mis diangd qib ghal niol:

懂　母　又　把　话　说　　　　　　　　懂德母亲把话说：

"Wal haot Dongf mas ghal yangl,

　我　说　懂　特　懒　惰　　　　　　　　"都怪我说懂德懒惰，

Bieet diongb nab vax fil,

睡　中　午　不　起　　　　　　　　　　睡到中午不起床，

Mas angt liaob nix niaol,

眼　肿　像　铜　鼓　　　　　　　　　　眼睛肿得像铜鼓，

Nab xongs diees nex ghaol,

天　七　次　吃　饭　　　　　　　　　　一天吃七餐饭，

Nab nof dot jus ghenx dol,

天　才　得　一　挑　柴　　　　　　　　一天只得一挑柴，

Dongf Dees nod mieef dlinl ngil,

懂　德　这　大　懒　汉　　　　　　　　认为懂德是懒汉，

Neid miees Dongf Dees mul lol,

才　让　懂　德　去　嫁　　　　　　　　才让懂德去出嫁，

Jus ghaot fenb Diel Diel,

嫁　去　方　丢　丢　　　　　　　　　　嫁到丢丢去，

Vangl Dliab Bangf mul nenl.
寨　加　邦　下　头　　　　　　　　　　　加邦的地方。

Baif niangb baif nof gil yaol,
白　留　　白　才　制　衣　　　　　　　留下白碟才制衣服，

Link dlenb od wal nenl,
缝　衣　　服　我　穿　　　　　　　　　缝补衣服给我们穿，

Qangb jub diot wal bail,
穿　针　交　我　手　　　　　　　　　　穿针引线交我们手，

Ghent eb diot wal ngangl,
挑　水　给　我　吃　　　　　　　　　　挑水给我们吃，

Gheeb ghat nof nees gheeb fil,
鸡　　叫　才　和　鸡　　起　　　　　　鸡叫就和鸡起床，

Nees lius ghat fil diongb mul,
和　鳝　叫　起　更　夜　　　　　　　　半夜就起来劳动，

Seik mis eb sad jul,
接　母　水　米　碓　　　　　　　　　　承接母亲杂活，

Seik bak gheb geed bail,
接　父　活　早　晚　　　　　　　　　　继承父亲遗产，

Seik mis ghent eb lieed jeel,
接　母　挑　水　肩　上　　　　　　　　劳动养育我们，

Dongf Dees ghob nof mul lol,
懂　德　就　自　去　嫁　　　　　　　　才换成懂德去嫁，

Jus ghaot fenb Diel Diel.
嫁　去　方　丢　丢　　　　　　　　　　嫁到丢丢的地方。

Haot miees Baif Diees lil vangl,
讲　让　白　碟　看　家　　　　　　　　让白碟留下，

Baif diangd caob eb vax seel,
白　又　　吹　水　不　凉　　　　　　　白碟却保不住家，

Baif dieeb fenb vax leel,
白　杀　敌　不　彻　　　　　　　　　　杀不退敌，

Dongf caob eb sox seel,
懂　吹　水　能　凉　　　　　　　　　　懂德才能保住家，

Dongf dieeb fenb sox leel."
懂　杀　敌　能　彻　　　　　　　　　　杀退敌。"

Miees Baif Diees mul lol,
换　白　碟　去　嫁　　　　　　　　母亲才又叫白碟去嫁，

Mul ghaot fenb Diel Diel,
嫁　去　方　丢　丢　　　　　　　　嫁到丢丢去，

Lab vangl Dliab Bangf mul nenl,
个　寨　加　邦　下　头　　　　　　加邦的地方，

Miees Dongf Dees lil vangl.
留　懂　德　看　家　　　　　　　　留下懂德来保家。

Dongf Dees hvaob ghal niaol:
懂　德　把　话　说　　　　　　　　懂德把话说：

"Nius jeef daix ninb mal wal,
　过　去　母　亲　卖　我　　　　　　"以前你们把我卖，

Niul lis leix baib mul lol,
换　成　我　去　远　嫁　　　　　　叫我去出嫁，

Baib mul jes ghaot fenb Diel Diel,
我　去　嫁　到　方　丢　丢　　　　嫁到丢丢去，

Llab vangl Dliab Bangf mul nenl.
个　寨　加　邦　下　头　　　　　　加邦的地方。

Mal baib dangf mal ghuil,
卖　我　像　卖　猪　　　　　　　　你们卖我像卖猪，

Dangf max lis dab bieet mul diaol.
像　卖换小　猪　市　场　　　　　　像市场买卖的猪仔。

Nod wal hed mul lias mix niangb diaol,
现　我　头　去　适　人　枕　　心　　现在我习惯睡人家枕头，

Wal jeed mul lias mix xongb seil,
我　身　去　适　人　凉　席　　　　适应人家凉席，

Gid deef wal vangs niot jab dol,
怎　么　弃　妻　在　屋　中　　　　怎么丢弃妻子无人爱，

Gid deef wal vangs niot baib laol,
怎　么　弃　子　我　自　来　　　　丢弃孩子无人管，

Bub wal lob diex geex dees daol?"
这　我　脚　走　怎　么　远　　　　我怎么忍心离开？"

Dongf mis diangd qib hvaob ghal niaol:
懂　母　又　　来　把　　话　说　　懂德母亲回答说：

"Baif caob eb vax seel,
白　吹　水　不　凉

Baif dieeb fenb vax leel,
白　杀　敌　不　彻

Mongt niangb mongt dial diaol,
你　留　你　迎战

Bangk zaif dios wul ghol.
打　敌　退　下去

Mieef Baik Diees mul lol,
让　白　碟　去嫁

Miees Dongk Dees lil vangl."
让　懂　德　保家

Dongf Dlenl mul ub mul bail,
懂　想　去水去陆

Neif mul jaof mul nenl,
想　去西　去东

Kub wal ninb jil ngangl,
怜　我　母　屈膝

Mif laok juf niul wal,
母　跪　地生我

Kub wal ninb lil gheil,
怜　我　母　理屎

Xeek jus lab dangl mul.
理　屎　于夜深

Jof hveeb Dongf bub diot Diel Diel,
无奈　懂　回到丢丢

Diob Dliad Bangf mul nenl.
到　加邦　下边

Dongf mul songs dongk dab niul,
懂　去送懂　孩子

Dongf mul songs dongk kangb nangl,
懂　去送懂　妻子

Vangs ghol haos wal ninb niul,
孩　子说我父亲

"白碟保不住家，

杀不退敌，

懂德才能保住家，

杀退敌。

让白碟去嫁，

让懂德保家。"

懂德左思右想，

懂德煞费苦心，

可怜我娘亲，

跪起双膝生下我，

一把屎来一把尿，

白天夜晚扶持大。

无奈他回到丢丢，

到加邦的地方。

懂德去跟孩子告别，

去送别妻子，

孩子说是我父亲，

Vangs gangk dab deid bail,
孩　子　拉　手　臂

Sees haos wal kangb nangl,
妻　子　说　我　夫

Sees gangk dliub hud yil.
妻　子　拉　头　发

Seet pangb hvaob dlial dlil:
妻　子　把　话　说

"Dongf dieeb fenb sox leel,
懂　杀　敌　能　彻

Mongt mul ghob xid dengl,
你　回　去　也　罢

Dlenl waf mongt khangb neid dol,
带　好　你　的　猎　枪

Mieef fieet gheb xongd vel,
拿　好　你　纺　车

Dongk teek fenb seed niul."
回　你　家　乡　去

Qak nod nof was baif tiees mul lol,
这　样　才　放　白　碟　去　嫁

Miees Dongf tees lil vangl.
留　懂　德　保　家

Baif Diees ghaot jek baif nof ghenb xud vaol,
白　碟　嫁　出　白　才　带　纺　车

Ghenb fab lieex mul kod lol,
带　纺　车　去　纺　线

Jek ghaot fenb Diel Diel,
嫁　到　方　丢　丢

Ghaot lab vangl Dliab Bangf mul nenl.
嫁　个　寨　加　邦　下　头

Dongf Dees ghob diangd lil vangl,
懂　德　才　又　看　家

Ghenb xangb zef diangd bof laol bail,
田　埂　塌　才　砌　上　来

孩子来拉他手臂，

妻子说是我丈夫，

妻子来拉他衣服。

妻子把话说：

"保家固然重要，

你就回去罢，

带好你的猎枪，

拿好你的武器，

回你家乡去吧。"

这样才换成女人去嫁，

男人留下保护家。

白碟嫁出带去纺车，

她才纺纱织布，

嫁到丢丢去，

加邦的地方。

懂德留下保家，

当田埂坍塌，

Ghenb niangs zef diangd yof mul deel,

田　里　荒　又　开　下　去　　　　　　　　他又开荒建田，

Dongf diangd mul seet dint dal jeeb jil,

懂　再　去　砍　棵　杉　树　来　　　　　　他砍杉树架涧，

Dieeb diot lieex ghob vol,

架　　涧　到　田　中　　　　　　　　　　接涧到田中，

Sangt ghob xenf niub nail benl,

放　　就　发　展　鲫　鱼　　　　　　　　有水鲫鱼发，

Saos ghos yof yab ghaol yeel,

种　　就　丰　收　稻　谷　　　　　　　　稻谷也丰收，

Gib ghob dangf ghod niaol,

田　螺　像　铜　鼓　　　　　　　　　　田螺像铜鼓，

Genb khaob dangf kad bal,

水　虱　像　蓑　衣　　　　　　　　　　水虱像蓑衣，

Nail daib dangf jend jaol,

泥　鳅　像　春　碓　　　　　　　　　　泥鳅像春碓，

Liaos ghob xenf haot nenb gheed bail.

黄　鳝　发　像　大　蟒　蛇　　　　　　黄鳝也大像蟒蛇。

Dongf mis diangd qib ghal niol:

懂　　母　又　　把　话　说　　　　　　懂德母亲把话说：

"Mox ek naix jus jeel ngangl,

你　　吃同　一只　乳　　　　　　　　"都是共吃母乳大，

Bieet saix jus wenl laol,

睡　　同　一　潭　来　　　　　　　　共是母亲生，

Yos dees ghot vax xib dax bail,

哪　个　也　不　拉　手　去　　　　　　不是娘亲恶意把谁嫁，

Vax yenf niux seib mul lol,

不　强　迫　去　嫁　出　　　　　　　逼迫谁离开，

Faik nof dax niangb wul jangl,

水　自　流　深　洼　处　　　　　　　水自然往低处流，

Faik yof huib nail zangl,

河　自　任　鱼　游　　　　　　　　　河自然任鱼游，

Bongk dax niangb bail veel,

理　自　在　　摆　野　　　　　　　　嫁也是按摆野岩规，

Bongk nof ib nieel lol,

理　自　定嫁　人　　　　　　　　　　椰理议定嫁人，

Mox ghob ghaot neek veeb bail veel,

你　就　嫁　随　岩　摆　野　　　　　　你嫁出也是椰岩规理，

Lol neek qieb deel songl,

老　随　椰　德　笪　　　　　　　　　　离家也是椰理规章，

Max bal hveeb dif ghod niaol,

不　伤　心　桶　铜　鼓　　　　　　　　你别担心谁议论，

Vax ninl mas waif aid lol.

不　害　羞　脸　大　姐　　　　　　　　别顾忌谁嘲笑。

脚车莫老港说

王杰记录整理

二、婚姻岩

这是一段关于婚姻栽岩的贾词，最初栽岩在"德丢"，据说是在湖南那边，具体位置已经不清楚了，后来栽在"能友丢欧"，即今天榕江县都江村，再后来又栽在"摆野汪利"，今三都上江境内。最初的栽岩，大多数都是围绕着有权势人的利益而栽，那些身患疾病，生活困难的穷苦人民没有太多利益。所以，又增加新岩，打破门当户对和包办婚姻，尊重男女自由恋爱，不受家庭背景和自身条件约束，不一刀切，有钱彩礼就多一点，无钱彩礼就少一点，甚至无彩礼也可以结婚。

Ghaot neid mib jil gil,

古　　时　人们立规　　　　　　　　　　古代人们议椰，

Laof lab veeb Deel Diul,

栽　个　岩　德　丢　　　　　　　　　　栽岩在德丢 ①，

Gil Dliab Bangf laol nenl,

规　加　邦　往　下　　　　　　　　　　加邦的下边，

---

①德丢：即德丢加邦，地名，据说在湖南那边，具体位置不清楚。

Dof niut ghenb diangl wangl,
到　年　后　　了　　的　　　　　　　　　　　过了若干年，

Deix ninb diangd veel gil,
哥　嫂　又　　立　规　　　　　　　　　　　哥嫂又移岩，

Mis diangd ghenb xaof laol bail,
母　又　　扛　桩　来　上　　　　　　　　　父母拿榔上来，

Ghenb veeb diob Nenl Yol,
扛　　岩　到　能　友　　　　　　　　　　　带到能友①，

Gil Diux Ub laol jil.
规　丢　欧　来　栽　　　　　　　　　　　　栽在丢欧。

Sal at veeb dix deel,
全　做　岩　巩　村　　　　　　　　　　　　栽岩保村寨，

Gil jongt senb ninx dlenl,
规　固　千　载　长　　　　　　　　　　　　榔规千年长，

Wens niut ghob vax leel.
万　年　也　不　动　　　　　　　　　　　　万年也不动。

Dof niut ghenb diangl wangl,
到　年　后　　了　　的　　　　　　　　　　　过了若干年，

Deix ninb diangd veel gil,
哥　嫂　又　　立　规　　　　　　　　　　　哥嫂又移动榔规，

Mis diangd ghenb xaof laol bail,
母　又　　扛　桩　来　上　　　　　　　　　父母又栽岩上来，

Ghenb veeb diangd diob Bail Veel,
扛　　岩　又　到　摆　野　　　　　　　　　栽岩在摆野②，

Guf Wangs Lit laol jil.
坡　汪　利　来　栽　　　　　　　　　　　　在汪利坡上。

Xul dof bub xul mul,
各　段　来　各　村　　　　　　　　　　　　各村派代表，

Xul bak los xul vangl,
各　父　来　各　寨　　　　　　　　　　　　各寨来能人，

---

①能友：即能友丢欧，地名，今榕江县八开镇都江村。

②摆野：即摆野汪利，地名，今三都县上江镇境内。

Dit　dios bub Venx Diul,
帝迭来　自　应　堆　　　　　　　　帝迭①来自应堆②,

Los Ub Bangf laol deel,
从　欧榜　下　来　　　　　　　　　从欧榜下来,

Los diot ghenb Bail Veel,
来　到　下　摆野　　　　　　　　　他来到摆野,

Guf Wangs Lit laol deel.
坡　汪　　利来　下　　　　　　　　汪利山坡上。

Jib dab qib ghal niof:
他们来　商　量　　　　　　　　　　大家商量说:

　"Bub baib　veeb at geed dees saix jil,
　不知我们岩　怎么　来　共栽　　　　　"我们岩怎么来栽,

　Baib hvaob at geex dees saix songl?
我们话　怎么　来共说　　　　　　　　规章怎么定?

Bub baib　nees dliok at geex dees liangl,
不知我们秤　星　怎么　来　刻　　　　　秤星怎么刻,

Dlongs kheek at geex dees dal?"
等　次　怎么来　定　　　　　　　　　等次怎么定?"

Hvaob niangb ghet dil mal,
话　在　公　帝马　　　　　　　　　　帝马爷有话说,

Fab niangb ghaib niul niul,
策　在　爷柳扭　　　　　　　　　　　柳扭爷③有策略,

Bail nins haot yongx xeel,
把　胡　像羊　胡　　　　　　　　　　下巴生一把白胡子,

Niof mas haot dex liol.
双　眼　像　镀铜　　　　　　　　　　双眼炯炯有神。

Niox ob dab qib ghal niol:
那　他俩　开　口　说　　　　　　　　他俩开口说:

---

①帝迭:人名,之后提到的帝马爷也是他,组织栽岩的人。

②应堆:地名。

③柳扭爷:人名,他和帝马爷组织栽岩议榔。

"Veeb at ob sangx jil,
岩 按 二 等 栽
                                 "岩按二颗栽,

Hvaob at ob sangx songl,
话 按 二 等 定
                                理按二等定,

Nees dliok at ob liangl,
秤 星 刻 二 两
                                标尺刻二道,

Dlongs kheek at ob dal."
规 章 定 二 条
                                规章定二条。"

Jil lab veeb Bail Veel,
栽 个 岩 摆 野
                                栽成摆野岩,

Guf Wangs Lit dangl bail,
岭 汪 利 上 面
                                汪利坡上边,

Sal at veeb dix deel,
全 做 岩 巩 村
                                栽岩保村寨,

Gil jongt senb ninx dlenl,
规 固 千 载 长
                                椰规千年长,

Wens niut veeb vax leel.
万 年 岩 不 动
                                万年不许动。

Dof niut ghenb diangl wangl,
到 年 后 了 的
                                到了第二年,

Wok tob xaot Dlox Vol,
偓 驼 住 罗 沃
                                偓驼①家住罗沃②,

Wok lef gil fenb yaol,
偓 楼 矮 村 小
                                通知不到她,

Ghet ghuit dil diaos diul,
公 贵 来 到 那
                                贵爷也一样,

Jib dab dax yal gol,
他 们 来 最 后
                                后面才知道,

Xab ghenb max nel nangl,
末 尾 赶 不 上
                                赶不上议椰,

---

①偓驼:人名,她和贵爷勇敢地对婚姻岩提出意见,打破世俗权贵有钱就可以买的婚姻,推行自由恋爱,使苗族婚姻习俗不断完善。

②罗沃:地名。

Laol vax jas mix veeb dlangb ghax jil,
来　不　遇 他们岩　榔　　正　栽　　　　　　不清楚当时情况，
Laol vax jas mix hvaob xenb ghax songl.
来　不　逢 他们话　理　正　说　　　　　　不晓得榔规按二等定。
Wok tob diangd gangf dinb det jux niub laol bail,
偓　驼　又　　驻　根 树竹杖　来 上　　　　偓驼挂拐杖来到现场，
Khaid veeb dlangb khaol khaol,
敲　　岩　榔　　当　当　　　　　　　　　用拐杖敲榔岩当当响，
Diaot veeb dlangb linl ghenl.
偏　岩　榔　　不　正　　　　　　　　　　说是岩规没有健全。
Wok tob ghob qib ghal niol:
偓　驼　就　开　口　说　　　　　　　　　偓驼问道：
　"Mox veeb at geex dees saix jil,
　你　岩　按多　少　条　栽　　　　　　　"你们岩栽几个，
Mox hvaob at geex dees xaix songl?"
你　话　按多少　理　定　　　　　　　　　规章定几条？"
Hvaob niangb ghet dil mal,
话　　在　　公　帝 马　　　　　　　　　帝马爷有话语权，
Fab niangb ghaib niul niul,
策　　在　　爷　柳　扭　　　　　　　　　柳扭爷负责策划，
Bail nins haot yongx xeel,
把　胡　像　羊　胡　　　　　　　　　　下巴生一把白胡子，
Niof mas haot dex liol.
双　眼　像　镀　铜　　　　　　　　　　双眼炯炯有神。
Niox ob dab qib ghal niol:
那　他 俩 开　口　说　　　　　　　　　他俩开口说：
　"Veeb at ob sangx jil,
　岩　按二 层　栽　　　　　　　　　　　"岩按二颗栽，
Hvaob at ob sangx songl,
话　　按二 等　定　　　　　　　　　　　理按二等定，
Nees dliok at ob liangl,
秤　星　刻 二 两　　　　　　　　　　　标尺刻二道，
Dlongs kheek at ob dal.
规　章　　定二条　　　　　　　　　　　规章定二条。

Jil lab veeb Bail Veel,
栽 个 岩 摆 野　　　　　　　　栽成摆野岩，

Guf Wangs Lit dangl bail,
岭 汪 利 上 面　　　　　　　　汪利坡上边，

Sal at veeb dix deel,
全 做 岩 巩 村　　　　　　　　栽岩保村寨，

Gil jongt senb ninx dlenl,
规 固 千 载 长　　　　　　　　榔规千年长，

Wens niut veeb vax leel."
万 年 岩 不 动　　　　　　　　万年不许动。"

Wok teb diangd qib ghal niol:
偓 驼 有 把 话 说　　　　　　　偓驼对他俩说：

"Hvad mox veeb at ob sangx jil,
看 你 岩 按二层 栽　　　　　　"你们岩只栽二颗，

Hvaob at ob sangx songl,
话 按二等 定　　　　　　　　榔理只定二等，

Nees dliok at ob liangl,
秤 星 刻二两　　　　　　　　标尺只刻二道，

Dlongs kheek at ob dal.
规 章 定二条　　　　　　　　规章只定二条。

Nens bongk deef vax nenl,
棉 絮 谁 不 穿　　　　　　　　我担心穷苦没人牵手，

Tas hvok deef vax lol.
咳 嗽 谁 不 要　　　　　　　　病痛没人结婚。

Neid baib dex veeb diangd jil,
那 我们拔岩又 栽　　　　　　我们重新规定，

Baib yix hvaob diangd songl,
我们改话 又 说　　　　　　　修改好再栽，

Baib jil waos diot diongb ngangl,
我们栽等 至 膝 盖　　　　　　栽个至膝盖，

Jil waos diot qub ul,
栽 等 至 腰 间　　　　　　　　栽个至腰间，

Jil waos diot hed jeel.
栽 等 至 肩 膀　　　　　　　　栽个至肩膀。

Neid jeel gangt nof xas jeel niul,

这　干柴　才配生柴　　　　　　　　　这样穷苦方能配富贵，

Dal vut nof xas dal bal,

个　好才配个差　　　　　　　　　　　陋室方能配豪门，

Eed nof xas jul genb pid deel,

这才配完蚂　蚁虫　　　　　　　　　　配完树中蚂蚁，

Vangt gheek nas geed gongl,

郎　屎　壳路中　　　　　　　　　　　配完路中屎壳郎，

Xas jul dab lied bail,

配完人残疾　　　　　　　　　　　　　配完身患疾病，

Jid liangk jus kad linl.

弟跛　脚乞丐　　　　　　　　　　　　配完穷困潦倒。

Neid jeel gangt nof xas jeel niul,

这　干柴　才配生柴　　　　　　　　　这样穷苦能配富贵，

Dal vut nof xas dal bal,

个　好才配个差　　　　　　　　　　　陋室能配豪门，

Dal dlas nof pieeb xeex mal,

个　富自花　银买　　　　　　　　　　有钱人花钱买婚，

Meib gheit lis neix lol,

用　钱换他老　　　　　　　　　　　　用钱结婚完一生，

Dal dlas xib nix mal,

个　富牵牛卖　　　　　　　　　　　　贵人拉牛去换，

Xib niaf lis neix lol,

拉　牛换他老　　　　　　　　　　　　用牛换成婚毕生，

Dal xat meib niux yaol,

个　穷用　嘴唱　　　　　　　　　　　穷人靠嘴去说，

Meib laot yongs neix lol.

用　口说　他老　　　　　　　　　　　说成结婚毕生。

Neid jeel gangt nof xas jeel niul,

这　干柴　才配生柴　　　　　　　　　这样穷苦能配富贵，

Dal vut nof xas dal bal,

个　富才配个差　　　　　　　　　　　陋室能配豪门，

Jees niof jees ghongb lol,

各　对各相　配　　　　　　　　　　　双双配成对，

Jus ghaot deix ninb nenl,

婚 嫁 成 夫 妻　　　　　　　　　　　结婚做夫妻，

Lol mis seet liangl zeib mal,

完 母 恩 两 五 卖　　　　　　　　　完成婚姻真理，

Lab niul wangs diut bux lob dlenl.

条 礼 娘 养 终 究 结　　　　　　　一条结婚之道终落成。

Neid vax niangb dal dees laol ghaob ngaol,

这 没 有 哪 个 剩 单 身　　　　　没有剩下谁单身，

Saos yangf bail jab dol."

剩 下 火 坑 边　　　　　　　　　　孤独守老屋。"

Wok tub diangd qib ghal niol:

偓 驼 又 开 口 说　　　　　　　　　偓驼又来说：

"Wal bieeb jux leit nof niul,

我 怀 九 月 才 生　　　　　　　　　"母亲十月怀胎，

Mub jux mangt nof laol,

痛 九 夜 才 来　　　　　　　　　　疼痛九月方生出，

Kub wal ninb jil ngangl,

怜 我 嫂 屈 膝　　　　　　　　　　可怜母亲屈膝生，

Ik laof jus niul yul,

膝 跪 地 生 来　　　　　　　　　　双膝跪地分娩，

Nof dangt diees niux nenl.

才 产 新 生 儿　　　　　　　　　　好不容易生出来。

Wal ghos jif jub eb jul dol,

我 就 戒 完 水 完 柴　　　　　　　母亲戒一切家务，

Jif jul dliongb jul jaol,

戒 完 舂 完 碓　　　　　　　　　　戒一切农活，

Wal lob vax naix wieel,

我 脚 不 碰 锅　　　　　　　　　　脚不碰锅灶，

Bail vax weit dlas jux dleil,

手 不 触 甑 子 边，　　　　　　　手不碰甑子，

Neid nof dangt diees niux nenl.

这 才 产 新 生 儿　　　　　　　　好不容易把儿生。

Kab nab meif nex liol,

太 阳 用 树 荫　　　　　　　　　　太阳辣摘枝叶遮阴，

Eb nongs guk yux dial,
下 雨 雨 伞 遮　　　　　　　　　落雨撑开雨伞挡雨，

Venx hveeb wal laod fol,
山 岭 我 折 桦　　　　　　　　　山头折桦，

Diongl liongs liok zeid liol,
山 川 摘 野 泡　　　　　　　　　山下摘野果，

Liok benx dleib geed gol,
摘 花 逗 背 上　　　　　　　　　母亲背上儿欢乐，

Neid nof dangt diees niux nenl.
这 才 成 年 轻 人　　　　　　　几经风雨才长大。

Heek bait nix diangb sol,
借 名 牯 牛 称　　　　　　　　　借牯牛名称富贵，

Kheek at nix zeib dal,
定 为牛 五 头　　　　　　　　　彩礼定为五头牛，

Heek bait xeex diangb sol,
借 名 白 银 称　　　　　　　　　借白银名称富贵，

Kheek at xeex zeib liangl,
定 为银 五 两　　　　　　　　　彩礼定为五两银，

Niaol zeib lab bad dil."
鼓 五 个 不 动　　　　　　　　　这是古理不能动。"

脚车莫老港说
王杰记录整理

三、做亲做戚

　　杨光林说姜文发掌握贾理，所以我专程去高帮拜访他。姜文发说了这段贾，感觉有些不完整，也许是时间久记不清了，这段贾的内容大致是说古代婚姻礼节太多，路程太远，要打破旧俗进行婚姻改革。

Baib at xub saos vangl,
我们结亲 到 寨　　　　　　　　　我们结亲到村，

At kheet saos fenb,
结戚 到 村　　　　　　　　　　　结戚到寨，

Diut vangl dliab geed wax,

六　寨　加　坡　上　　　　　　　　六寨加①住山坡，

Yif vangl liux geed daib.

八　寨　柳　河　边　　　　　　　　八寨柳②住沿河。

At xub saos geeb yol ghot deit,

结亲　到　蜻　蜓　翅　膀　　　　　结亲涉及每村每寨，

At kheet saos genb vees ghob xenb,

结戚　到　蜘　蛛　网　丝　　　　　结戚涉及每户每人，

At xub mul jux juf jux ninx jeed niel,

结亲　走　九　十　九　年　礼　俗　　结亲九十九种礼俗，

At kheet mul xongs juf xongs sangs nix tiab.

结戚　走七　十　七　道　仪　式　　　结戚七十七道仪式。

Mul sob mul maos sob dof dleil,

蓑　衣　线　眼　针　自　穿　　　　蓑衣有眼针线穿，

Mul pieek mul jens suant max tongb,

去　女　去　男　算　不　清　　　　男女礼俗算不完，

Dlenb nix wais ded,

颈　　牛　换　砍　　　　　　　　换位思考，

Hed mil wais paib,

头　马　换　劈　　　　　　　　　将心比心，

Ghenf eb jit wais ghent,

扁　　担交　换　挑　　　　　　　扁担交换挑，

Jul sad jit wais deif.

春　碓　交　换　踩　　　　　　　春碓交换踩。

Wais niub naix at niub geed,

换　大　米　为　黍　米　　　　　　大米换成黍米，

Wais aid dod at nax niub.

换　姑　娘　为　媳　妇　　　　　　姑娘嫁成媳妇。

At diangs diof liab dal gek,

伸冤　需　要　恶　人　　　　　　伸冤需要恶人，

---

①加：苗族的族内划分，类似于支系。

②柳：跟上面"加"的意思相同。

At khait diangd liab dal mas,
结 亲 需 要 善 人 　　　　　　　　　结亲需要善人,
Ed dal eb deex nail diof jeet,
看 条 水 平 鱼 才 上 　　　　　　　水缓鱼才游,
Ed dal dlongs biees nix diof henb.
看 座 山 平 牛 才 走 　　　　　　　坡平牛才走。

高帮姜文发说
王杰记录整理

四、订婚

　　苗族订婚仪式的其中一项流程是看鸡眼睛。订婚那天,媒人到女方家说这段贾的时候,将公鸡的脖子握在手中,边说边捏直至鸡窒息死亡,然后按常规拔毛煮熟,再看鸡的双眼。当鸡双眼整齐就视为吉利,订婚成功。如果鸡的眼睛一只开,一只闭,或者一只凸,一只凹,就视为不吉利,双方结合难以偕老,这门婚事自然放弃。

Max dongf fangb mis gongb dinb max diul,
不 说 母 亲 古 话 不 记 　　　　　　不传老人古话不记,
Max xens dail zeis yul bak geed ghaot max haib.
不 讲 老 人 父 亲 道 理 不 知 　　　不讲老人古理不知。
Dongf diaot dangb xub,
讲 到 以 前 　　　　　　　　　　　讲那以前,
Xens diot yul seix,
谈 到 过 去 　　　　　　　　　　　说那过去,
Dongf diot dangl deix dangl qid,
讲 那 头 起 头 初 　　　　　　　　讲那最初,
Xens diot dangl hangd dangl niak,
谈 那 头 开 头 始 　　　　　　　　说那原始,
Dongf diot baib benf mis neib nax lol laol,
讲 到 我 们 母 亲 老 人 来 　　　　讲我们最初的人,

Xens diot baib benf bak sangs niut ghaot dax.
谈　到　我们　父亲　古老　到　　　　　说我们最早的事。

Khaib xub seex nof mul leet geed daol,
结　亲　那　才　走　到　远　方　　　　　结亲行很远的地，

At kheet seex nof mul saos khangd feib,
结戚　那　才　连　到　远　　地　　　　　联姻走遥远的路，

Khaib xub mul jex nab geed fenx mul max saos zaid,
结　亲　去　九　天　路　亮　去　不　到　家　　连续九天行不到，

At kheet mul xongs menl geed zek ghot mul max saos qot,
结戚　去　七　夜　路　黑　也　去　不　到　屋　　连续七夜回不来，

Ghent ik mul hangt xul das nangx,
包　　肉　去　臭　肉　死　草　　　　　口袋肉臭死野草，

Ghent geed mul deif dangd leil deis.
包　　饭　去　踩　路　稀　烂　　　　　包裹饭烂像泥潭。

Dangt nais lieb niangb dal niangx said seid,
由　于　事　大　个　女　　赛　岁　　　　因赛岁姑娘出大事，

Diangl nais dal dongs jit seis,
因　为　个　朵　计　虽　　　　　计虽女人被杀，

Ob dab xangb wangb nail zenb,
他　俩　美　　像　蓝　刀　　　　　她漂亮像水中蓝刀，

Yangd yaox vok nenl,
漂　亮　向　东　　　　　美若天仙，

Qet jaof nail nos,
丽　像　蓝　刀　　　　　靓丽像河中黄尾，

Yad yeet jeet jes.
潇　洒　向　西　　　　　艳像仙人。

Dangt nees Saib Zeib Ngol Bul,
因　为　塞　追　沃　部　　　　　因为嫁去塞追沃部，

Diangl nees wangs diut gud bok,
因　为　汪　丢　固　渤　　　　　因为嫁去汪丢固渤，

Leeb max ghad nid,
猴　不　高　兴　　　　　土匪没心没肺，

Fais max ghab qinb,
猩　不　开　心　　　　　坏人丧尽天良，

Jangx cab ghad bail,
拿 弓 在 手   拿弓在手,

Dait zaib ghas xis,
拿 刀 在 鞘   藏刀在鞘,

Zeib dal niangx said seid diaot Ghaib Jaox Nail Xal,
害 个 女 赛 岁 在 垓 窖 乃 峡   害赛姑娘在垓窖乃峡,

Dat dal dongs jit seib diot Hangd Diees Nail Nent,
杀 朵 计 虽 在 给 旱 跌 乃 能   杀计虽女人在旱跌乃能。

Nenl max bub nenl diangd haot niangb jes,
东 不 知 东 又 说 在 西   郎家不知郎家说在娘家,

Jes max bub jes diangd haot niangb nenl,
西 不 知 西 又 说 在 东   娘家不晓娘家说在郎屋,

Fangb dof max liangl,
村 不 清 楚   全村不清楚,

Wangs dof max beb.
寨 不 明 白   全寨不明白。

Nios dlel lieb langx,
凝 血 像 碗   血凝像碗罐,

Xeef geed lieb xib.
蛆 虫 像 手   蛆虫像手腕。

Ghaib eb das nax,
水 头 出 事,   听到有人被杀,

Gof eb nangd sent,
水 尾 清 楚   众人闻风丧胆,

Fenb daib keeb jenx nenl,
天 下 颤 像 鼠   天下颤像鼠,

Fenb daos lieef jenx daob,
大 地 抖 像 缎   大地抖像缎,

Fenb xub khangd daol max mul dongl,
远 方 朋 友 不 去 访   远方的朋友不敢去访,

Was kheet khangd faib max mul diangb,
远 路 亲 戚 不 去 探   远路的亲戚不敢去探,

Dlangd lieex lieex dax nangx,
荒 田 田 生 草   荒田生野草,

Dlangd las las dos det,
荒　　地　地　生　树　　　　　　　　　　　荒地生树木，

Sangx pieek pieek lol ninx,
荒　女　女　不　嫁　　　　　　　　　　　荒女人不嫁，

Sangx jens jens lol niaos,
荒　男　男　不　娶　　　　　　　　　　　荒男人不娶，

At ves max laol,
无　可　奈　何　　　　　　　　　　　　　无可奈何，

At dlinl max dax.
无计　可　施　　　　　　　　　　　　　　无计可施。

Fenb diof vuaix dal bid,
各　村　选　能　人　　　　　　　　　　　各村又来选能人，

Vangl diof hvok dal mieef,
各　寨　选　寨　佬　　　　　　　　　　　各寨又来选寨佬，

Faib dof ghok dal dliad,
村　选　聪　明　人　　　　　　　　　　　村选聪明人，

Vangl dof ghok dal benb,
寨　选　精　干　汉　　　　　　　　　　　寨选精干汉，

Lax geed dof geed jeet zaix yenx,
人　再　架　桥　上　宰　应　　　　　　　架桥上宰应，

Hed jos lok,
过　河　流　　　　　　　　　　　　　　　过河流，

Bax diot Eb Diangx,
下　到　欧　奖　　　　　　　　　　　　　下到欧奖，

Los diot Eb Deik,
来　到　欧　德　　　　　　　　　　　　　来到欧德，

Bax wieex ghaib jex nail xal,
下　到　垓　鸠　乃　峡　　　　　　　　　下到垓鸠乃峡，

Los wieex hangd jens nail liait,
来　到　旱　芩　乃　利　　　　　　　　　来到旱芩乃利，

Neid nof mif nix dlenb bal diongl,
那　才　砍　牛　颈　议　榔　　　　　　　那才砍牛头议榔，

Fieex gab diot jeel lil,
挂　角　在　榔　上　　　　　　　　　　　挂牛角在榔上，

Jib deix diof gol jib deix at dab neil,
兄 弟 才 喊兄弟 叫舅 舅　　　　　　　　　兄弟才称兄弟叫舅舅，

Mif liod xend dos saik,
杀牛 头 栽岩　　　　　　　　　　　　　　　杀水牛栽岩，

Fieex gab diot jeel seek,
挂 角 在 岩 上　　　　　　　　　　　　　　挂牛角在岩中，

Aid dod diof gol aid dod at wok deek.
姊 妹 才 喊 姊妹 叫亲 家　　　　　　　　　姊妹才喊姊妹叫亲家。

Laol lil diangd at wail,
改 田 又 变塘　　　　　　　　　　　　　　　改变田成鱼塘，

Bal vangl at kheet,
本 寨 结亲　　　　　　　　　　　　　　　　本寨结亲，

Khaib xub dlaos vangl,
结 亲 到 寨　　　　　　　　　　　　　　　　结亲到寨，

At kheet dlaos faib,
结 戚 到 家　　　　　　　　　　　　　　　　结戚到家，

Khaib xub ghab dongs nongl,
结 亲 于 柱 仓　　　　　　　　　　　　　　　结亲在仓脚，

At kheet ghab dongs laf,
做 戚 于 柱 下　　　　　　　　　　　　　　　结戚在晾下，

Dlenb nix diof jit wangs ded,
牛 头 才 交换 砍　　　　　　　　　　　　　　牛头交换砍，

Hangd mil diof jit wangs paib,
马 头 才 交换 劈　　　　　　　　　　　　　　乱姓不乱房，

Ghenf eb diof jit wais ghent,
扁 担 才 交 换 挑　　　　　　　　　　　　　扁担交换挑，

Jel sad jix wais deif,
春 碓 交 换 踩　　　　　　　　　　　　　　　乱人不乱事，

Dab ninb aid dod diof jit wais yas,
媳 妇 姊妹 才 相互 养　　　　　　　　　　　婆媳姊妹才相互养，

Deix jid bak dab diof jit wais bof.
兄 弟 父 子 才 相 互 扶　　　　　　　　　　兄弟父子才相互扶。

Lab neid wal leef dongf at hvub bail ghaid,
这 个 我 只 说 当作 真 谛　　　　　　　　　这话我当作真谛，

Wal leef xas at langs bail jib,

我　只　讲　当作　　道　理　　　　　　　　这语我拿当真理，

Wal duix lab niul,

我　不　用　新　　　　　　　　　　　　我抛开新规，

Daid lab ghaot.

依　照　古　　　　　　　　　　　　　　遵从旧习。

At vaos max laol,

没　有　办　法　　　　　　　　　　　　无可奈何，

At dlinl max dax,

无　计　可　施　　　　　　　　　　　　无计可施，

Jib deix diof gol jib deix at dab neil,

兄　弟　才　称　兄　弟　叫　舅　舅　　　兄弟才称兄弟叫舅舅，

Aid dod diof gol aid dod at wok deek.

姊　妹　才　喊　姊　妹　叫　亲　家　　　姊妹才喊姊妹叫亲家。

Lab neid wal leef dongf at hvub bail ghaid,

这　个　我　只　说　　当作　真　谛　　　这话我当作真谛，

Wal leef xas at langs bail jib.

我　只　讲　当作　　道　理　　　　　　　这语我拿作真理。

Dangt nas nab nod ob dal dab yut nod,

由　　于　天　这　两　位　年　轻　人　　由于今天这两位年轻人，

Dab jens at bait saib,

男　的　叫做　筛　　　　　　　　　　　男的叫做筛，

Dab pieek at bait benx,

女　的　　叫做　本　　　　　　　　　　女的叫做本，

Ob dab diot yenf wangf ghab diux,

他　俩　从　阎　王　　大　门　　　　　　他俩从阎王大门牵手来，

Yent dit ghab zaid,

玉　帝　家　中　　　　　　　　　　　　玉帝家中搭配到，

Dios fab ghongb xad,

是　阎　王　　配　　　　　　　　　　　是阎王牵手，

Mongt deis gheit,

玉　　帝　许　　　　　　　　　　　　　玉帝许配，

Xax jeet ghaob,

情　相　投　　　　　　　　　　　　　　情相投，

Mais jeet gheit,
命　相　融　　　　　　　　　命相融，
Dit dios faib ghongb xax,
投　是　玉　帝　　配　　　　是玉帝牵手，
At dios yif wangf hvaot,
融　是　阎　王　许　　　　　阎王许配，
Dios jis jox niangx yangd laol,
是　同　条　船　　渡　来　　是同条船渡来，
Dios jis jox diees dongf dax.
是　共　座　桥　　走　到　　共座桥走到。
Xax did jit ghaob,
情　又　相　投　　　　　　　情相投来，
Mens did jit gheit,
命　又　相　融　　　　　　　命相融，
Lax ghab diongl dof ghangd,
男　山　脚　才　喊　　　　　男人山脚喊，
Dal hangd diongl dof deib,
女　山　头　才　应　　　　　女人山头应，
Lax yangk haot ol,
男　又　叫　哦　　　　　　　男人叫好，
Dal yangk haot hak.
女　又　叫　哈　　　　　　　女人叫爽。
Nab nod qangb dlaix zeid ded,
天　这　穿　线　扣　子　　　今天线通穿衣扣，
Caot dlof bieex seex,
穿　绳　铜　钱　　　　　　　绳连串铜钱，
Nab nod hvaob seix nab xed,
天　这　选　得　好　日　　　选得好日子，
Vangs dot mangt wut,
看　中　好　天　　　　　　　看中好吉时，
Nab dlox dangf niul,
天　园　像　鼓　　　　　　　日圆像铜鼓，
Mangt dees dangf gax.
夜　满　像　笙　　　　　　　夜好像芦笙。

Baib diof jit xens laol kheeb xub,
我们 才 商量 来 结 亲　　　　　　　　我们才来商量结亲，

Wal diof jit xens laol at kheet,
我 才 讨论 来 结亲　　　　　　　　　讨论结亲，

Lob gheeb diof jit xens laol laod,
鸡 脚 才 决定 来 断　　　　　　　　决定拿鸡掰断脚，

Lob aok diof jit xens laol wes,
鸭 子 才 定夺 来 杀　　　　　　　　拿鸡杀看眼，

Neid lax dof vab nieex kheeb,
这 男 才 下 钱 捆　　　　　　　　　男方下定金捆绑，

Dal dof vab od vees,
女 才 用 衣 套　　　　　　　　　　女方出衣服定情，

Qok dex max tad,
疙 瘩 不 松　　　　　　　　　　　像疙瘩松不起，

Qok sangx max fif.
结 头 不 解　　　　　　　　　　　像结头解不开。

Kheeb xub at ninx lol nab,
结 亲 做年 满天　　　　　　　　　结亲千年长，

At kheet dlongk lol dis,
结戚 就 满辈　　　　　　　　　　结戚一辈子，

lax max bab fieeb,
男 不 反 悔　　　　　　　　　　　男方不反悔，

Dal max bab fad,
女 不 懊 丧　　　　　　　　　　　女方不懊丧，

Ob dab xax nof jit baol niangb lol,
他们 命 才 互保 到 老　　　　　　他们长命相保到老，

Mens nof jit bof niangb laix.
人 才 相护 到 终　　　　　　　　好人相扶到终。

Neid ob dab daib jit hof xax,
那 他们 地 相和 人　　　　　　　他们人相和，

Kub dab jid nof diangl,
生 子 女 才 长　　　　　　　　　生孩子才长，

Wax jit hof mens,
天 相和 命　　　　　　　　　　　命相投，

Yas vangt bid nof liub.

养　子　女　才　大　　　　　　　　　　　养子女才大。

Ob dab kub dab geed eb nof xeef nail mieex nail geed,

他　们　生　儿　水　路　才　发　黄　尾　　蓝　刀　　他们水路生儿像黄尾蓝刀，

Yas vangt geed bail nof xeef nes ghaid nes jit,

养　子　　陆　路　才　发　斑　鹟　雪　鸟　　　陆路生子像斑鹟雪鸟，

Kub dab jens nof at mub bais vangl,

生　男　孩　才　为　苗　守　寨　　　　　　　生出男孩保家护寨，

Yas dab pieek nof diot mis bail faib.

养　女　孩　才　为　母　天　下　　　　　　生出女孩嫁为天下母亲。

Nab nod hvaob seix nab xed,

天　这　择　　得　日　好　　　　　　　　今天择好日子，

Vangs dot mangt wut,

选　　得　夜　　吉　　　　　　　　　　选好吉时，

Lob gheeb nof jit xens laol laod,

鸡　脚　　才　决　定　来　断　　　　　　决定拿鸭掰断脚，

Lob aok diof jit xens laol wes,

鸭　子　才　定　夺　来　杀　　　　　　　拿鸡杀看眼，

Gheeb nex sad gheeb ghot ngeet nab,

鸡　　啄　米　鸡　也　知　日　　　　　　鸡啄米鸡知道好日，

Mongl nex xix mongl ghot ngeet diangs.

师　　吃　钱　师　也　识　案　　　　　　师拿钱师了解案情。

Mox dal gheeb ngex veel,

你　只　鸡　圈　中　　　　　　　　　　你是只圈中鸡，

Mox dal lius ngex qib,

你　只　凤　笼　关　　　　　　　　　　笼中凤，

Wal vab wal bail jeeb xangb mub baib xangb mul daib,

我　用　我　手　黄　金　抹　三　手　往　下　　我用我黄金手在鸡身朝下抹三下，

Mox ghot ghad dleif nes zob,

你　就　发　像　燕　子　　　　　　　　就生子像鸟雀，

Mox dal lius jenx,

你　只　凤　变　　　　　　　　　　　你是凤凰变，

Wal vab wal bail nieex dleit mub ghaib baib dleit mul wax,

我 拿 我 手 白 银 去 擦 三 手 往 上　　我拿我白银手在风身往上擦三把，

Ghad dleif nex laod.

发 像 竹 子　　就发人像竹子。

Kheeb wal hveb niux xeeb diot mox nangd,

说 我 话 理 师 给 你 听　　说我理师话给鸡听，

Mox ghot dek jenx jed,

你 就 捏 成 糕　　鸡就捏话成糕，

Xens wal seed laot xangs diot mox zongb,

诉 我 语 理 佬 给 你 悟　　诉我理佬语给凤悟，

Mox nof dot jeex jaib,

你 来 握 成 浆　　凤就握语成浆，

Khob mul fangb wal hvaob diot dangl geed,

甭 去 忘 我 话 在 半 路　　别把我话遗在半路，

Khob mu was wal seed laot xangs diot dut zel,

别 去 丢 我 语 真 理 在 途 中　　别把我语忘在途中，

Dieeb eb wax wul,

天 水 在 上　　天水锅上架，

Diod dol fangb ghongb,

神 火 在 燃　　神火灶下烧，

Dol jis geed daib mox khob mul deb gheb,

火 燃 灶 下 你 甭 去 糊 涂　　火燃灶下你别糊涂，

Eb but geed wax mox khob mul ded ghad,

水 开 锅 中 你 甭 去 慌 张　　水开锅中你甭慌张，

Jangx gib at mul saos wail,

带 螺 要 去 到 潭　　带螺到潭去，

Daid nail mul at saos lix,

带 鱼 去 要 到 田　　带鱼到田中，

Dieeb gheeb nof laol ngeed mangl,

杀 鸡 才 来 看 眼　　杀鸡来看眼，

Dat lius nof laol ngeed mas,

杀 凤 才 来 看 睛　　杀凤来看睛，

Neid ob dab xax nof jit baol niangb lol,

那 他 俩 命 才 相 保 到 老　　他们才长命相保到老，

Mens nof jit buf niangb laix.
人　才相扶到　终　　　　　　　　好人相扶到终。

高帮杨光林说
王杰记录整理

五、私奔

　　苗族婚姻组合有两种，一种是说媒婚姻，一种是自由恋爱婚姻。说媒婚姻的程序是先由媒人去说，双方中意，才"吃鸡"看眼睛，对"夫妻"今后的吉凶进行预判。如果鸡的双眼整齐，就择日结婚，如果鸡的眼睛一边大，一边小，或者一边开，一边闭等，都视为不吉利，这类婚姻在封建年代比较盛行。私奔是年轻人自由恋爱婚姻，表示不按正规程序组合的婚姻。这种婚姻遵循人的感情，在婚姻路上越来越占主流。下面这段贾词讲的是私奔，结亲那天，女方摆水酒12道，男方媒人层层说贾，每说完一道就喝一杯米酒，直到喝完那12杯酒。所以结亲时，媒人一般进门就已经醉酒了。

Jul dlaid yees wal ghos mib mok laol yeef gheil,
完 狗 了 我 就 要 猫 来 吃 屎　　　找不到狗吃屎就要猫来吃，
Neid wal ghos laol,
这 我 就 来　　　　　　　　　找不到能人来就要我来替，
Daid lad ghot dinb jenx,
长 短 也 拐 杖　　　　　　　　长短也是根拐杖，
Lieb yut ghot lab lil.
大 小 也 个 理　　　　　　　　大小也是个道理。
Dal ghot niangb lab diux,
一 个 有 扇 门　　　　　　　　一方有门进，
Yos ghos niangb jeel lob,
一 个 有 双 脚　　　　　　　　一方有脚走，
Yos ghos niangb menf kangl,
一 个 有 门 槛　　　　　　　　一个有门槛，
Dal ghos niangb jof gangl.
一 个 有 脚 杆　　　　　　　　一个有脚杆。

Deix dab yut nod deit vax dot mox xub kheet,
这　些　孩子　对　不　住　你　亲　戚　　　　　　　年轻人不遵守规矩得罪了亲戚，
Deit vax dot deix jid bak dab、mis bak as neid.
对　不　住　兄　弟　朋　友、父　母　等　的　　　对不起兄弟朋友和父母。
Nix diongb mul,
牛　生　　更　　　　　　　　　　　　　　　　这种婚姻，
Niaol diongb xif,
鼓　半　夜　　　　　　　　　　　　　　　　半夜悄悄来，
Niangb nix lal,
有　　牛　动　　　　　　　　　　　　　　　属于私自结合，
Dail niel veek,
有　　鼓　藏　　　　　　　　　　　　　　　自有其规定，
Niangb nieek lil gheil,
有　　点　　薄礼　　　　　　　　　　　　　这点薄礼，
Dail nieek,
小　费　　　　　　　　　　　　　　　　　不成敬。
Jul dlad yees wal ghos mib mok laol yeef gheil,
无　狗　时　我　就　用　猫　来　吃　屎　　　找不到狗吃屎就要猫来吃，
Neid wal ghos laol,
这　我　才　来　　　　　　　　　　　　　找不到能人来就要我来替，
Daid lad ghot dinb jenx,
长　短　也　拐　杖　　　　　　　　　　　长短也是根拐杖，
Lieb yut ghot lab lil.
大　小　也　个　礼　　　　　　　　　　　大小也是个道理。
Nab nod wal kheeb diux vongx haob,
今　天　我　开　门　龙　　雷　　　　　　今天我来打开富贵门，
Bok zaid neil yos,
进　屋　爷　舅　　　　　　　　　　　　走进亲戚家，
Kheeb diux bid xub,
开　门　结　亲　　　　　　　　　　　　我开新门，
Bok zaid saos kheet,
进　屋　结　亲　　　　　　　　　　　　进屋结亲，
Jil jeeb nof jil wenl,
栽　树　才　进　林　　　　　　　　　　树种万棵方成林，

Saos kheet nof saos diux,
结亲　才进门　　　　　　　　　　　　　　　人人结亲才进门，
Jil jeeb nof teek haob,
栽树　才登天　　　　　　　　　　　　　　　树高到天，
Saos kheet nof lol sangs.
结亲　才到老　　　　　　　　　　　　　　　结亲才到老。
Nieek nod bieeb jux leit nof niul,
这　也怀九月才育　　　　　　　　　　　　　母亲十月怀胎，
Mub jub mangt nof laol,
疼　九夜　才生　　　　　　　　　　　　　　煎熬九天九夜，
Kub wal ninb jil ngangl,
怜　我娘　下跪　　　　　　　　　　　　　　可怜我娘下跪，
Ik laof jus niul yul,
双膝跪生出　　　　　　　　　　　　　　　　双膝下跪生，
Yof dangt diees niux nenl.
才生胖娃娃　　　　　　　　　　　　　　　　万般痛苦。
Jif jul eb jul dol,
戒完水完火　　　　　　　　　　　　　　　　戒忌水火，
Jif jul dliongb jul jaol,
戒完春　完碓　　　　　　　　　　　　　　　戒忌春碓，
Wal lob vax weit naix wieel,
我　脚不沾锅灶　　　　　　　　　　　　　　手不摸锅灶，
Bail vax weit dlas jux dleil,
手不动那炊具　　　　　　　　　　　　　　　不动炊具，
Neid nof dangt diees niux nenl.
这　才生新生儿　　　　　　　　　　　　　　才生新生儿。
Kab nab meif nex liol,
烈日用树荫　　　　　　　　　　　　　　　　晴天用树叶遮阴，
Eb nongs guk yux dial,
下雨　打伞盖　　　　　　　　　　　　　　　雨天用雨伞遮盖，
Venx hveeb wal laod fol,
山岭　摘树枝　　　　　　　　　　　　　　　上山拿树枝玩耍，
Diongl liongs liok zeid liol,
山　川　摘野泡　　　　　　　　　　　　　　山下摘野泡逗娃，

Liok benx dleib geed gol,
摘　花　逗　背　上　　　　　　　　　　背在背上玩野花，

Neid nof dangt diees niux nenl.
这　才　抚　养　长　大　　　　　　　　几经风雨大成人。

Heek bait nix diangb sol,
借　为　牛　牯　名　　　　　　　　　　彩礼是水牯牛的，

Kheek at nix zeib dal,
定　　为牛五头　　　　　　　　　　　就叫做水牛婚礼，

Heek bait xeex diangb sol,
借　为　银　白　名　　　　　　　　　　彩礼是白银的，

Kheek at xeex zeib liangl,
定　　为银　五　两　　　　　　　　　　就叫做白银婚礼，

Niaol zeib lab bad dil.
鼓　五　个　不　动　　　　　　　　　　道理我是清楚的。

Nieek nod daid lad ghot dinb jenx,
这　　点　长　短　根　拐　杖　　　　　长短也是根拐杖，

Lieb yut ghot lab lil,
大　小　也　个　礼　　　　　　　　　　大小也是个道理。

Baib　kheeb dol kheeb ghent,
我们捆　　柴捆　担　　　　　　　　　我们捆柴经常挑，

Kheeb kheet kheeb saos,
结　亲　结　　走　　　　　　　　　　结亲经常走，

Jil jeeb nof jil wenl,
栽树　才　成　林　　　　　　　　　　树种万棵方成林，

Saos kheet nof saos diux,
结　亲　才发　人　　　　　　　　　　人人结亲才发人，

Jil jeeb nof teek haob,
栽树　才　到　天　　　　　　　　　　树高到天，

Saos kheet nof lol sangs.
结　亲　才　到　老　　　　　　　　　　结亲才到老。

Hvad nix diangd wail bail songb,
看　牛　又　专　陡　坡　　　　　　　假如牛又选择陡坡，

Yos diangd lenf waid bal,
人　又　分　散　心　　　　　　　　　人又选择分离，

Ot lob vax bieet waid,
男 不 和 妻 睡   男人不跟妻睡，

Geed sod vax jok las.
锄 头 不 挖 地   锄头不挖菜地。

Lab eed niangb dangl wal,
如 果 在   我 方   如果问题在我方，

Kheet nix,
牛   亲   是牛婚礼，

Wal ghos yal nix,
我   就   退 牛   我就赔偿牛，

Kheet liod,
银   亲   是银婚礼，

Wal ghos yal liod.
我   就   退 银   我就赔偿银。

Hvad mox dab pieek,
看   你 姑 娘   如果问题在你方，

Diongb nab hveb nex,
白   天 木 叶   姑娘白天吹木叶，

Diongb mul hvaob xik,
晚   上 唱 歌   晚上约人唱情歌，

Mox gix wid wid,
你 叫 月 月   叫声不停，

Diuk waif waif,
笑   歪 歪   笑声不断，

Mox gheeb vax laol veel,
你 鸡 不 进 笼   鸡无心回笼，

Bieet vax laol ngaox,
猪 不 进 圈   猪无心进圈，

Eed nof niangb dangl menb.
那 只 在   你 方   那是你方的问题。

Daid hvad wal,
再 看 我   如果问题在我方，

Gheeb vax laol veel,
鸡   不 进 笼   鸡无心回笼，

Bait vax laol ngaox,
猪　不　进　圈　　　　　　　　　　　　　　猪无心进圈，

Wal nex genb ghos diangd genb,
我　吃　虫　就　退　　虫　　　　　　　　那我方拿来的陪嫁物资，

Nex nail ghos diangd nail.
吃　鱼　就　退　　鱼　　　　　　　　　　会如实归还。

Jul dlad yees wal ghos mib mok laol yeef gheil,
无　狗　了　我　就　要　猫　来　吃　屎　　找不到狗吃屎就要猫来吃，

Neid wal ghos laol,
这　我　才　来　　　　　　　　　　　　　找不到能人来就要我来替，

Daid lad ghot dinb jenx,
长　　短　也　拐　杖　　　　　　　　　　长短也是根拐杖，

Lieb yut ghot lab lil.
大　　小　也　个　礼　　　　　　　　　　大小也是个道理。

Qak wal hek ob dil ghot jod,
待　我　喝　二　杯　也　酒　　　　　　　待会我喝二杯酒也好，

Baib dil ghot jod,
三　　杯　也　酒　　　　　　　　　　　　三杯酒也罢，

Xangd jod laol wal lob lab,
醉　　酒　来　我　失　态　　　　　　　　醉酒来我会失态，

Kheet kit mox ghos daid hveeb nieek.
亲　　人　你　就　看　宽　　点　　　　　还望亲人多多海涵。

Baob bail saod yif juf ob dieel,
明　　天　一　　到　十　二　点　　　　　明天十二点一到，

Wal bend gheib wal ninb mul zaid,
我　就　带　我　媳　回　家　　　　　　　我就接新媳妇回家，

Jax ghad mas xenb,
说　于　清　醒　　　　　　　　　　　　　现在清醒我说好，

Qak wal xangd jod laol wal diangd nongb.
待　我　醉　　酒　来　我　又　　忘　　　明天醉酒什么都忘记。

脚车莫老港说
王杰记录整理

六、夺妻贾

这是一个发生在解放初期的真实事件，莫老港亲自用贾理处理的民事纠纷。王铁和，又叫生爷，是一名退伍军人。结婚不久妻子去世，耐不住寂寞的他去诱哄李老望的妻子，暗地私通，被李老望发现。李老望想把妻子劝说回来，但是这时妻子心已不在。王铁和与李老望的妻子想要彻底地摆脱李老望，几次用老鼠药毒害李老望。幸好李老望发现了没被害死。李老望知道斗不过他们，所以喊人来把事情公开处理，防止再被他们毒害。莫老港来处理这件事，处罚王铁和两头牛，一头给李老望，一头给全寨的人吃。说贾如下：

Niangb ghet senb mox,
有　　公　生　你　　　　　　　　　　　　生爷你这人，

Diongb nab mox hvaob nux,
白　　天　你　声　叶　　　　　　　　　　白天你去吹木叶，

Senb mangt mox hvaob xik,
黑　夜　你　声　歌　　　　　　　　　　　晚上你去唱情歌，

Diongb nab mox laod veel,
白　　天　你　摘　枝　　　　　　　　　　白天你摘枝叶睡，

Senb mangt mox saos set,
黑　夜　你　进　棚　　　　　　　　　　　晚上你带进草棚，

Gix wieed wieed,
叫　月　　月　　　　　　　　　　　　　　叫声不断，

Diek waif waif,
喊　歪　歪　　　　　　　　　　　　　　　笑声不停，

Gheeb ghob vax laol veel,
鸡　　就　不　回　巢　　　　　　　　　　鸡不会回巢，

Bait ghob vax laol ngaox.
猪　也　不　来　圈　　　　　　　　　　　猪不知回圈。

Niangb mil wangx,
有　群　官　　　　　　　　　　　　　　　有群村官，

Niangb ghub dlas,
有　　富　人　　　　　　　　　　　　　　有群寨佬，

Mil wangx ghob laol jax,
群　官　就　来　贾　　　　　　　　　　　村官来谈，

Mil dlas ghob laol jeef.
富 人 也 来 说　　　　　　　　　寨佬来说。

Nab dod ghenb mox diot gil lol,
天 这 拿 你 到 岩 老　　　　　　　今天拿你到古岩这里，

Gangf mox diot dlangb dliaob,
带 你 到 榔 大　　　　　　　　　带你到榔规这来，

Ghenb mox diot Zenx Nenx,
拿 你 到 整 嫩　　　　　　　　　拿你到整嫩，

Gangf mox diot Dlongs Xab,
拿 你 到 松 虾　　　　　　　　　带你到松虾，

Mox ghot vax bal hveeb diot mil wangx,
你 也 不 抱怨 给 群 官　　　　　你不可抱怨村官，

Bif nid diot ghul dlas.
怀 恨 给 贾 佬　　　　　　　　　不可憎恨寨佬。

Niangb mil dab jex senb,
有 群 人 九 千　　　　　　　　　在场所有人，

Niangb mil jid yif bat,
有 群 士 八 百　　　　　　　　　你们都听好，

Menx diangd mul dleib mix waid,
你们 又 去 诱 人 妻　　　　　　以后谁又去引诱别人妻妾，

Menx diangd lenf mix yos,
你们 又 引 人 妾　　　　　　　勾引人家男人，

Diangd ghenb menx diot gil lol,
又 拿 你们 到 岩 老　　　　　　照常拿你们到古岩这里，

Gangf mox diot dlangb dliaob,
带 你 到 榔 大　　　　　　　　　带到榔规这来，

Ghenb mox diot Zenx Nenx,
拿 你 到 整 嫩　　　　　　　　　拿到整嫩，

Gangf mox diot Dlongs Xab.
带 你 到 松 虾　　　　　　　　　带到松虾。

Hvaob vax daid,
话 不 长　　　　　　　　　　　话不长，

Seed vax not,
言 不 多　　　　　　　　　　　言不多，

Hvaob zenl bail,
话　到头　　　　　　　　　　　　　　话已说完，

Seed leet dlongs,
言　到坳　　　　　　　　　　　　　　到此结束，

Jul vax ghongb,
完　不继　　　　　　　　　　　　　　说完不再接，

Jos vax deek.
终　不接　　　　　　　　　　　　　　结束不再重复。

nab nod nab nix,
天　这天牛　　　　　　　　　　　　　今天属牛，

Denf nab nenl,
和　天鼠　　　　　　　　　　　　　　子丑天，

Nab nod baib　laol Zenx Nenx,
今　天我们来　整　嫩　　　　　　　　今天我们来整嫩，

Laol Dlongs Xab,
来　松　虾　　　　　　　　　　　　　到松虾，

Baib nex lab gil nod.
我们吃　这岩这　　　　　　　　　　　我们栽榔岩。

Wangf tieef hof,
王　铁和　　　　　　　　　　　　　　有王铁和，

Laol caob dongt lil laol wangx benf ninb,
来　引　诱李老望　的　妻　　　　　　来引诱李老望的妻子，

Neid lab nod vax mens sait,
那　这个不中　耳　　　　　　　　　　这种事情不中听，

Baib nof laol nex lab gil Dlongs Xab nod,
我们才来　吃个规松　　虾这　　　　　我们才来这里栽岩，

Nab nod khaib diot menb,
天　这授　予你们　　　　　　　　　　目的是教育你们，

Nod mul wax,
这往后　　　　　　　　　　　　　　从此往后，

menb dliod nieek,
你们乖　些　　　　　　　　　　　　　你们听话一点，

Menx diangd mul caob dongt mix dab pieek,
你们又　去结交　人姑娘　　　　　　　谁又去逗人家姑娘，

ghot vax niangb hveb,
也　没　有　　话　　　　　　　　　年轻人正常交往不算事，

Caob dongt mix ninb,
结　交　人　妻　　　　　　　　　如果去逗人妻妾，

Gheeb vax laol veel,
鸡　　不　来　巢　　　　　　　　鸡不会回巢，

Bait vax laol ngaox,
猪　不　来　圈　　　　　　　　　猪不知回圈，

Neid ghot mens ghenb menx diot gil lol,
这　也　仍　拿　你们　到　岩　老　　那一样拿你们来这，

Gangf mox diot dlangb dliaob,
带　你　到　椰　大　　　　　　　裁岩处理，

Ghenb menx diot Zenx Nenx,
拿　你们　到　整　嫩　　　　　　拿到整嫩，

Gangf mox diot Dlongs Xab.
带　你　到　松　虾　　　　　　　带到松虾。

Hvaob zenl bail,
话　到　头　　　　　　　　　　　话已说完，

Seed leet gof,
言　到　尾　　　　　　　　　　　到此结束，

Jul vax ghongb,
完　不　继　　　　　　　　　　　说完不再接，

Jos vax deek.
终　不　接　　　　　　　　　　　结束不再重复。

脚车莫老港说
王杰记录整理

七、女冤男案

杉树本身在破边，都说看好才砍，姑娘本身在自家，都是看中才娶，如今为何又退回，得赔女方青春损失费，恢复名声。

Wal benf jeeb nof niangb wal bail daib fenx,

我　的　杉　自留　　我　黄　泥　地　　　　　　　　我杉树在我山长高，

Wal benf det nof xet wal bail daib dlab,

我　的　　树子　生我　黑　泥　土　　　　　　　　我姑娘在我家养大，

Xix eed mox diangd buf wal jeeb vut jeel,

那　时　你　先　　　见　我　杉　好样　　　　　　起初是你看到我杉树好样，

Mox diangd buf wal det vut gof,

你　先　　见　我　树　好尖　　　　　　　　　　看到我姑娘聪明，

Mox zeib wal jeeb diof liangl,

你　伐　我　杉　才　断　　　　　　　　　　　　你才把杉树砍断，

Mox ded wal det diof yok.

你　砍　我　树　才　倒　　　　　　　　　　　　把人娶走。

Xif nod mox diangd zeib wal jeeb at liangl,

现　在　你　又　　伐　我　杉　必　断　　　　　　现在你又后悔当初把树砍断，

Ded wal det at yok,

砍　我　树　必　倒　　　　　　　　　　　　　　把人娶走，

Xix nod mox diangd qab wal jeeb saos diux wangx,

现　在　你　又　　放　我　杉　到　衙　门　　　　把杉树放排到衙门，

Ad wal det saos zangt zeit,

放　我　树　到　官　府　　　　　　　　　　　　把姑娘状告到法庭，

Daib at bal wangb,

下　让损　名　　　　　　　　　　　　　　　　损我家名声，

Wax at bal diaof.

上　让损　誉　　　　　　　　　　　　　　　　坏姑娘名誉。

Xif nod mox diangd buf wal benf jeeb laod jeel,

现　在　你　又　　见　我　的　杉　断　枝　　　　现在你还说我杉树断了枝条，

Mox diangd buf wal det laod gof?

你　又　　见　我　树　断尖　　　　　　　　　　说我姑娘不好？

Ait dieeb menx nof dieeb,

想　打　你　就打　　　　　　　　　　　　　　想打就打，

Ait dlax menx nof dlax?

想　踢　你　就踢　　　　　　　　　　　　　　想骂就骂？

Dal mis bak niangb nod,

父　母亲　在　　这　　　　　　　　　　　　　父母都在这里，

Ghab xub khat hangd seex dios mis bak.

亲　戚　们　都　全　是　父　母　　　　　凡是亲戚朋友都是父母亲。

Mox dios fenb max ed lil,

你　是　村　不　讲　理　　　　　　　　你们家不讲道理，

Vangl max ed kox,

寨　不　讲　性　　　　　　　　　　　不讲情理，

Nab nod mox yed diangd wal benf jeeb mul saos bail daib fenx,

天　这　你　必　还　我　的　杉　送　到　黄　土　地　　今天你必须还我杉树到土，

Taik wal det mul saos bail daib dlab,

退　我　树　送　到　黑　泥　土　　　　　退我姑娘到家，

Ngeex nees ngeex eb seel,

颜　要　颜　清　水　　　　　　　　　　还原姑娘当初颜值，

Jeed nees jeed dab pieek.

身　要　身　姑　娘　　　　　　　　　　恢复姑娘当前名誉。

　　　　　　　　　　　　　　　　　　　　　　高帮杨光林说
　　　　　　　　　　　　　　　　　　　　　　王杰记录整理

八、中间人

　　这是离婚调处案例，中间人结合地区标准要求男方赔偿女方一万元的青春损失费，原因是男方自己出轨，想和女方离婚。

Nab nod baib meil lol xangk ghaot laol ghas nod,

天　这　我们　群　老师　古　来　到　这　　今天我们村官寨佬集中到这里，

Ded ob yos benf dlinb.

断　二　人　婚　姻　　　　　　　　　　为的是处理望和蓉的婚姻。

Ob yos mul hed bend haot jitdaos,

二　人　去　头　就　说　相爱　　　　　　他们过去相爱才在一起，

Xak nod diangd haot max jit daos yees,

现　在　又　说　不　相爱　了　　　　　　现在又来闹离婚，

Nod jeef baib meil lol xangk ghaot laol ded.

现　叫　我们　群　老师　古　来　断　　　　叫我们村官寨佬来处理。

Lab li baib ghot bub yees,
道 理 我们也　知 了　　　　　　　　　　　　道理我们都清楚，

Dal dees vut lis,
个 谁　有 理　　　　　　　　　　　　　　哪方有理，

Dal dees bal lis,
个 谁　无 理　　　　　　　　　　　　　　哪方无理，

Baib ghot sal bub.
我们也　全 知　　　　　　　　　　　　　我们全知道。

Nab nod baib ghot max haot jus dal dees ded,
天 这 我们也　不 是 由 谁 独 判　　　　　今天我们不是由谁一人说了算，

Niangb meil lol xangk ghaot ghot sal niangb nod nangd,
有　群老师　古 也 都在　此 听　　　　　有村官寨佬秉持公道，

Eed nof dios wangx mul dleib jab meis dab,
这 各 是 望　去 哄人 家 妻　　　　　　　原因是望去哄人家妻，

Neix nof jeef haot niox yongf mul.
他　才说 是 丢 蓉　去　　　　　　　　　然后向蓉提出离婚。

Nab nod meil lol xangk ghaot ghot sal niangb nod nangd,
天 这 村 官寨 佬 也 都在　此 听　　　　今天村官寨佬都在此证明，

Baib bend haot dal dab jens lis nod cot,
我们都　是 个男 方 理是 错　　　　　　我们都说男方无理，

Jenb meis lis vut,
女　方　理好　　　　　　　　　　　　　女方无辜，

Nod baib gongb kaib ded,
现 我们公　开　判　　　　　　　　　　　我们公开处理，

Baib ghot max dios haot at pieet dangl dees,
我们也　不 是 偏 向哪　一　方　　　　　不偏向哪方，

Det fab lieex,
交 叉 树　　　　　　　　　　　　　　　树交叉，

Nax ghas diongb,
中 间 人　　　　　　　　　　　　　　　人中立，

Deix dangl ded,
一　头　判　　　　　　　　　　　　　　一方判，

Baib ob dangl sal yongt.
我们两头　全 用　　　　　　　　　　　　双方都认同合理。

Baib ghot max haot nex niaf at pieet deel,
我们也　不　是　吃　饭　就偏　下　　　　　　　　　我们不是吃谁家的就嘴软，

Hek jod at pieet dlib,
喝　酒　就偏　离　　　　　　　　　　　　　　　拿谁家的就手短，

Nod ghot max dios haot dab jens dex baib laol,
现　也　不　是　说　男　方　叫　我们来　　　　不是男方叫我们来，

Baib dlongk at pieet dab jens,
我们　就　　做　向　男　方　　　　　　　　　我们就偏向男方，

Dangl jib meis dex baib laol,
头　　女　方　叫　我们来　　　　　　　　　女方叫我们来，

Baib dlongk at pieet dangl jib meis,
我们　就　　做　向　头　女方　　　　　　　我们就偏向女方，

Lab nod max dios at pieet.
这　种　不　是　做位　　　　　　　　　　　这样不合理。

Baib at pieet dot nax haot,
我们　做位　　得　人　罢　　　　　　　　　人心可以偏，

At pieet max dot lis,
做位　　不　得　理　　　　　　　　　　　道理偏不去，

Neix lis cot,
谁　理　错　　　　　　　　　　　　　　　哪方错，

Baib dlongk haot neix cot,
我们就　　说　他　错　　　　　　　　　　我们就说他错，

Neix lis vut,
谁　理　合　　　　　　　　　　　　　　　哪方合理，

Baib dlongk haot neix vut.
我们就　　说　他　合　　　　　　　　　　我们就说他合理。

Nab nod dab jens dex baib laol,
天　这　男　方　叫　我们来　　　　　　　　今天男方叫我们来，

Baib ghot dlongk gax lab lis,
我们也　就　　讲　道　理　　　　　　　　我们要讲道理，

Dal jib meis dex baib laol,
个　女　方　叫　我们来　　　　　　　　　女方叫我们来，

Baib ghot dlongk gax lab lis,
我们也　就　　讲　道　理　　　　　　　　我们也要讲道理。

Baib max dios haot dab jens cot lis,

我们不 是 说男 方 错理　　　　　　　　我们不是说男方无理，

Baib ghot meib at vut mul,

我们也 让 他合去　　　　　　　　　　我们也说他合理去，

Dal jenb meis cot lis,

个 女 方 错理　　　　　　　　　　　　女方无理，

Baib ghot meib at vut mul,

我们也 让 做合去　　　　　　　　　　我们也说他合理去，

Max dios at neid.

不 是 做这　　　　　　　　　　　　　　不是这样的。

Baib sal det fab lieex,

我们都树交 叉　　　　　　　　　　　　树交叉，

Nax ghas diongb.

人 中 立　　　　　　　　　　　　　　人中立。

Deix dangl ded,

一 头 判　　　　　　　　　　　　　　一方判，

Baib ob dangl sal yongt.

我们两头 都 用　　　　　　　　　　　双方都感到合理。

Nex niaf baib ghot max at pieet deel,

吃 饭 我们也 不 做头 下　　　　　　　无论吃哪家饭，

Hek jod at pieet dlib,

喝 酒 做头 少　　　　　　　　　　　　我们都不会向他偏心。

Nab nod baib ded dal dab jens,

天 这 我们判 个 男 方　　　　　　　　今天我们处理男方，

Baib ghot ngangt baib fenb bail lis ghaot laol ded,

我们也 按　 我们山 寨 古理　 来 判　　按我们山寨古理，

Pieet dab jens liab jaob deix wens gheit laol diot dal meis,

头 男 方 想交 一 万 元 来 给 个女　　男方须交来一万元给女方，

Hvad haot dal dab jens hangd max,

看 若 个男方 同 否　　　　　　　　　不知男方是否同意，

Hvad haot max hangd neit,

看 若 不 同 那　　　　　　　　　　　如果不同意，

Baib ghot max dios meib baib ded at jenx,

我们也 不 是 要 我们断 做结　　　　　我们也无权强制执行，

Lax at liangl,

割　做　断　　　　　　　　　　　　　　　要求立即断，

Seef at jos,

砍　做完　　　　　　　　　　　　　　　　马上结，

Eed ghot haif niangb jib dab ghot bub ded.

这　也　还有　　别人　也　会　断　　　　你可以另请高人来审。

Nab nod haot baib dot yut,

天　这　说　我们斧　小　　　　　　　　　如果说我们斧子小，

Pieeb max dos dol,

劈　　不　破　柴　　　　　　　　　　　　劈不动柴，

Bak yut,

师　小　　　　　　　　　　　　　　　　　名声小，

Yub max mas diangs.

判　不　来　案　　　　　　　　　　　　　判不下案。

Eed menb diangd deed menb zeid vax mul bub,

这　你们　再　　带　你们梨　子　去　造　　那你们自己带梨子去造，

Deed zeid nens mul qed hvad,

带　李　子　去　生　看　　　　　　　　　自己背案请高人，

Ghas eed niangb mangl vob,

那　时　有　　面　鹰　　　　　　　　　　会有更高明的律师，

Mas dliongt,

眼　鹭　　　　　　　　　　　　　　　　　史出色的能人，

Niangb mangl songb,

有　　面　陡　　　　　　　　　　　　　　他们聪明，

Mas vas.

眼　　快　　　　　　　　　　　　　　　　能干。

Lab eed ded menb dlingb nof liangl,

那　样　断你们　冤　　才　清　　　　　　那样才能把你们冤审清，

Sangt menb diangs nof jos.

判　你们案　才　完　　　　　　　　　　　把你们案审断，

Eed dliangb dlib benx nenl liangl nees niux sax,

那恩　　怨　情　仇　断　因　嘴　师　　　再大的恩怨情仇，

Diangs bend jos nees laot xeek,

案　　件　结　因　口　述　　　　　　　　都了结于律师的一张嘴，

Nod baib jax at neid,
现　我们说 是 这

Hvad haot dab jens tongf yit,
看　若 男 方 同　意

Ghos diot laol deix wens,
就　负 来 一 万

Hvad haot max tongf yit,
看　若 不 同 意

Eed menb diangd jeet wax mul gax mul,
那　你们又　　往 上 去 讲 去

Eed mul nof mul,
那　去 归 去

Jab ghot sal at neid ded.
人 们　全做这　断

我只说这样来听，

看是男方同意，

就拿出一万元来，

看是不同意，

那你们就继续往上另请高人，

去归去，

人们还是按这种判的。

三盘龙老拉说
王杰记录整理

第五节　神判贾

一、蛋判

　　"神判"是请求神的力量，帮助解决人所未知的事，得到公平公正的结果。蛋判是"神判"的其中一种，判断真假是非是看蛋里的饱满和空洞。执行过程是：双方当事人各自出一点米，一点钱，任意一个鸡蛋（哪方出都可以），然后带到事发地请求祖先帮忙分辨。在蛋判前，先摆好米，然后用事发地的泥土均匀涂在蛋壳表面，再用锅底灰把鸡蛋对中划分界线，双方任意选一边，然后说贾。说贾完毕，拿鸡蛋去煮熟，再破开鸡蛋来看，饱满的一边表示有理，空洞的一边表示无理。为什么用泥土涂抹鸡蛋表面呢？是因为事发时泥土在场，泥土清楚事情的是与非。米是人从古到今离不开的食物，米就像圣人，它能带着人的问题到神的地方去。

下面这段蛋判发生在解放初期。解放前，唐高爷和叶保瓜二人都喜欢打鸟，唐高爷的鸟枪经久不用，鱼嘴（点火口）有些堵塞，他用火柴棒挑出火药废渣，致使鸟枪走火打中叶保瓜，叶保瓜的父亲多爷因此要去砍唐高爷。唐高爷的哥哥唐午爷来给唐高爷出主意，叫他先跑去躲着，再卖田地和山林换钱来医治，唐高爷把山卖给了韦老松。后来，唐高爷死了，韦老松也死了，唐高爷的儿子唐巴、唐午、唐林三人又来抢那片山，韦老松的儿子韦暴、韦莫、韦科、韦义不同意。一方说卖了，另一方说没有卖，双方各执一词。因为老一辈证人都已去世，没有谁来作证，所以他们选择蛋判，叫莫老港给他们说贾。这次判处结果是唐巴、唐午、唐林一方选的鸡蛋空洞。可是他们仍不甘心，第二次他们又去别的寨子请来贾师蛋判，结果也一样，从那以后，他们再也不去争那片山林了。

Ghet ghaob dleik dol,
公　高　走　火　　　　　　　　　　　唐高爷枪走火，

Yees Baox Ghab,
中　保　瓜　　　　　　　　　　　　　打中了保瓜，

Ghet dob dios baox bak,
公　多　是　保　父　　　　　　　　　多爷是叶保瓜的父亲，

Xas mif Ghet ghaob.
欲　砍　公　高　　　　　　　　　　　就要去砍高爷。

Ghet wux at dal deix,
公　午　做　哥　哥　　　　　　　　　午爷是高爷哥哥，

Ghet wux laol jax ghet ghaob:
公　午　来　说　公　高　　　　　　　午爷来跟高爷说：

"Mox zok mul niox,
　你　跑　去　罢　　　　　　　　　　"你赶快跑，

Mox mal lieex mal fenb,
你　卖　田　卖　地　　　　　　　　　你卖田地去，

Mox dot gheit mox ghos mul yib."
你　得　钱　你　就　去　治　　　　　得钱才去医治。"

Ghet ghaob nof mal lieex mal fenb,
公　高　才　卖　田　卖　地　　　　　高爷才卖了田地，

Dot xongs juf lab dat yangf,
得　七　十　个　大　洋　　　　　　　得七十个大洋，

Xens tieef jab bail liax laol yib,

叫　铁家摆俩来医，

叫摆俩^①铁家的人来医，

Mal fenb bail dlieef,

卖地摆列

卖块摆列^②山，

Mal diot weif laol songk.

卖给韦老松

卖给韦老松。

Ghet songk ghot tas,

公松　已死

松爷已经死了，

Ghet ghaob ghot tas,

公高　已死

高爷也死了，

Neid ghet ghaob dab Bab Wul Linf

现公高　儿巴午林

现在高爷的儿子巴、午、林

Diangd laol zenb,

又　来争

又来争，

Ghet songk benf dab Baox Mof Kob

公松　的儿暴莫科

松爷的儿子暴、莫、科、义

It vax haol,

义不许

不同意，

Eed mox bak mal diot wal bak yees.

那你父卖给我父了

已经卖给我的父亲了。

Bab Wul Linf haot vax mal,

巴午林说不卖

巴、午、林说还没卖，

Baox Mof kob It haot mal yees.

暴莫科义说卖了

暴、莫、科、义说卖了。

Dal jeef dal niangb lil,

个说个有理

人说人有理，

Yos jax yos niangb hvaob,

各讲各有道

各讲各有道，

Neid nof vens ghet xangs laol bod gait.

这才找公师来蛋判

这才找来贾师来判。

---

①摆俩：寨名。

②摆列：山林名。

Ghet gangx dios xangs ghaot,

公 岗　　是 师 古　　　　　　　　　　　港爷是贾师，

Dal jeef dal niangb lil,

个　说　个　有　　理　　　　　　　　　人说人有理，

Yos jax yos niangb hvaob,

各　讲　各　有　　道　　　　　　　　　各讲各有道，

Neid menb ob dal mib sad laol,

那　你们一个拿　米　来　　　　　　　那你们拿自家米来，

Neid baib ghos mul ghab vud bod gait,

那　我们就　去　山　林　蛋　判　　　我们到山林边去蛋判，

Neid menb dal dees meib hvenb dees?

那　你们个　哪　要　边　　哪　　　　你们谁选哪边？

Bab wul linf haot wal fenb,

巴　午　林　说　我　山　　　　　　　巴、午、林说是我山，

Wal meib fenb bail deex,

我　要　山　右　方　　　　　　　　　我要右边，

Baox Mof Kob It meib fenb bail jil.

暴　莫　科　义要　山　左　方　　　　暴、莫、科、义要左边。

Wal ghet xangs wal meib ghenb daib laol tot gait,

我　公　师　我　拿　泥　土　来 画 蛋　贾师就拿泥土来给蛋划界线，

Ghenb daib tot geed daix,

泥　　土　画　在　先　　　　　　　　泥土划在先，

Niud wieel tot geed ghenb.

烟灰锅　画　在　后　　　　　　　　　锅垢划在后。

Neid ghob mib Baox Mof Kob It jib dab

这　就　要　暴　莫　科　义他们　　　要暴、莫、科、义他们

Sad ghos gol ghet songk,

米　就　喊　公　松　　　　　　　　　的米来唤醒松爷，

Mib Bab Wul Linf jib dab sad ghos

拿　巴　午　林　他们　米　就　　　　拿巴、午、林他们的米来唤

gol ghet ghaob.

喊　公　　高　　　　　　　　　　　　醒高爷。

Dab gheeb yend diot dol,

小　鸡　跳　进　火　　　　　　　　　小鸡跑进火，

Zok diot jab,

跑　进　坑　　　　　　　　　　　跳进坑 ①,

Fenx linx daod,

撑　架　指　　　　　　　　　　　千夫指,

Niud wieel tot,

烟　锅　点　　　　　　　　　　　众所责,

Daod bail lob,

指　手　脚　　　　　　　　　　　手脚指,

Tot deed deik.

点　尾　翅　　　　　　　　　　　眼睛瞪。

Jus mox dliot,

唯　你　聪　　　　　　　　　　　只有你聪明,

Jus mox daif,

唯　你　明　　　　　　　　　　　唯独你机智,

Jus beid bul,

唯　公　鸡　　　　　　　　　　　只有公鸡,

Jus mif bangs,

唯　母　鸡　　　　　　　　　　　只有母鸡,

Jus ghet diaol,

有　公　鹰　　　　　　　　　　　只有鹰爷 ②,

Jus ghet dins,

有　公　丁　　　　　　　　　　　只有丁爷,

Niangb Nenl Veel,

在　　能　野　　　　　　　　　　在能野 ③,

Xut Wangs Qit.

住　汪　气　　　　　　　　　　　住汪气。

Ninb ninl bail,

嫂　跋　山　　　　　　　　　　　父跋山,

Mis jeet ub,

母　涉　水　　　　　　　　　　　母涉水,

---

①坑: 这里指火坑。

②鹰爷: 人名,下面"丁爷"也是。苗族古歌古词提到的人名或者地名几乎都是双名对应。

③能野: 地名,汪气跟它对应。据说这个地方是苗族最先居住的地方。

Deed bid bul,
带　公　鸡　　　　　　　　　　　带公鸡，
Gangf mieef bangs,
抱　母　鸡　　　　　　　　　　　提母鸡，
Xox dind ninl,
靠　脚　杆　　　　　　　　　　　提在脚两边，
Dlaof jis baib,
倚　大　腿　　　　　　　　　　　挂在大腿旁，
Jex eb qid,
九　水　涉　　　　　　　　　　　涉九条江，
Juf bail xas,
十　坡　跋　　　　　　　　　　　跋十条岭，
Qab fenb dix,
找　地　好　　　　　　　　　　　寻好地，
Vens kongd jongt.
寻　坪　富　　　　　　　　　　　找好坪。
Dax Nenl Dangl,
到　能　党　　　　　　　　　　　来到能党①，
Laol Ub Dangl;
来　欧　当　　　　　　　　　　　到达欧当；
Dax Nenl Sol,
到　能　所　　　　　　　　　　　来到能所②，
Laol Ub Sef;
来　欧　首　　　　　　　　　　　到达欧首；
Dax Nenl Niaol,
到　能　鸟　　　　　　　　　　　来到能鸟③，
Laol Ub Zek;
来　欧　邹　　　　　　　　　　　到达欧邹；

①能党：地名，欧当跟它对应。据说迁徙到此，人们不是同时到，一个等一个，互相在此等待。"党"苗语意思是等待。
②能所：地名，欧首跟它对应。据说迁徙到此，人们混杂一块，分不清民族。"所"苗语意思是混杂。
③能鸟：地名，欧邹跟它对应。据说此地混沌朦胧，人鬼不分，万物都能说话。"鸟"，苗语是浑，"能鸟"，苗语是混沌之意。

Dax Nenl Sangl,

到　能　响　　　　　　　　　　　　来到能响①，

Laol Ub Tiub;

来　欧　凸　　　　　　　　　　　　到达欧凸；

Dax Nenl Zol,

到　能　左　　　　　　　　　　　　来到能左②，

Laol Wangs Ceit;

来　汪　翠　　　　　　　　　　　　到达汪翠；

Dax Diel Dlob,

到　丢　梭　　　　　　　　　　　　来到丢梭③，

Laol Diel Pangs;

来　丢　庞　　　　　　　　　　　　到达丢庞；

Dax Gud Dlob,

到　固　梭　　　　　　　　　　　　来到固梭④，

Laol Gud Nios;

来　固　尼　　　　　　　　　　　　达到固尼；

Dax Dliab Mieel,

到　虾　灭　　　　　　　　　　　　来到虾灭⑤，

Laol Dliab Xaod;

来　虾　效　　　　　　　　　　　　到达虾效；

Dax Zenx Menx,

到　阵　闷　　　　　　　　　　　　来到阵闷⑥，

Laol Dliab Kid;

来　虾　去　　　　　　　　　　　　达到虾去；

Dax Bail Dil,

到　摆　底　　　　　　　　　　　　来到摆底⑦，

---

①能响：地名，欧凸跟它对应。

②能左：地名，汪翠跟它对应。

③丢梭：地名，丢庞跟它对应。穿白衣穿蓝衣的地方。

④固梭：地名，固尼跟它对应。白脸人花脸人的地方。

⑤虾灭：地名，虾效跟它对应。

⑥阵闷：地名，加去跟它对应。阵闷，今计划乡加两村，加去，今计划乡加去村。

⑦摆底：地名，定威跟它对应。摆底，今计划乡摆底苗寨。

Laol Dangx Deib;

来　党　堆　　　　　　　　　　　　到达党堆；

Dax Gil Nix,

到　几　腻　　　　　　　　　　　　来到几腻①，

Laol Jid Aib;

老　计　埃　　　　　　　　　　　　到达计埃；

Dax Bail Ghaol,

到　摆　镐　　　　　　　　　　　　来到摆镐②，

Laol Dlaix Teb;

来　赖　偷　　　　　　　　　　　　到达赖偷；

Dax Vangl Baol,

到　养　宝　　　　　　　　　　　　来到养宝③，

Laol Niux Qeeb.

来　扭　且　　　　　　　　　　　　达到扭且。

Ninb saix qeeb,

嫂　见　且　　　　　　　　　　　　哥嫂见且，

Ninb longx qeeb,

嫂　涉　且　　　　　　　　　　　　哥嫂沿且，

Mis dot nieek,

母　得　聂　　　　　　　　　　　　父母见聂，

Mis vongb nieek,

母　沿　聂　　　　　　　　　　　　父母沿聂，

Longx qeeb laol,

涉　且　来　　　　　　　　　　　　涉且上走，

Nias nieek dax.

沿　聂　到　　　　　　　　　　　　随聂来到。

①几腻：地名，计埃跟它对应。计埃，今水尾乡计埃村，过去这里开场买卖牛。

②摆镐：地名，跟赖偷对应。此地在今定威乡境内，过去这里开场买

③养宝：地名，跟扭且对应。"且"是溪水名，汇入都柳江。

Dax deel Naox,

走　到　闹　　　　　　　　　　走到德闹①，

Laol deel Dlaid;

来　到　赖　　　　　　　　　　来到德赖；

Dax Nenl Mangl,

到　能　莽　　　　　　　　　　走到能莽②，

Laol Ghaib Gangb;

来　该　岗　　　　　　　　　　来到该岗；

Dax Yaod Dliaol,

到　耀　辽　　　　　　　　　　走到耀辽③，

Laol Ghaib Dongb.

来　该　东　　　　　　　　　　来到该东。

Fenb mieef wul,

地　也　大　　　　　　　　　　地辽阔，

Khongd mieef wangs,

坪　也　宽　　　　　　　　　　坪宽广，

Fenb daob niul,

地　肥　沃　　　　　　　　　　泥土肥，

Khongd daob daib,

土　厚　实　　　　　　　　　　土地厚，

Neid ninb ghob dax jil nongl,

这　嫂　就　来立仓　　　　　　父母来建房子，

Bak laol laof laf,

父　来　栽　晾　　　　　　　　栽禾晾，

Neid ghof niul ghenb bul,

这　才　出　朋　友　　　　　　这样才发展起来，

Nais nix jub.

发　人　口　　　　　　　　　　人丁兴旺。

---

①德闹：地名，跟德赖对应。
②能莽：地名，跟该岗对应。能莽该岗是今天的兴华乡摆贝村。
③耀辽：地名，跟该东对应。耀辽该东是今天的三江乡脚车村。

Niul dab nix,
生　水　牛　　　　　　　　　　　　　　　生水牛，

Nais dab liod,
发　黄　牛　　　　　　　　　　　　　　　发黄牛，

Niul dab dlaid,
生　土　狗　　　　　　　　　　　　　　　生土狗，

Nais dab bait,
发　黑　猪　　　　　　　　　　　　　　　发肥猪，

Niul dab gheeb,
生　小　鸡　　　　　　　　　　　　　　　生小鸡，

Nais dab aok.
发　小　鸭　　　　　　　　　　　　　　　发小鸭。

Ninx ghenb nent,
去　寨　　脚　　　　　　　　　　　　　　鸡走寨脚，

Mul ghenb liof,
走　寨　　边　　　　　　　　　　　　　　行寨边，

Qab dab genb,
捉　小　虫　　　　　　　　　　　　　　　抓虫子，

Vens dab vees,
找　蜘　蛛　　　　　　　　　　　　　　　捉蜘蛛，

Nex diot jeed,
吃　进　肚　　　　　　　　　　　　　　　吃进肠，

Nenl diot diees,
穿　在　身　　　　　　　　　　　　　　　吞进肚，

Diangl bit bul,
生　　公　鸡　　　　　　　　　　　　　　生公鸡，

Dangt mieef bangs.
发　　母　鸡　　　　　　　　　　　　　　发母鸡。

Bid at dliab,
公　爬　母　　　　　　　　　　　　　　　公爬母，

Mieef at lif,
母　交　公　　　　　　　　　　　　　　　母交公，

Diangd ngaox jeeb,
回　　到　笼　　　　　　　　　　　　　　鸡回到笼，

Taik tiut sok.

退　到　圈　　　　　　　　　　　　来到圈。

Aob bil saod,

到　早　晨　　　　　　　　　　　　到了第二天，

Dieek wax senb,

天　　边　亮　　　　　　　　　　　东边开天眼，

Sangb mieef niul,

叫　　母　孵　　　　　　　　　　　母鸡咯咯叫，

Sangb mieef nais.

叫　　母　生　　　　　　　　　　　鸡叫早生蛋。

Niul jus nab ghos dot ob lab,

生　一　天　就　得二个　　　　　　生一天就得两个，

Niul ob nab ghos dot baib lab,

生　二　天　就　得三个　　　　　　生两天就得三个，

Niul baib nab ghos dot dlob lab,

生　三　天　就　得　四　个　　　　生三天就得四个，

Niul dlob nab ghos dot zeib lab,

生　四　天　就　得　五　个　　　　生四天就得五个，

Niul deib nab ghos dot diut lab,

生　五　天　就　得　六　个　　　　生五天就得六个，

Niul diut nab ghos dot xongs lab,

生　六　天　就　得　七　个　　　　生六天就得七个，

Niul xongs nab ghos dot yif lab,

生　七　天　就　得　八　个　　　　生七天就得八个，

Niul yif nab ghos dot jux lab,

生　八天就　得　九个　　　　　　　生八天就得九个，

Niul jux nab ghos dot juf lab,

生　九　天　就　得　十　个　　　　生九天就得十个，

Niul juf nab ghos dot juf ghaid lab,

生　十　天　就　得　十一　个　　　生十天就得十一个，

Niul juf ghaid nab ghos dot juf ob lab,

生　十一　天就　得十二个　　　　　生十一天就得十二个，

Niul juf ob nab ghos dot juf baib lab,

生　十二天就　得十三　个　　　　　生十二天就得十三个，

Niul juf baib nab ghos dot juf dlob lab,
生 十 三 天就 得十四 个　　　　　　　生十三天就得十四个，

Niul juf dlob nab ghos dot juf zeib lab,
生 十四 天 就 得 十 五 个　　　　　　生十四天就得十五个，

Niul juf zeib nab ghos dot juf diut lab,
生 十五 天就 得 十 六 个　　　　　　生十五天就得十六个，

Niul juf diut nab ghos dot juf xongs lab,
生 十六 天 就 得 十七 个　　　　　　生十六天就得十七个，

Niul juf xongs nab ghos dot juf yif lab,
生 十七 天 就 得 十 八个　　　　　　生十七天就得十八个，

Niul juf yif nab ghos dot juf jut lab,
生 十八天 就 得 十 就个　　　　　　生十八天就得十九个，

Niul juf jux nab ghos dot niongs juf lab.
生 十 九 天 就 得 二 十 个　　　　　生十九天就得二十个。

Niongs juf jul,
二 十终　　　　　　　　　　　　　　二十个终结，

Niongs juf jos.
二 十结　　　　　　　　　　　　　　二十个完毕。

Jul jeed dal,
完 生 蛋　　　　　　　　　　　　　　结束鸡生蛋，

Jos lif diais,
毕 抱 胸　　　　　　　　　　　　　　完成公爬母，

Jul niox gix,
完 鸡 叫　　　　　　　　　　　　　　结束鸡叫唤，

Jos niox keet,
毕 鸡 生　　　　　　　　　　　　　　生蛋告段落。

Saix veel niongb ghos xaot veel niongb,
逢 草窝 就住 草 窝　　　　　　　　　遇草就用草做窝，

Saix veel longd ghos xaot veel longd.
遇 稻 巢 就 住稻 巢　　　　　　　　　逢稻就以稻筑巢。

Mib tind diul,
备 竹 篮　　　　　　　　　　　　　　抱在竹篮里，

Mib tink diul,
找 竹 筐　　　　　　　　　　　　　　孵在箩筐中，

Xab jus nab ghos dot ob nab,
抱　一　天　就　得　二　天　　　　　　　　抱一天就得二天，

Xab ob nab ghos dot baib nab,
抱　二　天　就　得　三　天　　　　　　　　抱二天就得三天，

Xab baib nab ghos dot dlob nab,
抱　三　天　就　得　四　天　　　　　　　　抱三天就得四天，

Xab dlob nab ghos dot zeib nab,
抱　四　天　就　得　五　天　　　　　　　　抱四天就得五天，

Xab deib nab ghos dot diut nab,
抱　五　天　就　得　六　天　　　　　　　　抱五天就得六天，

Xab diut nab ghos dot xongs nab,
抱　六　天　就　得　七　天　　　　　　　　抱六天就得七天，

Xab xongs nab ghos dot yif nab,
抱　七　　天　就　得　八　天　　　　　　　抱七天就得八天，

Xab yif nab ghos dot jux nab,
抱　八　天　就　得　九　天　　　　　　　　抱八天就得九天，

Xab jux nab ghos dot juf nab,
抱　九　天　就　得　十　天　　　　　　　　抱九天就得十天，

Xab juf nab ghos dot juf ghaid,
抱　十　天　就　得　十　一　　　　　　　　抱十天就得十一，

Xab juf ghaid ghos dot juf ob,
抱　十　一　　就　得　十　二　　　　　　　抱十一就得十二，

Xab juf ob ghos dot juf baib,
抱　十　二　就　得　十　三　　　　　　　　抱十二就得十三，

Xab juf baib ghos dot juf dlob,
抱　十　三　就　得　十　四　　　　　　　　抱十三就得十四，

Xab juf dlob ghos dot juf zeib,
抱　十　四　就　得　十　五　　　　　　　　抱十四就得十五，

Xab juf zeib ghos dot juf diut,
抱　十　五　就　得　十　六　　　　　　　　抱十五就得十六，

Xab juf diut ghos dot juf xongs,
抱　十　六　就　得　十　七　　　　　　　　抱十六就得十七，

Xab juf xongs ghos dot juf yif,
抱　十　七　　就　得　十　八　　　　　　　抱十七就得十八，

Xab juf yif ghos dot juf jut,

抱　十八　就　得　十九　　　　　　　　　　抱十八就得十九，

Xab juf jux ghos dot niongs juf.

抱　十九　就　得　二　十　　　　　　　　　抱十九就得二十。

Niongs juf nab ghos niongs juf mangt,

二　　十　天　就　二　　十　夜　　　　　　二十天和二十夜，

Feid dliux jub,

翻　转　蛋黄　　　　　　　　　　　　　　斗转星移，

Wiees lius leit,

轮　　回　蛋白　　　　　　　　　　　　　日月轮回，

Jub mul gux ghos jenx ngeex gux,

黄　往　外　就　成　野　兽　　　　　　　　蛋黄往外变成野兽，

Leit mul niangs ghos jenx gheil nees,

白　往　里　就　成　心　肝　　　　　　　　蛋白往里成鸡心肝，

Dab nangd niangs dab ghos khaid niangs,

子　听　里　子　就　敲　里　　　　　　　　小鸡在蛋里听到就敲里边，

Mieef nangd gux mieef ghos jok gux,

母　窃　外　母　就　啄　外　　　　　　　　母鸡在外边窃听就啄外壳，

Niul bol lol,

生　啵　咯　　　　　　　　　　　　　　　生啵咯 ①，

Dlos bos los.

化　啵　啰　　　　　　　　　　　　　　　化啵啰。

Bul mul gheb,

男　出　门　　　　　　　　　　　　　　　男人出门去，

Bul vax bub,

男　不　清　　　　　　　　　　　　　　　男人不知道，

Bul mul vud,

男　去　野　　　　　　　　　　　　　　　男人野外走，

Bul vax xangk.

男　不　识　　　　　　　　　　　　　　　男人不清楚。

---

① 生啵咯："生啵咯，化啵啰"形容鸡蛋孵化成鸡苗的样子。

Dab gheeb dingl,
小　鸡　生　　　　　　　　　　　　　　小鸡生，

Dab aok dlos,
小　鸭　孵　　　　　　　　　　　　　　小鸭化，

Ninb send nenl,
嫂　思　考　　　　　　　　　　　　　　嫂子在思考，

Mis send nens,
母　思　虑　　　　　　　　　　　　　　母亲在琢磨，

Diod baib dol,
生　火　把　　　　　　　　　　　　　　生一把火苗，

Dok diux niongb,
然　火　炬　　　　　　　　　　　　　　燃一把火炬，

Paid genb naix,
烧　鸡　虱　　　　　　　　　　　　　　烧鸡虱，

Leik genb mangb.
焚　跳　蚤　　　　　　　　　　　　　　焚跳蚤。

Ninb send nenl,
嫂　思　考　　　　　　　　　　　　　　嫂子在思考，

Mis send nens,
母　思　虑　　　　　　　　　　　　　　母亲在琢磨，

Bab sad naox,
撒　米　绿　　　　　　　　　　　　　　撒绿食，

Zeis sad dlob,
抛　米　白　　　　　　　　　　　　　　抛白米，

Dieeb xax bid,
祷　告　公　　　　　　　　　　　　　　说好话，

Diot nenf mieef,
祈　福　母　　　　　　　　　　　　　　念吉言，

Dieeb bid bul,
祷　公　鸡　　　　　　　　　　　　　　祷告公鸡，

Diot nenf bangs,
祈　母　鸡　　　　　　　　　　　　　　祈福母鸡，

Jub bad ngaox,
生　满　笼　　　　　　　　　　　　　　生满笼，

Xenf bad tiut.
发　满　圈　　　　　　　　　　　　　　发满圈。

Jux dal mal mub,
九　个　换　布　　　　　　　　　　　　九个换到布匹，

Juf dal lis gheit,
十　只　兑　钱　　　　　　　　　　　　十只兑得钱米，

Mal saix xeex dlob,
换　得　白　银　　　　　　　　　　　　换到白银，

Lis dot gheit bangs.
兑　得　钱　金　　　　　　　　　　　　兑得黄金。

Lab nod niul nab nongl,
此　蛋　生　昨　天　　　　　　　　　　此蛋昨天才生，

Nais nab ab,
孵　前　天　　　　　　　　　　　　　　前天才得，

Vax bub bid,
不　知　公　　　　　　　　　　　　　　不知是公，

Vax xangk mif,
不　知　　母　　　　　　　　　　　　　不知是母，

Ghenb mox laol bod,
要　　你　来　判　　　　　　　　　　　今天要你来判断，

Gangf mox laol dengf,
拿　　你　来　审　　　　　　　　　　　拿你来审理，

Eb vax bod niul,
水　不　判　浑　　　　　　　　　　　　不是白判，

Bail vax dieek seeb,
岸　不　审　　空　　　　　　　　　　　空审无依，

Bod ghaib jeeb,
判　杉　　山　　　　　　　　　　　　　今天判山界纠纷，

Dieek ghaib gheed.
审　林　　地　　　　　　　　　　　　　林权明主。

Niangb ghet ghaob,
有　　公　高　　　　　　　　　　　　　过去有高爷，

Dail ghet songk,
和　公　松　　　　　　　　　　　　　　有松爷，

Dangx mul eb,
沉 于 水 人已死，

Liof mul hangd.
埋 于 地 埋于地。

Niangb mil diangl,
有 群 小 现在有群小孩，

Dail mil vangt,
和 伙 幼 年轻不知，

Niangb Bab、wul、linf,
有 巴 午 林 有巴、午、林，

Niangb baox、mof、kob、it.
有 暴 莫 科 义 有暴、莫、科、义他们。

Niangb mil diangl,
有 群 小 年纪小，

Dail mil vangt,
和 伙 幼 赶不上，

Nial vax bub,
小 不 知 不知卖与否，

Yos yut vax xangk.
年 幼 不 识 年小不清楚。

Leix jax leix ghaib jeeb,
甲 讲 甲 杉 山 东家说东家有理，

Yos jeef yos ghaib gheed,
乙 说 乙 林 地 西家说西家有道，

Genb kongb vax mas nid,
虾 子 不 安 心 东家不安心，

Nail niol vax mas hveeb.
花 鱼 不 宁 神 西家不解气。

Nab nod dios nab gongb,
天 这 是 凶 日 今天是个凶日，

Mangt nod dios mangt vas,
夜 这 是 恶 夜 今晚是个恶夜，

Naix eb dol,
禾 水 火 水火禾，

Sad ghab liuf,

米　飞　蛾　　　　　　　　　　　　　　飞蛾米^①，

Ninx dax xeex,

走　银　地　　　　　　　　　　　　　　行金山，

Mul wangs gheit,

去　钱　坪　　　　　　　　　　　　　　走银山，

Mox ninx denx tangd,

你　绕　土　地　　　　　　　　　　　　绕这片土地，

Mul wangs dof,

转　山　林　　　　　　　　　　　　　　走这块山林，

Gheib ghet songk dab liaob bid lol,

喊　公松　古人　大老　　　　　　　　　喊松爷老人来，

Gheib laol ghaib jeeb,

喊　来　杉　山　　　　　　　　　　　　叫他来山林看，

Gol laol ghaib gheed,

叫　来　林　地　　　　　　　　　　　　让他来到这座山，

Mox nof hvad mox ghaib jeeb,

你　自　看　你　杉　山　　　　　　　　自己看看杉山，

Mongt mox ghaib gheed.

瞧　你　林　地　　　　　　　　　　　　看看林地。

Lab naix eb dol,

这　禾　水　火　　　　　　　　　　　　这水火禾，

Sad ghab liuf,

米　飞　蛾　　　　　　　　　　　　　　飞蛾米，

Ninx dax xeex,

走　银　地　　　　　　　　　　　　　　行金山，

Mul wangs gheit,

去　钱　坪　　　　　　　　　　　　　　走银山，

Mox ninx denx tangd,

你　绕　土　地　　　　　　　　　　　　绕这片土地，

---

①水火禾："水火禾，飞蛾米"指的是大米。米是用水火煮熟，米生飞蛾。

Mul wangs dof,
转　山　林　　　　　　　　　　　走这块山林，

Mox gheib ghet ghaob dab liaob bid lol,
你　叫　公高　古人　大老　　　　你再喊高爷老人也来，

Gol jub neix,
喊　凡　人　　　　　　　　　　　喊凡人来，

Gheib yos dlas,
叫　　富　贵　　　　　　　　　　叫贵人到，

Gheib mox laol ghaib jeeb,
喊　你　来　杉　山　　　　　　　让他来到这座山，

Gol mox laol ghaib gheed,
叫　你　来　林　　地　　　　　　叫他来山林看，

Mox nof hvad mox ghaib jeeb,
你　自　看　你　杉　山　　　　　自己看看杉山，

Mongt mox ghaib gheed.
瞧　　你　林　地　　　　　　　　看看林地。

Nab nod mox deed vax dix,
天　这　你　保　不　牢　　　　　如果你今天不在理，

Gangf vax dot,
留　　不　住　　　　　　　　　　站不住脚，

Mox mal mox ghaib jeeb,
你　卖　你　杉　　山　　　　　　你已卖了杉林，

Mal mox ghaib gheed,
卖　你　林　　地　　　　　　　　卖了土地，

Mal diot ghet songk,
卖　给　公　松　　　　　　　　　卖给了松爷，

Mal mox nex xeex,
卖　你　吃　银　　　　　　　　　卖得银子，

Mal mox hek gheit,
卖　你　喝　钱　　　　　　　　　卖得金钱，

Mox henb bail deex,
你　走　右　边　　　　　　　　　你就走右边，

Mal pieet niangs,
卖　里　　边　　　　　　　　　　在里边，

Neid mox ghos henb dinb jub,
那　你　就　矮　蛋　黄　　　　　　　　　那么你就矮蛋黄，

Mas ghad haod.
薄　蛋　白　　　　　　　　　　　　　　薄蛋白。

Haot ghet songk mox jul xeex mal,
若　公　松　你　完　银　买　　　　　　如果松爷你完银子，

Jul gheit lis,
完　钱　换　　　　　　　　　　　　　　花钱买，

Mal ghaib jeeb,
买　杉　山　　　　　　　　　　　　　　买过杉山，

Lis ghaib gheed,
换　林　地　　　　　　　　　　　　　　购过林地，

Mox ghos deeb hvenb bail jil,
你　就　厚　方　左　边　　　　　　　　那你就厚左边，

Jongt hvenb pieet gux,
实　方　外　边　　　　　　　　　　　　固外边，

Deeb genb jub,
厚　针　线　　　　　　　　　　　　　　针线牢，

Jongt ghad haod.
实　布　衣　　　　　　　　　　　　　　布匹紧。

Hvad haot ghet ghaob vax hveet mal ghaib jeeb,
若　是　公　高　没　有　卖　杉　山　　如果高爷没有卖杉山，

Vax hveet lis ghaib gheed,
没　有　换　林　地　　　　　　　　　　换林地，

Dlenl niangb ghad niod,
仍　是　原　地　　　　　　　　　　　　地仍然属于他的，

Xet ghad ghaot,
老　地　方　　　　　　　　　　　　　　山没有卖过，

Mox ghos deeb hvenb bail deex,
你　就　厚　方　右　边　　　　　　　　那你就厚右边，

Jongt hvenb pieet niangs.
实　方　里　边　　　　　　　　　　　　固里边。

Hvad haot ghet ghaob mox deed vax dix,
若　是　公　高　你　保　不　牢　　　　如果高爷你不在理，

Gangf vax jongt,
留　　不　住　　　　　　　　　　　　　　站不住脚，

Mal mox ghaib jeeb,
卖　你　杉　山　　　　　　　　　　　　你卖了杉山，

Lis mox ghaib gheed,
换　你　林　　地　　　　　　　　　　　卖了林地，

Mal mox nex xeex,
卖　你　吃　银　　　　　　　　　　　　卖得银子，

Lis mox hek gheit,
换　你　喝　钱　　　　　　　　　　　　卖得金钱，

Mal diot ghet songk,
卖　给　公　松　　　　　　　　　　　　卖给了松爷，

Ghet songk jul xeex mal,
公　　松　　完银　买　　　　　　　　　松爷付好钱，

Jul gheit lis,
完　钱　换　　　　　　　　　　　　　　花钱买过，

Ghet songk niangb hvenb bail jil,
公　松　在　　方　左　边　　　　　　　松爷在左边，

Mox ghos deeb hvenb bail jil,
你　就　厚　方　左　边　　　　　　　　左边蛋就厚，

Jongt hvenb pieet gux,
实　方　外　边　　　　　　　　　　　　外边蛋牢实，

Deeb genb jub,
厚　针　线　　　　　　　　　　　　　　针线厚，

Jongt genb haod.
实　布　衣　　　　　　　　　　　　　　布匹牢。

Kheeb beid bul,
委　　公　鸡　　　　　　　　　　　　　嘱咐公鸡带话去，

Xens mieef bangs,
托　母　鸡　　　　　　　　　　　　　　委托母鸡传唤言，

Mox mul xut zenx dlaox,
你　去　坐　鼎　罐　　　　　　　　　　你住鼎罐，

Bieet wieel tos,
睡　铁　锅　　　　　　　　　　　　　　睡铁锅，

Bieet geed dinb mox vax niut hvaob,
睡　侧　身　你　不　听　讲　　　　　　　　你侧身就是不听话，
Bieet geed diut mox vax niut seed,
睡　倾　斜　你　不　听　话　　　　　　　　你倾斜就是不听讲，
Eb vongx diot wax,
龙　水　　在　上　　　　　　　　　　　　水架在上，
Dol lil diot daib.
神　火　在　下　　　　　　　　　　　　　火烧在下。
Eb vongx hot xend,
龙　水　　煮　熟　　　　　　　　　　　　龙水煮熟，
Dol haob hot yof,
神　火　煮　透　　　　　　　　　　　　　神火煮透，
Wal sax guf vangl,
我　上　寨　头　　　　　　　　　　　　　我上寨头，
Xas guf fenb,
上　村　头　　　　　　　　　　　　　　　上村头，
Wal mib diok saib,
我　拿　钢　刀　　　　　　　　　　　　　手拿钢刀，
Gangf gik let.
握　铁　剪　　　　　　　　　　　　　　　握铁剪。
Dieeb hvad hed,
宰　看　头　　　　　　　　　　　　　　　宰看头，
Dat hvad lob.
杀　看　脚　　　　　　　　　　　　　　　杀看脚。
Dieeb wal vax nex jub,
宰　我　不　吃　黄　　　　　　　　　　　宰我不吃蛋黄，
Dat wal vax hek leit,
杀　我　不　喝　白　　　　　　　　　　　杀我不吃蛋白，
Jenx lol ngil,
成　懒　汉　　　　　　　　　　　　　　　人们把我看成懒汉，
Jas ghet xongt.
像　馋　夫　　　　　　　　　　　　　　　看成馋嘴夫。

Kheeb bid bul,
委　　公　鸡　　　　　　　　　　　　　传话给公鸡，

Xens mieef bangs,
托　　母　鸡　　　　　　　　　　　　　委托给母鸡，

Mox dlit zenx dlaox,
你　住　鼎　罐　　　　　　　　　　　　你住鼎罐，

Bieet wieel tos,
住　　铁　锅　　　　　　　　　　　　　睡铁锅，

Bieet geed dinb,
睡　　侧　身　　　　　　　　　　　　　侧身睡，

Vax niut hvaob,
不　听　讲　　　　　　　　　　　　　　就是不听话，

Bieet geed diut,
睡　　倾　斜　　　　　　　　　　　　　斜身躺，

Vax xens seed.
不　听　话　　　　　　　　　　　　　　就是不听讲。

Eb bux ghos nees eb bux,
水　开　跟　着　水　开　　　　　　　　水开跟着水开，

Dol lieef ghos dees dol lieef,
火　笑　跟　着　火　笑　　　　　　　　火笑① 跟着火笑，

Mox hed nab dax,
你　头　向　东　　　　　　　　　　　　你头朝东，

Gof nab liof,
尾　向　西　　　　　　　　　　　　　　尾朝西，

Deed hvub sax,
带　　师　话　　　　　　　　　　　　　记住我理师的话，

Gangf seed xangs,
拿　　师　语　　　　　　　　　　　　　带我理师话前去，

Deed vut dix,
带　　要　直　　　　　　　　　　　　　行要直，

---

①火笑：柴火燃烧开花的样子。民间传言，煮饭的时候，火笑就会有客人来。

Gangf vut jongt.

拿　要　稳　　　　　　　　　　　　　　　　　　立要正。

脚车莫老港说

王杰记录整理

二、鸡判

鸡判是神判之一，活动大致分三部分：一是，准备物品鸡、米、小竹竿（四根）、棉钱、三十六元现金；二是，四根小竹按两米宽度的距离，以正方形分别插在四个角，然后用棉线在上、中、下三个部位缠绕三圈。贾师站的一方对面站中人（双方代表作证的人），左右两边分别站两方当事人（可任意选方位）；三是，贾师说完这段贾词，然后杀鸡，在鸡昏迷的时候将鸡放在四根竹子中间，鸡最后死亡时倒向哪一方，就说明哪一方理输。

此案例发生在杨胜伟家，杨胜伟苗名叫朵娃，过去挖矿有点钱，外面有小三，家里老婆不放心，背着杨胜伟藏金条。杨胜伟看到金条被盗，又抓不到小偷，去脚车请莫老港来"鸡判"，才知道是自家老婆藏起来了。

Nab nod tios nab leeb,

天　这　是　好　天　　　　　　　　　今天是凶日，

Nab nod tios nab gongb,

天　这　是　凶　日　　　　　　　　　今天夜是恶夜，

Nab nod tios nab vas,

天　这　是　恶　天　　　　　　　　　对于处理纠纷是个好日子，

Nof gheib wal sax yaod xaol,

才　叫　我师　耀　辽　　　　　　　　才请我贾师来，

Gol wal xangk gheib dongb.

喊　我　道　该　　东　　　　　　　　到这处理纠纷。

Gheib wal laol Wul Ghol,

叫　　我　来　五　果　　　　　　　　我今天来到榕江，

Gol wal laol Ghaib Linb,

喊　我　来　垓　　林　　　　　　　　到县城里来，

Wal wieex Yangf Sent Weil neix diux baib qongd,

我　到　杨　胜　伟　他　门　三　排　　　　我到杨胜伟家，

Leet neix zaid baib jik,

抵　他　屋　三　间　　　　　　　　　进他家门，

Eb vax gheib wal niul,

水　不　叫　　我　浑　　　　　　　　不是我多管闲事，

Bail vax gol wal seeb.

岸　不　喊　我　空　　　　　　　　　我只为弄清明白。

Niangb xeex jaod,

有　　银　锭　　　　　　　　　　　这里有人丢金条，

Niangb xeex jenb.

有　　银　毫　　　　　　　　　　　失银子。

Dal dees mib neix xeex,

哪　个　偷　他　银　　　　　　　　如果哪个偷金条，

Mib neix gheit,

偷　他　钱　　　　　　　　　　　　盗银子，

Gheeb ghos ib niangb neix ghenb naix,

鸡　　就　偏在　　他　面　前　　　鸡就会倒在他面前，

Gos neix ghenb mas.

倒　他　面　　下　　　　　　　　　死在他脚下。

Hvad haot dal ninb dliab diongx nod,

要　　是　这妻　高　同　　人　　　你家儿媳是高同人，

neix mib xeex jaod,

她　要　银　锭　　　　　　　　　　如果是她偷金条，

Mib xeex jenb,

要　　银　毫　　　　　　　　　　　盗银子，

Mox ghos ninx neix ghenb naix,

你　就　倒　他　面　　前　　　　　那鸡就倒在她面前，

Gos neix ghenb mas,

倒　他　面　　下　　　　　　　　　死在她脚下，

Ib neix ghenb naix,

偏　他　面　　前　　　　　　　　　倒她面前，

gos neix ghenb mas.

倒　他　面　　下　　　　　　　　　死她脚下。

Hvad haot dal ninb nod vax mib,
看　若　个　妻　这　不　要　　　　　　　　如果金不是她偷，

Zangx xod hod haid aot,
长　学　诬　陷　的　　　　　　　　　　　长学爷爷诬陷她，

Eed mox ghos mul ib diot zangx xod ghenb naix,
那　鸡　就　去　偏　在　长　学　面　　前　　那鸡就倒在长学的面前，

Gos diot zangx xod ghenb mas.
倒　在　长　学　面　　下　　　　　　　　死在长学脚下。

Lab naix eb dol,
这　禾　水　火　　　　　　　　　　　　这米有水火之神力，

Sad ghab liuf,
米　飞　蛾　　　　　　　　　　　　　　先人之神效，

Ninx fenb jux niul,
经　土　九　层　　　　　　　　　　　　历经千奇百怪，

Mul vangl yif waos.
过　地　八　道　　　　　　　　　　　　看懂是非黑白。

Mul gheib wangx niaol,
去　叫　王　　衮　　　　　　　　　　　米他去邀王衮 ①，

Gol dlas zef;
喊　莎　邹　　　　　　　　　　　　　　请莎邹；

Gheib wangx fangl,
叫　工　彷　　　　　　　　　　　　　　邀王彷，

Gol wuf dit;
喊　乌　帝　　　　　　　　　　　　　　请玉帝；

Gheib wangx bail,
叫　王　摆　　　　　　　　　　　　　　邀王摆，

Gol dlas dlek;
喊　莎　娄　　　　　　　　　　　　　　请莎娄；

Gheib wangx vongl,
叫　王　瓮　　　　　　　　　　　　　　邀王瓮，

Gol dlas vas.
喊　莎　雅　　　　　　　　　　　　　　请莎雅。

---

①王衮：天上的神仙。上面贾词提到的名字都是。

Gheib menx ghob sal laol,

叫　你　们　都　来　　　　　　　　　　召唤他们都来，

Gol menx gho sal dax,

喊　你　们　全　到　　　　　　　　　　邀请他们都到，

Gheib menx laol Wul Ghol,

叫　你们　来　五　果　　　　　　　　　来到榕江，

Gol menx laol Ghaib Linb.

喊　你们来　垓　　林　　　　　　　　　来到杨胜伟家。

Nab nod leix jax leix mib leix xeex,

天　这　个　说　个　要　个　银　　　　今天有人偷金条，

Yos jeef yos mib yos gheit.

人　说　人　要　人　钱　　　　　　　　抓不着人没办法。

Baib wangx fenb deel,

我们官　　方　坪　　　　　　　　　　我们地下的人，

Wongf fenb daib,

吏　　方　地　　　　　　　　　　　　人间的官，

Baib niangb ob jeel naix nangd,

我们有　　两只　耳　听　　　　　　　只有两只耳朵听，

Ob jeel mas buf haot.

两只　眼　看　的　　　　　　　　　　一双眼睛看。

Mil wangx fenb bail,

群　官　　方　上　　　　　　　　　　你们天上的人，

Mil dlas fenb wax,

群　富　方　天　　　　　　　　　　　天庭的官，

Menx niangb dlob jeel naix nangd,

你们　有　　四　只　耳　听　　　　　有四只耳朵听，

Dlob jeel mas buf.

四　只　眼　看　　　　　　　　　　　两双眼睛看，

Hvad haot gheeb mox nex sad naox,

看　若　鸡　　你　吃　米　绿　　　　公鸡吃白米，

Mox hek sad dlob,

你　喝　米　白　　　　　　　　　　　喝白水，

Mox bub xongs xix diongb mul,

你　知　七　时　夜　　间　　　　　　你看清夜间七个时辰，

Xongs xif diongb nab.
七　时　白　日　　　　　　　　　　　看懂白天七时吉凶。

Mox bub dab jangl bail,
你　知　儿　弯　手　　　　　　　　　哪个心不好，

Bub jid waif lob,
识　娃　跛　脚　　　　　　　　　　　哪个是小偷，

Mox ghos ninx neix ghenb naix,
你　就　死　他　面　　前　　　　　　鸡就倒在他面前，

Tais neix ghenb mas,
亡　他　面　　下　　　　　　　　　　死在他脚下，

Ib niangb neix ghenb naix,
偏在　　他　面　前　　　　　　　　　倒他面前，

Gos niangb neix ghenb mas.
倒在　　他　面　　下　　　　　　　　死他脚下。

Mox ninx vax nongb hvaob,
你　死　不　忘　话　　　　　　　　　鸡死不忘我托的语，

Tais vax xik seed.
亡　不　忘　语　　　　　　　　　　　不忘我说的话。

Hvaob nod vax daid,
话　　这　不　长　　　　　　　　　　话不长，

Seed nod vax not.
言　这　不　多　　　　　　　　　　　语不多，

Hvaob nod zenl bail,
话　　这　到　头　　　　　　　　　　说话到头，

Seed nod leet gof.
言　这　结　束　　　　　　　　　　　就此结束。

脚车莫老港说
王杰记录整理

三、诅咒

　　实在不得已的时候才选择诅咒，据莫老港说，有些诅咒案例，总有一方不好，有的当时吐血晕倒，有的一方回去后不顺利，或者发生意外等。

Zot haot wal ghet gangx bok zot nail,

左 说 我 公 岗　 开 左 鱼　　　　　　　　叶老左说是我岗爷偷他家鱼，

Neid zot hod wal,

那　左 污 我　　　　　　　　　　　　　污蔑我，

Wal vax mib,

我　不 要　　　　　　　　　　　　　　我不偷，

Wal vax hol.

我　不 认　　　　　　　　　　　　　　我不承认。

Neid dal jeef dal niangb lil,

因　个 说 个 有　 理　　　　　　　　　他坚持说是我偷，

Yos jeef yos niangb hveb,

人 说 人 有　 话　　　　　　　　　　意志坚定，

Gux vax hangd nid,

外　不 乐　 心　　　　　　　　　　　我们一个不舍弃，

Niangs vax hangd hveeb.

内　　不 乐　 意　　　　　　　　　　一个不死心。

Neid wal laol nas mox dab ghenb bail,

这　我 来 问 你 儿　 山 头　　　　　所以我们来问你山神，

Jid ghenb dlongs,

娃 山　 坳　　　　　　　　　　　　　问你土地公，

Dab vut niux,

儿　漂 亮　　　　　　　　　　　　　人漂亮，

Jid vut nios.

娃 潇 洒　　　　　　　　　　　　　　士潇洒。

Mox vaod bail dial,

你　守 山 头　　　　　　　　　　　　你居山头，

Xeef dlongs bangf,

护　坳　 上　　　　　　　　　　　　住山里，

Hvad haot wal mib neix nail,

看　若 我 要 他 鱼　　　　　　　　　你看见是我偷的鱼，

Eed dol haok,

那 火 灭　　　　　　　　　　　　　　那火灭，

Wal ghos tas,

我　就　 死　　　　　　　　　　　　我就死，

Gheeb tas,

鸡　　死　　　　　　　　　　　　　　　　鸡死，

Wal ghos tas.

我　就　死　　　　　　　　　　　　　　我就死。

Hvad haot vax tios wal mib,

要　若　不　是　我　要　　　　　　　　你看见不是我偷，

Zot hod haid wal haot,

左　污　蔑　我　的　　　　　　　　　　偷鱼另有其人，

Eed dol haok

那　火　灭　　　　　　　　　　　　　　那火灭，

Zot ghos tas,

左　就　死　　　　　　　　　　　　　　叶老左就死，

Gheeb tas,

鸡　　死　　　　　　　　　　　　　　　鸡死，

Zot ghos tas.

左　就　死　　　　　　　　　　　　　　叶老左就死。

Dab ghenb bail,

儿　山　　头　　　　　　　　　　　　　山神啊，

Jid ghenb dlongs,

娃　山　　坳　　　　　　　　　　　　　土地公，

Dab vut niux,

儿　漂　亮　　　　　　　　　　　　　　人漂亮，

Jid vut nios.

娃　潇　洒　　　　　　　　　　　　　　士潇洒。

Mox vaod bail dial,

你　守　山　头　　　　　　　　　　　　你居山头，

Xeef dlongs bangf.

护　坳　　上　　　　　　　　　　　　　住山脚。

Ghas dios ghet gangx mib yees,

就　是　苟　岗　要　了　　　　　　　　你看见是岗爷偷我的鱼了，

Dol haok,

火　灭　　　　　　　　　　　　　　　那火灭，

Ghet gangx ghos tas,

苟　岗　就　死　　　　　　　　　　　　岗爷就死，

Gheeb tas,
鸡　死　　　　　　　　　　　　　　　　　鸡死，

Ghet gangx ghos tas.
苟　岗　　就　死　　　　　　　　　　　岗爷就死。

Hvad haot ghet gangx vax mib wal benf ib,
要　是　苟　岗　不　要　我　的　啊　　如果看见不是岗爷偷，

Wal hod ghet gangx haot,
我　污　蔑　他　罢　　　　　　　　　　偷鱼另有其人，

Eed dol haok,
那　火　灭　　　　　　　　　　　　　　那火灭，

Wal ghos tas,
我　就　死　　　　　　　　　　　　　　我叶老左就死，

Gheeb tas,
鸡　死　　　　　　　　　　　　　　　　鸡死，

Wal ghos tas.
我　就　死　　　　　　　　　　　　　　我叶老左就死。

脚车莫老港说
王杰记录整理

四、请天神

　　请天神类似诅咒，都是以死盟誓，用鸡作为道具，宣誓完毕就把鸡摔死。败诉的一方当场晕倒，或者天天内出意外事故等。

Lax diongb:
中　人　　　　　　　　　　　　　　　　中人：

Nab nod nab gongb,
天　这　天　狠　　　　　　　　　　　　今天是个凶日，

mangt nod mangt vas,
夜　这　夜　快　　　　　　　　　　　　今夜是个恶夜，

Nab nod baib laol beid dlinb,
天　这　我们　来　伸　冤　　　　　　　今天我们来伸冤，

Baib laol saos diangs.
我们 来 断 案　　　　　　　　　　　　　我们来断案。

Nab nod niangb dal mongf laol wangx nod,
天 这 有 个 蒙 老 望 这　　　　　　　今天有个蒙老望，

Neix hek jod xangd,
他 喝 酒 醉　　　　　　　　　　　　　他喝醉酒，

Max bub mul ghas dees Dot jeed senb laol.
不 知 去 哪里 得 身 伤 来　　　　　　不知怎么受的伤，

Neix haot dios pongb laol fol dieeb neix,
他 说 是 潘 老 佛 打 他　　　　　　　他说是被潘老佛打，

Eed pongb laol fol haot max dios neix dieeb,
但 潘 老 佛 说 不 是 他 打　　　　　潘老佛却说不是，

Nof dios mongf laol wangx dliangd
各 是 蒙 老 望 摔　　　　　　　　　　是蒙老望自己喝醉酒摔倒

bail dlaix haot.
倒 破 的　　　　　　　　　　　　　　受的伤。

Ghot max dot deef zent minf,
也 没 得 谁 证 明　　　　　　　　　　因为没有人证明，

Mongf laol wangx haot pongb laol fol dieeb,
蒙 老 望 说 潘 老 佛 打　　　　　　　蒙老望说是潘老佛打，

Pongb laol fol diangd haot wal max dieeb,
潘 老 佛 又 说 我 不 打　　　　　　　潘老佛说不是他打，

Nab nod menb ob yos sal diot gek,
天 这 你们 二 人 都 强 硬　　　　　　两个都不示弱，

Max dot deef buf,
没 得 谁 见　　　　　　　　　　　　　没有证据，

Baib ded max jenx yees.
我们 断 不 成 了　　　　　　　　　　　我们也不知怎么判。

Eed xak nod fenb daib jangl,
那 现 在 方 地 弯　　　　　　　　　　现在天下人不说真话，

Fenb wax niax,
方 天 直　　　　　　　　　　　　　　天神是知道的，

Lab nod vab max gos bail,
这 个 提 不 着 手　　　　　　　　　　这个案子抓不到凶手，

Wail max gos nees,
抓　不　着　鼻　　　　　　　　　　　　　找不到证据，

Mongf laol wangx ghas haot pongb laol fol dieeb,
蒙　老　望　说　是　潘　老　佛　打　　　蒙老望说是潘老佛打，

Pongb laol fol ghas haot max dios,
潘　老　佛　却　说　不　是　　　　　　潘老佛说他不打，

Menb saix niangb ghab vut,
你们　都　在　　野　外　　　　　　　两人都在外面发生的事情，

Max dot deef zent minf,
没　得　谁　证　明　　　　　　　　　也没有谁证明，

Need baib ghot max bub ded menb geex dees daos.
那　我们　也　不　知　判　你们　如　何　对　　我们不知怎么判。

Eed nod fenb daib jangl,
现　在　方　地　弯　　　　　　　　　现在天下弯，

Fenb wax niax,
方　天　直　　　　　　　　　　　　天上直，

Nab nod fenb daib ded max jenx,
天　这　方　地　判　不　成　　　　　今天地上判不下，

Meib fenb wax laol ded,
要　方　天　来　判　　　　　　　　就让天神来判，

Pongb laol fol deed bieet wens laol,
潘　老　佛　拿　百　元　来　　　　　潘老佛出一百元，

Mongf laol wangx ghot cuf bieet wens laol,
蒙　老　望　也　出　百　元　来　　　蒙老望也出一百元，

Deed mul mal dot dal beid gheeb,
拿　去　买　得　只　公　鸡　　　　　拿去买来一只公鸡，

Nod baib mul gol wax daib,
现　我们　去　喊　天　地　　　　　由天神来判，

Ded gheeb laol hek xend.
砍　鸡　　来　喝　血　　　　　　　杀鸡喝血。

Weif ghet linf neix max dot dab jid,
韦　苟　林　他　没　有　子　女　　　韦苟林没有子女，

Liangl niub nax jub,
绝　　后　人　类　　　　　　　　　无后顾之忧，

Meib dal neid laol xif hveb.
让　这　个　来　誓　话　　　　　　　　由他来宣誓。

Eed nod mox mongf laol wangx kheeb dliux dol,
现 在 你 蒙 老 望 捆 火 把　　　　蒙老望去准备火把，

Deed xangb xit,
带　香　纸　　　　　　　　　　　香纸，

Deed eb laol.
带　水　来　　　　　　　　　　　一盆水。

Pongb laol fol ghot kheeb dliux dol,
潘　老　佛　也　捆　火　把　　　　潘老佛也去准备火把，

Deed xangb xit,
带　香　纸　　　　　　　　　　　香纸，

Deed eb laol.
带　水　来　　　　　　　　　　　一盆水。

Jeef ghet weif laol linf xif hveb,
叫 苟 韦 老 林 誓 话　　　　　　我们叫韦苟林来宣誓，

Menb geed mul meib dliux dol langf eb,
你们 再 去 要 火 把 泌 水　　　你们再各自灭火，

Hek xend gheeb,
喝　血　鸡　　　　　　　　　　　喝鸡血，

Meib fenb wax laol ded.
让　方　天　来　判　　　　　　　由天神来审。

Hvad haot mongf laol wangx max deex,
看 若 蒙 老 望 不 正　　　　　　如果是蒙老望说假话，

Eed dol das,
那　火　灭　　　　　　　　　　　那火灭，

Baib leit ghas niangs neix ghos das,
三 月 之 内 他 就 死　　　　　　三个月之内蒙老望就死，

Gheeb das,
鸡　死　　　　　　　　　　　　　鸡死，

Baib leit ghas niangs neix ghos das.
三 月 之 内 他 就 死　　　　　　三个月之内蒙老望就死。

Eed das nof das,
那　死　归　死　　　　　　　　　那死归死，

Fenb vangl nof bend faf neix baib lab bieet niongs juf jenk,

村 寨 仍 然 罚他 三 个 百 二 十 斤　　村寨仍然罚他三个百二十斤，

Bieet niongs juf jenk sad,

百 二 十斤 米　　　　　　百二十斤米，

Bieet Niongs juf jenk ik,

百 二 十斤 肉　　　　　　百二十斤肉，

Bieet Niongs juf jenk jod.

百 二 十斤 酒　　　　　　百二十斤酒。

Hvad haot pongb laol fol max deex,

看 若 潘 老佛不 正　　　　如果是潘老佛说假话，

Eed dol das,

那 火 灭　　　　　　　　那火灭，

Baib leit ghas niangs neix ghos das,

三 月 之 内 他 就 死　　三个月之内潘老佛就死，

Gheeb das,

鸡 死　　　　　　　　　鸡死，

Baib leit ghas niangs neix ghos das.

三 月 之 内 他 就 死　　三个月之内潘老佛就死。

Eed das nof das,

那 死 归 死　　　　　　那死归死，

Fenb vangl ghot nof bend faf neix baib lab bieet niongs juf jenk,

村 寨 也 一样 罚他 三个 百 二 十斤　村寨仍然罚他三个百二十斤，

Bieet niongs juf jenk sad,

百 二 十斤 米　　　　　　百二十斤米，

Bieet Niongs juf jenk ik,

百 二 十斤 肉　　　　　　百二十斤肉，

Bieet Niongs juf jenk jod.

百 二 十斤 酒　　　　　　百二十斤酒。

Lab neid fenb daib jangl,

这 个 方 地 弯　　　　　人间可以说假话，

Fenb wax niax,

方 天 直　　　　　　　天神明白，

Dlinb ded at neid liangb,

案 断 这样 终　　　　　案件这样断，

Diangs ded at neid jos.

冤　断这样结　　　　　　　　　　　　冤仇这样结。

Hvad haot mox mongf lao wangx haot,

看　若你蒙　老望　说　　　　　　　假如你蒙老望说，

Nab nod at deex meib dlongs das diot jeed,

天　这确实要坳　死于身　　　　　　今天确实以死宣誓，

Lab neid wal max gangl gol wax daib,

这　种　我不敢　喊天地　　　　　　那我不敢，

Meif neid ghot nof faf neik gheit jod sad haot,

这　些也只罚点　钱　米酒的　　　　也只罚些钱米罢，

Xangx dios wal dliangd bail yees,

确　是我摔　　倒了　　　　　　　　确实是我自己摔倒了，

Wal dleib menx haot,

我哄　你们的　　　　　　　　　　　我诬陷潘老佛的，

Hvad menx meis vangl bak fenb nangx gil,

看　你们母寨父村　减少　　　　　　你们村官寨佬减少一些，

Vok yut neik max,

轻判些不　　　　　　　　　　　　　罚轻一点，

Wal ghos diot laol diot menx mul.

我就　出来给你们去　　　　　　　　我找钱米付给你们去。

Jeef hvub deex laol,

说真　话来　　　　　　　　　　　　说真话来，

Cenf rent mul,

承认　去　　　　　　　　　　　　　认错去，

Baib meis vangl bak fenb ghos laol nangx gil,

我们母寨父村就来减少　　　　　　　我们村官寨佬就来减半，

Vok yut mul,

轻判去　　　　　　　　　　　　　　罚轻一点，

Baib lab bieet niongs juf jenk,

三个百二十斤　　　　　　　　　　　三个百二十斤，

Baib meib deix dangl haot.

我们罚一半　　　　　　　　　　　　我们罚一半。

Hvad pongb laol fol haot,

看　潘老佛说　　　　　　　　　　　如果你潘老佛说，

Nab nod khob mul gol wax daib at xeed,
天 这 不 去 喊 天 地 做啥   我们未必请天神,

At deex meib dlongs das diot jeed,
确实 要 坳 死 于 身   确实以死盟誓,

Lab neid wal max gangl gol wax daib,
这 个 我 不 敢 喊 天 地   那我不敢,

Meif neid ghot nof faf neik gheit jod sad haot,
这 些 也 只 罚点 钱 米 酒 的   也只罚些钱米罢,

xangx dios wal dieeb yees,
确实是 我 打 了   确实是我打蒙老望了,

Wal dleib haot,
我 哄 的   我欺哄大家的,

Hvad menx meis vangl bak fenb nangx gil,
看 你们 母 寨 父 村 减 少   你们村官寨佬减少一些,

Vok yut neik max,
轻 判 些 不   罚轻一点,

Wal ghos diot laol diot menx mul.
我 就 出 来 给 你们 去   我找钱米付给你们去。

Eed ghos cenf rent laol,
那 就 承 认 来   说真话来,

Cenf rent mul,
承 认 去   认错去,

Baib meis vangl bak fenb ghos laol nangx gil,
我们 母 寨 父 村 就 来 减 少   我们村官寨佬就来减半,

Vok yut mul,
轻 判 去   罚轻一点,

Baib lab bieet niongs juf jenk,
三 个 百 二 十斤   三个百二十斤,

Baib meib deix dangl haot.
我 们 罚 一 半   我们罚一半。

Lab menb diangs nod,
你 们 这 案   关于这个案件,

wal ded at geed neid liangl,
我 审 做这 样 断   我们是这样审,

Sangt at geed neid jos.

判　做　这　样　结　　　　　　　　　　案就这样断。

Hveb liub max saix,

话　大　没　有　　　　　　　　　　　　没有后话，

Seed yut max dot.

舌　小　没　得　　　　　　　　　　　　没留恩怨。

Ghet kheb:

誓　人　　　　　　　　　　　　　　　　宣誓人：

Nab nod nab gongb,

天　这　天　狠　　　　　　　　　　　　今天是个凶日，

mangt nod mangt vas,

夜　这　夜　快　　　　　　　　　　　　今夜是个恶夜，

Nab nod mox dal beid gheeb lol,

天　这　你　只　公　鸡　老　　　　　　今天我杀你只老公鸡，

Beid lius ghaot,

凤　凰　古　　　　　　　　　　　　　　老凤凰，

Wal max meib mox laol eb niul bail seeb,

我　不　拿　你　来　不　明　不　白　　我杀你不因为别的事，

Wal meib mox laol ded ob yos dlinb,

我　要　你　来　审　两　家　冤　　　　我让你来审两家冤，

Sangt ob yos diangs.

断　两　家　案　　　　　　　　　　　　判两家案。

Qak nod wal eb max dieeb niul,

这　次　我　水　不　打　浑　　　　　　这次我水不杀浑，

Bail max dat seeb,

陆　不　杀　空　　　　　　　　　　　　陆不杀空，

Wal dieeb mox ded dlinb,

我　打　你　审　案　　　　　　　　　　我杀你审冤，

Wal dat mox ded diangs.

我　杀　你　断　冤　　　　　　　　　　杀你判案。

Hvad haot mongf laol wangx max deex,

看　若　蒙　老　望　不　正　　　　　　如果是蒙老望说假话，

Eed dol das,

那　火　灭　　　　　　　　　　　　　　那火灭，

Baib leit ghas niangs neix ghos das,
三 月 之 内 他 就 死   三个月之内蒙老望就死，
Gheeb das,
鸡 死   鸡死，
Baib leit ghas niangs neix ghos das.
三 月 之 内 他 就 死   三个月之内蒙老望就死。
Hvad haot pongb laol fol max deex,
看 若 潘 老佛不 正   如果是潘老佛说假话，
Eed dol das,
那 火 灭   那火灭，
Baib leit ghas niangs neix ghos das,
三 月 之 内 他 就 死   三个月之内潘老佛就死，
Gheeb das,
鸡 死   鸡死，
Baib leit ghas niangs neix ghos das.
三 月 之 内 他 就 死   三个月之内潘老佛就死。

三盘龙老拉说

王杰记录整理

五、封百口

在农村，如果遇到不光彩或者是太幸运的事，就会被众多人议论是非。这种情况就被视为"遭百口"（众人说），要去"封百口"（化解）才能万事吉利。这次封百口跟前面鸡判是同一件事，杨胜伟苗名叫朵娃，因为朵娃挖矿有钱，外面有女人，家里老婆怕他变心，悄悄去藏金条。朵娃抓不到小偷，去脚车请莫老港采用"鸡判"，他的老婆藏金条心有余悸才哭起来。朵娃感到这是个不光彩的事，才请莫老港到他家去"封百口"。

Naix eb dol,
禾 水 火   清水禾，
Sad ghab liuf,
米 飞 蛾   飞蛾米，

Mul gheib wok bax,
去　叫　偓坝 你们去叫偓坝，
Mul gol wok deif;
去　喊　握　得 喊偓得；
Mul gheib wangx geex,
去　叫　王　给 去叫王给，
Mul gol dlas diaot;
去　喊莎吊 喊莎吊；
Mul gheib wangx khaod,
去　叫　王　靠 去叫王靠，
mul gol dlas pot;
去　喊莎破 喊莎破；
Mul gheib wangx dob,
去　叫　王　多 去叫王多，
Mul gol dlas mait.
去　喊莎迈 喊莎迈。
Eb vax gheib niul,
水　不　叫　浑 水不叫浑，
Bail vax gol seeb,
岸　不　喊　空 陆不喊空。
Niangb wal jid dot not,
有　　我弟朵这 现在有人叫朵娃，
Diux baib qongd,
门　三　扇 他家门三扇，
Zaid baib jik,
房　三　间 屋三间，
Niangb nieek niux vangl,
有　点　话　寨 被人说闲话，
Dail nieek laot fenb,
和　点　舌　村 遭百口，
Niangb nieek niux xub,
有　点　话　亲 亲戚说笑话，
Dail nieek laot kheet.
和　点　舌　戚 外人谈是非。

Nab nod tiok nab leeb,

天 这是天 猴 今天是猴天，

Nab nod tiok nab gongb,

天 这是天 狠 今天是凶日，

Mangt nod tiok mangt xaod,

夜 这是夜 虎 今夜是虎夜，

Mangt nod tiok mangt vak,

夜 这是夜 快 今夜是凶夜，

Wal liof kheeb diot naix eb dol,

我 才托 给禾水火 我委托清水禾，

Sad ghab liuf,

米 飞 蛾 飞蛾米，

Wal liof gheib dal wangx benl xenl,

我 才叫 个王 本 醒 去叫本醒王，

Dlas xenb gheib;

官 欣 归 喊欣归官；

Gheib wangx dob,

叫 王 多 去叫王多，

Gol dlas mait;

喊 莎迈 喊莎迈；

Gheib wok bax,

叫 偓 坝 去叫偓坝，

Gol wok deif;

喊 偓 得 喊偓得；

Gheib wangx geex,

叫 王 给 去叫王给，

Gol dlas diaot;

喊 莎吊 喊莎吊；

Gheib wangx khaod,

叫 王 靠 去叫王靠，

Gol dlas pot.

喊 莎 破。 喊莎破。

Gheib laol wal jid dot diux baib qongd,

叫 来 我弟朵门 三 扇 叫他们来朵娃家，

Gol laol ob dab zaid baib jik,
喊　来　二俩　房　三　间　　　　　　　　　到朵娃屋，

Gheib laol ob dab diux zeib hvib,
叫　　来　二俩　门　五　扇　　　　　　　来朵娃家门五扇，

Gol laol ob dab zaid xongk dongk.
喊　来　二俩　房　七　　柱　　　　　　　屋七柱。

Eb vax gheib niul,
水　不　叫　浑　　　　　　　　　　　　　我们不是无缘无故的喊，

Bail vax gol seeb,
岸　不　喊　空　　　　　　　　　　　　　我们有点小礼物，

Zeib liangl xeex dlob,
五　锭　　银　白　　　　　　　　　　　　五锭白银，

Zeib lias gheit bangs,
五　两　钱　蓝　　　　　　　　　　　　　五两银子，

Zeib liangl xeex jaod,
五　锭　　银　毫　　　　　　　　　　　　五锭银毫，

Zeib lias xeex jenb,
五　两　黄　金　　　　　　　　　　　　　五两黄金，

Zeib liut nix dab mieeb,
五　块　牛　犊　皮　　　　　　　　　　　五块牛皮，

Zeib liut niaf dab diax,
五　坨　糯　米　饭　　　　　　　　　　　五坨糯米饭，

Zeib xenb lol,
五　鱼　老　　　　　　　　　　　　　　　五块干鱼片，

Zeib lis ghaot,
五　鲤　古　　　　　　　　　　　　　　　五条小鲤鱼，

Dieeb diot wenb jux,
放　　在　簸　箕　　　　　　　　　　　　放在簸箕，

Dins diot wenb yof.
摆　在　地　下　　　　　　　　　　　　　摆在地下。

Neid nof gheib menb mil wangx,
这　　才　叫　你们　群　王　　　　　　　摆设整齐才叫你们，

Gol menb ghongf dlas,
喊　你们　伙　　官　　　　　　　　　　　喊你们一群大官，

Menb laol nex zeib xenb lol,

你们 来 吃 五 鱼 老　　　　　　　　　一起来吃鱼片，

Zeib lis ghaot,

五 鲤 古　　　　　　　　　　　　　　尝小鲤鱼，

Zeib liut nix,

五 皮 牛　　　　　　　　　　　　　　吃牛皮，

Zeib liut niaf,

五 皮 饭　　　　　　　　　　　　　　尝糯米饭，

Nex zeib xenb lol,

吃 五 鱼 老　　　　　　　　　　　　来吃五块鱼片，

Hek zeib lis ghaot,

喝 五 鲤 古　　　　　　　　　　　　尝五条鲤鱼，

Zeib langx jod yangl,

五 杯 米 酒　　　　　　　　　　　　喝五杯米酒，

Zeib dit bis kik,

五 碗 浊 酒　　　　　　　　　　　　尝五碗浊酒，

Mox vib nangl nex jod,

你 受礼 吃 酒　　　　　　　　　　　请你们来受理，

Sent nos hek bis.

接 卦 喝 浊　　　　　　　　　　　　来接卦。

Mox vib jux det neel,

你 受 卜 竹 片　　　　　　　　　　　带好竹卜，

Sent nos det langs,

接 卦 竹 节　　　　　　　　　　　　拿好竹卦，

Vib jux lenl fid,

受 卜 片 翻　　　　　　　　　　　　带好翻面的竹卜，

Sent nos leel maos,

接 卦 片 盖　　　　　　　　　　　　拿好盖面的竹卦，

Vib jux dieeb lob,

受 卜 双 脚　　　　　　　　　　　　清理朵娃闲话，

Sent nos diot dot.

接 卦 给 朵　　　　　　　　　　　　解决朵娃是非。

Bub wangx khaod,

委 王 靠　　　　　　　　　　　　　交代王靠，

Xens dlas pok;
托　莎　破　　　　　　　　　　　　　嘱咐莎破；

Bub wangx geex,
委　王　给　　　　　　　　　　　　　交代王给，

Xenk dlak diaot;
托　莎　吊　　　　　　　　　　　　　嘱咐莎吊；

Bub wangx benl,
委　王　本　　　　　　　　　　　　　交代王本，

Xens dlak xenb gheib;
托　莎　欣　归　　　　　　　　　　　嘱咐欣归；

Bub wangx dob,
委　王　多　　　　　　　　　　　　　交代王多，

Xens dlak mait.
托　莎　迈　　　　　　　　　　　　　嘱咐莎迈。

Nex xenb lol,
吃　银　老　　　　　　　　　　　　　叮嘱他们接收白银，

Hek leis ghaot,
喝　钱　古　　　　　　　　　　　　　收受银子，

Nex liut nix,
吃　皮　牛　　　　　　　　　　　　　接收牛皮，

Hek liut niaf.
喝　皮　饭　　　　　　　　　　　　　收受米饭。

Menx nex dal daix,
你们　吃　在　前　　　　　　　　　　他们吃在前，

Menx hek dal hed,
你们　喝　在　头　　　　　　　　　　喝在先，

Kheeb mieeb dal bid gheeb,
芬　芳　于公鸡　　　　　　　　　　　接收公鸡馨香，

Bok bongt dal bid liuk,
馨　香　于凤凰　　　　　　　　　　　收受凤凰香味，

Kheeb meeb menb dal wangx laol meib mieeb,
托　气　味　于　王　来　接　气　　　召唤一群官人前来接气，

Mib mieeb dal daix,
领　气　在　前　　　　　　　　　　　领受馨香在前，

Sent but dal hed,
接　味　在　头　　　　　　　　　　　收受香味在先，

Mib mieeb denb menb,
领　气　馨　香　　　　　　　　　　　领好馨香，

Sent but tongs mongs.
接　味　浓　香　　　　　　　　　　　接好气味。

Niox ngeex paid dol,
抛　皮　烧　火　　　　　　　　　　　火烧鸡毛，

Was jeed zos eb,
甩　身　洗　水　　　　　　　　　　　水洗鸡身，

Zeib dal dlak laol senb but,
五　位　官　来　接　气　　　　　　　五位大官前来接气味，

Meib mieeb dal bid gheeb,
领　味　只公　鸡　　　　　　　　　　领公鸡，

Senb but dal bid lius,
接　气只凤　凰　　　　　　　　　　　接凤凰，

Meib mieeb denb menb,
领　味　馨　香　　　　　　　　　　　领馨香，

Senb but tongs mongs.
接　气　浓　香　　　　　　　　　　　接浓浓的香味。

Niox ngeex dol paid,
抛　皮　火　烧　　　　　　　　　　　火烧鸡毛，

Was jeed zos eb,
丢　身　水　洗　　　　　　　　　　　水洗鸡身，

Eb vongx laol diod,
水　龙　来　烧　　　　　　　　　　　清水来洗，

Dol haob laol hot,
火　雷　来　煮　　　　　　　　　　　烈火来烧，

Bid jenx xul dlend,
炖　成　菜　肴　　　　　　　　　　　炖成菜肴，

Hot yof ghuik niok,
煮　熟　稀　饭　　　　　　　　　　　煮成稀饭，

Jenx ngeex yenb dol,
成　菜　煮　火　　　　　　　　　　　成菜火煮，

Jas zais yenb heeb,

和　粥　瓢　装　　　　　　　　　　　成粥碗装，

Jenx geed fab yob,

成　菜　佳　肴　　　　　　　　　　　成美味佳肴，

Niaf fab benx,

饭　稀　粥　　　　　　　　　　　　　成热火稀饭，

Diangd xob diot wenb jaox,

又　放　在　簸　箕　　　　　　　　　放在簸箕，

Xok diot wenb juf.

摆　在　地　上　　　　　　　　　　　摆在地上。

Khaib menb mil wangx ghol yaid,

叮嘱　你们　群　王　多　次　　　　　反复叫唤一群大官，

Xenk menb ghel dlas not diais,

告诉　你们　头　富　多　回　　　　　邀请一群仙人，

Hveb nod dil hveb dieeb lob,

话　这　是　话　解　闲　　　　　　　洗清朵娃家百口，

Seed dil seed diob dot.

舌　是　舌　解　朵　　　　　　　　　净化朵娃家闲话。

Hveb vax daid ib meil wangx,

话　不　长　一　群　官　　　　　　　我话不再多，

Seed vax not ib ghel dlas,

舌　不　多　一　群　富　　　　　　　重复哆嗦，

Hveb zenl bail,

话　到　头　　　　　　　　　　　　　话已说完，

Seed leet gof,

舌　到　终　　　　　　　　　　　　　到此就止，

Jul vax ghongb,

完　不　跟　　　　　　　　　　　　　完不再接，

Jos vax seik.

终　不　接　　　　　　　　　　　　　终不再跟。

Nab nod naix eb dol,

天　这　禾　水　火　　　　　　　　　清水禾，

Sad ghab liuf,

米　飞　蛾　　　　　　　　　　　　　飞蛾米，

Wal kheeb menx zeib dal wangx,
我 叮嘱 你们 五 位 官人　　　　　　今天我托付你邀五位大官，
Xenk menx zeib dal dlas,
告诉 你们 五 个 大佬　　　　　　　请五位仙人，
Kheeb wangx geex,
委 王 给　　　　　　　　　　　　邀王给，
Xens dlas diaot;
托 莎 吊　　　　　　　　　　　　请莎吊；
Kheeb wangx khaod,
委 王 靠　　　　　　　　　　　　邀王靠，
Xens dlas pot;
托 莎 破　　　　　　　　　　　　请莎破；
Kheeb wangx benl,
委 王 本　　　　　　　　　　　　邀王本，
Xens dlas xenb gheib;
托 官 欣 归　　　　　　　　　　　请欣归；
Kheeb wangx dob,
委 王 多　　　　　　　　　　　　邀王多，
Xens dlas mait.
托 莎 迈　　　　　　　　　　　　请莎迈。
Nab neil menb liok mib mieeb dal bid gheeb senb but,
刚 才 你们 已 领 味 只公鸡 接 气　　你们已经接了馨香，
Senb but dal bid liuk,
接 气 只凤凰　　　　　　　　　　领了香气，
Mib mieeb denb menb,
领 味 馨 香　　　　　　　　　　接了鸡馨香，
Senb but tongs mongs,
接 气 浓 香　　　　　　　　　　领了鸡香味，
Niox ngeex dol,
留 苗 火　　　　　　　　　　　火烧鸡毛，
Paid wal jeed zos eb,
烧 我 身 洗 水　　　　　　　　水洗鸡身，
Eb vongx laol diod,
水 龙 来 烧　　　　　　　　　清水来洗，

Dol haob laol hot,
火　雷　来　煮　　　　　　　　　　　烈火来烧，

Bid jenx xul dlend,
炖　成　菜　肴　　　　　　　　　　　炖成菜肴，

Hot yof ghuik niok,
煮　成　稀　饭　　　　　　　　　　　煮成稀饭，

Jenx ngeex yenb dol,
成　菜　煮　火　　　　　　　　　　　成菜火煮，

Jas zais yenb huib,
和　粥　瓢　装　　　　　　　　　　　成粥碗装，

Qak nod diangd xob diot wenb jaox,
现　这　又　　　放　在　簸　箕　　　放在簸箕，

Qud diot wenb juf.
摆　在　地　上　　　　　　　　　　　摆在地上。

Zeib langx ngeex wieel,
五　锅　饭　罐　　　　　　　　　　　五锅米饭，

Zeib diut ghuif niok,
五　碗　稀　粥　　　　　　　　　　　五碗稀饭，

Zeib dliux geed dex,
五　缸　饭　米　　　　　　　　　　　五缸米饭，

Zeib dek niangk bed,
五　包　糯　团　　　　　　　　　　　五坨糯米饭，

Deed bail menx zeib dal wangx,
伸　手　你们　五　个　官人　　　　　请你们五位大官伸手，

Gangf gut menx zeib dal dlas,
举　筷　你们　五　个　大佬　　　　　五位仙人举筷，

Menb laol nex dal bid gheeb,
你们　来　吃　只　公　鸡　　　　　　你们伸手来吃公鸡，

Hek dal bid lius,
吃　只　凤　凰　　　　　　　　　　　来吃凤凰，

Menb laol nex zeib dliux geed ded,
你们　来　吃　五　缸　饭　米　　　　你们来吃五锅米饭，

Zeib dek niangk bed,
五　包　糯　团　　　　　　　　　　　五坨糯米团，

Zeib langx ngeex wieel,
五 锅 饭 罐　　　　　　　　　　　　　五锅米饭，

Zeib dit ghuik nios.
五 碗 稀 粥　　　　　　　　　　　　　五碗稀粥。

Menb laol nex dal daix,
你们 来 吃 在 先　　　　　　　　　　　你们吃在前，

Hek dal hed,
喝 在 前　　　　　　　　　　　　　　　喝在先。

Menb zeib dal wangx nex bid gheeb,
你们 五 个 官人 吃 公 鸡　　　　　　　你们五位大官前来领公鸡，

Hek bid lius yees,
喝 凤 凰 了　　　　　　　　　　　　　　拿凤凰，

Zeib dal wangx menx nex dal bid gheeb,
五 个 官人 你们 吃 只 公 鸡　　　　　　吃公鸡，

Hek dal bid lius,
喝 只 凤 凰　　　　　　　　　　　　　　吃凤凰，

Menx nex dal daix,
你们 吃 在 先　　　　　　　　　　　　　吃在先，

Menx hek dal hed.
你们 喝 在 前　　　　　　　　　　　　　喝在前。

Nab nod laol xab niux vangl,
天 这 来 解 话 寨　　　　　　　　　　　今天邀你们来消除百口，

Dial laot fenb,
封 口 村　　　　　　　　　　　　　　　清除闲话，

Mox ghenb dal det neel,
你 带 棵 竹子　　　　　　　　　　　　　你们带根竹子，

Gangf dal dut langs,
拿 棵 竹 竿　　　　　　　　　　　　　　拿根竹竿，

Tiab lab niux vangl,
支 这 嘴 寨　　　　　　　　　　　　　　撑住那些乱说的嘴，

Tint lab laot fenb,
架 这 口 村　　　　　　　　　　　　　　叉开那些乱讲的口，

Tiab lab niux xub,
支 这 话 亲　　　　　　　　　　　　　　亲戚乱说，

Tint lab laot kheet,
架　这　话　戚　　　　　　　　　　　　　　寨人乱讲，

Tiab niux ghenb deix,
支　话　哥　　嫂　　　　　　　　　　　　撑住哥嫂闲话，

Tint laot hed jid,
架　口　媳　弟　　　　　　　　　　　　　叉开弟媳百口，

Tiab lab niux xub,
支　这　话　亲　　　　　　　　　　　　　撑住亲戚闲话，

Tint lab laot kheet,
架　这　舌　戚　　　　　　　　　　　　　叉开朋友百口，

Tiab niux waid nios,
支　话　男　人　　　　　　　　　　　　　撑住男人闲话，

Tint laot wok ninb.
架　口　女　人　　　　　　　　　　　　　叉开女人百口。

Niangb wok bax,
有　　偓　坝　　　　　　　　　　　　　　偓坝啊，

Dail wok deik,
有　偓　得　　　　　　　　　　　　　　　偓得哟，

Mox bax niux vangl,
你　档　话　闲　　　　　　　　　　　　　你们来撑住闲话，

Mox bangf laot fenb,
你　封　嘴　杂　　　　　　　　　　　　　叉开百口，

Mox bax diot nab ib,
你　来　于　日　出　　　　　　　　　　　你们来于太阳升起的地方，

Bangf diot leit liof,
去　于　月　落　　　　　　　　　　　　　走于月亮落下的方位，

Lal jid dot neix diux baib qongd,
洁　朵　娃　他　门　三　扇　　　　　　　你们来洗清他家，

Lef neix zaid baib jik,
净　他　屋　三　间　　　　　　　　　　　净化他屋，

Niux mul mangd jed,
嘴　去　封　闭　　　　　　　　　　　　　撑住闲话，

Laot mul mangd eb,
口　去　堵　死　　　　　　　　　　　　　叉开百口，

Jax vax wieex wal jid dot neix diux baib qongd,

说 不 到 我 朵 娃 他 门 三 扇　　　　让嘴杂说不到他家,

Jeef vax leet neix zaid baib jik.

谈 不 及 他 屋 三 间　　　　让话多讲不到他屋。

Jax vax wieex neix zaid zeib kib,

说 不 到 他 屋 三 间　　　　凡是讲到他们家事,

Jeef vax leet neix zaid xongs tongs,

谈 不 及 他 屋 七 柱　　　　谈到他们纠纷,

Ghenb dal det neel,

带 棵 竹 子　　　　都被竹子撑开口,

Gangf dal det langs,

拿 根 竹 竿　　　　叉住嘴,

Mul tiab niux xub,

去 支 嘴 亲　　　　撑开亲戚嘴巴,

Tint laot kheet,

架 口 戚　　　　叉住朋友百口,

Tiab niux vangl,

支 嘴 寨　　　　撑开寨人嘴巴,

Tingt laot fenb,

架 口 村　　　　叉住众人百口,

Tiab niux diaol,

支 嘴 外,　　　　撑开嘴杂,

Tint laot dliab,

架 口 内　　　　叉住百口,

Tiab diot nab ib,

支 向 日 出　　　　撑向太阳升起的地方,

Tint diot leit los,

架 向 月 落　　　　叉向月亮落下的方向,

Tiab nias nab,

支 随 日　　　　让闲话跟着太阳,

Tint nias leit.

架 跟 月　　　　跟着月亮。

Mox diangd vib neel,

你 再 收 卦　　　　现在叫你们来收卦,

Mox diangd sent nos,
你 再 接 卜　　　　　　　　　　收卜，
Mox vib diux gangb,
你 收 竹 卦　　　　　　　　　　收竹子卦，
Sent nos guf.
接 苇 卜　　　　　　　　　　收芦苇卜。
Xiak nod xab ngangs bail,
现 在 封 满 手　　　　　　　　此后嘴杂被封，
Dial ngangs lob,
闭 满 脚　　　　　　　　　　百口被堵，
Xab ngangs ninx,
封 满 月　　　　　　　　　　每月被封，
Dial ngangs niut,
闭 满 年　　　　　　　　　　每年被堵，
Xab ngangs nab,
封 满 天　　　　　　　　　　每天被封，
Dial ngangs mangt,
闭 满 夜　　　　　　　　　　每夜被堵，
Xab ngangs liut nix,
封 满 皮 牛　　　　　　　　　封向牛皮，
Dial ngangs liut niaf,
闭 满 皮 饭　　　　　　　　　堵向米饭，
Xab ngangs bid gheeb,
封 满 公 鸡　　　　　　　　　封向公鸡，
Dial ngangs bid lius,
闭 满 公 凤　　　　　　　　　堵向凤凰，
Xab ngangs jod yangl,
封 满 米 酒　　　　　　　　　封向米酒，
Dial ngangs bis kik,
闭 满 浊 酒　　　　　　　　　堵向菜肴，
Xab ngangs nab leeb dil nab gongb,
封 满 猴 天 属 凶 日　　　　　封向猴天凶日，
Dial ngangs mangt xaod dil mangt vas.
闭 满 虎 夜 属 恶 夜　　　　　堵向虎时恶夜。

Xak nod wal bab nieek xeex dlob diot mil wangx liof mul,
现 在 我 送 点 白 银 给 群 官 好 去　　　现在你们来分偿金，

Xit tos nieek gheit dlas diot ghel dlas mil dlas liof ninx.
平 分 点 富 钱 给 大 佬 群 富 好 走　　拿银子。

Nab nod wal kheeb diot wangx benl xenl,
天 这 我 委 给 官 本 醒　　　　　　今天我叫本醒官，

Wal bok diot dlas xenb gheib;
我 托 给 宦 欣 归　　　　　　　　　喊欣归王；

Wal kheeb diot wangx dlob,
我 委 给 王 多　　　　　　　　　　叫王多，

Bok diot dlas mait;
托 给 莎 迈　　　　　　　　　　　喊莎迈；

Kheib diot wok bax,
委 给 偓 坝　　　　　　　　　　　叫偓坝，

Bok diot wok deif;
托 给 偓 得　　　　　　　　　　　喊偓得；

Kheib diot wangx geex,
委 给 王 给　　　　　　　　　　　叫王给，

Bok diot dlas diaok;
托 给 莎 吊　　　　　　　　　　　喊莎吊；

Kheib diot wangx khaod,
委 给 王 靠　　　　　　　　　　　叫王靠，

Bok diot dlas pot.
托 给 莎 破　　　　　　　　　　　喊莎破。

Menb saix ghad kid,
你们 平 分 银　　　　　　　　　　叫你们前来分偿金，

Dot ghad leek,
平 分 钱　　　　　　　　　　　　拿银子，

Saix xeex bad daol,
分 银 满 裤　　　　　　　　　　　放满裤袋，

Dos gheit mongl od.
分 钱 满 衣　　　　　　　　　　　装满衣兜。

Yux mul diot nenl,
走 向 东 方　　　　　　　　　　　你们转回东方，

Dlof mul diot jek,
行　向　西　方　　　　　　　　　　　　退回西方，

Menb nof saix ghad kid,
你们　才　有　银　子　　　　　　　　你们才有银子，

Dot ghad lees,
有　钱　币　　　　　　　　　　　　　有钱币，

Saix xeex bad daol,
银　装　满　裤　　　　　　　　　　　放满裤袋，

Dot gheit mongl od.
钱　装　满　衣　　　　　　　　　　　装满衣兜。

Menb nof saix ghad zuk,
你们　才　拿　阴　间　　　　　　　　你们拿于阴间，

Wal nof dot ghad fenx,
我　才　拿　阳　间　　　　　　　　　我拿于阳间，

Xit bab nieek xeex wangx,
平　分　点　官　银　　　　　　　　　大家来分偿金，

Xit tos nieek gheit dlas.
均　分　点　钱　富　　　　　　　　　分银子。

Wal nex wal xax mul xul lol,
我　吃　我　命　也　长　寿　　　　　我拿我命也长寿，

Wal nenf wal mens mul at dlas,
我　穿　我　人　也　富　足　　　　　我吃我人也富足，

Vax nangb nangx mieeb dliub,
不　沾　黄　鼬　味　　　　　　　　　不沾黄鼬味，

Vax wit but neit,
不　污　麝　香　　　　　　　　　　　不污麝香气，

Nex dot fib,
吃　发　富　　　　　　　　　　　　　我拿也合情，

Hek dot das,
喝　发　贵　　　　　　　　　　　　　我要也合理，

Job jex jeel wal xax nof xul lol,
分　配　均　我　命　才　长　寿　　　分配均匀我命长寿，

Nenf wal mul at dlas,
拿　我　去　发　富　　　　　　　　　拿偿金我富足，

Maif daib vax dinl,

叫　地　不　倚　　　　　　　　　　　不偏不倚，

Maif wax dait diet.

叫　天　不　偏　　　　　　　　　　　多少适中。

Hveb vax daid ib meil wangx,

话　不　长　一伙　富　　　　　　　我话不再多，

Seed vax not ib ghel dlas,

舌　不　多一群　宦　　　　　　　　重复哆嗦，

Hveb nod zenl bail,

话　已　到　头　　　　　　　　　　话已说完，

Seed nod leet dlongs,

言　已　到　终　　　　　　　　　　到此为止，

Jul lol vax ghongb,

完　成　不　说　　　　　　　　　　完不再接，

Jos ghot max deef,

结　束　不　讲　　　　　　　　　　终不再跟，

Jul lol ghos niox diongx,

完　成　就　甩　卦　　　　　　　　结束丢竹卦，

Jos ghot ghos deef xit.

结　束　就　丢　纸　　　　　　　　收关丢纸钱。

　　　　　　　　　　　　　　　　　　　　　　脚车莫老港说
　　　　　　　　　　　　　　　　　　　　　　王杰记录整理

　　民间纠纷案例较多，也比较复杂，有的案例得找到根据，有的找不到，如果事发双方又不肯让步，那就只有请求神灵，希望在神面前得到公平。因为人和人可以做假，但是人和神就不一定，如果在神面前做假，就会遭到报应，接受罪恶的惩罚。

　　以前民间神判有多种，由于仪式复杂和传承原因，不易操作的神判，如狗判、下油锅、煮粽子等失传了，只有鸡判、蛋判、诅咒至今莫老港还可以做。山界纠纷采用蛋判，金条丢失采取鸡判是莫老港亲自"庭审"的案例。除此之外，他还跟寨人审理了偷布鸡判，偷鱼蛋判等。

　　狗判和煮粽子没有贾词，这里作为审判的一种，简单介绍一下。狗判类似于鸡判，只是贾词不同，其判法是：当贾师念诵结束，双方当事人各拉狗的一只脚，把狗撕开，各得一半，哪方的一半带有狗头，说明神判他有理。煮粽子判法是：针对全寨人，犯人就在其中，但是拿不到证据，贾师煮一大汤锅，每个人拿一个小粽子去煮，各做标记，最后取出来看，谁的粽子煮不熟只成米的，证明他就是要找的对象。

苗文声韵调表①

一、声母

声母	国际音标	例字	榕江（音标）	例词	榕江（音标）
b	p	bub知道	pu^{33}	bib我们	pei^{33}
p	ph	pab扒开	pha^{33}/pie^{13}	pib烤	pi^{e55}
m	m	mob猫	mo13	mais眼睛	nhiu^{33}ma^{13}
hm	mh	hmangt夜晚	sen^{33}maŋ^{44}	hmat说	tɕie^{31}/ɣo^{35}
f	f	fab瓜	tsei^{35}	fal起	fei^{11}
hf	fh	hfat招	fa^{44}	hfab轻	fie^{33}
w	v	wangs万	ven^{13}	wid妻子	vɛ^{35}
d	t	dab答	tei^{33}	dad长	tɛ^{35}
t	th	tat骂	tɕio^{33}	tok罐	soŋ^{13}
n	n	nail鱼	nɛ^{31}	niangb有，在	ȵiaŋ^{33}
hn	nh	hnaib天，日	na^{33}	hnab动	nɛ^{13}
dl	ɬ	dlad狗	ɬɛ^{35}	dlob四	ɬo^{33}
hl	ɬh	hlib想，爱	ȴia^{33}/sen^{35}	hlat月亮	lei^{44}
l	l	lix田	ȴiaŋ^{55}/ȴie^{55}	lias熟悉	ȴia^{13}
z	ts	zab五	tsei^{33}	zend果子	tsei^{35}
c	tsh	cat鱼笼	ȵia^{55}	cob吹	tshao^{33}
s	s	sob花椒	tsei^{35}so^{33}	seik接	sen^{24}
hs	sh	hsaid米	sa^{35}	hsangb千	sen^{33}

①本表由贵州省榕江县文化馆工作人员王杰口述，贵州民族大学校聘教授、硕士生导师、中国民族语言学会会员、贵州省少数民族语言文字学会副会长、苗族语言文字专家李一如采集、注音。

续表

声母	国际音标	例字	榕江（音标）	例词	榕江（音标）
r	ʐ	rail鱼	nɛ³¹	raf辣	ke¹³lao⁴⁴
j	tɕ	job教	qo⁴⁴	jangx成	tɕin⁵⁵
q	tɕh	qib扫	tɕhie³³	qangb穿，串	tɕhiaŋ³³
x	ɕ	xangk认识	ɕiaŋ²⁴	xangf繁殖	ɕin³¹
hx	ɕh	hxid看	ɣha⁴⁴	hxangd血	ɕin³⁵
y	ʐ	yis喂	ʐa¹³	yut小	zu⁴⁴
g	k	gab炒	kie³³	gangb虫	ken³³
k	kh	kaib开	po¹³	kab犁	ɬi³¹(借)
ng	ŋ	ngangl吞	ŋaŋ³¹	ngix肉	ʔi¹³
v	ɣ	vangl寨	ɣaŋ¹¹	vob菜	ɣo³³
hv	xh	hvib高	ɣhaŋ³³/ɣhie³³	hveb话	ɣhə³³
gh	q	gheib鸡	qe³³	ghangb甜	qeŋ33neŋ⁵⁵
kh	qh	kheib捆，绑	qhe³³	khob头	həu³⁵
h	h	hab鞋	hɛ³¹(借)	hek喝	həu¹³

二、韵母

韵母	国际音标	例词	榕江（音标）	韵母	国际音标	例词	榕江（音标）
i	i	ib一	i³³	io	io	liod牛	ɬio³⁵
e	əu	eb水	əu³³	iu	iu	diut六	tiu⁴⁴
a	ɑ	ad姐	ɛi³⁵	ie	iə	tiet牵	ɕi³³
o	o	ob二	o³³	iee	ie	lieef列	ɣion³³
u	u	ud衣	ɑo³⁵	iao	iɑo	liaod料	?
ai	ɛ	ait做	a⁴⁴	in	ien	dinl席子	ɕion³³
ee	e	deef德	?	iang	iaŋ	diangs肥	tiaŋ¹³
ao	ɑo	ghaod告	qao³⁵	iong	ioŋ	diongx筒	tioŋ⁵⁵
ei	ei	leib猴	lɛ³³	ui	uei	guid贵	tɕi¹³
en	en	zend果子	tsei³⁵	ua	uɑ	guad卦	no¹³
ang	ɑŋ	angt肿	ɑŋ⁴⁴/pho³³	uai	uɛ	guaib乖	ɬio³⁵
ong	oŋ	ongd塘	tɕia³⁵	un	uen	kunb昆	?
ia	ia	lias熟识	ɬia¹³	uang	uɑŋ	guangb光	tho³³

三、声调

调类	调号	例词	词义	榕江（音标）
1	b	dab	答	tei^{33}
2	x	dax	来	ta^{55}
3	d	dad	长	te^{35}
4	l	dal	丢失	$te^{31}(lo^{11})$
5	t	dat	早晨	$pe^{31}sao^{35}(lei^{44})$
6	s	das	死	ta^{13}
7	k	dak	翅膀	tei^{24}
8	f	daf	搭	te^{31}

参考文献

〔明〕田汝成：《炎徼纪闻》，明刻本。

〔明〕沈庠修，〔明〕赵瓒纂：《贵州图经新志》，明刻本。

〔清〕蔡宗建修，〔清〕龚传绅纂：（乾隆）《镇远府志》，民国油印本。

吴一文：《苗族古歌叙事传统研究》，贵州人民出版社2016年版。

《民族问题五种丛书》贵州省编辑组编：《苗族社会历史调查（一）》，贵州民族出版社1986年版。

《民族问题五种丛书》贵州省编辑组、《中国少数民族社会历史调查资料丛刊》修订编辑委员会编：《苗族社会历史调查（二）》，民族出版社2009年版。

朱法智：《秘境探谜》，中国戏剧出版社2011年版。

张声震执行主编：《融水苗族埋岩古规》，广西民族出版社1994年版。

戴民强主编：《融水苗学研究文集选编》，广西民族出版社2016年版。

刘锡蕃：《岭表纪蛮》，商务印书馆1934年版。

赵崇南：《从江县孔明公社苗族习惯法、乡规民约的调查》，贵州省民族研究所编：《月亮山地区民族调查》，1983年内部刊印本。

李炳震、曲尉坪：《湖南清代货币》，中南大学出版社2013年版。

石启贵：《湘西苗族实地调查报告》，湖南人民出版社2002年版。

范锡彪搜集整理翻译：《月亮山苗族纠纷贾理》，贵州大学出版社2020年版。

〔美〕E·霍贝尔：《原始人的法》，严存生等译，贵州人民出版社1992年版。

〔法〕爱弥尔·涂尔干、〔法〕马塞尔·莫斯：《原始分类》，汲喆译，渠东校，上海人民出版社2005年版。

徐晓光：《黔湘桂边区山地民族习惯法的民间文学表达》，广西师范大学出版社2016年版。

叶舒宪：《文学人类学教程》，中国社会科学出版社2010年版。

范锡彪整理翻译，贵州省民族古籍整理办公室编：《月亮山苗族贾理》，贵州大学出版社2019年版。

吴德坤、吴德杰搜集整理翻译：《苗族理辞》，贵州民族出版社2002年版。

韦宗林：《苗族长歌〈佳〉分析》，庹修明主编：《贵州少数民族民间文学作品选讲》，贵州民族出版社1987年版。

罗义群编著：《苗族民间诗歌》，电子科技大学出版社2008年版。

杨通华翻译整理，贵州省民族古籍整理办公室编：《雷山苗族理经》，民族出版社2015年版。

中国民间文艺研究会贵州分会翻印：《民间文学资料》第十四集，内部刊印本。

贵州省民族古籍整理办公室编，杨文瑞搜集整理译注：《贾》，贵州民族出版社2012年版。

何积全主编：《苗族文化研究》，贵州人民出版社1999年版。

王杰、杨元龙、范锡彪搜集整理编译：《苗族栽岩议榔辞经典》，贵州大学出版社2018版。

文远荣编：《雷公山苗族巫词贾理嘎别福》，中央民族大学出版社2010年版。

万祖德编辑：《三十六首苗族盘古歌》，（香港）中国书画出版社2008年版。

徐晓光主编，吴培华、杨文瑞、潘定华收集整理：《贾》，大众文艺出版社2009年版。

王凤刚：《苗族贾理（下）》，贵州人民出版社2009年版。

张子刚编撰：《从江石刻资料汇编》，《从江文史资料》（第7辑），政协从江县文史学习委员会、从江县文化体育广播电视局编印，从江县教育印刷厂2007年12月印刷。

石宗仁翻译整理：《中国苗族古歌》，天津古籍出版社1991年版。

王亚南：《口承文化论——云南无文字民族古风研究》，云南教育出版社1997年版。

［德］马克思：《1844年经济学哲学手稿》，刘丕坤译，人民出版社1979

年版。

　　杨通华翻译整理，贵州省民族感知整理办公室编：《雷山苗族理经》，民族出版社2015年版。

　　费孝通：《乡土中国》，青岛出版社2019年版。

　　徐晓光、吴大华、李廷贵、韦宗林：《苗族习惯法研究》，（香港）华夏文化艺术出版社2000年版。

　　牛绿花：《藏族盟誓研究》，中国社会科学出版社2011年版。

　　［英］罗伯特·巴特莱特：《中世纪神判》，徐昕、喻中胜、徐昀译，浙江人民出版社2007年版。

　　邓敏文：《神判论》，贵州人民出版社1991年版。

　　爱必达、罗绕典辑：《黔南识略·黔南职方纪略》，杜文铎等点校，贵州人民出版社1992年版。

　　唐立、杨有赓、武内房司主编：《贵州苗族林业契约文书汇编》（第3卷），日本东京外国语大学亚非语言文化研究所2003年内部刊印本。

　　凌纯声、芮逸夫：《湘西苗族调查报告》，民族出版社2003年版。

　　［日］穗积陈重：《法律进化论》，黄尊三译，中国政法大学出版社1997年版。

　　黔东南苗族侗族自治州地方志编纂委员会编：《黔东南苗族侗族自治州志·林业志》，中国林业出版社1990年版。

　　［法］石泰安：《唐蕃会盟考》，褚俊杰译，王尧主编：《国外藏学研究译文集》（第7辑），西藏人民出版社1990年版。

　　［法］爱弥尔·涂尔干：《职业伦理与公民道德》，渠东、付德根译，上海人民出版社2006年版。

　　徐晓光编著：《原生的法：黔东南苗族侗族地区的法人类学调查》，中国政法大学出版社2010年版。

　　周相卿：《法人类学理论问题研究》，民族出版社2009年版。

　　陈金钊、熊明辉主编：《法律逻辑学》，中国人民大学出版社2012年版。

　　［美］E·A·霍贝尔：《初民的法律——法的动态比较研究》，周勇译，罗致平校，中国社会科学出版社1993年版。

　　田玉隆、田泽、胡冬梅等：《贵州土司史》（上册），贵州人民出版社2006

年版。

中共中央马克思恩格斯列宁斯大林著作编译局编译：《马克思恩格斯全集》（第2卷），人民出版社2006年版。

张晓辉：《法律人类学的理论与方法》，北京大学出版社2019年版。

苏钦：《"苗例"考析》，《民族研究》1993年第6期。

徐晓光：《我国西南山地民族传统生态观研究》，《中央民族大学学报（自然科学版）》2015年第4期。

陈金钊：《价值入法的逻辑前提及方法》，《扬州大学学报（人文社会科学版）》2021年第3期。

王星：《论自然法作为17世纪民法体系化的动力——以让·多玛〈自然秩序中的民法〉为例》，《荆楚法学》2022年第4期。

张晓：《苗族古歌所体现的价值意向探讨》，《中南民族学院学报（哲学社会科学版）》1989年第6期。

胡兴东：《清代民族法中"苗例"之考释》，《思想战线》2004年第6期。

刘平：《歃血盟誓与秘密会党》，《民俗研究》2001年第3期。

徐晓光：《神判考析》，《原生态民族文化学刊》2012年第4期。

田兆元、龙敏：《中国盟誓中杀牲歃血行为的动机探讨》，《民族艺术》2001年第4期。

徐晓光：《小牛的DNA鉴定——黔东南苗族地区特殊案件审理中的证据与民间法参与》，《广西民族大学学报（哲学社会科学版）》2011年第1期。

徐晓光：《"石头法"的嬗变——黔湘桂侗族地区从"款石"、"法岩"到"石碑法"的立法活动》，《贵州社会科学》2009年第9期。

平立豪：《三都苗族古议榔词实录》，《黔南民族》2004年第3期。

龙泽江、张和平：《石头法的现代传承——月亮山苗族习惯法"椰规"改革纪实》，《原生态民族文化学刊》2010年第2期。

徐晓光：《从苗族"罚3个100"等看习惯法在村寨社会的功能》，《山东大学学报（哲学社会科学版）》2005年第3期。

徐晓光：《"罚3个120"的适用地域及适应性变化——作为对黔东南苗族地区"罚3个100"的补充调查》，《甘肃政法学院学报》2010年第1期。

杨林、莫翰：《"埋岩"新说》，《广西民族研究》1997年第2期。

徐晓光：《歌唱与纠纷的解决——黔东南苗族口承习惯法中的诉讼与裁定》，《贵州民族研究》2006年2期。

徐晓光：《锦屏林业契约、文书研究中的几个问题》，《民族研究》2007年第6期。

范玮：《侗族习惯法研究的意义——以黔东南侗族习惯法为视角》，《洛阳师范学院学报》2013年第6期。

后　记

　　在黔东南侗族原始的话语中把"犯罪"叫做"犯岩"。苗族、侗族历史上没有本民族的文字，"栽岩"上没有文字，只是一种"象征法"，但苗族村落参加"竖岩会议"的岩众及村寨中的人们心里对此次"栽岩"目的和调整的内容都很清楚。这种心中规约被"岩众"称作"岩规"，通过"栽岩"的形式表现出来，是古代苗族社会中每个人都应遵守的规约。"岩规"是比较原始的一种习惯法的订立形式，是在"岩众"及村寨公众议事全体同意后竖立的，所以这类岩石具有习惯法的效力。由于黔湘桂边区各少数民族没有文字可以记录，恐口说无凭，因此用"栽岩"的仪式来引起人们对此事件的永久记忆，所以这类村民集会也叫"竖岩会议"。"栽岩"在明清时期广泛流传于湘黔桂交界的苗族、侗族、壮族、瑶族、水族社会中，现在除黔桂交界都柳江流域月亮山周围的苗族人还进行"栽岩"活动，努力保持此种特色法律文化外，其他民族已经不再使用，"栽岩"濒临消失。

　　2000年左右，受张声震执行主编《融水苗族埋岩古规》（广西民族出版社1994年版）一书的启发，苗族"埋岩"开始引起研究者注意。该书提示广西融水埋岩为贵州榕江（古州）、从江重要埋岩的"子岩"。榕江、从江与融水同属于月亮山区，由于地域相邻，所以在清代改土归流时，一些苗族支系迁徙到融水。过去在古州一带形成了两个最著名的埋岩：一是整高汪欧立岩，地址在榕江县城附近；另一个是整朗鸠东立岩，地址在从江县鸠东。苗族首领立岩之后，以鸠东为中心，分"万九在上，千九下来"。"下来"的"千九"就是如今融水苗族自治县境内中部和北部地区苗族的先民，以入境的方向称为北支苗族。苗族迁入融水后，开始时因人少事也少，仍由古州的整高汪欧埋岩和整朗鸠东埋岩管理，后来随着社会发展，人口增多，各种事务也增多，加上地域宽广，难以管理，必须再分埋岩来治理地方，松努坳埋岩和整巴埋岩便分别从整高汪欧立岩和整朗鸠东立岩分出来，这两个埋岩是北支苗族刚从贵州迁入融水后做的第一次埋岩议榔活动。这就把我们研究目光集中到月亮山区的贵州一侧，因为这里的资料还没人整理和挖掘，但近三年也有黔东南本土学者在做这方面的工作，而《融水苗族埋岩古规》也是我们利用的重要资料，对书中介绍的埋岩，课题组也尽力做了实地调研和核实工作。

通常而言，在进行田野（社会历史）调查的过程中，必须对一个民族或社区进行田野深度了解，其目的是为了了解一个群体及其文化，研究其社会结构，并致力于了解当地人的观点，通过定向专题调查，达到研究该社会整体文化传统的目的。在实际的田野研究工作中，人类学家通常在人类学的理论指导下，确定自己的调查地点、调查范围，以及确定自己的田野研究规模和研究取向等等。高效的田野调查对于资料的收集和整理来说至关重要。"埋岩"是最主要的口承法研究内容，它的获取最需要田野工作。国家社科基金重点项目"黔桂界邻地区少数民族石体资料搜集、整理与研究"（项目批准号：18AM70II）2018年8月获批，同年9月课题组就到广西百色地区的隆林、西林、田林、凌云、乐业等县进行调查，但这次主要是调查碑刻和摩崖资料。2020年至2022年3月，课题组先后前往黔桂界邻地区的榕江、从江、三江、融水、罗城、环江、南丹、宜州等地做了大量的田野调查工作，前往埋岩和碑刻大大小小的村庄20余个，采访了当地学者和各民族文化传承人近50人。其中大部分都是当地有名气的贾师、理师、寨老、鬼师，他们为课题组提供了丰富多样的"埋岩"审判的第一手资料。具体说来课题组成员于2021年3月前往榕江县计划乡与八开镇、从江县加鸠镇加宜、加水、加两、摆道村、宰便镇等地收集到各类埋岩20余块；之后7月至9月到榕江古州镇打摆村、乐里镇斗篷村、三江乡分从村与脚车村、榕江寨蒿镇寨蒿村、榕江计划乡计划村、三都的都江镇与九阡镇、榕江兴华乡摆贝村与高排村、榕江东郎镇孔明村、榕江朗洞镇宰牙村与高便村、榕江县栽麻镇高岜村、荔波大土村等地，共收集到埋岩20余块，碑刻10余块。2022年1月课题组继续前往黔东南凯里、榕江、广西三江、龙胜、宜州、南丹等地进行埋岩、碑刻与摩崖的收集与整理，获得埋岩、摩崖若干，丰富完善了既有的资料；同年3月，再次前往凯里、榕江、剑河、福泉、贵定等地，收集并实地核实碑刻10余块，所获颇丰。总之，通过这一国家重点项目，我们的田野调查工作更加深入，所获资料为本书奠定了良好的资料基础。本书绪论、第二、三章为徐晓光撰写，第一章为徐斌撰写，第四章为范玮撰写，第五章由王杰翻译、整理。

特别庆幸的是几次调查中结识了优秀的贾理传承人和致力于贾理研究的苗族地方学者。本书资料多为苗族贾师莫老港、加乃张老纽、九牛王老林等口述，由榕江县文化馆工作人员王杰翻译，并根据其翻译整理和稀有的、首次披露的口承资料，所以对他们表示由衷的感谢，同时对所有支持我们完成课题的各界人士表示感谢。

本书编写组成员简介：

徐晓光，贵州师范大学历史与政治学院二级教授、江苏师范大学法学院特聘教授，法学博士，博士生导师，贵州省核心专家，享受国务院津帖，国家民委多民族文化融合与区域发展研究基地、贵州省课程思政教学研究示范中心、贵州省习近平新时代中国特色社会主义思想进教材建设研究基地研究员。

王杰，榕江县文化馆群文馆员。曾参加撰写国家级非物质文化遗产保护项目"苗族栽岩""滚仲苗族芦笙舞""摆贝苗族服饰"；省级非物质文化遗产保护项目"苗族民间文学阿蓉""苗族卧堆习俗""都柳江苗族鼓藏节""嘎百福（嘎嘿说唱）""木鼓舞""苗族茅人节"；州级非物质文化遗产保护项目"苗族芦笙制作"等。

范玮，贵州民族大学法学院在读博士，主持贵州民族大学校级课题2项，参与省部级科研项目多项。

徐斌，法学博士，重庆交通大学马克思主义学院内聘副教授，主持贵州省教育厅等课题多项，参与国家社科基金及省部级项目多项。